复旦大学中国周边外交研究丛书

中国与周边各国的人文交流与互鉴

Cultural Exchanges between China and Its Neighboring Countries

洪　军◎主编

世界知识出版社

2018年·北京

图书在版编目（C I P）数据

中国与周边各国的人文交流与互鉴 / 洪军主编. -- 北京 : 世界知识出版社, 2018.10
ISBN 978-7-5012-5856-7

Ⅰ. ①中… Ⅱ. ①洪… Ⅲ. ①中外关系－文化交流－研究 Ⅳ. ①G125

中国版本图书馆CIP数据核字(2018)第222054号

书　　名：中国与周边各国的人文交流与互鉴
Cultural Exchanges between China and Its Neighboring Countries

主　　编：洪　军

责任编辑：范景峰
责任出版：王勇刚
责任校对：马莉娜

出版发行：世界知识出版社
地址邮编：北京市东城区干面胡同 51 号（100010）
电　　话：010-65265923（发行）　010-85119023（邮购）
网　　址：http://www.ishizhi.cn
经　　销：新华书店
印　　刷：艺堂印刷 (天津) 有限公司
开本印张：165 × 240 毫米　1 / 16　　25 印张
字　　数：460 千字
版次印次：2018 年 12 月第一版　2018 年 12 月第一次印刷
标准书号：ISBN 978-7-5012-5856-7
定　　价：80.00 元

丛书总序

周边地区是21世纪中国和平发展的“首要”地区，周边外交在中国国家外交布局中处于“首要”地位。21世纪第二个十年以来，中国的周边环境面临着严峻挑战。挑战既来自外部大国尤其是美国对中国周边事务的干预力度加大，也来自周边部分邻国对中国快速崛起产生的疑惧和担忧。为此，必须正视中国周边地区进入动荡升温期和矛盾多发期的现实。

2013年10月，中央召开“周边外交工作座谈会”，既表明中国政府对周边外交的重视，也凸显周边在中国发展大局和外交全局中的重要地位。中国国家主席习近平在座谈会上指出，做好周边外交工作，是实现“两个一百年”奋斗目标、实现中华民族伟大复兴的中国梦的需要，要更加奋发有为地推进周边外交，为我国发展争取良好的周边环境，使我国发展更多惠及周边国家，实现共同发展。

2017年10月，十九大报告对中国特色大国外交作出了顶层设计。周边外交作为中国特色大国外交推动构建新型国际关系，推动构建人类命运共同体的重要组成部分，被再次纳入进来，清晰显示出新时代中国外交仍将把稳定和经略周边视为工作重点，体现了中国外交一贯与邻为善，以邻为伴，睦邻、安邻、富邻的周边外交工作方针。在此形势下，用立体、多元、跨越时空的视角思考如何开展周边外交。中国学术界亟须对未来5—10年中国周边外交工作的战略目标、基本方针、总体布局进行深入研究和顶层设计。

2012年9月，根据教育部“2011计划”关于“国家急需、世界一流、制度先进、贡献重大”的精神，在中央海权办、外交部、国家海洋局、水利部、国家测绘地理信息局的直接支持下，由武汉大学牵头，联合复旦大学、中国政法大学、外交学院、郑州大学、中国社会科学院中国边疆研究所、水利部国际经济技术合作交流中心、国家海洋局海洋发展战略研究所等协同单位，共同组建了“国家领土主权与海洋权益协同创新中心”。2014年10月，“国家领土主权与海洋权益协同创新中心”被认定为2014年度“2011协同创新中心”。

2013年11月，根据“国家领土主权与海洋权益协同创新中心”的分工，复旦大学在既有中国与周边国家关系研究的深厚基础上，整合队伍，成立了“复旦大学中国与周边国家关系研究中心”，对接“国家领土主权与海洋权益协同创新中心”的培育和建设。“复旦大学中国周边外交研究丛书”（以下简称“丛书”）应运而生。

截至2017年底，“丛书”已出版4部著作，包括：《中国崛起背景下的周边安全与周边外交》（中华书局2014年7月出版）、《冷战后中国周边地区政策的动力机制研究》（中华书局2016年6月出版）、《中国周边外交十四讲》（社会科学文献出版社2016 年12月出版）、《转型期日本的对华认知与对华政策》（中华书局2017年1月出版）。在此基础上，“丛书”计划未来每年出版1—2本著作。涵盖的领域将包括：新中国领导人治理疆域问题思想研究、中国周边外交的文化因素研究、中国周边外交的经济因素研究、中国与周边国家争端与利益共同体建设研究、中国对周边国家的公共外交研究、中国在周边国家的话语权提升研究、中国在周边的国际形象塑造研究、中国周边外交与地区公共产品提供研究、中国周边外交与地区合作组织研究、宗教问题与中国周边外交研究、民族问题与周边外交研究等。

“丛书”出版的主旨在于对中国周边外交进行原创性、理论性、前沿性、战略性、实践性的研究。回顾总结近代以来中国周边外交的历史经验，客观认识新时期中国周边外交的战略机遇期；科学评估中国迅速崛起后的中国周边环境局势，准确定位中国周边外交的战略取向；系统梳理中国周边众多结构性矛盾，按照中国的战略取向排列这些矛盾的轻重缓急；全面研判外部大国（尤其是美国）介入中国周边对我国阶段性正负面影响，努力建设中美在中国周边“兼容共处”的新型大国关系；理性认识中国与部分邻国的领土领海争端，找到双方都能接受的解决途径等。“丛书”在研究方法上将超越一般政策分析的方法，注重对于中国周边外交的学理性分析，不断提出新概念、新理念、新观点、新战略，使“丛书”的成果更加科学化和理性化，为中国周边外交建设作出务实的贡献。

“丛书”的出版是复旦大学中国与周边国家关系研究中心的主要工作之一，也将是“国家领土主权与海洋权益协同创新中心”的重要成果之一。我们希望这套“丛书”的出版能为新时期中国更好地开展周边外交做出学术界应有的理论贡献，也希望通过这套“丛书”的出版，凝聚一支从事中国周边外交研究的学术队伍，更期待在中国外交学术界形成复旦特色的中国周边外交研究学派。

复旦大学中国与周边国家关系研究中心

暨国家领土主权与海洋权益协同创新中心复旦大学分中心

石源华　祁怀高

2018 年 8 月

序 言

中国与周边各国或是山水相依，或是隔海相望，地缘相近，人缘相亲，在政治、经济、文化等诸多领域相互交往历史悠久、源远流长。

如由张骞出使西域而开辟的丝绸之路不仅是古代东西方国家之间商贸交流的国际大通道，而且还是不同民族之间文化交流的友谊之路；再如由唐玄奘历经17年之久，历尽磨难，西行取经而开启的“玄奘之路”，更是中印两个文明古国文化交流的经典之旅。而在东亚则早已有之的“书籍之路”，将古代中国大陆和朝鲜半岛、日本列岛连接成一个极具生命力和思想性的文化圈。而且，以这个汉字和儒家思想、汉传佛教为主要媒介而形成的“东亚文化圈”，至今仍是充满魅力且为人们所津津乐道的热门话题。

而在现今国际社会中，自习近平主席提出“一带一路”倡议以来，“一带一路”研究正成为学术界的热门话题。所谓“一带一路”倡议，是指2013年习主席访问哈萨克斯坦和印度尼西亚时，分别提出的建设“丝绸之路经济带”和“21世纪海上丝绸之路”的合作倡议。“一带一路”合作倡议契合中国、沿线国家和本地区发展需要，符合有关各方共同利益，顺应了地区和全球合作潮流。

人文合作和文明交流互鉴是 “一带一路”建设的重要方面，并且还是继政治、经济之后又一推动国家之间关系发展的新的动力源。其在增进各国国民之间相互了解、夯实民意基础、促进双边关系稳定发展等方面所具有的不可替代性作用日益凸显。

为了全面提升中国与周边各国在政治、经济以及文化方面的合作水平和增进人民之间的友谊，国家主席习近平曾在多个场合强调加强与周边各国的人文交流与人文纽带的重要性。如在2015年博鳌亚洲论坛的《迈向命运共同体，开创亚洲新未来》主旨演讲中，习主席指出：“在漫长历史长河中，如亚洲的黄河和长江流域、印度河和恒河流域、幼发拉底河和底格里斯河流域，以及东南亚等地区孕育了众多古老文明，彼此交相辉映、相得益彰，为人类文明进步作出了重要贡献。今天的亚洲，多样性的特点仍十分突出，不同文明、不同民族、不同宗教汇聚交融，共同组成多姿多彩的亚洲大家庭。”

无疑，在全球化时代进程中，不同文明之间的互学互鉴，交流共生，是构筑人类文明共同体、人类命运共同体的重要途径和保障。

“文明因交流而多彩，文明因互鉴而丰富。”不同国家和民族的思想文化各有千秋，各具特色，而无高低优劣之分。每个国家和民族不分强弱、大小，其思想和文化都应得到尊重和承认。这样才能使我们的世界文明之园“百花争艳春满园”。

在我国与周边国家的人文交流日趋活跃的今天，彼此深度了解对方的传统思想和民族文化的特点显得尤为重要。《国语》中讲“和实生物，同则不继”，反对“去和而取同”是中国传统文化的核心理念之一。文明尤其是思想文化，是一个国家和民族的灵魂。一个国家和民族，若不珍惜自己的思想文化，失掉了其思想文化这一灵魂，这个国家和民族是立不起来的。我们不仅要维护和珍惜本国、本民族的思想文化，而且也要尊重和承认他国他民族的思想文化。每一个国家和民族的思想文化，也既需要薪火相传，更需要与时俱进。

“国之交在于民相亲，民相亲在于心相通。”随着各国民众之间情感的逐步加深，中国与周边各国的合作将日臻成熟和顺畅，相信中国的发展必能更好地造福各国人民。这应该是中国推进“一带一路”建设，积极推动与各国人文交流与互鉴的目的和意义所在。

鉴于此，我们与学界同仁商议合作出版一部以“中国与周边各国的人文交流与互鉴”为主题的学术著作，意在促进越来越受到国内外关注的“一带一路”研究，同时也想进一步引起学术界对亚洲文明多样性、独特性的关注。

和平、发展、合作、共赢的时代潮流滚滚向前！从事于东方文化研究的同道学者应置身于这一潮流之中，肩负起我们的历史担当，留下自己的印迹。

是为序。

李甦平

2017 年 5 月于北京

目 录

东亚篇

南亚及东南亚篇

中亚及西亚篇

李甦平等主编五卷本《东方哲学史》书评

东亚篇

文明、文化与21世纪的东亚

尹保云

【内容提要】“文明”与“文化”是两个不同的概念。文明与“技术因素”（包括科学技术与管理技术或制度）相联系，而文化则与“非技术因素”相联系；文明具有可变性和传播的强迫性，而文化则具有相对稳定性和可选择性；文明具有普遍性的意义，而文化则具备区域性的意义。西方现代的产权制度、法治体系、政治民主与参与等制度上的因素，都是“技术因素”，属于文明的范畴而不是一种文化。东亚地区现代化进程的主线是各个国家或地区对现代文明的态度以及引进的时间、机遇、范围及深度，而不是自身的或外来的文化因素的作用。从科技与管理两个方面的技术因素考察，不能断定世界文明的中心在21世纪会转移到东亚。世界文明中心的转移决定于吸收眼下世界文明中心区的科学技术与管理技术的能力和以此为基础的创新的能力。

【关键词】文明　文化　现代化　东亚　世纪

【作者简介】尹保云，历史学博士，北京大学马克思主义学院教授、博士生导师。

一、文明与文化的定义以及对资本主义的理解

对“文明”（civilization）这个概念，哲学家、文化人类学家、社会学家等，都下了许许多多的定义。但通常多是用“生活方式”“社会状况”等过大的和含糊不清的词语来说明。许多人还把这个概念同“文化”（culture）混淆。著名结构功能主义人类学家B・马林诺夫斯基（Bronislaw

Malinowski）给文化下了这样一个定义：“它显然是一个有机整体（integral whole），包括工具和消费品、各种社会群体的制度宪纲、人们的观念和技艺、信仰和习俗。无论考察的是简单原始，亦或是极为复杂发达的文化，我们面对的都是一个部分由物质、部分由人群、部分由精神构成的庞大装置。”[①] 这个定义的外延很大，包括了人类的一切活动，这样大的概念，在人类学研究中有一定的用处。

美国政治学家亨廷顿（Samuel P. Huntington）引起很大争议的《文明的冲突》一书，把文明解释为“一个文化单位”，并认为冷战格局解体后，世界将由意识形态阵营的冲突转变为不同文明之间的冲突。[②] 作为“经典现代化理论”的代表之一，他这样地把“文明”与“文化”混在一起，是不可原谅的。类似这样的一些概念上的混淆，妨碍了我们对现代化的性质的理解。1990 年代初以来掀起的东亚现代化的讨论中，中国学者也都是把文明和文化这两个概念混为一谈的，“东方文明”“西方文明”“21 世纪是东亚文明的世纪”“东亚的现代性”等提法随处可见。

在启蒙时期，文明与文化的概念是不同的。人们曾经习惯于把与宗教、神话、迷信、偏见、旧习俗等有关的较低级的生活方式看作文化范畴，而把包含着技术、商业活动等方面的较高级的生活方式称为文明。这种区分在近些时候还有人继承。比如，布罗代尔在其巨著《15—18 世纪的物质文明、经济和资本主义》中，使用了“文化抗拒文明”这样的小标题。但是，布罗代尔对这两个概念的区分，同启蒙时期的一样粗糙：“所谓文化，这是指尚未完全成熟和未能确保其成长的文明。”接着布罗代尔又讲起“文明之间的对抗”，比如英国殖民主义对印度、对中国、对伊斯兰地区的战

① ［美］B·马林诺夫斯基著、黄建波等译：《科学的文化理论》，中央民族大学出版社 1999 年版，第 52—53 页。

② 《外交事务》（Foreign Affairs），1993，夏季号。中译本见香港《二十一世纪》1993 年 10 月号，第 5—21 页。

争等。[①] 这说明他自己也很矛盾、很糊涂。某一人类种族群体或地区群体的进化发展，什么程度是文化，什么程度是文明，他对此并没有明确的判断尺度。

概念的内涵和外延过大而含糊，它就很难成为有用的分析工具。以往的文化与文明概念，与它们通俗的、通常的词义相同，仅能作为人类学的泛指，而不能视作一般的科学概念，把它们用于现代化和发展的研究，只能带来混乱。因此，有必要把这两个概念明确地区分开来：

> “文明”主要用来指谓与生产力水平和社会管理水平相关的，并与技术因素相联系的理性的方面，一般说来是可以计算的。实际上，以往的许多概念都反映了对文明的这种理解。比如“新石器文明”“原始文明”“农业文明”“工业文明”等，这些划分人类发展水平的概念基本上是以生产力或技术的水平为标准的。当然，技术因素不仅仅指制造石器、铁器、机器、电器等科学技术，也包括社会管理方面的技术，比如，分配、产权、政治、行政、军事方面的管理制度，这些制度的因素或制度文明也是理性的和可以计算的，具有技术的特点。
>
> “文化”则主要用来指谓与审美的、宗教的和伦理有关的，如服饰、家庭婚姻、道德、宗教、礼仪、文学艺术等方面的习惯、价值取向与观念，主要是感性的与情感的方面，是非技术的因素，一般说来是不可计算的。

这样，以往的文明和文化两个概念的内涵与外延都有较清晰的界定。从内涵上讲，侧重强调它们的“技术”与“非技术”的区别，排除人类学或“汤因比式”的文化学的笼统化概念。

---

① [法]布罗代尔著，顾良、施康强译：《15至18世纪的物质文明、经济和资本主义》，第一卷，三联书店1992年版，第115—117页。

从外延上看，二者的区分也是很明确的。虽然在许多现实事物中，文明与文化常常混合在一起。历史越是往古代追溯，情况就可能越是复杂。这主要表现在制度与体制方面。我们很难区分一个很古的群体的制度中文明的成分与文化的成分。例如古希腊斯巴达人的共产、共妻、共子的制度，是一种文明，还是一种文化？可以说它既是一种文明，又是一种文化。由于古希腊人的生活具有很多的原始性，“技术”的因素相对少，它更多地应该从文化的角度来衡量。但随着人类远离原始状态，制度与体制中的技术的因素越来越多。一个现代的制度，其经济制度中的技术因素十分明显，其政治制度中的技术因素也十分明显。

因此，处于人类当前的时代，我们很容易区分各种事物中所包含的文明成分与文化成分的。比如卡拉 OK，其机械与电子系统属于文明，而它的歌曲与画面的审美取向则属于文化；一个建筑物，其建筑技术（材料与力学原理等）属于文明，而其样式风格则属于文化；一个商店，其产权关系、成本核算、经营技巧、对顾客的态度等属于文明，而柜台的装饰风格、店员的服饰、语种、宗教信仰则属于文化，如此等等。

技术与非技术的本质区别，使文明和文化有以下几点不同：

（1）文明是不断变化与进步的，而文化则可能是相对不变的，或者说变化缓慢。在西欧及日本、韩国等工业化国家里，以人力和畜力为标志的农业文明早已成为历史，但是传统的服装、节日、礼节、宗教、艺术形式，以及相伴的价值观念却依然保留着。

（2）文明与文化都具有可传播、可学习的特征，但是，文明的传播具有强迫性，是别无选择的；而文化的传播则不具有强迫性，是可选择的。由于文明没有选择性，无论是个人或是一个国家，拒绝先进的文明就会落后或吃亏，拒绝现代交通工具只能步行，拒绝现代武器只能是战争失败，拒绝民主制度只能忍受封建君主专制。而拒绝某一文化则不会带来这样的结果，现代社会的文化是千奇百态的。同是日本人，有的穿和服、有的穿西服，有的信神道教、有的信儒教、有的信基督教。

（3）文明具有世界性、普遍性的意义，而文化则具有地区性、区域性、种族性的意义。同一文明可以和不同的文化结合。农业文明曾同世界上的基督教文化、伊斯兰教文化、儒教文化等各种各样的文化结合。同样，工业文明也可以和世界上各种各样的文化结合。

（4）因此，社会经济发展与文明有直接的关系，而与文化则无直接的关系。不同的文化土壤都可以实现快速的经济增长和工业化，但不同的科技水平和社会管理则会对发展速度产生很大的影响。因此，"现代性"只具有文明方面的内涵，现代化也主要是提高文明的过程，而不是改变传统文化的过程，尽管有些文化因素会随着这个过程而发生一些变化。

以上对文明与文化所作区分的意图不是要最终解决语义学上的问题，而是为了廓清目前现代化和发展的研究中的一些模糊认识，最重要的是对于资本主义的理解。资本主义是一种文明还是一种文化？按照以上定义，无论是把资本主义（capitalism）定义为自由贸易还是个人主义经济、市场经济，都属于文明的范畴，而不是文化的范畴。资本主义首先包括从以再生性能源为标志到以非再生性能源为标志的科学技术上的转变，即生产力的转变。同时，资本主义也包括管理技术的转变，即现代产权制度、现代法治体系、科层官僚制、保障社会、公民自由的民主政治等制度文明的建立，是一个管理技术的体系。马克斯·韦伯用"理性化"的概念强调资本主义制度文明的技术性特征。他认为以复式簿计制度为标志的精打细算的技术是"理性化企业"的关键，现代法制体系是与"可精确计算"密切相关的"形式理性"，而科学知识对官僚系统的发展同对机器的发展一样重要，"科层制的管理根本上说是用知识来统治"。[①] 总之，科学与管理两方面的技术因素结合在一起，构成资本主义文明。

马克思把资本主义作为科学技术与管理技术的统一体。在他看来，资本主义不仅创造了新的生产力，更主要的是一种以雇佣劳动和资本为核心

① Max Weber, *Economy and Society.* (Berkeley and Los Angeles, University of California Press, 1978), p.223.

的新的生产关系，而这两个方面是不可分的。他尽管有一些关于越过“卡夫丁峡谷”的猜想，但基本思想是认为资本主义这个文明阶段不可超越。所以，他预示说：“工业较发达的国家向工业较不发达的国家所显示的，只是后者未来的景象。”[①] 资产阶级“把一切民族甚至最野蛮的民族都卷到文明中来了……它迫使一切民族——如果它们不想灭亡的话——采用资产阶级的生产方式……”[②]

20 世纪 50 至 60 年代的经典现代化理论的重要贡献，是把资本主义的科技文明和制度文明结合在一起来规定现代性，强调二者的不可分。受到战后资本主义经济大发展的影响，经典现代化理论家们一反 20 至 30 年代以斯彭格勒（Oswald Spengler）、帕累托（Vilfredo Pareto）、索罗金（Pitirim Sorokin）和汤因比等人为代表的历史悲观主义，对资本主义文明持乐观主义的态度。但是，经典现代化理论家也同这些历史悲观主义者一样把文明与文化这两个概念混淆一起。他们在讲到迟发展国家的“传统”时，不区分传统制度与传统文化，给迟发展国家开出了全盘西化的药方，带着浓厚的西方文化优越论的色彩。

二、东亚发展中的文明与文化

东亚“新兴工业经济”（NIEs，日本及亚洲“四小龙”）的成功是因为学习了西方现代文明，还是因为自身具有“文化优势”？要在这个问题上达成共识，需要对日本及亚洲“四小龙”的发展过程作一历史的考察。

日本的现代化进程有两个重要的阶段：第一个重要的阶段是 19 世纪的明治维新到自由民权运动时期。如皮特 L. 伯格（Peter L.Berger）所总结的，日本现代化成功的原因是从明治维新起就有了一个比较坚强的现代化

① ［德］马克思：《资本论》第一卷，人民出版社 1975 年版，序言，第 8 页。

② 《马克思恩格斯选集》第一卷，人民出版社 1977 年版，第 255 页。

领导集团，从而推动了“资本主义革命”。① 1868年3月公布的维新纲领《五条誓文》提出建立中央集权的民族国家、发展资本主义经济政治、废除等级身份制、对外开放和学习西方技术文化。这个纲领比中国的“百日维新”纲领整整早了30年。1870年代初期，日本政府派出访问使团，了解欧美的政治和经济制度。在作出比较后，选择了德国为仿效的主要样板。同英、美、法相比，德国是后起现代化国家，是“防御性现代化”的先驱，政府在推动工业化中扮演了重要的角色。但德国毕竟还是典型的资本主义国家。日本在模仿德国中学到了资本主义制度文明的一些本质的东西。到中日甲午战争时期，日本已经大体上建立了现代资本主义企业体系和现代法治国家的基本构架。相比之下，中国和朝鲜半岛却一直抵制资本主义的制度文明。日本的明治维新时的“和魂洋才”的口号与同一时期中国的“中体西用”以及朝鲜的“东学西器”的口号是不一样的。“才”包括西方的科学技术和管理技术，而“用”和“器”却只指西方的科学技术。中国和朝鲜把资本主义文明的内涵分割开了，而日本却把它作为一个整体。这一差别使日本很快成为亚洲唯一的帝国主义国家，而中国和朝鲜却因国力虚弱而沦为半殖民地和殖民地。

日本现代化进程的第二个重要的阶段是从“二战”结束到1960年。20世纪40年代末至50年代初，日本在美军占领下进行了一系列的改革，包括修改宪法，改革天皇制、议会制、内阁制和司法制度，解散财阀，农地改革等重要内容。农地改革消除了明治维新留下来的不在地主等封建的残余，形成了小农制模式；解散财阀的目标虽因朝鲜战争的爆发而没有完全实现，但对旧财阀逐渐被新的大企业所取代还是有重要的作用；而政治方面的一系列改革措施则使日本向英美式的政治制度大大地接近了一步。1960年，在美国的迫使下，日本政府又进行了经济“自由化”的改革，公布了《贸易、汇兑自由化计划大纲》（1960年6月）。自由化的改革把日本

① Peter L.Berger, *The Capitalist Revolution: Fifty Propositions about Prosperity, Equality, and Liberty*, (New York: Basic Bookspress, 1986), p.146.

经济紧密地整合进世界经济体系，为其大量地引进西方技术而发展成为世界第二经济大国奠定了基础。

上述两个阶段说明，日本的迅速崛起同引进包括科学技术和管理技术在内的资本主义文明密切相关。第一阶段是从中国的鸦片战争的失败中受到警告和教训，自觉地进行“资本主义革命”；第二阶段的变革则是外力的直接强加。无论是自觉的，还是强迫的，都是引进资本主义文明的过程。当然，在这两个阶段中，日本的传统文化的因素不可能不发生某些作用力。但是，文化因素的作用方向是不确定的。森岛通夫把日本的经济成功归结于日本的不同于中国的儒学，日本人特有的“忠诚”使政府经济计划得以很好的落实。[①] 这显然是没有看到文化因素作用的不确定性，从而夸大了文化因素的积极作用。“忠诚”观念对现代化的积极作用是以政府的方针政策的正确性为前提，如果政治领导昏庸或政府决策失误，“忠诚”的作用只能是负面的。同一文化因素，此一时起积极作用，彼一时起可能起消极作用。文化因素作用的这种不确定性，决定了它不是社会变革的主线。而上述历史也说明，日本现代化的主线是引进资本主义文明的时间、机遇、范围及深度。

亚洲“四小龙”现代化的历史也证明了这个道理。香港和新加坡因为是港口城市而常被作为现代化和发展的研究中的特例。香港在 1997 年 7 月 1 日回归祖国前一直是英国的殖民地，是在英美自由放任主义经济模式下发展起来的。而新加坡早在 1824 年就沦为英国的殖民地，1965 年成为独立的共和国，但仍是英联邦的成员国，受英国的影响很深。韩国、台湾在“二战”结束前是日本的殖民地，它们自决的现代化进程是从“二战”结束后才开始的。在战后，韩国和台湾都被纳入以美国为核心的资本主义世界经济体系。20 世纪 50—60 年代的发展是在美国的经济和军事援助下的发展。美国政府派了大批的顾问指导它们的行政和事业单位的管理，实

① [日]森岛通夫著、胡国成译：《日本为什么“成功”：西方的技术和日本的民族精神》，四川人民出版社 1986 年版。

际上是现身说法地传播资本主义的管理技术或制度文明。它们都经历了相似的重大事件：40年代末到50年代初的农地改革，50年代的企业民营化，60年代初中期的贸易自由化，80年代中后期的政治转型。这些变革都是由美国推动的，体现了美国按照西方的经济政治模式来改造韩国和中国台湾的意图。当然，也结合了当地的条件。比如，农地改革而形成小农制模式，就是结合了当地人均耕地面积少的特点。

在东亚地区引进西方制度文明的过程中，出现两个引人注目的现象：一个现象是传统文化得到较好的保留。这一点，在日本及亚洲“四小龙”中都十分明显。韩国同台湾相比，韩国要更加突出。由于没有经历过中国“五四运动”这样的反封建运动，韩国直到现在仍保留着许多传统的习俗和观念。比如，宗族家谱观念、祭奠祖宗的风俗、父母干涉子女婚姻的习惯、叩头的习俗等，更不必说语言、服装、艺术、饮食等方面的传统文化了。另一个现象是西方文化因素大量涌入，包括西方的宗教、生活方式、个人主义价值观念、酒吧音乐，等等。这两个现象都进一步证实了文明的世界性、普遍性原理，揭示了东亚经济成功的根本原因在于现代文明的传播与渗透。因为，传统文化依然保存着，外来的文化并没有取代本土文化，而只有文明的因素不可阻挡地向各个角落传播并取代旧东西：现代清晰的产权制度取代了产权不清的制度，企业的自主性取代了各种外力（家族的、社区的、宗教的、国家官僚的）的控制，重理性原则的思考方式取代了重人情关系的思考方式，法治秩序取代了人治秩序等。正是这些社会因素的更新决定了东亚社会的变化。所以，在考察东亚现代化的经验和教训时，不讨论现代文明的传播而强调文化的作用，无疑是舍本求末。

三、 从文明与文化的观点展望东亚的二十一世纪

对东亚的研究大体上有四种观点：新古典主义理论、依附理论、国家中心论、文化主义论。前两种观点不承认有一个东亚模式，后两种观点则

常常热衷于探讨东亚模式，或者强调东亚经验与西方的不同。

究竟有没有一个东亚模式，要看从什么角度看问题。如果把文明同文化结合一起来讨论模式，世界上就有各种各样的模式，可以说一个国家一个模式。因为，每个国家的文化都有个性特征，再加上历史背景、国际环境的原因，每个国家的发展经验都是不同的。东亚经验有重要的共同之处：资本主义道路、经济增长与国际贸易的扩大和企业家队伍的成长相联系等；也有重要的不同之处：政府对经济的干预作用较强、分配较为平等等。可以说承认东亚模式和否认东亚模式的观点都有自己的根据。

然而，问题的关键在于，新的发展模式和新的文明并不是一回事。当70年代美国等西方国家被后工业社会的一些问题（增长停滞，社会原子化、失范等）所困扰时，天主教、印度教、伊斯兰教、儒教等文化圈，都先后宣布自己的文化可以拯救西方的危机，将代表21世纪的文明。东亚的呼声最高，因为东亚在过去几十年的发展速度最快，并且目前仍然保持最高的纪录。所以，甚至连一些西方人也相信下一个世纪将是“东亚文明的世纪”。出现这种情况，主要原因是人们把文化与文明等同，进而把新的发展模式与新的文明等同。

要预测21世纪是否是“东方文明的世纪”，应该从科学技术以及管理技术两个方面的创新上探讨。

从科学技术方面看，东亚地区的发展一直是依靠引进西方技术。快速的经济增长是由技术引进和劳力优势的结合所带动的。由于技术转让的周期性特征和转让国政府的限制，所引进的技术常常落后西方10至15年。所以，世界上目前形成了欧美、日本、亚洲“四小龙”、中国大陆这样一个高于一个的工业梯级。日本在20世纪50年代、亚洲“四小龙”在60至70年代、中国在80至90年代，主要出口的是劳动密集型制造业产品，这一时间的先后反映了东亚地区工业梯级结构的形成过程。20世纪末，日本是世界的第二经济大国，处在东亚地区工业梯级的最高位置，在一些科技尖端领域（比如机器人技术、生物化学的一些技术等）甚至领先于美国。

但是，从整体实力上看，日本的科技水平与美国相差一个梯级；从科技发展的潜力上看，日本人口规模比美国小，也不具备美国那样的能够吸引各国人才的社会开放性。所以，目前尚没有根据来断定日本能很快取代美国在科学技术上的国际地位。如果科学技术的整体水平上不能够超越欧美，或者至少与之平分秋色，那么世界文明的中心就不可能在21世纪转移到东亚地区。

从管理技术方面看，国家中心论和文化主义论认为，日本、韩国、新加坡在“团队主义”、儒教的“忠”等被称为“文化优势”的因素作用下，国家干预经济的功能得到有效的发挥，成为东亚模式的重要特色。但是，历史学家都知道，政府主导型的资本主义发展模式是普鲁士—德国的创造。东亚的成功常被认为是“李斯特经济学的成功”。有人还把德国和日本的模式称为“莱茵河模式”，作为“盎格鲁—撒克逊模式”（英美模式）的对立面。[①] 退一步讲，即使政府主导型发展是东亚的发明，也不能说它预示着下一个世纪新的制度文明的产生。实践证明，这种模式在后发性、依赖性的发展中是有效的，创造了东亚的经济奇迹。但是，这种国家主导的模式也带来了一系列的问题，比如地区和部门之间的不平衡、行政腐败、公营部门过大、社会创新力和自主性受到限制，等等。所以，在经济发展到一定程度后，这种模式就表现出局限性。20世纪80年代中期起日本重复了欧美国家在70年代的经济停滞，直到今日尚没有从经济困境中摆脱出来；韩国的经济也在最近几年遇到重重困难。所以，很难说从东亚政府干预经济的模式中能够发展出一种新的制度文明。不仅如此，为了摆脱目前的经济困境，日本和韩国一直在努力改变以往的模式，其中包括废除企业的终生雇佣制、公营企业民营化、进一步减少政府对经济的干预等措施。也就是说，以往的东亚模式自上个世纪80年代末就已经开始改变，而不是显示出作为一种新事物的那种向前发展的势头。

① Michel Albert, *Capitalism Against Capitalism*, translated by Paul Haviland, London, 1993.

相对于欧洲19世纪和20世纪初的状况，东亚在20世纪中后期发展过程中分配较为平等。日本自60年代起，一般民众的生活状况有很大的改善。韩国在70年代工业集中的过程中，仍然保持了较为平等的收入分配，以至于一些经济学家认为库兹涅兹关于贫富差距在经济起飞过程中拉大的U形曲线的理论在韩国未被完全证实。台湾的收入分配比韩国更加平等。可以说，较为平等的收入分配是东亚发展模式的一个重要特征。但是，却很难说这种平等预示着一种新的制度文明。自20世纪50年代以来，西方国家先后进入“福利社会”，经济在高工资、高福利、高消费的情况下运行。这种福利制度很快就遇到社会竞争力降低的问题，于是就有了旨在解决这一问题的“里根—撒切尔革命”，努力向以往的体制倒退，表现出后工业社会走投无路的困境。而东亚的情况呢？近几年来，韩国经济增长饱受工资过高的折磨，一方面技术进一步升级困难，另一方面又因工资过高而失去劳动力比较优势。这种现象在台湾、新加坡也有不同程度的表现。这一切事实都说明在分配的管理技术上，真正有生命新事物也没有在东亚出现，没有新的文明很快产生的迹象。

总之，无论从科学技术方面还是从管理技术方面，都找不到世界文明的中心必定在21世纪转移到东亚地区的确凿证据。在下一个世纪，东亚地区将继续保持经济高增长的势头，但这种经济增长的态势并不是世界文明中心转移的充分条件。新文明的创立或世界文明中心的转移依赖于科学技术和管理技术两个方面的创新能力。现代资本主义的许多东西是在东方文明的基础上发展出的。西方人引进了中国的一系列科技发明、中央集权制、文官考试录用制度等，才发展出现代文明。① 东亚地区要想在下一个世纪成为世界文明的中心，必须在科学技术和管理技术两个方面充分地学习、借鉴引进西方之后再进行创新。

① 马克斯·韦伯认为西方的科层官僚制（或称“现代文官制度”）是从罗马帝国的官僚制中发展出来的。战后国际学术界对这个问题有新的研究，一致认为西欧是通过东印度公司引进了中国的集权官僚制，然后发展出现代文官制度。

众所周知，韩国在1997年末爆发了金融危机。引起韩国金融危机的原因很多。比如，20世纪80年代中期以后，美国用“301条款”和“超级301条款”对韩国进行不断的贸易打击，导致韩国对美国贸易赤字连年增加；90年代初新一轮的财阀膨胀造成的重复投资使经济效益恶化；丧失劳动力优势而没有同时完成新的技术升级；1996年世界半导体市场饱和；1997年总统竞选前政局不明而导致投资者信心下降等。这样的一些原因，并不都与本文的主题有关。并且，韩国金融危机与东南亚金融危机和拉美国家20世纪80年代到90年代初的债务危机，及金融危机也完全不是一回事。但是，韩国的金融危机至少暴露了自己在科学技术和管理技术（制度与体制）上的某些弱点。实际上，东亚国家（包括日本）目前仍处在继续向西方学习的过程中。如果东亚地区对此没有正确的认识和定位，幻想得到某种“文化优势”的帮助，结果只能是影响在下一个世纪的发展，从而排斥掉成为世界文明中心的可能性。

“巨型分断”的超克与理想东亚的可能性

张志强

【内容提要】东亚看起来是一个具有相对文明统一性的地区，汉字文化圈和儒教、佛教文明似乎为这个区域的整合提供了文明的基础，而深刻紧密的经济关系也在加深着区域整合的现实联系。但现实的东亚却并没有因为传统和经济关系而建立起正常的政治秩序，冷战的鸿沟依然存在于这个区域，成为引爆新矛盾的结构性前提。那么如何理解东亚所面临的这个难局，如何找到破解之道，是东亚知识分子需要迫切面对的难题。

【关键词】巨型分断　白乐晴　理想东亚　齐物平等

【作者简介】张志强，哲学博士，中国社会科学院哲学研究所副所长，研究员、博士生导师。

一、“加强中韩人文纽带”背后的时势难局

2013年6月，时任韩国总统朴槿惠对中国进行了定位为“心信之旅”的国事访问。所谓“心信之旅”被海外媒体解读为“真诚沟通和增进互信的旅程”，认为朴总统此行的根本意义在于“巩固和加深与中国领导人之间的个人信任，同时要赢得中国人的心，为今后的坦诚对话奠定基础。”同时媒体也指出，“这种互信的提升，也将成为韩中深入合作建立地区新秩序的基础，足以影响未来东北亚的地缘政治形势。”①

① 《朴槿惠访华加强中韩互信》，参见新加坡《联合早报》2013年7月1日。

这次访华的一个重要成果，是双方为加强中韩人文纽带，成立作为政府间的协调机构“中韩人文交流共同委员会”，同时双方还决定增进历史研究方面的相互交流与合作，努力为两国关系发展作出贡献。“加强中韩人文纽带”这一新提法，据称是鉴于两国民间存在的对彼此的误解，“为使中韩战略合作伙伴关系发展到更高水平，缩短两国国民心理距离、构筑更加坚实的信任关系”而提出的。

“加强中韩人文纽带”是一个意涵丰富的提法，诚如朴槿惠前总统所表示的，“韩中两国历史和文化相通”，这是中、韩两国之间切实存在的“人文纽带”。不过，“加强中韩人文纽带”这一说法，却也从另一种意义上承认了当前存在于中韩之间的误解乃至不信任的状况。“加强中韩人文纽带”提法的目的，即意在强调通过中韩之间固有人文纽带的强化来消除误解、增进感情、加深互信。因此，在我们看来，“加强中韩人文纽带”这一提法的提出，在一定程度恰恰是对当前存在于中韩之间的愈益严重的情感疏离和互信弱化状况的准确反映。

我们知道，中韩之间目前的贸易额已经相比于建交之初增长了40倍，中国是韩国最大的贸易伙伴，韩国则是中国第三大贸易伙伴，而且这种状况会在今后更加发展。但就是在经济关系如此热络的状况下，中、韩两国民间却出现了需要认真面对的心理距离和相互误解，需要重新强调潜藏于两国之间的人文纽带来重塑信任，这才是“加强中韩人文纽带”这个话题中牵涉到需要两国学者深入思考和严肃对待的问题。

严格说来，这种“政冷经热”的状况是当前中国对外关系当中普遍存在的问题，不过在周边国家，特别是在东亚区域表现得更为突出而已。所谓东亚区域，也常常被称之为汉字文化圈、儒教文化圈，是一个具有高度相同辨识度的区域，正如法国学者汪德迈所说，在前现代历史上，这是一个具有高度内聚力的区域。而在近代历史上，这个区域中的人民也都曾经受过全球帝国主义的压迫，也都经历过民族解放和现代化赶超等大致相同的历史命运。以上这种状况的出现至少说明，在原本应该具有更多文化和历史亲近性的东亚区域，那些原本能够带来区域内聚力的文化因素和历史命运，却并没有在当前带来相应的情感呼应和理解信任。

那么，我们不禁要追问，这样一种悖论现象何以会发生呢？

当然，单就中韩之间而言，如果仅从国际关系的角度来看，正如有韩国学者所指出的那样，很多韩国人对中国未来的远景“既期待，又担忧”的矛盾心态的核心在于朝鲜问题，尽管建交20多年来两国关系获得极大发展，但近来的天安舰事件和延坪岛事件却引发了“中国威胁论”。不过，如果是由具体事件引发的“中国威胁论”，当然也可以通过另外的具体事件加重或缓解。问题在于，何以这些具体的事件总会不断地引发类似的担忧呢？在我看来，普遍存在于区域内部的这种“既期待，又担忧”的纠结心态，不仅不是具体事件的后果，却可能是一种导引对事件认知态度的基本社会事实。加强人文纽带需要我们深入理解两国乃至区域内部的人文传统和精神世界，而进入人文传统和精神世界的深度，取决于我们对当代现实的理解的高度，以及我们对两国关系乃至区域未来的关心的深切程度。这就需要我们摆脱从单纯因果关系的角度关心现实的认识态度，而是能够深入人文学应该面对的情感、精神和历史世界，给出合情合理的解释，并尝试通过对历史的解释，来导引出我们对于未来的更为深远的想象来。这或许正是“加强人文纽带”向两国人文学者提出的任务。

二、东亚内部的“巨型分断”：对白乐晴观点的阐释

2008年，白乐晴先生在台湾曾做过一个题为《东亚和解的路障》的演讲，他在演讲中讨论了东亚存在着的各种分断状况。这些分断状况当然主要是指冷战后依然存在着的如朝韩之间以及中国大陆与台湾之间的领土分断。我们知道白先生曾把朝韩之间的分断状况上升到一个分断体制的高度来加以描述，但在这个演讲中，白先生在此之外特别讨论了存在于东亚内部的他称之为“巨型分断”（acro-division）状况。所谓“巨型分断”，白先

生的定义是“具有较长历史根源的大规模分断”。在他看来，在东亚最重要的“巨型分断”有两个，一个是日本与其余地区之间的分断，一个是中国与其余地区之间的分断。日本与其余地区之间的分断，根源于明治维新之后的“脱亚入欧”的国策。“脱亚”意味着摆脱它所在的落后区域，“入欧”则意味着加入一个先进的区域，成为其中的一员。在这里，亚洲和欧洲已经不仅仅是区域的地理空间，而是一个具有强烈价值意味的意识形态符号。正是在这种先进与落后，甚至是文明与野蛮的对立中，日本思想史上原本具有朴素亚洲感情的亚洲主义终于蜕变为大陆主义，成为侵略和殖民东亚的意识形态。尽管日本帝国主义的历史终结于1945年的战败，但这种意识形态却并没有终结，只不过“二战”后的日本所要加入的先进行列已经不是欧洲，而是美国。正是通过与美国直接的特殊关系，这种意识形态继续被实际落实着。日本通过不断地学习与赶超，始终坚持代表着所谓先进的文明世界的世界历史方向，成为那个先进文明世界的代理者。正是因为这种意识形态的持续存在，在我看来，日本与其余地区的分断，实际上也已经构成为一种“体制”。这种体制或许并非如朝韩之间的分断体制那样是一种对立面之间相互依存的政治、经济、社会之间的共生结构，但却是在一种意识形态结构的意义上固化为一种认识论“体制”：文明与野蛮、先进与落后的对立结构已经被意识形态的价值标准固化为一种潜在的思维模式，成为一种在一元论普遍主义之下的非此即彼、二元对立的认识论模式。我们知道，这种发生在意识形态领域里的“分断体制”，是经由近代史学和近代社会科学，通过进步史观、实证主义、主体哲学和民族主义等思想装置不断塑造的结果，它不仅是日本社会的意识形态预设，而且也已经成为弥漫于后发展国家内部的自我意识。实际上“日本和其余地区”之间的分断在一定意义上不过是发生在后发展国家自我意识当中的分断现象的象征而已。与其说这种自我意识分断是现代化意识形态的内容，莫如说它是欧美帝国主义精神霸权的产物。

关于中国与其余地区之间的巨型分断，根据白先生的分析，这主要是由于中国在区域历史上的独特地位以及在地理空间规模上的巨大导致的。在他看来，“中国几乎无法算是一个普通的民族国家。由于中国的大小、历史、内部的多元性等，它跟其他东亚国家相较并不是相等的民族国家，也不可能相等。而当中国带着自己特有的民族主义等特质，开始采取或选择采取普通民族国家式的行动时，它跟其他国家不相等的这项事实，就变成严重不调和与不平衡的来源之一。”[1]也就是说，中国与其余地区的分断，是由于中国这个国家由于其历史传统而带来的独特国家性质以及其地理空间巨大规模而带来的与其余地区之间的不相等、不对称、不平衡状况。这也就是说，“在一个以民族国家为构成单位的现代世界里，国际之间遵循的是无论大小，主权平等的原则，但中国却由于其自身历史和空间规模上的独特性，在事实上根本无法作为一个民族国家，也不可能完全自我约束以真正遵循与他国完全对等的原则”。实际上，“这种说法背后的潜台词是，传统中国是中华帝国，是整个东亚区域的中心，尽管它与现代帝国主义不同，但它在现代却仍然无法完全摆脱其帝国的习性，或者说它总是具有成为帝国的潜质。在一个以民族国家为基本政治单位的现代东亚世界里，中国只能算是一个异数，而且是危险的异数。”因此，中国与其余地区之间的巨型分断，实际上就是地理空间规模上的大与小之间的不相称，是前现代的国家性质与现代民族国家之间的不适应，是历史上的中心边缘秩序与现代去中心的国际秩序之间的不调和。

如果我们把白先生指出的这两种东亚内部的巨型分断结合起来，我们就会发现，中国与其余地区之间的分断中的其余地区当然主要是指日本和朝鲜半岛，而日本和其余地区之间的分断中的其余地区当然主要是指中国和朝鲜半岛。因此，发生在东亚内部的巨型分断，就其实质而言不过是中国和日本之间的巨型分断，其中朝鲜半岛则处于居中的微妙位置。一方面正如白先生所言，由于亲日与亲美派在韩国统治阶级中占据主导地位，因

① ［韩］白乐晴著，林家瑄译、录音整理《东亚和解的路障》，见白永瑞、陈光兴编：《白乐晴：分断体制·民族文学》台北联经出版事业公司 2010 年版，第 270 页。

此“韩国也倾向对亚洲其余地区采取”如日本一样的“暧昧立场”，另一方面，从现代历史来观察，朝鲜则当然更多地接近于中国的态度。也正是在此意义上，我们或许可以说，发生在中国与其余地区之间的分断主要是以中国与日本之间的分断表现出来。同样，也正是在这个意义上，如果我们接受了日本与其余地区的分断背后的意识形态预设，那么我们看待中国与其余地区的分断的态度，便会将其理解为一种先进与落后之间的分断，而且是中国与日本之间的落后与先进之间的分断。在一定意义上，中国内部的现代化派们，从晚清直至当代也都是如此看待中日关系的，即使是在遭受日本侵略的时代，那也不过是“落后就要挨打”的铁血证明。

不过，发生在中国与其余地区之间的分断，特别是与日本的分断当中，其实还存在另一种分断的内涵，那就是所谓落后对所谓先进的抵抗。正是这种抵抗，其实也同样构成了日本与其余地区分断的内涵之一。因此，在看待中国与其余地区的分断，特别是与日本和韩国之间的分断时，我们不能忽视另一个重要的历史维度，那就是“革命”的维度，实际上这也构成了一个重要的理解东亚区域现代史的价值维度。没有这个维度，我们便无法理解中国，当然也无法理解朝鲜。于是，我们可以推导出中国与其余地区之间分断的另一层内涵，那就是关于历史观的分断。这不仅包含着对前现代历史的基本看法上的分断，更包含着对于现代历史的基本看法上的分断。

实际上，正是由于这些历史观、价值观和意识形态上的深刻分歧，使得中国与其余地区之间的分断成为一种挥之不去的心理纠结和情感隔阂。那些原本促成了前现代东亚世界的内聚力的文化和历史因素，在当前不仅无法自在地发挥其人文纽带的作用，甚且成为被分断所利用的资源。以儒教这个可以作为区域文化象征的共享资源，在20世纪七八十年代“日本模式”风行和“亚洲四小龙”崛起的时代，则成为解释其成功模式的传统因素，于是有所谓“儒教资本主义”论。同样的，在当代中国则出现了一种“儒教社会主义”的思潮，其思想动机则是为“中国模式”的成功经验寻找历史和文化根据。同样的文化资源却被运用于解释两种截然不同的历史后果，这说明，即使是同样的文化传统不仅不会必定化解“分断”状况，而且还有可能被现实中的“巨型分断”所利用。

这样的事实让我们清醒地意识到，感情上的亲近并不会因为看起来的相似而自发产生，即使自发产生也不会持久。只有经过“感而遂通”的感通力来为其疏通渠道，通过感通中的相互理解，通过感通所启发而来的智慧，来抵达对方历史中的困难与苦痛，感情的兴起才有可能“沛然莫之能御”，而通达他者情感的能力本身就是一种深刻的关心他者的道德情怀。因此，在我们看来，感通力的培养是加强人文纽带的关键。只有在我们具备了能够通达对方痛苦的能力时，彼此之间的相互认识和理解才会是顺畅的。用儒家的术语来表达，这是由仁达智、以智通仁的境界。因此，为超克东亚内部的巨型分断，我们首先需要一种认识论的变革，重建一种“仁智合一”的感通能力。

三、如何超克东亚内部的巨型分断：“中道主义”智慧与意识形态批判

在这里我们还是要以白乐晴先生的思想工作带给我们的启发来开始我们关于如何超克“巨型分断”的思考。白乐晴先生特别强调“智慧”相对于现代科学知识的优越性，但“智慧”并不是对科学的简单否定，应该说“智慧”是一种对科学知识的调节和制约的能力（柳浚弼语）。或者在我们看来，“智慧”就是导引科学认知的一种道德能力，因为有这样一种道德能力的导引，科学知识才有可能成为对人类生活真正有意义的洞察而不是对人类的异化。在我们看来，“智慧”更是破除以科学的名义而产生的意识形态观念桎梏的工具。白乐晴先生提出一种“变革性的中道主义”就是这样一种智慧，一种“转识成智”的智慧。在我们看来，“中道主义”的认识论具有一种瓦解现代诸种意识形态迷误、超克“巨型分断”的智慧潜

能，值得我们深入挖掘和大力阐扬。

所谓“中道”是佛教中观学说中为破除“戏论”（概念或理论）执着而采取的一种准确呈现和认识现实的方式。因此，所谓“中道主义”就应该是一种能够破除任何意识形态执着，还原意识形态的缘起性质，同时又能够根据现实需要合理安排和运用意识形态的态度与能力。所谓“中道主义”认识论，就是相对化任何一种绝对真理的一元化宣示同时又能够根据条件恰如其分地安顿它的认识论。“中道主义”对一元绝对真理的相对化，并非取消其真理性，而是恰当地安排其真理性。根据这种“中道主义”的认识论，我们是要突破意识形态观念对现实的遮蔽，如其本来地呈现和认识现实，而这就要求我们能够恰如其分地驾驭和把握意识形态对于现实的有限揭示作用，既不会为其有限的揭示所带来的视野局限所蒙蔽，又能够经由意识形态的相对真理性，抵达一定的现实。因此，在我看来，“中道主义”的认识论，更为重要的作用在于开放出了更高地把握现实的主体可能性，使得在对现实更高且更全面的观照中，主体能够始终把握价值创造的权能，而不为任何一种意识形态的执着所俘虏，最终成为价值自主自立的主体。这种主体不再是近代哲学自我肯定中的自我同一的主体，而是始终处于无与有的辩证关系中能够无中生有的创造性存在，是一种在价值创造中不断进行着创造的机能性主体，它永远向未来开放着自身的可能性，在创造中尽性知天。

根据这种“中道主义”的认识论，那种曾经主导东亚区域的现代化意识形态强权，便有可能被相对化。在先进与落后、文明与野蛮的现代化意识形态中，先进和文明是通过对自我的简单否定实现的，是奴隶力求改造自我以变成主人的过程。发生在东亚的具有一定普遍性的“脱亚入欧”的赶超逻辑，便是这样一种丧失内在张力的简单自我否定的发展模式。“中道主义”认识论的批判性意义其实在于，它并不是要对这种简单自我否定的赶超意识形态加以简单地否定，而是要从中拯救出能够掌控赶超发展的主体。发展是必要的，但发展不是通过放弃自我来实现的，发展恰恰是对自我的发展。

对现代化意识形态批判性转换的一个历史效应，是将我们从西方所宣示的普遍主义的一元论的世界历史发展模式中解放出来，再次确认自我的位置：亚洲或东方不再是西方或欧洲确认自我的依附性他者；另一个直接效应便是将西方普遍主义的一元论霸权回置西方，只有把西方作为西方来对待，东西方之间才真正有可能在各自文明的根源处，重新寻找对话和沟通的可能性，从而为世界的未来创造更为丰富的可能图景。

对现代化意识形态的批判性转换的另一个历史效应，则是让区域内的各国不再根据普遍主义的价值秩序来安排区域内部的秩序，而是让我们各自放平心态来看待各自的发展模式，认识到不同发展模式是不同主体根据自身条件确立的发展自己的方式而已。

“中道主义”的认识论也可以批判性地转化以“抵抗”为主题的革命意识形态。在东亚近代史上，相对于日本的“脱亚入欧”的意识形态，出现了另一种以亚洲为本位的抵抗欧洲和帝国主义的论述和行动。亚洲这个地缘空间观念的出现本来是欧洲用来确认自我时所设定的他者，因此，以亚洲为本位进行的反抗，便包含了一种吊诡的逻辑，它既是对欧洲设定自己的接受，但同时又尝试去反抗这种设定的特定内容。相对于欧洲对亚洲的他者想象，这种亚洲观念是在欧洲压迫下的亡国灭种危机中的反抗连带的联合体，一种“否定性的联合体”（Negative Unity）。[①] 因此，这样的亚洲是一个针对共同的敌人而形成的政治行动的联合体，我们当然可以设想，如果对立面不存在，政治行动的亚洲当然也便失去了存在的根据。正如韩国学者柳浚弼所指出的那样，如果被压迫者的抵抗当中缺少了一个自我抵抗的环节，在对他者的否定中丧失了自我否定的环节，那么这种抵抗将不可避免为主奴辩证法所俘虏：奴隶对主人的抵抗仅仅是为了主奴地位的转

① 参见[美]柯瑞佳（Rebecca E.Karl）：《创造亚洲：20世纪初世界中的中国》，见董玥主编：《中国社会科学院近代史研究所民国研究论丛·走出区域研究：西方中国近代史论集粹》，社会科学文献出版社2013年版第103—136页。

换。这与那种试图通过变成主人来转换地位的做法并无实质上的不同，同样缺乏价值转换性创造的意义。真正具有价值转换性创造的抵抗，不仅是去抵抗压迫者，更要通过自己的抵抗来彻底转换压迫和被压迫的价值秩序，彻底根除压迫，从而谋求对世界秩序的根本改造。而要做到这一点，必须有一种价值的自觉，在抵抗中始终保持着自我抵抗的醒觉意识，这才有可能产生出一种全新的主体和全新的世界秩序。

这种在否定和自我否定中生成的主体，本身即是一种价值和文化的原理。它总是把他者作为自我成长的契机，同时也把自我的成长作为他者成长的条件，这正是“以他为自”的主体生成原理，而它同时也是一种道德的原理。在“以他为自”的道德互动中不断扩展自我生成的广度和厚度，同时也赋予他者的生成以同样的广度和厚度。在“以他为自”的道德互动中真正落实的是一种“齐物平等”的价值秩序。

对这种“以他为自”的主体生成原理的发明，会从根本上瓦解民族主义意识形态的根基。民族主义的意识形态是现代化意识形态的一个伴生物，它是近代主体哲学在民族层次上的展现。它以一个绝对确定性的自我为开端，中间尽管可能经历否定的环节，但最终仍将会以否定之否定的形式在更高的层次上再次确认自我的确定性，它是一个螺旋形的孤立且封闭的结构：起点即是圆满，是包含了所有潜能的圆满，终点也是圆满的，那是潜能实现后的圆满。这样一种主体其实就是神，而这样的民族主体自然是一个神话。这样的主体或民族是历史的前提，而不是历史的结果。而“以他为自”的主体生成原理，则经由一种源流互质的程序，是在源流之间的不断地相互质询中逐渐形成而且变化的主体意识，它是历史的后果，却非历史的前提，因为并没有一种贯穿历史始终虽变而不变的主体，成为历史的前提。

“以他为自”的主体生成原理会要求我们正视历史，因为历史是主体形成的条件，而民族主义的意识形态则只关心民族，历史不过是民族神话展演的舞台。正视历史，就不会放过任何一个历史的细节，更不会有意回避任何一段历史，因为历史的每个细节都有可能蕴藏着理解我们自身的秘密。就东亚区域而言，正视历史就意味着要关心前现代历史和现代历史的连续，对于现代与前现代的断裂，也必须在历史的连续理解中才能真正获得解释。让我们斗胆以朝鲜历史为例，为了理解现代韩国史，就无法回避五百年李氏朝鲜的历史，在东亚历史上还没有一个王朝可以持续500年以上，这本身就是一个政治成就，值得我们深入地理解，其中一定蕴含着丰富的朝鲜历史和政治的智慧。理解李氏王朝就能够深入认识14—19世纪东亚政治秩序变迁的实质，因而便不会轻易被一种多元封闭的民族主义想象所局限，丧失重建新东亚秩序的智慧。对于中国也一样，只有把对现代中国的理解纵深深入于三四百年前，才能够真正把握中国现代历史变迁的动力。我们对当代现实理解的高度有多高，就决定了我们深入于历史的深度有多深。在某种意义上我们可以说，未来东亚的本质取决于我们对东亚历史一遍遍诠释的深度和广度。这种历史智慧是东亚文明的重要精神财富。

根据民族主义的意识形态，每个民族都是同质且封闭的，因而异民族之间的异质性便可能导致真正沟通的不可能；在封闭同质的意义上，民族之间是不分高低贵贱一律平等的，但在不可沟通的意义上，民族之间的关系便也有了霸权生长的空间。更为重要的是，民族之间的多元平等是一种抽象的形式平等，它并不能取消民族之间在规模和实力上的实质不平等。民族之间的抽象平等只能是协调国际关系的国际法准则，却不能真正成为协调民族关系的政治准则。在现代条件下强权政治盛行的原因就在于此，民族主义无法真正带来一种公正的国际政治。

公正的国际政治秩序的实现，恰恰需要我们破除民族之间抽象平等的意识形态误区，凭借一种政治智慧的彻底性来正视规模和实力上的大小差别。差别的存在是一种自然的和历史的事实，但差别却并不必然意味着不平等，反而可能是带来真正平等的条件。严格说来，真正的平等不仅不是抽象的“一往平等”意义上的普遍平等主义，也非抽象的“自在平等”意义上的多元平等主义，而应该是发生在个别与个别、具体与具体之间的“不齐而齐”的价值对等性意义上的平等，这是一种因为差异所以平等的平等性，是一种“尽性”而非“适性”意义上的平等。“各尽其性”与“各适其性”的区别，在于是否能够给予个体一种充量发展且自作主宰的条件，在于是否接受和承认外在秩序所规定的“性”的内涵；只有这种意义上的平等性才真正建立起了个体之特别性的价值。①

因此，正视差别就成为一种伦理要求，同时它也是一种政治智慧。正视大小的差别，不仅是对小者的伦理要求，更主要的是对大者的伦理要求。大者正视自己的“大”，意味着大者对“大”的责任的自觉，是大者对自身媒介作用之“大”的自觉。在“不齐而齐”的齐物平等世界里，“大”意味着“媒介”作用之大，同时这也意味着责任的重大。

正视历史，意味着去正视主体形成的复杂条件；正视差别，意味着去正视差别带来的不同伦理要求。正视历史和正视差别，才是产生出创建更为合理合情的政治秩序的智慧根源。

最后，我们还是要回到白乐晴先生的智慧创造上来。白先生曾经提出过一个定义第三世界的方式，他说：

“如何定义第三世界，这点其实一直是不确定的，……我主张，第三世界的用意，或者说把第三世界概念提出的用意，并非在于将世界分成三块，而在于将世界视为一个单一整体，但我们采取的不是所谓第一或第二世界的强盛国家观点，而是从普通民众出发的观点。这就是我试图形成第三世界观点的方式，如此一来，就没有需要去争论哪个国家属于哪一部分的世界。”②

---

① 参见张志强：《“操齐物以解纷，明天倪以为量”：章太炎齐物哲学的内涵与旨趣》，《中国哲学史》2012 年第 3 期。

② [韩] 白乐晴著，林家瑄译、录音整理，《全球化时代的第三世界及民族文学概念》，见白永瑞、陈光兴编：《白乐晴：分断体制 · 民族文学》台北联经出版事业公司 2010 年版，第 191 页。

在白先生看来，第三世界并非是一种划分世界的方式，而是一种定义整个世界的方式，所谓第三世界是从一种不同于强盛国家的视野和相应的价值出发来定义世界的方式。第三世界意味着一种新的看待世界的方式，一种新的建构世界秩序的价值观点和政治观点。我们期待着，经由我们对东亚内部巨型分断的超克，经由我们对东亚内部人文纽带的再次强化，经由“转识成智”的具有实践效能的认识论转化，能够建设一个理想的东亚，并将理想的东亚作为建设一个理想世界的起点。这或许是我们讨论“加强中韩人文纽带”对于东亚乃至世界未来的意义所在。

全球化与东亚的价值观

聂锦芳

【内容提要】进入21世纪以来，一方面，世界范围内的全球化进程迅猛推进，另一方面，相映成趣的特异现象却是“区域意识”更加彰显，真正支撑这一意识的深层依据是相同或类似的文化和哲学所表征的价值观。从哲学形态的流变上，东亚地区是一个“文化的东亚”“哲学的东亚”。东亚哲学鲜明地体现了东亚人的思维方式与价值观念：道德至上、和谐观念、中庸之道、辩证思维。但是，在目前全球性的区域合作不断加深和扩大的趋势下，具有相同或类似的价值观的东亚地区的合作现状却并不令人满意。为此需要“设身处地”地“换位思考”、进一步培育和强化“共同体意识”、探索一种共通的“give and take”的关系模式，为建构属于当代形态的、鲜明的东亚文化而努力。否则，在错综复杂的全球化进程中东亚将失去机遇。

【关键词】全球化　区域意识　东亚　价值观　合作

【作者简介】聂锦芳：哲学博士，北京大学哲学系教授、博士生导师，北京大学马克思主义文献研究中心主任，国家社科基金重大项目“重读马克思：文本及其思想（12卷本）”首席专家。

一、全球化时代“区域意识”愈益凸现

进入21世纪以来，世界范围内的全球化进程呈现出愈加复杂的情势。那些关于世界“一体化”的期许和寄托，犹如梦幻一般被新的，某种程度上进一步加剧的矛盾、纷扰，甚至是对峙和仇恨所击碎。给人们留下最为

深刻的影响的是，某些大国对人对己的双重标准的霸权行径，以谎言和杜撰为理由和依据，其实别有图谋的武力占领。同时，伴随着另外一些国家之间无休无止的无谓争论，茫无头绪的怨怨相报，以致造成更多的民族心理的撕裂，或加大了异质文化的冲突，我们这个号称“文明的时代”充满了不文明的声音和举动。但与此相映成趣的另一个特异现象是“区域意识”愈益凸现，区域观念得到加强，区域合作更加密切。过去已经扮演了非常重要角色的区域合作组织持续发挥着影响，而一大批新型国际区域组织渐次成立，合作范围得到扩展，合作层次愈益多样，这反过来又使“区域意识”更加彰显出来。

表面上看，这种“区域意识”凸显的现象与全球化的进程和趋势是逆向而行的，但就实质而言，毋宁说这是各区域主体对于全球化进程中出现的新变化的一种回应。全球化把各个民族、国家带入了世界历史进程，使其不再、也不能“独立”地走其生存和发展之径。理论上推断，这种状况给那些后发展国家带来机遇，使其可能发挥“后发优势”，迎头赶上；但事实上，大多数国家处于被动迎应状态。特别是那些被迫卷入这一进程的国家，所得到的机会不均、权利不等，其最终受惠、获利的程度也很不同。造成这些状况的原因在于，全球化的启动者与引导者都是发达国家，他们启动这一进程的直接动机，首先不是为了后发展国家的发展，而是在国内解决不了自身进一步发展的问题情形下，转而借助全球的资源、人力等因素，寻求新的出路。这样，我们可以看到，大多数相关的国际组织由发达国家操控，全球化规则和程序的制定也基本上由它们主宰。利益真是一张无形之网，全球化规则的主宰者、制定者，一旦涉及自己国家的利益，就可能不按规则出牌。这样的结果，至少到目前为止，全球化绝不是一体化，相反，世界结构是更加“等级森严”了，发达国家的发展是以后发展国家的不发展或发展缓慢作为基础和铺垫的。

但是，诚如戴维·伊格内修斯所指出的，“这个世界并不是一个平面，而是由山河和民族情绪组成的‘搓板’。”[①]面对当今全球化浪潮给世界带来的巨大变化和不确定性，在错综复杂的情势下，备受磨难的后发展国家也不可能再把自己的命运交付这一进程的盲目驱动，依附他国发展。它们都在思考这一变革对于人类和自己的意义，寻求各种发展之径。在本国力量不够的情况下，组成形形色色的国际组织和区域合作机制以回应由此带来的诸多问题，是一条最切实的途径。这样说来，全球化并没有也不可能消除区域化和民族性，它所引起的世界经济和文化地图的重组，必然使“区域意识”愈益凸显出来。

当然，这里我们必须指出的是，“区域意识”的凸显仅仅体现在目前的区域经济、政治合作组织的建立上是远远不够的，甚至可以说，这种联系是非常“短视”“脆弱”的。世界范围内的区域合作，除了以市场为导向，为了实现某个具体目的而进行的“功能性合作”，和由参与各国的中央政府推动，建立在共同的区域协定基础上的“制度性合作”，还应有一种文化的或观念性的合作，即基于相同或类似的价值观念和思维方式之上的共同体形式；它是文化形态、精神信仰的一种融通、会合和创造方式，具有为强权的政治和功利的经济所无法企及的境界和生命力，真正支撑“区域意识”的深层依据就是这些相同或类似的文化和哲学所表征的价值观。

二、东亚的价值观：基础、所指和现实可能

在全球性的区域合作不断加深和扩大的趋势下，东亚地区是一个可以寄予极大希望但合作的现实状况却并不令人满意的区域。我们说“可以寄予极大希望”，是因为这一地区在历史上文明形态辉煌而独特，价值认同一致或类似。从显性层次上看，这一地区过去都使用汉字，从而建构了一个“文字共同体”形式。在这里，汉语绝不仅仅是古人表情达意的工具，

---

① [美]戴维·伊格内修斯:《新国家主义》,《华盛顿邮报》2005年4月20日,《参考消息》2005年4月24日转载。

更是熔铸成他们的一种思维；我们的先贤用它创造、拓展和丰富了人类的精神空间，诗、词、歌、赋等体裁形式及其数不尽的名篇佳作达到了只能用汉语而不能用其他语言表达精神空间的极致；还有我们的以写意为特征的绘画艺术、独特的书法作品更构建了一个为其他文化所不可重复和替代的审美世界。

更深层次的考察会发现，从哲学形态的流变上，可以说东亚地区更是一个“文化的东亚”“哲学的东亚”。其文化和哲学呈现出一源多流的过程，具有形态的共通性和精神的共识性。公元前3世纪到3世纪，以儒家学说为中心，儒、释、道融合而成的华夏文明，先传入朝鲜半岛，而后又传到日本列岛和越南等地。被传入国依照他们自己的传统文化和哲学观念来理解、诠释、接受、改造，建构了具有本民族特色的文化和哲学。东亚文明形成早期的这种交流和合作，在其后得到了延续。朝鲜半岛在高丽末传播中国的性理学，特别是朱子学，经朝鲜李朝学者群体的解释和阐发，而成为朝鲜的朱子学，并被作为李朝的官方意识形态。13世纪初，宋学著作也已渐传入日本。朱子学又由日本学者群体的解释和发展，形成诸多学派，在德川幕府时代也成为官方意识形态。这种融合与创造，使东亚哲学呈现出内涵相同、形态多样的景观。

东亚哲学鲜明地体现了东亚人的思维方式与价值观念，按照我的理解，其显著的特点至少表现在以下几个方面：

一是道德至上。东亚价值观首先表现在从人伦秩序、道德规范出发来观照和把握世界，认为自然、社会都为一种伦理关系所统摄和制约，从而表现为一种泛道德化的倾向。它先把人的道德特性赋之于“天”，使“天”成为人伦道德之化身。在我看来，所谓东亚哲学中的“天人合一”思想，并不仅仅是一种人与自然关系的学说，而主要还是一种人的道德修养和人的最高觉悟的学说。人既可以通过自己的活动影响自然，更可以通过自己的作为感动天地，即所谓“天地设位，圣人成能”[①]。同时，东亚哲学也把社会放在人的伦理关系之中，强调人的伦理道德方面的属性，将天尊地卑的“天理”导入社会关系，推演出一整套社会伦理准则，强调个人所负的道德上的义务和责任。

二是和谐观念。在东亚哲学中占据主导地位的儒家思想的核心是“仁”，指的是处理人与人之间的关系时所应该遵守的基本原则。孔子将其表述为“己欲立而立人，己欲达而达人”；[②]“己所不欲，勿施于人”。[③]这条基本原则应用到具体的人际关系中，即表现为各种具体的规则，如在家庭中，表现为父慈子孝、夫正妻贤、兄亲弟敬。儒家认为，如果一个家庭中的各个成员都遵守各自的伦理原则，那么这个家庭就是和谐的。由此扩展开来，国家被视为家庭的扩大，[④]如果把建立一个和谐的家庭的伦理原则应用到国家中去，即用君仁、臣忠、民顺与父慈、妻贤、子孝相对应，就可以建立一个和谐的国家。

三是中庸之道。“中庸”是由“仁”的准则推演出来的观察和处理社会问题的方法。“中庸”的含义是“执其两端，用其中于民”。[⑤]就是讲要去掉两个极端，采用“中”的原则，看人做事，既不过又无不及，不走极端，不使矛盾激化。过去很多人把“中庸”演绎、曲解为“折中”“调和”，把“中庸之道”贬为折中主义。其实这里多有误解。“中庸”所本的是“仁”，而“仁”是有严格的选择性的。“唯仁者能好人，能恶人”；“好仁者，无以尚之，恶不仁者，其为仁矣。”[⑥]这就意味其好恶是以人民的好恶为转移的。可见，“中庸之道”并非折中主义。相反，这种“用中”的方法，反对过与不及，

① 《易传·系辞下》。

② 《论语·庸也》，见[宋]朱熹:《四书章句集注》，中华书局1996年版，第92页。

③ 《论语·颜渊》。

④ 在中文语境中，“国”与“家”组成一个词汇，典型地表达了二者之间的关系，即“家国一体”。

⑤ 《中庸》。

⑥ 《论语·里仁》。

保持“适中”、“适度”，是一种高超的人生智慧。

四是辩证思维。东亚哲学把自然界和人类社会现象看作一个统一的整体。因此，要求人们在了解、观察、分析和认识这些现象时，要从一个统一体的视角来考察它们之间的相互联系。中医、韩医就是从统一的整体出发来考察人体的各个部分，天才地观察到了人体的经络体系，从而避免了种种片面性的认识。不仅如此，东亚哲学还认为，在统一体中，一切事物都有它的对立面，都是相互联系、发展和转化的。不仅自然物的大小、高低、上下、动静等是对立统一的关系，而且人类社会生活中的善恶、美丑、得失、祸福、多少、难易等，也都是相互联系、依存渗透和转化的。

很显然，东亚的价值观是在近代以前奠基、发育和成熟的。19 世纪以来东亚各国先后都面临着社会转型的巨大变迁，走上各不相同而又都充满坎坷和荆棘的发展之路。在这种情境下，特别是一些激烈的“反传统”的做法，使融合而成的东亚文化和哲学，既造成了分化，更遭到了致命的破坏。但是，这是不是意味着东亚地区相同或类似的价值观就完全不复存在了呢？我认为，文化的形成、流变和转向是一个非常复杂的过程，文化的变迁受制于时代，但它们之间不是亦步亦趋、一一对应的关系。更为重要的是，东亚传统文化所体现的价值观念迄今为止仍内化、积淀在普通民众的心灵深处，成为其为人处世的准则和规范，发挥着持久的影响力。这是为其他形态的文化，特别是从外部“灌输”的文化所不可比拟的“原生”优势。上世纪 80 年代中国有的学者探讨过一个现象，[①] 即中国大陆 1949 年之后出生的人自小并未系统接受过儒家思想的教育（相反一直是在“反传统”的氛围中度过的），但为人处世的准则、观念却大多仍是儒家的，这与港、台、新、韩、日等地在政府极力推崇和提倡下，以儒家经典为青年学生的必修功课，所产生的效果差别并不大。由此看来，近代以来东亚的价值观可能有所变更或转化，但迄今为止没有也不可能被消解。

---

① 《金观涛、刘青峰集——反思·探索·创造》，黑龙江教育出版社 1988 年版，第 12 页。

为东亚价值观的当代性辩护，还有一个重要问题，就是这种价值观与现代化是不是背离的，换句话说，实现现代化是不是必须彻底消解这种价值观。过去我也倾向于这种观点。但现在看来，除了上段所指出的，这种观点是文化、价值观与时代之间关系问题上的机械论的体现，另外还有一个问题没有得到澄清，就是不同类型的现代化相区别的标准和维度是什么？我觉得是文化及其价值观。在社会有机体系统中，如果说经济是基础，是骨架和躯干，那么文化和哲学就是血肉和灵魂。纳入全球化的经济构架可以有一个大致统一的标准和规则，但文化和价值观不应该有这样统一的标准和规则。如果在全球化进程中，发达国家以其强大的经济作后盾，推行其政治民主制度和文化价值观念，使世界范围内的那些非主流的民族文化、区域价值观遭受到挤压和摧残，那么这样的“现代化”历程会演变成一场民族文化的“劫难”。这里绝不是说，既有的文化和价值观都是完美无缺、不可变革的，但变革的路向是传承和创新，而不是抛弃或决裂，更不是异质文化和价值观的单纯移植和趋同。

三、秉承和弘扬东亚价值观的当代路径

但是，在全球性的区域合作不断加深和扩大的趋势下，具有相同或类似的价值观的东亚地区的合作现状却并不令人满意。近一个半世纪以来，这一地区外忧内患，恩怨沧桑，如今历史死结尚未解开，新的问题又频仍产生。我们认为，只有秉承和弘扬东亚价值观，强化“东亚意识”才有助于东亚各国走出困境；否则，在错综复杂的全球化进程中我们将失去机遇。

其一需要“设身处地”地“换位思考”。孔子曾提出了一个处世原则“能近取譬”，即以自身作譬喻，来考虑如何去对待别人，为对方着想，理解对方的真实处境和感受。具体而言，东亚国家在这方面有两个问题需要特别注意，一是历史感情，二是地缘心理。时至今日，第二次世界大战已

经结束了70年，但是应该成为“东亚共同体”核心的中、日、韩三国在“历史认识”问题上依然存在严重分歧，并直接导致了中日、韩日国家之间持续的政治羁绊。对于中、韩两国民族感情的一再伤害，将使对“大东亚战争”负有责任的日本失去信任。此外，在相互交往中还必须注意到基于地缘关系的差异所导致的各国民众不同的心理状态。① 比如，韩国及整个朝鲜半岛地处中国和日本之间，作为韩国人，如果以其国土为中心而向外环顾世界，首先挡在它面前的就是西面的中国和东面的日本，如果不通过这两个国家，韩国无法直接与世界连接；而且由于南北分治，把统一的半岛分成两段，使其本来就不大的国土面积再次缩减，这些都铸造了韩国人复杂而敏感的心理性格。

其二需要进一步培育和强化“共同体意识”。近代以来，由于与西方国家错综复杂的关系，特别是以发达国家作参照，东亚各国在寻求现代化的道路上都出现过“全盘西化”的论调和主张，这使得东亚国家间的“共同意识”淡漠起来。尤其是在日本，给其近代思想的形成带来巨大影响的福泽谕吉1886年撰写的《脱亚论》一书，迄今为止还被有的日本学者认为“指明了日本近代的发展方向”，产生着不小的影响。该书把中国和朝鲜半岛，称为“不幸之邻邦”，声称日本“国民之精神已脱亚洲之固陋转为西洋文明”，并且“为今之谋，我国不应犹豫坐等邻国文明开化共兴亚洲，毋宁脱其伍类与西洋文明国共进退。”② 在韩国，由于美国在其经济起飞过程中起过非常大的作用，在其国民中以与美国交往为荣而鄙视亚洲者也不乏其人。而在中国，由于地域辽阔，周边有约20个邻国，近代以来又面对列强诸国的环伺和纷争，这种生存环境，造就了中国必须直接面对世界的性格。相比之下，与只属一翼的东亚地域的连带感自然也会显得淡薄一

---

① 宋荣培:《中国社会思想史——儒家思想、儒家式社会与马克思主义的中国化》，中国社会科学出版社2003年版，第3—4页。

② [日]丸山真男著 区建英译:《福泽谕吉与日本近代化》，学林出版社1992年版，第23页。

些。而如今，面对全球化带来的复杂情况和解决各国发展中的难题，需要各国之间培养起“共同体意识”并见诸行动，这将使得东亚国家在世界秩序和体系中的地位稳步提升，甚至可能形成“来自东亚的全球化标准”。

其三需要探索一种共通的“give and take”（互谅互让，或译作：施与受）的关系模式，并为建立这样一种关系而努力。这种关系是既竞争又合作，但竞争不是“以眼还眼、以牙还牙”的斗争，如果采取的仅仅是缺乏长远眼光的邻国间的内讧，那么就可能出现“鹬蚌相争，渔翁得利”的情形。诚如日本驻联合国前大使谷口诚所指出的，“对于希望在经济上进军东亚和亚洲地区的欧洲、美洲国家来说，目前日本、中国和韩国之间的内讧或许正是它们所希望的。所有这些都应该令我们感到耻辱。”[①] 东亚地区既有经济发达国家，也有新兴的工业国家，还有发展中国家；既拥有雄厚的资金、先进的技术和管理经验，又拥有丰富的资源和充裕的劳动力。各国发展水平、经济结构层次明显，资源条件也各具特点，经济互补性强，合作空间大，市场潜力巨大，具备发展区域合作的良好条件。这种情况下，只有加强对话、交流、理解与合作，逐渐消除和避免争端与摩擦，实现共同繁荣与发展，才符合本地区各国的共同利益。

其四为建构属于当代形态的、鲜明的东亚文化而努力。近一个半世纪以来，东亚地区战乱频仍，民不聊生，一以贯之的“道统”序列断档了，虽然后期各国不同程度地走上了发展、进步之路，但可以说，我们现在没有属于当代形态的、鲜明的东亚文化。在东亚各国致力于经济发展、政治民主的持续努力中，现在是提出创建新型的文化形态的时候了。必须强调的是，这里我所指的文化决不是近年风行的那些展示虚幻道德和浪漫爱情的所谓“韩流”“日剧”，以及那些“戏说”帝王将相情史权术的所谓“汉风”，而是反映我们东亚国家近代以来沧桑变迁和坎坷命运的史诗性的作品的创作，和体现当代精神特质、具有民族风格和气派的思维方式的重构。很显

① ［日］谷口诚：《为构筑东亚共同体而努力——日中韩应如何开展合作》，东北亚发展国际论坛演讲稿，2005 年 4 月 23 日。

然，要创建这种形态的东亚文化，不能一味地靠抒发思古之幽情，在故纸堆里皓首穷经，也不能靠移植一种外来的，哪怕是多么新潮、现代的文化，在他人的思路、框架内驰骋，而是需要增强原创意识，面向当代活生生的社会实践和个体生命体验，积极进行理论建树。

160 多年前，法国大文豪雨果在巴黎举行的世界和平大会上满怀激情地说："总有一天，到那时，……所有的欧洲国家，无须丢掉你们各自的特点和闪光的个性，都将紧紧地融合在一个高一级的整体里；到那时，你们将构筑欧洲的友爱关系……"[①] 而今，这种预言在欧洲已经变成了现实，那么，东亚地区于此能达到怎样的程度呢？世界正拭目以待。

① 柳鸣九主编，李玉民等译：《雨果文集》第 19 卷，河北教育出版社 1998 年版，第 27 页。

中韩文明对话
——儒学与韩文创制

李甦平

【内容提要】本论文主要论述了韩文的创制在理论上主要依据了中国儒家经典《周易》中的“太极”、“阴阳”、“五行”等学说。这一历史事实表明了中韩文明对话的重要性。这一重要性启示我们在当今现实社会少些冲突，多些文明对话，将使人类社会更加和谐，更加美好。

【关键词】中韩　韩文创制　儒学

【作者简介】李甦平，中国社会科学院哲学研究所研究员、博士生导师，中华日本哲学会顾问、中国实学研究会顾问。

2006 年我主编出版了一套《文明对话丛书》。其中韩国已故著名教授李正浩博士的《韩文的创制与易学》一书，就是关于亚洲文明对话的代表著作。这部著作的主旨是讲韩字创造的学术依据是中国的儒学。本论文将这部著作的概要陈述如下。

孔子是中国儒学的创立者。儒学的载体是汉字，作为儒学载体的汉字在古朝鲜时代就已传入了朝鲜半岛。古代韩民族只有语言但无文字，所以汉字的传入，在韩民族文化史中具有划时代的贡献。这种贡献表现在两个方面。一方面是凭借汉字记录下了当时社会珍贵的历史，另一方面是依据汉字中承载着的儒学思想创造了韩文（时间推至朝鲜朝世宗大王时期 1419 年—1450 年）。

高句丽（公元前 37 年—公元 668 年）究竟从何时开始使用汉字，无确切的文献记载。据《三国史记》记载，高句丽自建立初期就利用汉字撰修本国史籍，名曰《留记》100卷。公元600年，婴阳王诏令太学博士李文真将《留记》再编纂整理为《新集》5卷。公元375年，百济（公元前18年—公元663年）于近肖古王三十年命博士高兴用汉文撰写百济国史，名为《书记》。新罗（公元前57年—公元668年）初期无文字，《梁书·东夷传·新罗》记云："无文字，刻木为信，语言待百济而后通焉。"新罗的汉字使用，是通过百济而学得的。公元545年，新罗的真兴王命柒夫等人用汉字撰写新罗国史。① 用汉字撰写的国史，不仅为后人留下了宝贵的史料，而且亦可从汉字中了解其内在的儒家思想。

汉字传入半岛后，一直被广泛流传使用，直到朝鲜朝世宗大王时代（1419年—1450年）才创造了韩字，这就是著名的"训民正音"。韩字的结构原理深受汉字中蕴含的儒家思想的影响，具体说就是"训民正音"的结构原理与儒家经典《周易》具有深切的关系。如《训民正音·制字解》说："天地之道——阴阳五行而已。坤复之间为太极，而动静之后为阴阳。凡有生类在天地之间者，舍阴阳而何之。故人之声音，皆有阴阳之理，顾人不察耳。今正音之作，初非智营而力索，但因其声音而极其理而已。理既不二，则何得不与天地鬼神同其用也。正音二十八字，各象其形而制之。" ②

若分析这段话，可分解为如下七条：

（1）天地间的真理只有阴阳与五行。

（2）阴阳五行出自同一个理——"太极"。太极为阴阳、五行之"体"，而阴阳、五行则为太极之"用"。

（3）凡天地间有生类者，舍阴阳而何之？即万物皆由阴阳五行之作用而成。

---

① 参见［高丽］金富轼：《三国史记》，乙酉文化社1990年版。

② ［韩］李正浩：《训民正音的结构原理及易学研究》，首尔：亚细亚文化社1990年版，附录。

（4）人的声音作为万物中的一种，皆有阴阳五行之理，但因人不察耳，故无人知晓。

（5）今世宗《正音》之作，并非智营而力索，是因观察人发声之形象，探求其阴阳五行之理。

（6）造就万物的天地自然（阴阳与五行）之理，与作用于人之声音（阴阳五行）的理，既然只有一种——太极，其理别说人之声音，连天地鬼神都同其用也。

（7）《正音》二十八字亦模仿发音位置的形态，即其形是模仿发音器官的形状而制成的。

这是说韩字的创制原理是依据中国儒学的太极、阴阳、“五行”学说和易学。

在周敦颐的《太极图》中，若仔细分析象征阳动和阴静的第二图以及象征五行的第三图，就会发现：

（1）木、火为一组位于左侧，属于阳；（2）金、水成一组位于右侧，属于阴；（3）土位于中央。（见图 1）这一图形象征的是由木生火，再由火到土以及由土到金，金到水，水到木的五行生成循环顺序。口腔五行——牙、舌、唇、齿、喉，各属于木、火、土、金、水。若按此方向确认，便会看到以下图形。（见图 2）按照五行原理，从口腔五个部位发出的音的基本形有ㄱ、ㄴ、ㅁ、ㅅ、ㅇ。

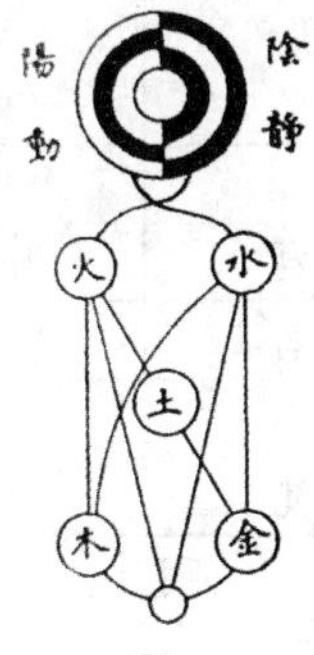

图 1

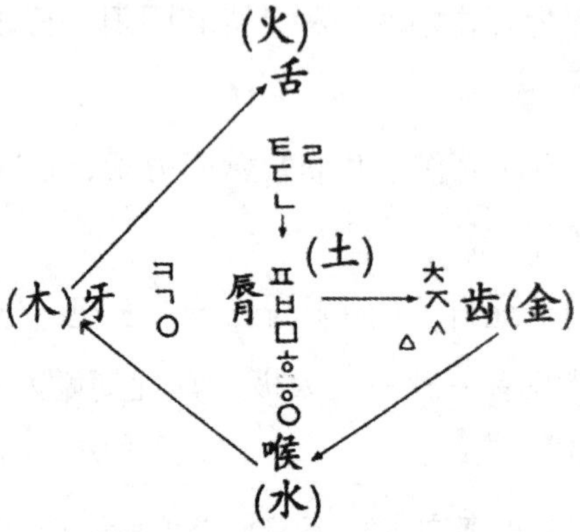

图 2

ㄱ：为舌根闭喉之形，属于牙音。

ㄴ：象舌附上颚之形，舌形象火苗，属于舌音。

ㅁ：象“口”形，在五行中类似于土，属于唇音。

ㅅ：在五行中类似于金，象征金属可以断一切，属于齿音。

ㅇ：取象于喉，属于喉音。

由以上五个基本音又派生出了初音 17 个字母，这 17 个字母若按着五行顺序排列，则如下图：（见图 3）

五行	木	火	土	金	水
五声	角（어）	徵（이）	宫（음）	商（아）	羽（우）
五音	牙	舌（半舌）	唇	齿	喉
初声十七字	ㅋ ㄱ ㆁ	ㅌ ㄷ（ㄹ） ㄴ	ㅍ ㅂ ㅁ	ㅊ ㅈ（△） ㅅ	ㅎ ㆆ ㅇ
基本音	ㄱ	ㄴ	ㅁ	ㅅ	ㅇ
四时	春	夏	旺季	秋	冬
四方	东	南	中	西	北
五脏	肝	心	脾	肺	肾
五常	仁	礼	信	义	智

图 3

关于以上五个基本字母的儒学意义如下：

ㄱ：由于发音“ㄱ”的臼齿部分，相当于口腔内五行中的木。这主要是指此处的牙，故称为牙音。在一年四季中相当于春季，论方位相当于东部，论五声相当于角调。“ㄱ”是韩文28个字母的第一个字母，由它生出其他字母。这用易学思想来解释，就是万物资源于乾元，一元之气，四时运行。宇宙间一切生命起源于乾元，阴阳作用而有五行，五行又演为万物。所以，“ㄱ”字从垂直方向（竖向）来考察，就如同是乾元。“大哉乾元，万物资始”（《周易》，乾卦，彖传），生命的种子从天而降。这是一种垂直的关爱，与乾卦四德（元、亨、利、贞）中的“元”之德相类似。所谓“一元之气周流不穷，四时之运循环无端”[①]之理，似乎从“ㄱ”字始。饶有兴趣的是，在韩文中表示“伟”（거룩）、“神”（검）、“坚固”（굳다）等含义的词汇均以“ㄱ”字开头。

ㄴ：发音ㄴ的舌尖部位相当于口腔内五行之火。舌尖敏感可分辨味道，并且很灵活，“如火之辗转而扬扬也”。该字属于舌音，论四季相当于夏季，论方位则相当于南，论五声则相当于徵。如果说ㄱ字如同下垂某物，那么“ㄴ”则表示接住某物。《易》曰：“至哉坤元，万物资生，乃顺承天。”（《周易》，坤卦，彖传）“ㄴ”就是顺承天的坤元。现实中表示“生”（나다）、“飞”（날다）、“足够”（넉끈하다）、“融”（녹다）、“缓”（느리다）等词语都以“ㄴ”字开头，也是比较有趣的现象。

ㅁ：《制字解》中记载：“唇方而合土也，声含而广，如土之含蓄万物而广大也。”从五行角度而言，嘴唇和嘴皆属于“土”。从五声角度而言，则属于宫调。从四时而言，主要指夏季，方位主要指中央。坤卦表示“土”，坤卦记载：“坤厚载物，德合无疆”（《周易》，坤卦，彖传）；“厚德载物”（《周易》，坤卦，象传）；“含弘光大，品物咸亨”（《周易》，坤卦，彖传）等。这表示“土”具有厚德载物的方正之德。其实，我们的嘴相当于“土”，

① 《训民正音》（解例本）“制字解”。

它具有容纳所有能供给营养的食品，哺育我们的肉体之成长之厚德。颐卦表示“嘴”，颐卦记载：“自求口实，观其自养也”（《周易》，颐卦，彖传），表示调节饮食并摄取营养即为养正。颐卦还说：“观颐，观其自养也”（《周易》，颐卦，彖传），指出出言慎重亦是养正。这表示嘴不仅调节饮食，还应出言慎重，承担培养我们精神之重任。在韩文中，“喝”（마신다）、“吃”（먹는다）、“含”（머금다）、“咬”（물다）等词汇都从“ㅁ”字开头。

ㅅ：《制字解》称：“齿刚而断，金也。声屑而滞，如金之屑锁而锻成也。”且，“ㅅ”于时为秋，于方位为西，于五音为商。该ㅅ字形还与人用双腿站立之象相类似。这说明，人就是如同万物结出果实并呈现其真实的面貌，是完全同熟和同道的秋季。同时，人类又不同于动物，总是在思考问题，就像乐调中的“商”，进行商议和思考并能够坚强、完美地生活。如儒家经典所说：“人之生也直，罔之生也幸而免”（《论语·雍也》），头部朝天，双脚着地，与地成 90 度角直立而顶天立地。“头容直，足容重”（《礼记·玉藻》）。上律天时，下袭水土，成为一个拥有完善人格的所有者。在韩文中，表示“人”（사람）、“芽”（싹）、“生活”（삶）、“茁壮”（씩씩하다）等词汇皆以“ㅅ”字开头，这不能不使我们推测“ㅅ”字不仅与秋季、人相关联，而且还与那些具有生命的、活泼的、活跃的东西相关联。

ㅇ：其声音发自喉音中的最深处，喉部位于所有发音器官中的最深处，且最为润泽，在口腔五行中相当于水。论四时，则为冬季，论方位则为北，论五声则为羽调。ㅁ意指方正，ㅇ则意指圆神；ㅁ意味着有限性，ㅇ则意味着无限性。从这一内涵而言，无限性之象征——喉部为天，有限性之象征——嘴唇为地。从象的角度而言，ㅇ属于空。空为何物？空为所有时间性的根源和所有空间性之本初，是“万有之中”。尧舜的“厥中”和孔子的“时中”以及今天的“正中”，皆起源于这一空。

“象形而字仿古篆”是韩文创制的又一重要原理。这里的“象形”如《训民正音》所说：“正音二十八字，各象其形而制之。初声凡十七字，牙音"ㄱ"象舌根闭喉之形，舌音"ㄴ"象舌附上腭之形，唇音"ㅁ"象口形，齿音"ㅅ"象齿形，喉音"ㅇ"象喉形。"[①]这表明《正音》的每个字，都是根据口腔内部对应于阴阳五行方位的各发音部位的形态而制成的。而"字仿古篆"，李正浩博士认为是"字形类似于汉字的古篆体"。例如《训民正音》说："ㄷ使人联想到篆字從（从）或𠔁（比）的汉字构成。"[②]韩字的形体似汉字古篆。而韩字多是四四方方，更类似汉字。关于这些，汪德迈也有同感。他说："朝鲜注音系统的出现则晚至1446年由李朝世宗颁布，此注音体系是十分独特的，它对朝鲜语进行了充分分析，十分精细地分离出各种母音、辅音。母音字母取法于天、地、人象形图式，在一种充满宇宙论精神下分别将母音分为'明'（开口）母音、'暗'（闭口）母音和介于二者之间的母音。辅音则根据舌、唇、声门的对立位置的图解来划分。这是一种不同于日语的注音字母体系。在记录词语时，字母以'音节字'的形式一个个音节组合起来，音节文字不是胶著于同一线上而是在一个方块内，以组成一个像汉字一样的组合书写单位。这种书写方式使按发音记录下来的朝鲜语从形式上可任意与汉字穿插运用。没有任何事情能够比此更好说明中国文言对朝鲜的影响，朝鲜是企图在汉语的基础上建立自己的书写系统。"[③]

李正浩博士在《韩文的创制与易学》这部著作中的一个中心观点就是，韩文创制的理论基础是依据中国的儒学思想，尤其是易学思想。据李正浩博士的考证，世宗大王对中国的儒学典籍很熟悉，尤其酷爱《周易》。他不仅自己认真熟读《周易》，领悟其中的真谛，而且还利用日理朝政间的闲暇时间宣讲易学理论。正是在世宗大王这一思想指导下，中国的儒学成为了韩文创制的理论依据。

---

① ［韩］李正浩：《训民正音的结构原理及易学研究》附录。

② ［韩］李正浩：《训民正音的结构原理及易学研究》第43页。

③ ［法］汪德迈著，陈彦译：《新汉文化圈》，江西人民出版社1993年版，第101页。

儒学与韩文创制这一历史事实表明了中韩文明对话的重要性。这一重要性启示我们不同文明之间是可以互相交流、互相补充、互相学习、互相借鉴、互相对话的。不论是历史既往还是当今现实社会，不论是学术问题还是政治问题，少些文明冲突，多些文明对话，人类社会便会更加和谐，更加安宁，更加美好，更加和平。

中韩儒学的“性情之辨”与“人物性同异之辨”

李存山

【内容提要】本文认为中国的先秦儒学与宋代理学在“性”与“情”，以及“人物性同异”等问题上的差异，是韩国儒学史上“四七之辩”与“湖洛论争”的根源。从“四七之辩”和“湖洛论争”来看，有些重要的问题在中国儒学中没有展开讨论，而在韩国儒学中却得以深入地展开。这其中除了韩国儒学受到中国儒学的思想影响外，又突显了韩国儒学之思维缜密、追求哲理之贯通的特点。而在韩国儒学的特点中，我们反过来又可见中韩儒学在义理结构、思想发展上的逻辑相通处。

【关键词】中韩儒学　性情之辨　人物性同异之辨　四七之辩　湖洛论争

【作者简介】李存山，中国社会科学院哲学研究所研究员、博士生导师，国际儒学联合会学术委员会主任，中国哲学史学会、中华孔子学会副会长。

中国的朱子学自高丽朝后期传入韩国后，在韩国的儒学史上展开了两次著名的大辩论，即“四端七情”之辩与“人物性同异”之辩，前者又称“四七之辩”，后者又称“湖洛论争”。这两次大辩论凸显了韩国儒学的特色，学界对此已论述颇多。而我认为，这两次大辩论的根源还在于，中国的先秦儒学与宋代理学在“性”与“情”以及“人物性同异”等问题上的差异，宋代的理学家在把先秦儒学发展为宋代理学时并没有完全弥合二者间的差异，因此，在论述上出现了一些不同的说法。这些不同说法中所蕴含的问题或矛盾，在中国儒学史上没有展开讨论，而在韩国儒学的“四七之辨”和“湖洛论争”中却得以深入展开，这也确实颇见韩国儒学的特色。

一、先秦儒学与宋代理学的“性情之辨”

先秦儒学虽然有“性”与“情”两个概念，但基本上是“性情一体”。至汉代儒学，有“性善情恶”与“性情相应”两说。[①]从性善论立说，而有“性情之辨”的是宋代的理学家。

孔子论“性”，在《论语》中只有“性相近也，习相远也”（《论语·阳货》）一说，这主要是为孔子所主张的“有教无类”提供人性论的根据。因为人皆可教，所以孔子所说的“性相近”大致是说人之本善或向善的本性相近，其中无涉“性情之辨”的问题。

孔子论“仁”，有仁者“爱人”（《论语·颜渊》）之说，此“爱人”就是要“泛爱”人类所有的人。[②]孔子的学生有若说：“孝弟也者，其为仁之本与！”（《论语·学而》）孔子也说：“弟子入则孝，出则弟，谨而信，泛爱众而亲仁。”（同上）孝悌为“仁”之本始，故“仁”就是由此孝悌的“亲亲”之情而扩充为“老吾老以及人之老，幼吾幼以及人之幼”（《孟子·梁惠王上》），进而扩充为“泛爱众”，即泛爱所有的人。

孔子并没有以“仁”为人之本性的思想，因此，《论语》中的“孝弟也者，其为仁之本与”，也就是孝悌为（是）仁之本的意思。在宋代理学之前，何晏的《论语集解》注：“本，基也。基立而后可大成也。苞氏曰：先能事父兄，然后仁道可成也。”皇侃的《论语义疏》云：“此更以孝悌解本，

① 关于汉唐儒学的“性善情恶”与“性情相应”思想，本文从略，可参见拙著《中国传统哲学纲要》，中国社会科学出版社 2008 年版，第 168—171 页。

② 《吕氏春秋·爱类》篇云：“仁于他物，不仁于人，不得为仁。不仁于他物，独仁于人，犹若为仁。仁也者，仁乎其类者也。”

以仁释道也。言孝是仁之本，若以孝为本则仁乃生也。”邢昺的《论语正义》亦云：“君子务修孝弟以为道之基本，基本既立而后道德生焉。”此皆以孝悌是仁之本的意思。

孟子说：“仁者爱人，有礼者敬人。”（《孟子·离娄下》）汉代的董仲舒说：“仁者，爱人之名也。”（《春秋繁露·仁义法》）唐代的韩愈说：“博爱之谓仁”（《韩昌黎集·原道》）。此亦皆以“爱人”解“仁”。

然而至宋代的理学家，因为有了以“天理”为世界的本原，“性即理也”和“性体情用”的思想，故而对“孝悌为仁之本”和“仁者爱人”有了一种新的解释。如程颐说：

> 爱自是情，仁自是性，岂可专以爱为仁？……退之言“博爱之谓仁”，非也。仁者固博爱，然便以博爱为仁则不可。（《程氏遗书》卷十八）

> 盖仁是性也，孝弟是用也。性中只有仁义礼智四者，几曾有孝弟来？仁主于爱，爱莫大于爱亲，故曰：“孝弟也者，其为仁之本与”。（同上）

> “孝弟也者，其为仁之本与”，非谓孝弟即是仁之本，盖谓为仁之本当以孝弟，犹忠恕之为道也。（《程氏外书》卷七）

朱熹循此也认为：

> 仁者，爱之理，心之德也。为仁，犹曰行仁。……所谓孝弟，乃是为仁之本。……程子曰：“为仁以孝弟为本，论性则以仁为孝弟之本。”……“行仁自孝弟始，孝弟是仁之一事，谓之行仁之本则可，谓是仁之本则不可。盖仁是性也，孝弟是用也。性中

只有个仁义礼智四者而已，曷尝有孝弟来。”（《论语集注·学而》）

实际上，这可以说是宋代理学对先秦儒学的一种发展，但并非先秦儒学的本义。

孔子去世之后，孔门后学热衷于建构“性与天道”的理论体系，其代表作就是20世纪90年代出土的荆门郭店竹简中的《性自命出》。此篇云：

> 凡人虽有性，心亡奠志，待物而后作，待悦而后行，待习而后奠。喜怒哀悲之气，性也。及其见于外，则物取之也。性自命出，命自天降。道始于情，情生于性。始者近情，终者近义。知情[者能]出之，知义者能入之。好恶，性也。所好所恶，物也。善不[善，性也]。所善所不善，势也。

这里讲的“喜怒哀悲之气，性也”；“好恶，性也”，就是把人之天生的未发之“情”作为人的本性，而“及其见于外，则物取之也”，就是人的“感物而动”的已发之“情”。在这里，虽然有“性”、“情”之分（所谓“道始于情，情生于性”），但其以未发的“喜怒哀悲”和“好恶”为“性”，实际上亦可说是“性情一体”。

相传为子思所作的《中庸》云：

> 天命之谓性，率性之谓道，修道之谓教。……喜怒哀乐之未发，谓之中；发而皆中节，谓之和。中也者，天下之大本也。和也者，天下之达道也。

在这里，“喜怒哀乐之未发”相当于说“喜怒哀悲之气，性也”，但赋予其“中”的属性，则其已经是性善论了；“发而皆中节，谓之和”，则其已发之情本于性之“中”，就已不是“及其见于外，则物取之”了。因此，

《中庸》的思想虽然没有明言“性善”，但其实质已经是性善论。此“性善”就是以人之情感的未发之“中”为性善，亦可谓“性情一体”。

孟子继之，明确地提出了性善论。孟子说：

> 恻隐之心，仁之端也；羞恶之心，义之端也；辞让之心，礼之端也；是非之心，智之端也。……凡有四端于我者，知皆扩而充之矣，若火之始然，泉之始达。苟能充之，足以保四海；苟不充之，不足以事父母。（《孟子·公孙丑上》）

孟子所谓“性善”，就是指人之本有“恻隐”、“羞恶”、“辞让”、“是非”之心的“四端”，将此“四端”加以扩充，便是仁义礼智“四德”。孟子强调“苟能充之，足以保四海；苟不充之，不足以事父母”，可见“四端”还不是充足的善，只有顺此“四端”而加以扩充，才能成为“足以保四海”的“四德”。

关于“四端”与“四德”的关系，犹如“孝悌”与“仁”的关系，孟子实即以人之天生有“四端”和“孝悌”之心为人之性善。故孟子说：

> 人之所不学而能者，其良能也；所不虑而知者，其良知也。孩提之童，无不知爱其亲也；及其长也，无不知敬其兄也。亲亲，仁也；敬长，义也。无他，达之天下也。（《孟子·尽心上》）

这里的“爱亲”、“敬长”就是孝悌。在孟子的思想中，“孝悌”之心和“四端”之心都可谓人所固有的“良知”、“良能”，亦即孟子所说的性善。此处言“亲亲，仁也；敬长，义也”，实际上应该理解为“亲亲，仁之本也；敬长，义之本也”，即孝悌是仁义的本始，只有“老吾老以及人之老，幼吾幼以及人之幼”，直到“达之天下”，才是“亲亲而仁民，仁民而爱物”的仁义。

在宋代理学之前，汉赵岐《孟子注》云："端者，首也。人皆有仁义礼智之首，可引用之。"宋初孙奭《疏》云："孟子言人有恻隐之心，是仁之端，本起于此也。……此孟子所以言恻隐、羞恶、辞让、是非四者，是为仁义礼智四者之端本也。"其中并没有以仁义礼智"四德"为人之性善，而"四端"只是"四德"所发之"情"的思想。

至宋代理学家程颐提出："恻隐固是爱也，爱自是情，仁自是性，岂可专以爱为仁？……既曰'仁之端'，则不可便谓之仁。"(《程氏遗书》卷十八）朱熹的《孟子集注》亦云："恻隐、羞恶、辞让、是非，情也。仁、义、礼、智，性也。心，统性情者也。端，绪也。因其情之发，而性之本然可得而见，犹有物在中而绪见于外也。"程朱把"恻隐之心"（同情之爱心）等"四端"称为"情"是对的（此正可见孟子的性善论是"性情统一"），但是以仁、义、礼、智"四德"为性，以"四端"为"四德"之性所发出来的"端绪"，又谓"心统性情"，等等，却并非孟子思想的本义，而是对孟子思想的一种发展。

朱熹所谓"心统性情"的"情"，并不是仅指"四端"，而是泛指人的多种情感，即所谓"喜、怒、哀、惧、爱、恶、欲"的"七情"。[①] 此"四端"与"七情"在朱熹的"理气心性"思想体系中应是何种关系，这就是韩国儒学展开"四七之辩"的根源。

二、韩国儒学的"四七之辩"

韩国儒学的"四七之辩"是在朱子理学的基础上展开的。以下我们参照李甦平研究员的《韩国儒学史》，梳理这一论辩的过程和主要观点，并以上述先秦儒学与宋代理学的"性情之辨"为背景而略作评说。

韩国儒学的"四七之辩"发端于后期高丽儒学权近的"天人心性合一

① 《礼记·礼运》篇云："何谓人情？喜、怒、哀、惧、爱、恶、欲七者，弗学而能。……故圣人之所以治人七情，修十义，讲信修睦，尚辞让，去争夺，舍礼何以治之？"

之图”，[1]此图是模仿周敦颐的《太极图说》，用以说明朱子所说“天以阴阳五行化生万物，气以成形，而理亦赋焉”。在此图中，“天”的两侧写有“元、亨、利、贞”，这是天之“四德”。“天”之下是“诚命”，用以连接天道与人道。“诚命”之下写有“理之源：性信心”，其两侧写有“仁、义、礼、智”，此即表示“性即理也”，而“仁、义、礼、智”就是“性”。在“仁、义、礼、智”的右侧写有“情：恻隐、辞让、羞恶、是非”，其下又对应着“仁之端、礼之端、义之端、智之端”，此即表示由“仁义礼智”之“性”所发出来的“四端”之“情”。而在“仁义礼智”左侧又写有“意：几善恶”，然后是“气之源：喜、怒、哀、乐、爱、恶、欲”。显然，此图是以“仁义礼智”为“性”，而“心”则有理、气两个来源，“心”之未发之“体”即是“性”，“心”之已发之“用”即是“情”，这是表达朱子“心统性情”的观点。值得注意的是，权近以“四端”为“情”，而以“喜、怒、哀、乐、爱、恶、欲”（七情）为“意”，他明确地认识到“四端”与“七情”在善恶问题上的区别，即“四端”是有善无恶，而“七情”则是“几善恶”（其发有“中节”与“不中节”的问题），故以“情”与“意”分别表述之。但他以“四端”为“情”，以“七情”为“意”，这又超出了朱子的思想。朱子所谓“心统性情”的“情”，广言之即指“七情”，而以“四端”为“情”，则此“情”应亦在“七情”之中，朱子并没有说过“心统性、情、意”。当然，此中问题的根源是在孟子的思想中“四端”之“情”即为“性”，这是在程朱理学有了“性体情用”之分后所引发的问题。

进入朝鲜朝之后，“四七之辩”首先在大儒李退溪与奇高峰之间展开。退溪说：“夫四端，情也；七情，亦情也。”“性情之辨，先儒发明详矣。惟四端七情之云，但俱谓之情，而未见有以理气分说者焉。”[2]这是把“四端”仍然称为“情”，而退溪的创发就是要“以理气分说”来处理“四端”与“七

① 参见李甦平：《韩国儒学史》，人民出版社 2009 年版，第 192 页。

② [朝鲜]退溪李滉：《答奇明彦〈论四端七情第一书〉》，转引自李甦平：《韩国儒学史》，人民出版社 2009 年版，第 269、270 页。

情”的关系。退溪说：

> 四端之发，孟子既谓之心，则心固理气之合也。①
>
> 天下无无理之气，无无气之理。四端，理发而气随之；七情，气发而理乘之。②

退溪关于“四端”与“七情”的观点，即可以归之于“四端是理发而气随，七情是气发而理乘”。在其理论前提中则包含了朱子的“心”是“理气之合”，心之体即“性”，“性即理也”；心之用即“情”，“情”有“四端”和“七情”等观点。朱子曾有“四端是理之发，七情是气之发”(《朱子语类》卷五十三）之说，退溪的“四端是理发而气随，七情是气发而理乘”则比朱子所说更为圆融。

然而，退溪虽然承认了“四端”和“七情”都是“情”，但是仍把二者分言之，一说是“理之发”，一说是“气之发”。奇高峰与退溪的争论就是针对此而提出了“四七同质”的观点。奇高峰说：

> 四端七情，固均是情也。……盖子思论性情之德，以中和言之，而曰喜怒哀乐，则情之兼理气，有善恶者，固浑沦言之，所谓道其全也。孟子发明性善之理，以仁义礼智言之，而曰恻隐、羞恶、辞让、是非，则只以情之善者言之，所谓剔拔出来也。
>
> 愚谓四端七情，无非出于心者。而心乃理气之合，则情固兼理气也。非别有一情，但出于理而不兼乎气也。③

① ［朝鲜］退溪李滉：《答奇明彦〈论四端七情第一书〉》，转引自李甦平：《韩国儒学史》，人民出版社 2009 年版，第 271 页。

② ［朝鲜］退溪李滉：《答李宏仲问目》，转引自李甦平：《韩国儒学史》，人民出版社 2009 年版，第 275 页。

③ ［朝鲜］高峰奇大升：《答退溪论四端七情书》，转引自李甦平：《韩国儒学史》，人民出版社 2009 年版，第 300、301 页。

奇高峰把“四七之辩”的争论追溯到《中庸》与《孟子》的所言之不同。《中庸》云：“喜怒哀乐之未发，谓之中；发而皆中节，谓之和。”朱熹的《中庸章句》注云：“喜怒哀乐，情也。其未发，则性也，无所偏倚，故谓之中。发皆中节，情之正也，无所乖戾，故谓之和。”可见，《中庸》亦是以未发之“情”为性善，这正是“性情一体”；而“情”之已发，便有中节与不中节的问题。在高峰看来，“情之兼理气”，这是道“七情”之全，而孟子“发明性善之理”，提出“四端”之说，只是“以情之善者言之”，亦即从“七情”中“剔拔”出来，并非在“七情”之外另有“四端”。应该说，高峰的观点更为符合《中庸》与《孟子》的本义。但是，为什么“四端”之情有善无恶，而“七情”之总体却有中节与不中节的“几善恶”的问题？这是子思和孟子所没有解决的问题，而高峰则利用宋代理学的“天命之性”与“气质之性”的思想，认为情之“发而中节”所显现的是“天命之性，本然之体，而与孟子所谓‘四端’者同实而异名者也”；情之“发不中节”，则是“气禀物欲之所为，而非复性之本然也。”①

高峰之后，对退溪的“四七”之说进行批评的是另一位大儒——李栗谷。他指出：

> 退溪之病，专在于“互发”二字。
>
> 理，形而上者也；气，形而下者也。二者不能相离，既不能相离则其发用一也，不可谓互有发用也。若曰互有发用，则是理发用时，气有所不及；气发用时，理或有所不及也。如是，理气有离合，有先后，动静有端，阴阳有始矣。其错不小矣。②

① ［朝鲜］高峰奇大升：《答退溪论四端七情书》，转引自李甦平：《韩国儒学史》，人民出版社2009年版，第304页。

② ［朝鲜］栗谷李珥：《答成浩原》，转引自李甦平：《韩国儒学史》，人民出版社2009年版，第334、335页。

退溪之说可以概括为四端是“理发而气随之”，七情是“气发而理随之”，栗谷所谓“退溪之病，专在于‘互发’二字”，其实，栗谷所针对的只是“理发”。[①] 在栗谷看来，理、气虽然有形而上、下之分，但是理、气“不能相离”，二者并没有先后可言，而且“理无为而气有为”，[②] 理虽然是气之主宰，但是理只是决定了气之动静的“所以然”，“阴静阳动机自尔也，非有使之者也”，[③] 理本身并不动静，而只是“乘”于气（如朱熹所说“如人跨马相似”），是气的动静之理。以此来批评退溪的四端是“理发而气随”之说，那就是“理发用时，气有所不及”，理、气有了先后，而且“理发”就是理本身有了动静，这样就违反了朱熹所肯定的程子所谓“阴阳无端，动静无始”。栗谷反对“理发”之说，而认为“盖气发理乘一途之说，推本之论也”。[④] 也就是说，无论四端还是七情都是“气发理乘”，“七情实包四端，非二情也”，[⑤] “四端只是善情之别名，言七情，则四端在其中矣”。[⑥] 四端就在七情之内，只是七情中的“善情”。至于七情中为什么有“善情”和“不善”之情，栗谷亦如奇高峰之说，用“本然之性”与“气质之性”的关系解释之：“本然之性则不兼气质而为言也，气质之性则却兼本然之性，故四端不能兼七情，七情则兼四端。”[⑦] 又用“道心”与“人心”的关系解释之：“人心道心俱是气发”，[⑧] 当理乘本然之气而发时为“道心”，当理乘变化之气而发时为“人心”。

---

① 栗谷之后，其门下的金沙溪就已指出：“退溪之病，专在于‘理发’二字矣。”参见李甦平《韩国儒学史》第 411 页。

② [朝鲜] 栗谷李珥：《答成浩原》，转引自李甦平：《韩国儒学史》，人民出版社 2009 年版，第 329 页。

③ 同上，第 328 页。

④ 同上，第 337 页。

⑤ [朝鲜] 栗谷李珥：《圣学辑要》二，转引自李甦平：《韩国儒学史》，人民出版社 2009 年版，第 340 页。

⑥ [朝鲜] 栗谷李珥：《答成浩原》，转引自李甦平：《韩国儒学史》，人民出版社 2009 年版，第 341 页。

⑦ 同上，第 340 页。

⑧ 同上，第 343 页。

以退溪和栗谷为代表的“四七之辩”，涉及理在气先还是理气妙合，以及理之动与不动等问题，朱熹在这些问题上有着不同的说法。而“性情之辨”的根源还在于先秦儒学与宋代理学对“性”与“情”的关系有着不同的义理架构。

三、先秦儒学与宋代理学的“人物性同异之辨”

先秦儒学论“性”，主要是讲人性，而与物性相区别。至宋代理学，儒家的性善论已发展为“泛性善论”，由此而有朱子的“理同气异”、“气同理异”，以及“气异则理异”等不同的说法。

孔子说“性相近也，习相远也”，这当然说的是人性相近，而无涉物性的问题。

孟子论性善，明确指出是：“人性之善也，犹水之就下也。人无有不善，水无有不下。”（《孟子·告子上》）其反驳告子说：“生之谓性也，犹白之谓白与？……白羽之白也，犹白雪之白；白雪之白，犹白玉之白与？……然则犬之性犹牛之性，牛之性犹人之性与？”（同上）显然，孟子所讲的性善是“人性之善”，人性不同于犬、牛之性，这也就是“人之所以异于禽兽者”（《孟子·离娄下》）。

孟子之后，荀子认为“人之性恶，其善者伪也”（《荀子·性恶》），扬雄认为“人之性也，善恶混”（《法言·修身》），董仲舒、王充、荀悦、韩愈等人则持“性三品”说，如王充所归纳：“孟轲言人性善者，中人以上者也；孙（荀）卿言人性恶者，中人以下者也；扬雄言人性善恶混者，中人也。”（《论衡·本性》）总之，在宋代理学之前，儒家论“性”虽然有多种说法，但都是讲的“人之性”，而非禽兽或物之性。

宋代的理学家继承了孟子的性善论，而又从人之性善发展到人与物“莫不有是性”的泛性善论。儒家论“性”之所以有这一转变，实是受到佛教思维方式的影响。佛教把世俗世界分为“有情世间”和“器世间”。“有情”亦称“众生”，是指有情识的生物，包括人和其他动物（畜生）以及天、阿修罗、饿鬼、地狱，即所谓“六趣”或“六凡”。“器世间”是指无情识的山河、大地、日月、草木、宫室等，即众生所依止的生存环境。佛教所谓“一切众生悉有佛性”，是说佛性不仅为人所独有，而且是“有情世间”包括禽兽在内的“六凡”所共有。至隋代，天台宗的创始人智𫖮从其“圆融三谛”说中推出“一色一香，无非中道”（《法华玄义》卷一上），三论宗的创始人吉藏亦认为“众生有佛性，草木亦有佛性”（《大乘玄论》卷三），这样就扩大了“有佛性”的范围。中唐时期，被尊为天台宗九祖的湛然应用《大乘起信论》的“真如缘起”思想，系统地论证了有情众生和无情之物都是真如随缘而起，万法皆具真如，因而“无情”亦有佛性。他在以答客问的形式写的《金刚錍》中说：

> 万法是真如，由不变故；真如是万法，由随缘故。子信无情无佛性，岂非万法无真如耶？故万法之称，宁隔于纤尘；真如之体，何专于彼我！是则无有无波之水，未有不湿之波。在湿讵间于混澄，为波自分于清浊。虽有清有浊，而一性无殊。

这就是说，真如是一切事物（万法）的本原，世间事物虽然有无情与有情之别，但真如遍在于一切，无论有情与无情，都“一性无殊”，即都具有佛性。这就是湛然提出的“无情有性”之说。

宋代的理学家“出入释老”，“反而求之六经”，他们建构了与释老不同的世界观体系，而在人性论方面则吸收了佛教的世界本体（真如）即性（佛性）的思维方式，由此而从传统儒家的性善论发展为泛性善论。张载以“太虚无形，气之本体”的“至静无感”为“性之渊源”（《正蒙·太和》），认为“天道即性也”（《横渠易说·说卦》），“天性在人，正犹水性之在冰，凝释虽异，为物一也”（《正蒙·诚明》，此性即纯善的“天地之性”。张载又说：

性者，万物之一源也，非有我之得私也。（同上）

凡物莫不有是性，由通蔽开塞，所以有人物之别；由蔽有厚薄，故有智愚之别。塞者牢不可开，厚者可以开而开之也难，薄者开之也易。（《张子语录 后录下》）

这里作为“万物之一源”的、“非有我之得私”的性，就已不仅是传统儒家的性善论，而且是“凡物莫不有是性”的泛性善论了。人与万物的本源之性（“天地之性”或“本然之性”）相同，而“人物之别”是被所禀气质的“通蔽开塞”所决定的，这是理学家关于泛性善论以及“人物性同异”的基本思想。如，二程也说：

所以谓万物一体者，皆有此理，只是从那里来。“生生之谓易”，生则一时生，皆完此理。人则能推，物则气昏，推不得，不可道他物不与有也。（《程氏遗书》卷二上）

天地之间，非独人为至灵，自家心便是草木鸟兽之心也，但人受天地之中以生尔。人与物但气有偏正耳。独阴不成，独阳不生。得阴阳之偏者为鸟兽、草木、夷狄，受正气者人也。（《程氏遗书》卷一）

这里所谓“只是从那里来”，如同张载所说的“万物之一源也”，是一种本体—宇宙论的思维方式。以这种思维方式讲“性”，则必然是“凡物莫不有是性”。二程认为，“性即理也”，所谓“万物一体者，皆有此理”，亦即万物皆有此“性”的意思。所谓“人则能推，物则气昏”，“人与物但气有偏正尔”，相当于张载所说的“由通蔽开塞，所以有人物之别”。

朱熹的思想从性善论进至泛性善论，是因为受到其师李侗的指点。《延平答问》记载：

壬午六月十一日书：……来谕以谓："仁是心之正理，能发能用底一个端绪……"此说推扩得甚好。但又云："人之所以为人，而异乎禽兽者，以是而已，若犬之性、牛之性则不得而与焉。"若如此说恐有碍。盖天地中所生物，本源则一，虽禽兽草木，生理亦无顷刻停息间断者。但人得其秀而最灵，五常中和之气所聚，禽兽得其偏而已，此其所以异也。……若以为此理唯人独得之，即恐推测体认处未精，于他处便有差也。

壬午年（1162年）时朱熹33岁，思想尚未成熟。他在给李侗的信中认为"仁是心之正理"，"唯人独得之"，这是人之所以"异乎禽兽者"，"若犬之性、牛之性则不得而与焉"。此说正可谓如实地理解了孟子的性善论。但是李侗作为洛学"道南"一脉的传人，显然已谙熟理学的泛性善论思想，故指出此说"有碍"，天地所生人与万物"本源（之性）则一"，禽兽草木亦具此"生理"（性），人与禽兽的区别只是"人得其秀（气）而最灵，五常中和之气所聚，禽兽得其（气）偏而已"。经李侗的指点，朱熹"思之而得其说"，又复信求正于李侗：

熹窃谓："天地生物本乎一源，人与禽兽草木之生，莫不具有此理，其一体之中即无丝毫欠剩，其一气之运亦无顷刻停息，所谓仁也。但气有清浊，故禀有偏正。惟人得其正，故能知其本具此理而存之，而见其为仁。物得其偏，故虽具此理而不自知，而无以见其为仁。然则仁之为仁，人与物不得不同。知人之为人而存之，人与物不得不异。"

朱熹此说已完全达到了理学的泛性善论的思想高度。所谓"莫不具有此理，其一体之中即无丝毫欠剩"，即人与万物的本源之性（理）相同；

而人与万物的区别只是因所禀之气有“偏正”，故此理（仁）有“见”（现）与“不见”的不同。李侗对此说无异议，只批示云：“有有血气者，有无血气者，更体究此处。”李侗的批示只是指出在“物得其偏”中也有区别，所谓有无“血气”大致相当于佛教所谓“众生”与“无情”的区别。

以上李侗、朱熹所说可以概括为“理（性）同气异”。此后朱熹在《答徐元聘》书信中说：“人物之性本无不同，而气禀则不能无异耳。……然性只是理……只是随气质所赋之不同，故或有所蔽而不能明耳，理则初无二也。至孟子说中所引，乃因孟子之言只说人分上道理，若子思之意则本兼人物而言之也。性同气异，只此四字，包含无限道理。”（《晦庵集》卷三十九）这里所谓“孟子之言只说人分上道理”，即孟子只是说“人性之善”，此与《中庸》“兼人物（之性）而言之”不同。这种不同在以后的《孟子集注》中造成注解的困难，以致留下了与“理（性）同气异”不同的“气同理异”（以及“气异则理异”）之说。

在《四书集注》之前，朱熹已完成《太极图说解》，其中有云：

> 天下岂有性外之物哉！然五行之生，随其气质而所禀不同，所谓“各一其性”也。各一其性，则浑然太极之全体，无不各具于一物之中，而性之无所不在，又可见矣。
>
> 盖合而言之，万物统体一太极也；分而言之，一物各具一太极也。所谓天下无性外之物，而性无不在者，于此尤可以见其全矣。
>
> 盖人物之生，莫不有太极之道焉。然阴阳五行，气质交运，而人之所禀独得其秀，故其心为最灵，而有以不失其性之全，所谓天地之心，而人之极也。

这些都可以说是对于“理同气异”的更明确的表达。所谓“浑然太极之全体，无不各具于一物之中”，“人物之生，莫不有太极之道”，即人与万物都“一性无殊”地具有“太极之全体”。在《朱子语类》中，朱熹对此还有更明确的解释：

气质是阴阳五行所为，性则太极之全体。但论气质之性，则此全体在气质之中耳，非别有一性也。(《语类》卷九十四)

禀得气清者，性便在清气之中，这清气不隔蔽那善；禀得气浊者，性在浊气之中，为浊气所蔽。(同上)

本只是一太极，而万物各有禀受，又自各全具一太极尔。如月在天，只一而已，及散在江湖，则随处而见，不可谓月已分也。(同上)

朱熹借用了佛教的“月映万川”的比喻，这在理学的思想中就是讲“理一分殊”。所谓“分殊”，“不是(太极)割成片去，只如月映万川相似”(同上)，亦即只是“太极之全体”在气之“清浊”“偏正”或“通蔽开塞”中的显现有不同。朱熹对此还有更多的比喻，如云：

“理在气中，如一个明珠在水里。理在清底气中，如珠在那清底水里面，透底都明；理在浊底气中，如珠在浊底水里面，外面更不见光明处。”问：“物之塞得甚者，虽有那珠，如在深泥里面，更取不出。”曰：“也是如此。”(《语类》卷四)

亚夫曰：“性如日月，气浊者如云雾。”先生以为然。(同上)

曰：“只为气质不同，故发见有偏。”……“且如此灯，乃本性也，未有不光明者。气质不同，便如灯笼用厚纸糊，灯便不甚明；用薄纸糊，灯便明似纸厚者；用纱糊，其灯又明矣。撤去笼，则灯之全体著见，其理正如此也。”(《语类》卷六十四)

也许这里的“灯笼”比喻最为生动，也最为浅明。气质之性的差别只是“发见”（显现）有偏，而人与万物的本源之性是完全相同的。至此，朱熹已经把“理同气异”的思想表述得非常明确。然而，在朱熹最为看重的《四书集注》中却出现了分歧。

朱熹在注解《孟子》书中的“然则犬之性犹牛之性，牛之性犹人之性与”时说：

> 人物之生，莫不有是性，亦莫不有是气。然以气言之，则知觉运动，人与物若不异也；以理言之，则仁义礼智之禀，岂物之所得而全哉？此人之性所以无不善，而为万物之灵也。（《孟子集注·告子上》）

这里的“以气言之……人与物若不异”，虽然用了一个“若”字，但意旨是讲“气同”；而“以理言之……”就是讲“理异”了。所谓“仁义礼智之禀，岂物之所得而全哉”，显然与“太极”不可分（“只如月映万川相似”）、人与万物“自各全具一太极”的思想相矛盾。

《朱子语类》卷五十九讨论“生之谓性章”云：

> 犬牛禀气不同，其性亦不同。问：“犬牛之性与人之性不同，天下如何解有许多性?”……“濂溪作《太极图》，自太极以至万物化生，只是一个圈子，何尝有异?”曰：“人物本同，气禀有异，故不同。”又问：“‘是万为一，一实万分’，又如何说?”曰：“只是一个，只是气质不同”。

由此可见，对于犬牛之性与人性的不同，本亦可以用《太极图说解》的思想来解释。但是在《孟子集注》中却出现了“气同理异”的思想。之所以如此，当是因为朱熹受到《孟子》“本文”的牵制。孟子没有天地之性与气质之性的划分，他所谓“人性之善”虽然是从“性之本”或“天命之性”的意义上说，但孟子并没有把此“性之本”作为世界(万物)的本原。这是孟子思想与理学思想的不同，因有此不同，故亦不能完全用理学的思想来“诠释”《孟子》的“本文”。

朱熹在淳熙四年(1177年)完成《论孟集注》《或问》以后，又逐渐完成《大学章句》和《中庸章句》。在对《大学》和《中庸》的注解中，朱熹都持“理同气异”的观点。《大学章句》解释“明明德”有云：“明德者，人之所得乎天而虚灵不昧，以具众理而应万事者也。但为气禀所拘，人欲所蔽，则有时而昏，然其本体之明，则有未尝息者。”这是用“理同气异”来解释人之性，似无涉人与物的理气同异问题，但《大学或问》解释“明明德”有云：“天道流行，发育万物……以其理而言之，则万物一原，固无人物贵贱之殊；以其气而言之，则得其正且通者为人，得其偏且塞者为物，是以或贵或贱而不能齐也。”可见，朱熹对《大学》的诠释是持“理同气异”说。

《中庸章句》解释“天命之谓性，率性之谓道”有云：

> 人物之生，因各得其所赋之理，以为健顺五常之德，所谓性也。……人物各循其性之自然，则其日用事物之间，莫不各有当行之路，是则所谓道也。……性道虽同，而气禀或异，故不能无过不及之差。

这里的“性道虽同，而气禀或异”，也是“理同气异”的观点。《中庸章句》解释“能尽其性，则能尽人之性；能尽人之性，则能尽物之性”有云：“人物之性，亦我之性，但以所赋形气不同而有异耳。”《语类》卷六十四亦云：“尽人性，尽物性，性只一般，人物气禀不同。……物禀得气偏了，无道理使开通，故无用教化。”在对《中庸》所谓“致曲”的解释中，朱熹亦云：“只为气质不同，故(理)发见有偏”，然后使用了“灯笼”的比喻。

统观朱熹对“人物性同异”的论述，除了在解释《孟子》“生之谓性”

章时遇到困难之外，其余占据主流的是“理同气异”的思想。然而，在朱熹的论述中亦有不少处将此问题讲得模棱两可，如《语类》卷四载：

> 人物之生，天赋之以此理，未尝不同，但人物之禀受自有异耳。如一江水，你将杓去取，只得一杓；将椀去取，只得一椀；至于一桶一缸，各自随器量不同，故理亦随以异。
>
> 曰：“惟其所受之气只有许多，故其理亦只有许多。如犬马，他这形气如此，故只会得如此事。”又问：“物物具一太极，则是理不全也。”曰：“谓之全亦可，谓之偏亦可。以理言之则无不全；以气言之，则不能无偏。”

以上论述可以理解为“气异则理异”，或者说，因人与物所禀形气的不同，故人与物所禀天理在“量”上有差别。但这种说法明显地与“太极”不可分的思想相矛盾，“杓椀”之喻明显不同于“月映万川”、“明珠”、“灯笼”等比喻。故在回答“物物具一太极，则是理不全”的质疑时，朱熹乃至有“谓之全亦可，谓之偏亦可”的“权说”。

朱熹的弟子黄康伯曾求问于朱熹：“《中庸章句》谓‘人物之生，各得其所赋之理，以为健顺五常之德’，《或问》亦言‘人物虽有气禀之异，而理则未尝不同’。《孟子集注》谓‘以气言之，则知觉运动，人与物若不异；以理言之，则仁义礼智之禀，岂物之所得而全哉？’二说似不同。岂气既不齐，则所赋之理亦随以异欤？”朱熹的回答是：

> 论万物之一原，则理同而气异；观万物之异体，则气犹相近而理绝不同也。气之异者粹驳之不齐，理之异者偏全之或异。幸更详之，自当无可疑也。（《晦庵集》卷四十六《答黄商伯四》）

究实言之，朱熹的回答不能不使人生疑。所谓“万物之一原”与“万物之异体”，本来就是道学的“理一分殊”问题。此以“理同而气异”和“气犹相近而理绝不同”分别解释“理一”和“分殊”，实是把相互矛盾的两说牵强合在一起。

四、韩国儒学的“人物性同异之辨”

正如韩国儒学的“四七之辨”开端于阳村权近，而其“人物性同异之辨”也是肇始于权近。权近说：

> 人物之生，其理则周，而气有通塞偏正之异，得其正则通者为人，得其偏且塞者为物。①
>
> 性者，天所命而人所受其生之理具于吾心者也。……人与万物其理则同，而气质之禀有不同者焉。②

显然，权近所说是作为理学主流思想的人、物之性“理同气异”的观点。

李栗谷在阐发其“理通气局”之说时说：

> 人之性非物之性者，气之局也。人之理即物之理者，理之通也。方圆之器不同，而器中之水一也；大小之瓶不同，而瓶中之空一也。气之一本者，理之通故也；理之万殊者，气之局故也。③

① ［高丽］阳村权近：《天人心性合一之图》，转引自李甦平：《韩国儒学史》，人民出版社2009年版，第193页。

② ［高丽］阳村权近：《性之图》，转引自李甦平：《韩国儒学史》，人民出版社2009年版，第202页。

③ ［朝鲜］栗谷李珥：《与成浩原》，转引自李甦平：《韩国儒学史》，人民出版社2009年版，第331页。

理通者，天地万物同一理也。气局者，天地万物各一气也。[①]

栗谷的“理通气局”之说，亦是持人、物之性“理同气异”的观点。

至南塘韩元震（湖派学者）和魏岩李柬（洛派学者），则“人物性同异之辨”正式展开，而成为“湖洛论争”。魏岩重申栗谷的“理通气局”之说，亦以此来论证人、物之性“理同气异”。他说：

夫宇宙之间，理气而已。其纯粹至善之实，无声无臭之妙，则天地万物，同此一原也。……此即于穆不已之实体，人物所受之全德也。自古言一原之理，本然之性，曷尝以性命而判之，人物而二哉？此子思所谓“天命之性”……朱子所谓“理同”，栗谷所谓“理通”者也。

人贵物贱，而偏全不齐，圣智凡愚，而善恶不伦，此即造化生成之至变，气机推荡之极致也。……此程子所谓“生之谓性”，朱子所谓“理绝不同”，栗谷所谓“气局”者也。[②]

魏岩还较充分地以朱子所说为根据，如其引朱子曰：“天命之谓性，则通天下一性耳。何相近之有？言相近者，是指气质之性而言，孟子所谓‘犬、牛、人性之殊’者亦指此而言也。”（《晦庵集》别集卷二《程允夫》）“孔子谓‘性相近也，习相远也’，孟子辨告子‘生之谓性’，亦是说气质之性。”（《语类》卷五十九）“孟子言‘人所以异于禽兽者几希’，不知人何故与禽兽异，又言‘犬之性犹牛之性，牛之性犹人之性与’，不知人何故与牛犬异，此两处似欠中间一转语。”（《语类》卷四）“孟子之言只说人分上道理，

① ［朝鲜］栗谷李珥：《圣学辑要》，转引自李甦平：《韩国儒学史》，人民出版社 2009 年版，第 332 页。

② ［朝鲜］魏岩李柬：《杂著·五常辨》，转引自李甦平：《韩国儒学史》，人民出版社 2009 年版，第 450、451 页。

若子思之意则本兼人物而言之也。性同气异，只此四字，包含无限道理。”（《晦庵集》卷三十九）魏岩认为这些是“朱子定论”，然而实际上，朱子在这一问题上却有着几种不同的说法，而这些不同的说法也正是“湖洛论争”的根源。

湖派的南塘韩元震根据先秦儒学与宋代理学的不同文本而提出了“性三层”说，即第一层是“人与物皆同之性”，此以朱子《中庸章句》的“人物之性，亦我之性”为根据；第二层是“人与物不同而人则皆同之性”，此以朱子《孟子集注》的“以理言之，则仁义礼智之禀，岂物之所得而全哉”为根据；第三层是“人人皆不同之性”，此以孔子所说“性相近也”为根据①。关于性之第一层，南塘说：

> 盖以理之不囿乎形气而论其一原，则人之理即物之理，物之理即人之理，而其性无不同矣。②

这实际上是“理同气异”的观点，即人与物之理（本然之性）相同，而人与物的差别是由“形气”不同而造成的。关于性之第二层，南塘说：

> 就人心中，各指其气之理而名之……人则禀气则全，故其性亦皆全。物则禀气不能全，故其性亦不能全。此人与物不同而人则皆同之性也。③
>
> 言命于成形理赋之下，而成形之气不同，所赋之理亦随以不同，则亦以明夫命物之不同也。命之既不同，则人、物之生，因

① ［朝鲜］南塘韩元震：《南塘集·上师门》，转引自李甦平：《韩国儒学史》，人民出版社 2009 年版，第 459 页。

② ［朝鲜］南塘韩元震：《南塘集·与崔成仲别纸》，转引自李甦平：《韩国儒学史》，人民出版社 2009 年版，第 460 页。

③ ［朝鲜］南塘韩元震：《南塘集·上师门》，转引自李甦平：《韩国儒学史》，人民出版社 2009 年版，第 459 页。

各得其所命之理以为性者，亦安能同乎？[①]

这是“气异则理异”的观点，南塘的主要观点在于此。而南塘与魏岩的争论，实即在这性之第二层的意义上展开。

朱熹说：“论万物之一原，则理同而气异；观万物之异体，则气犹相近而理绝不同也。”韩国儒学的“湖洛论争”，就是在朱熹这两说的基础上展开的。洛派的魏岩可以说是一贯地禀持了“论万物之一原，则理同而气异”的观点。而湖派的南塘则只是在性之第一层的意义上肯定了“理同而气异”，但是又更加强调了在性之第二层的意义上“观万物之异体，则气犹相近而理绝不同”，以及从中所衍出的“气之异者粹驳之不齐，理之异者偏全之或异”。[②]追根寻源，朱熹之所以有这两种不同的说法，实是因为宋代理学已把先秦儒学的人之性善论发展为人与物“莫不有是性”的泛性善论，而朱熹在注解孟子的思想时又不同程度地迁就了《孟子》论人之性善的“本文”。

值得注意的是，在朝鲜朝后期的儒学中茶山丁若镛集“实学”之大成，他在对《论语》的解释中说：“仁者，人伦之爱也。”“孝悌为之根。”“程子曰‘孝悌谓之行仁之本则可，谓是仁之本则不可’，此与有子语不合。‘仁’与‘为仁’不必猛下分别也。”[③]这可以说是从宋代理学的“性情之辨”返

① ［朝鲜］南塘韩元震:《南塘集·拟答李公举》，参见［韩］崔英辰著，邢丽菊译:《韩国儒学思想研究》，东方出版社 2008 年版，第 319 页。

② 南塘在《论性同异辨》中引用了朱熹所说“观万物之异体，则气犹相近而理绝不同”，“知觉运动之蠢然者，人与物通。而仁义礼智之粹然者，人与物异也”。南塘说：“盖以知觉之在人在物者，虽有精粗之不同，其有是知觉则同。……故谓知觉运动则人与物同，而仁义礼智则人与物异也。”（参见［韩］崔英辰著 邢丽菊译《韩国儒学思想研究》，东方出版社 2008 年版，第 321 页。）观此可知，南塘的人、物性异论实包含了“气同而理异”和“气异则理异”两种说法。而在朱熹思想中，后一种说法是从前一种说法中衍出的。

③ ［朝鲜］茶山丁若镛:《论语古今注》，参见李甦平《韩国儒学史》，人民出版社 2009 年版，第 547、548 页。

回到先秦儒学的“性情一体”。茶山更接续了“湖洛论争”的议题，而讲人与物之“性异”的观点。他说：

> 人性即人性，犬牛之性即禽兽性。至论本然之性，人之合道义、气质而为一性者，本然也；禽兽之单有气质之性，亦本然也，何必与气质对言之乎？①

茶山与南塘皆持人与物之“性异”的观点。但南塘仍肯定宋代理学的“本然之性”与“气质之性”的区分，故他所说的“性异”只是物之“得理不全”的问题；而茶山则已根本否认宋代理学的“本然之性”与“气质之性”的区分，他认为人的本然之性就是“合道义、气质而为一性者”（这可谓“性气一元论”），而禽兽的本然之性就是没有“道义”而只有“气质”。茶山说：

> 佛氏谓人物同性，故人死为牛，犬死为人，轮回环转，生生不穷。……盖宋贤论性，多犯此病，虽其本意亦出于乐善求道之苦心，而其与洙泗之旧论或相抵牾者，不敢尽从。②

茶山指出宋代理学的泛性善论源于佛教的“人物同性”思维方式，这是符合思想史事实的。他“不敢尽从”宋贤的论性之说，而其认为人与物之“性异”就是返回先秦儒学的“洙泗之旧论”。如论者所评价，茶山的人物性异论是“因自然的脱道德化从而导致自然与人的分离”，也可以称作是“中世连续体的解体”，“从整个儒学思想史来看，这可谓是划时代的

① ［朝鲜］茶山丁若镛：《孟子要义》，参见［韩］崔英辰著，邢丽菊译：《韩国儒学思想研究》，东方出版社 2008 年版，第 321 页。

② ［朝鲜］茶山丁若镛：《中庸讲义补》，参见［韩］崔英辰著，邢丽菊译：《韩国儒学思想研究》，东方出版社 2008 年版，第 317 页。

现象”[1]。

在中国儒学史上，能与茶山思想相媲美的是明代中期的王廷相。王廷相也批评“宋儒只为强成孟子性善之说，故离气而论性，使性之实不明于后世”，他认为“人具形气而后性出焉”（《雅述》上篇），这大致同于茶山认为人的本然之性就是“合道义、气质而为一性”。王廷相又说：

> 天地之间，一气生生，而常而变，万有不齐，故气一则理一，气万则理万。世儒专言理一而遗万，偏矣！天有天之理，地有地之理，人有人之理，物有物之理，幽有幽之理，明有明之理，各各差别。（《雅述》上篇）

王廷相强调“人有人之理，物有物之理”，“各各差别”，这也是要使自然之物“脱道德化”，从而为客观实证地研究自然而开辟出道路[2]。

中、韩儒学有着许多相同和相通处，而韩国儒学又有着自身的特点。从“四七之辩”和“湖洛论争”来看，有些重要的问题在中国儒学中没有展开讨论，而在韩国儒学中却得以深入地展开。这其中除了韩国儒学受到中国儒学的思想影响外，又凸显了韩国儒学之思维缜密、追求哲理之贯通的特点。而在韩国儒学的特点中，我们反过来又可见中、韩儒学在义理结构、思想发展上的逻辑相通处。

① [韩]崔英辰著，邢丽菊译：《韩国儒学思想研究》，东方出版社2008年版，第331页。

② 李存山：《王廷相思想中的实证科学因素》，载于《人文杂志》1993年第6期。

邺城与中世纪东亚都城制度研究①

牛润珍

【内容提要】东亚地域相接，各国先民在长期的交往与交流中，形成了共同的汉字文化和思想理念。他们依据同一理念建造都城，使得东亚都城具有诸多相同特征。如中轴线与左右对称，宫城、郭城内外相套，街区呈棋盘状等。这些特征构成了东亚“华夏型”都城类型，在世界城市分类中别具一格。“华夏型”都城制度源于邺城，邺城城制布局规整，影响及于隋唐大兴、长安与明清北京，并被东亚各国古都所沿承。然邺城遗址已被淹埋地下千余年，邺城始置、地名由来、地理环境变迁等都是邺城研究的重要问题。邺城研究既能解开邺城之谜，又能揭示中世纪东亚都城制度的源流。

【关键词】邺城　中世纪　东亚都城制度　“华夏型”城市

【作者简介】牛润珍，历史学博士，中国人民大学历史学院教授、博士生导师，国家社科基金重大项目“中世纪东亚都城制度研究——‘华夏型’城市的历史变迁”首席专家。

一

东亚各国地理相接，各国先民相互交流、借鉴，共同创造出灿烂的东亚历史文化。这一区域历史文化因以汉字为基础，故国际学界将这一区域划为汉字文化圈。相同的历史文化结晶出相同的思想理念，比如天人意识、

① 本文为国家社科基金重大项目“中世纪东亚都城制度研究——‘华夏型’城市的历史变迁”（16ZDA120）阶段成果。

阴阳观念、地理与风水学说等，他们各自按照这样的观念、意识因时因地安排生产与生活，发展科技，使得这一区域各国历史文化既有共同的基本特征，又有各自国家与民族特点。各自特点反映了中、日、韩等各国历史文化的独特个性，其共同的基本特征又形成了世界人类文明史上的东亚类型。

人类文明史的发展有赖于世界各国人民的共同创造与推动，其包涵的内容既宏大又精深。总结人类文明发展进程与成果，观察视角与研究进路亦应全面而多样，有世界史之研究，有国别史之研究，还应有世界某一区域之类型研究。区域类型研究当选取最能反映这一类型特征的课题为研究对象，由某一典型问题的研究，揭示本区域历史文化类型的本质特性，由其本质特性，开掘其现代意义与科学价值。而此典型问题往往是通贯古今、在长期的变与不变的演化中不断积淀出来的，既带有传统性，又与现实息息相关，这自然而然地会联系到古代都城的研究。在东亚区域，许多重要现代化都市多由古代都城发展变化而来，如北京、首尔、京都、西安等。这些城市仍然沿承传统地理区位优势和资源、交通、经济等条件，不断扩充规模。城区建设与规划以原有旧城为基础向四周延伸，尽力试图将新城与旧城融会成一体。城市布局在沿承传统城制基础上向外扩展，因此，古代都城城制的主要特征基本被保留下来了。如南北中轴线与左右对称的格局，棋盘状街区，新城围绕旧城规划建设仍然沿循宫城、皇城、郭城环环相套的结构。正是因为这些主要特征构成了东亚“华夏型”城市类型，在世界城市分类中，别具一格。

东亚“华夏型”城市类型与特征源自其传统的都城制度，传统都城制度又是依据天人意识等观念规划都城并在长期的都城建设实践中形成的。而此都城制度最早可溯源于汉魏之际的“邺”。邺城城制特征鲜明，平面布局规整，讲究对称，主要建筑沿南北中轴线布置，宫城、郭城“回”字形相套，城区主要街路纵横垂直交叉，街区犹如棋盘。这一制度不仅影响了北魏平城、洛阳，隋唐大兴、长安，还影响了明清北京。高句丽采用这一城制，设计建造了平壤城。时至唐代，日本仿长安城建藤原京，此后又被平城京、平安京所沿承。越南阮氏王朝同样借鉴这一城制布置都城——顺化。中世纪东亚各国都城制度相互借鉴、沿承，形成各国都城城制系统，各国都城城制系统会聚一起又构成东亚都城城制系统，而这一都城城制系统的源头在“邺”。因此，中世纪东亚都城制度研究的关键问题是邺城研究，由邺城研究辨明其城制布局及形制结构，便能揭示出中世纪东亚都城制度的起源。

自公元580年杨坚将邺城付之一炬，历史名都邺城变成一片废墟，历经一千四百多年风雨剥蚀、漳水冲淤，邺墟渐渐被淹埋于地下二至十余米。城址之上，村庄散布，田陌纵横，考古调查很难大规模发掘。而且地表之下流沙堆积，考古发掘难度很大。又由于文献散佚严重，有关记载少而零乱，学术研究积累也相当欠缺，邺城基本面貌就像一个谜一样，长久困扰着中外学术界。破解邺城之谜，也就成了中国、亚洲及世界古代城市史研究上的一个疑难问题。欲解决这一疑难问题，需付出长期的艰苦努力，研究工作应逐步推进，特别是一些相关的基础研究，诸如邺城始置，地名由来，周围地理环境及变化，其在历史上所起的作用，史籍有关邺城之记载，古今中外学者对其研究情况，等等。这些问题的清理与探讨，对于破解邺城之谜与中世纪东亚都城制度研究都是十分必要的。

二

“邺”，始置于齐桓公。《管子・小匡》曰：齐桓公“筑五鹿、中牟、邺以卫诸夏之地”。明嘉靖《彰德府志》卷2《地理志》引《城塚记》曰：“狄灭邢、卫，齐桓公筑邺城以卫诸侯。”狄伐邢，时在公元前662年，次年，齐救邢，邺城之筑当在此年或以后。其地望是否即今邺城遗址，文献无明确记载。关于邺城之地名起源，可从“邺”之字形字源上推断，邺从业从邑，根据约斋《字源》的解释，“业”繁写为“業”，从丵从木，为草木茂密成簇丛生的象形；“阝”同“阜”，阜即较高三层土山的形象。“阝”又同“邑”，东汉许慎《说文解字》卷6《下邑部》释“邺”，曰：“魏郡县，从邑业声。”由字形字源推知邺之地名，又由地名推断邺之初建，其地当在地势较高草木茂盛之土丘上。至于桓公所筑邺城形制、建筑，已不可考。

南朝宋裴骃《史记集解》卷7《项羽本纪》转引《汲冢古文》曰：“殷墟南去邺三十里。”今邺城遗址南偏西约30里即殷墟，从两处古遗址的距离与方位看，《汲冢古文》的记载大体正确。《汲冢古文》是西晋太康二年发现于魏襄王（或曰魏安釐王）墓中的文献，又称《汲冢书》，所记邺即战国时期魏国的城邑，其方位即今邺城遗址。《水经注》卷10《浊漳水》曰：“（邺）本齐桓公所置也……后属晋，魏文侯七年始封此地，故曰魏地。”又曰：“魏文侯以西门豹为邺令也，引漳以溉，邺民赖其用。其后至魏襄王，以史起为邺令，又堰漳水以灌邺田，咸成沃壤，百姓歌之。”《战国策·魏国》、《史记》卷126《滑稽列传》、《汉书·沟洫志》、西晋左思《魏都赋》等都记有西门豹、史起治邺之事。魏晋以前文献所记邺城，地址均在今邺城遗址，这说明自齐桓公筑邺，直至魏晋南北朝，邺城地址并未曾迁徙。

邺城坐落在太行山东麓平原一丘阜上，又称葵丘。《春秋古地》曰：“葵丘，地名，今邺治是也。”[①]北齐时仍沿称邺古地名葵丘。漳水自邺西而东北。齐桓公筑邺以卫诸夏，最初的邺城恐怕仅是驻兵的城堡，而平原地区的垒壁大多依津要而置，从邺城附近地势看，很适宜建筑城堡。邺西北高，临近漳水，又处在传统的太行山东麓南北通道上。桓公筑邺，实即因丘而置，此正可凭借漳水阻拒来自北方戎狄的南侵。战国时期，魏、赵二国于邺置县治，汉高祖十二年，置魏郡，治邺县，王莽更名魏城，东汉灵帝时，为冀州治所，曹操封魏国，以邺为国都。曹丕称帝，都洛阳，以邺为陪都，以后又有后赵、冉魏、前燕、东魏、北齐等相继都邺，邺成为北部中国最

① 转引自（北魏）郦道元：《水经注》上册 卷10《浊漳水》，江苏古籍出版社1989年版，第937页。

大的都会城市。邺城历史地位愈益重要，与其周围地理环境与条件十分优越有关，其西部自北向南，绵延太行山犹如一道天然屏障；南部由西向东，滔滔黄河构成一条“水长城”；东部由河渐海，形成南北交纵、四通八达之漕运和海运，北靠辽阔殷富的河北平原，处山、河、海、平原之间，“据河北之襟喉，为天下之腰膂。”[①]由远而近，白沟、淇水、荡水、洹水皆过邺南由西部山区东北流向平原，城西北、北临近漳水，西北十五里又有滏水，在邺城周围，黄河与诸水之间又分布着黄泽、鸬鹚、大陆等陂泽，众水犹如一道道天然护城河，并由陂泽调节水量。周边关、径、津、梁、路又构成了邺城内外交通网络，西北出滏口，过壶关，可通晋阳、长安，取道井径关、天门关可直趋并州、雁门；黄河由西而东北，白马津、仓亭津等为邺城南下河南的门户，邺城东有赤桥，由此往东可直下齐、鲁。

从地理险要的程度看，邺不及长安、洛阳，若从攻守战略的意义上讲，邺地条件优于长安、洛阳，因为其处关中、河南、河北及北方之关键部位，地理位置重要且又具有较大的游移变化空间，特别是对于来自北方的政治势力，可谓是得天独厚攻守皆宜的战略要地。春秋战国，地域政治势力的竞争呈现东西态势，关中强秦的连横与山东六国的合纵角力，在地理上形成了以关中制山东的局面，邺与邯郸是东西两大地域势力较量的要冲地带。魏晋南北朝时期，地域势力的竞争又演化成南北对峙态势，来自北方的少数民族势力南下中原，以河北制河南，尤其是羯、氐、羌、匈奴、鲜卑等部族，跻身中原，建立政权，与汉族统治者逐鹿，欲据河北图河南以取天下。“河南古所称四战之地也，当取天下之日，河南在所必争，及天下既定，而守在河南则岌岌焉有必亡之势矣……肩背之虑，实在河北……守关中守河北乃所以守河南也。自古及今，河南之祸中于关中者什之七，中于河北

① （清）顾祖禹:《读史方舆纪要》第3册 卷49《河南四》，中华书局1957年版，第2121页。

者什之九……夫河北之足以治河南也，自昔为然矣。”[①] 据中原图天下，必以此为根基，建都于其地，选择何邑为都城？“以河南之全势较之，则宛不如洛，洛不如邺也……夫邺倚太行，阻漳滏，夏商时固有都其地者，战国之世，赵用此以拒秦，秦亦由此以并赵。汉之末，袁绍不能有其险也，入于曹操，遂能雄长中原。晋之衰，刘琨不能固其险也，殁于石勒，因以蹂躏司、豫。石赵之亡，冉闵不能保其险也，并于慕容儁，从而兼有山东。元魏之季，尔朱兆不能用其险也，归于高欢，因而盗窃魏柄。迨其后，尉迟迥据之以问罪杨坚，则远近震动……夫自古用兵，以邺而制洛也常易，以洛而制邺也常难。”[②] 曹魏、后赵、冉魏、前燕、东魏、北齐等六朝建都于此，成为其争霸天下的依托，邺在地理上为魏晋南北朝的南北对峙并在对峙中促进新的统一提供了客观条件。

无论春秋战国还是魏晋南北朝，邺地均处于东西南北交通的都会区位，这样的区位优势不仅影响了各个时期政治与军事的变化，还对社会、经济、文化等造成重要影响。特别是魏晋南北朝时期，北方少数民族政权的建立与发展，使来自北方的强大攻势，把中原较为先进的农耕经济推向江南；而少数民族在中原地区吸收汉文化，并仿效汉族政权，制定各项典章制度，转变生活方式，形成了历史上的民族融合。民族融合的主要地域在今河北省的中、南部和河南省的北、西部，而邺位居主要地域中心地带。北方部族首领占据邺城后，多定鼎于此，并称皇帝，实行比较彻底的汉化政策，后赵石勒、前燕慕容儁都在这里完成了政权封建化的过程。北魏拓跋氏占据邺城后，语言、服饰多仿中原，并数议迁都邺城。孝文帝进行民族改革，其决策就是在邺制定的，迁都洛阳，以邺为中转站，经营邺宫、访问风俗。迁洛后，重用山东汉士，改汉姓、用汉语、著汉服，鲜卑拓跋氏逐渐融入

① （清）顾祖禹:《读史方舆纪要》第 2 册 卷 46《河南序》，中华书局 1957 年版，第 1909 页。

② （清）顾祖禹:《读史方舆纪要》第 2 册 卷 46《河南序》，中华书局 1957 年版，第 1911 页。

华夏民族。北周灭北齐，武帝入邺，礼重儒贤，迁山东衣冠士人入关中，聚拢人才，使北周愈益强盛起来。北方诸部族政权居邺前后变化，说明这里是北方部族与华夏民族融合的关键地带。

民族融合的态势基本上是由北向南，主要形式是大迁徙。边地饥荒，大批饥民内徙就食。更多的是战争移民，中原每乱，北方诸部族乘机南下，占据河北，并定基于此，向南开拓境地，向北掠夺人口。西晋八王之乱，鲜卑、羯诸族兵众南掠中原，迫使晋室迁徙江南。以后，石勒据有中原，攻靳准，徙羌、羯降者10万落于冀州；又破上邽，灭前赵，徙其台省、关东流民和秦雍大族9000人于襄国，氐羌15万落于司、冀二州；平关中，徙秦雍民及氐羌10余万户于关东。石赵时期，邺都与冀州两地少数民族部众人口不下30多万。不久，石赵大乱，河北流民20万渡河归晋；继而冉闵戮胡，氐、羌、羯诸族死者20多万，司、冀二州氐、羌流民也相率西归，众至10余万。以后，苻坚徙邺士民4万余于长安，苻丕又徙邺民户6万于晋阳，继之，慕容德又徙邺户4万于滑台。人口迁徙总方向是由北向南，但由于北方诸部族政权并立，相互混战，战争又多以掠夺人口为目的，形成了人口伴随各自都城的兴衰而聚散。魏晋南北朝，北方诸强争夺的重点在河北，因此邺也就成了各族人口的聚散中心。

由于邺城地理位置重要，交通便利，水利条件优越，传统农业经济发达，人口殷盛，故魏武帝曹操于此置都，营造城池。西晋末，汲桑焚邺，魏晋名城被毁；后赵石勒、石虎兴建邺城，并迁都于此，冉魏之乱时，邺城受到一定破坏；以后又有前燕都邺，邺城再次兴盛；到前秦陷邺，灭前燕，直到北魏，一度衰落。东魏迁都于邺，北齐继之，修复北城，新建南城，邺都鼎盛。北周灭北齐，杨坚徙邺民，毁邺居，从而衰竭。邺城三经兴衰，于公元580年被彻底焚毁而变成一片废墟。昔日繁华尽荒凉，残垣断壁也逐渐被黄沙蒿莱掩埋，沉寂于地下千余年。

三

由于邺城遗址逐渐被漳水冲淤掩埋，后人对其地理方位的标识往往以其当时的某一行政建置为参照座标原点，辨其方位道里，然历代行政区划常有变更，因而各家所标道里方位不一。《三国志疆域志》《三国志疆域志补注》，以及《大明一统志》卷28云："邺县，在临漳县西二十里。"《大清一统志》卷159、曹学佺《名胜志》记载："邺城，宋废为镇，去临漳县西二十里。"顾祖禹《读史方舆纪要》卷19邺城："今俗名故邺城曰邺镇。邑志云，今县城……去故邺城，几四十里。"杨守敬《隋书地理考证附补遗》卷3："邺位于临漳县西南四十里。"《中国古今地名大辞典》："邺故城在今河南临漳县西四十里。"明·嘉靖《彰德府志》卷8："邺城北城在（邺）镇东南一里半。"《辞海》：邺故城"在今河北临漳县西南邺镇东一里半。"

诸书确定邺城方位多以临漳县或邺镇作参照，以临漳县城作座标原点，或曰西二十里，或曰西四十里，或曰西南四十里；以邺镇为参照，或曰在镇东南一里半，或曰东一里半。邺镇，北宋置。东魏曾置邺县，治所在邺城中。北周大象二年（580），杨坚焚邺，将相州、魏郡、邺县治所西南移45里至安阳城，改安阳为邺，于邺故址置灵芝县。隋开皇十年（590），复安阳旧名，灵芝县改名邺县，治所在邺故址大慈寺一带，唐贞观八年，始筑邺县治小城。《旧唐书》卷39《地理志》："炀帝初，于邺故都大慈寺置邺县，贞观八年，始筑今治所小城。"北宋熙宁五年（1073），罢废邺县置镇，隶属临漳县。《宋史》卷86《地理志》"临漳县"："熙宁五年，省邺县入焉。"[①] 据嘉靖《彰德府志》卷2《地理志》："（邺镇）在府东北三十里。"彰德府治安阳，安阳东北36里即邺故址。如此，邺镇应在邺址之南，而不能以东南或东标方位。也有可能隋唐之邺县治所在故址之西北，宋以

① 明·嘉靖《彰德府志》曰为七年；《辞海》曰为六年。

后邺镇曾南徙，嘉靖《彰德府志》照抄宋《相台志》，沿袭宋人说法。再者，嘉靖《彰德府志》卷 9《杂志》于村名不载邺镇，而列有北邺城、南邺城，邺镇也有可能在宋元以后曾一度消废。今之邺镇位于三台遗址南，居北城西墙基上，很可能是明清以后的设置，以之标邺城遗址，曰东南一里半或东一里半，虽无大错，但并不妥当。以变化的邺镇标不变的邺城遗址，自然会出现歧异。

以临漳县城标邺城遗址，也会发生歧异。东魏于邺城中置临漳县。周武帝平齐，于建德六年（577）移临漳县治于邺城东二十里，属魏郡。隋开皇三年改隶相州，开皇十年分县地置长乐县。大业十年始筑县城，北宋省邺县，并入临漳。明洪武十八年，“漳水垫民居，奏移治于东北十八里理王村。”[①]《大明一统志》、曹学佺《名胜志》沿袭旧说，仍曰“西二十里”。《名胜志》又曰“邺城宋废为镇”，不确切，邺城与邺镇是两回事，没有沿革关系，两者建置时间与位置不一。相对来说，杨守敬的说法是比较正确的。若以今之地理方位标注邺城遗址，应为今河北省临漳县西南约 17.5 公里，或曰临漳县邺镇东，或曰临漳县三台村，西南距河南省安阳市约 18 公里，西距京广铁路讲武城站 4 公里，位于北纬 36°8′—36°12′，东经 114°20′—114°23′，面积约 20 平方公里。

四

邺都城郭、宫殿、官署府第、坊巷街区、台观苑池等，早已荡然无存，地面遗迹只有金凤台与铜雀台一角，及南、北城区内外散布的几处建筑台基。田野、垅亩、村庄诉说着昔日名都大邑的远逝，并引发了一代又一代人的思考和无限向往。无论古人、近人还是今人，总想弄明白历史上邺都的辉煌，辉煌又是如何暗淡并消失的，名城因何而兴，又因何而衰，等等。

① 明 · 嘉靖《彰德府志》。

关于邺城的记载与研究，自魏晋至21世纪初，大体经历了魏晋南北朝、隋唐宋元、明清民国和新中国成立后等四个时期：

魏晋南北朝，较早记述邺城名物的文献多是地赋、地记及建安年间邺下诗文等，如曹植《登台赋》，所言层台、太府、圣德殿、高门、双阙、中天之华观及西城飞阁，还有临漳水之长流、果园，记及邺都名物有10处之多。西晋左思《魏都赋》记有漳水、邺下水利工程、三台、西苑、太武殿、路寝、听政殿、官署、街巷、四里等。曹丕《典论》、曹植《游西苑诗》，还有王粲、应玚、陈琳等人的《槐赋》，都是邺下作品，所描绘的都是邺中风物。史书杂著则有王粲《汉末英雄记》、王沈《魏书》、鱼豢《魏略》、陈寿《三国志》、孔衍《汉魏春秋》、司马彪《续汉书》与《九州春秋》、郭颁《魏晋世语》、阴澹《魏纪》、诸家《晋书》、《晋八王故事》等。这些文献载及魏晋邺城史事名物，许多原书早已失传，残存片断，仍能反映出大致内容。《初学记》卷24《宫》曰："魏为邺宫，见《魏略》。"想必此书记邺宫较详。

关于后赵、前燕邺城的记载，主要文献有田融《后赵录》(或曰《赵书》《二石集》《二石传》)、王度《二石传》(石勒、石虎)、《二石伪治时事》、陆翙《邺中记》、范亨《燕书》(记慕容儁)、崔鸿《十六国春秋》、郦道元《水经注》等。《水经注》卷10《浊漳水》记魏武、石赵邺都较详，是唯一流传至今较为完整的文献。陆翙曾仕后赵，以后南渡为东晋国子助教，结合自己亲历搜集后赵邺都文献，撰成《邺中记》2卷，专记石虎邺宫事物。宋以后，此书散佚。陈振孙《直斋书录解题》著录《邺中记》1卷，佚名氏撰。陈氏所著录的《邺中记》与陆翙《邺中记》是否为一书，二者关系如何？惜二书俱佚，原貌难按，已无法辨明。传世辑本以元代陶宗仪《说郛》为最早，然寥寥数页，远非完本。《邺中记》辑佚，清人最有成绩。陆锡熊、纪昀等编《四库全书》，"以散见《永乐大典》者，蒐罗荟萃，以诸书互证，删除重复，共得七十四条，排比成编，仍为一卷。以石虎诸事为翙之本书，其续入诸条亦唐以前人所记，弃之可惜，则殿居卷末，别以附录名焉。是书虽篇帙无多，而叙述典核，颇资考证。”（《四库全书总目提要》史部九·载记类）行世版本除《四库全书》本外，还有聚珍版本、续百川学海本、榕园丛书本等。此外，辑本《十六国春秋》也有记载后赵、前燕邺城的史料，然多与《晋书·载记》等书相同。北齐杨楞伽《邺都故事》、隋王劭《齐志》、崔子发《齐纪》等载有东魏、北齐邺都城池宫阙等建筑史料。

隋唐宋元时期，邺墟荒凉寂寞，枯树孤台半淹于黄沙，任文人墨客凭吊怀古，发古人之幽思，追述当年通都大邑之繁华与壮丽。如隋段君彦《过邺城诗》、唐太宗《登三台言志》、李百药《赋得魏都诗》、温庭筠《过陈琳墓诗》、岑参《登古邺城诗》、孟云卿《邺城怀古》、明王象春《登铜雀台诗》等。类书和地理总志也保存有关于邺城的文献与记载，如《初学记》《艺文类聚》《元和郡县图志》《太平御览》《太平寰宇记》《元丰九域志》等。地方志书宋《相台志》，较系统地记载了邺都宫室，元《相台续志》承继宋志，载有邺城名物保存情况和邺墟在宋元时期的变化。这两部志书原书已佚，但其主要内容和材料被辑入明嘉靖《彰德府志》。此外，还有宋杨槱《临漳县志》，惜此书早佚，所载邺城诸事不详。记述元代邺城废墟情况较为详细的是乃贤《河朔访古记》，有传本行世，甚有价值。

明清民国时期，有关邺城的研究主要表现在三个方面：一是文献的辑佚与整理。明嘉靖《彰德府志》以宋《相台志》和元《相台续志》为蓝本，于卷 8《邺都宫室》，照录了宋元人对邺城建筑的记述。明末清初，顾炎武撰《历代宅京记》，辑录了嘉靖《彰德府志》有关节目。清人辑《邺中记》甚有成就。二是校注《水经注》，并根据《水经注》的记载，复原并绘制邺城图。如清汪士铎《水经注图》所绘《邺城图》；杨守敬《水经注校》所绘《邺城图》。这两张邺城图虽都不准确，因其较早，仍不失其一定的历史价值。三是学术研究与邺城遗址考古调查。清初顾祖禹撰《读史方舆纪要》，于州郡形势，论述邺城的军事、政治、地理的重要性及其历史地位，开邺城研究之先河。邺城考古调查始于民国时期。1931 年春，燕京大学国学研究所组织师生到冀南豫北考察历史古迹，洪业、顾颉刚等到河北大名、魏县考察清代崔述行迹，也曾在邺城一带作过调查。1936 年北平研究院营造学社刘敦桢等调查河南省北部古建筑，曾踏察邺城遗址。刘敦桢著《中国古代建筑史》，根据古籍文献和实地调查，绘有曹魏邺城复原图。这幅复原图比较接近史实，对于后来的邺城研究起了一定的参考作用，日本学者上田早苗、韩国学者成周铎在他们的论著中都引用了刘敦桢的复原图。此外，马丰撰有《赴磁县武安县南北响堂寺及其附近工作报告》(刊《北平研究院院务汇报》7 卷 4 期，1936 年 7 月)，是为邺城附近历史古迹调查与研究。

新中国成立后，邺城研究成为历史学和考古学研究的一个重要课题。1979 年 12 月临漳县人民政府将邺城遗址列为县级重点文物保护单位，1982 年 7 月升格为省级重点文物保护单位，1988 年元月又列入国家级重点文保单位。1957 年俞伟超等对邺城遗址进行了建国后第一次考古调查，撰有《邺城调查记》，刊于 1963 年《考古》第 1 期。1976 年 8 月至 1977 年 12 月临漳县文化馆对邺南城进行调查和考古钻探，撰有《邺城考古调查与钻探发掘简报》(刊《中原文物》1983 年第 4 期)。1979 年临漳县文物保管所成立，文保所驻三台遗址，继续开展邺城遗址考古调查，探区发掘、征集、采集邺地文物数千件。1983 年中国社会科学院考古研究所与河北省文物研究所联合组建邺城考古队，于是年秋开始了对邺城遗址的全面调查和钻探。经过 30 多年的考古研究，相继发表了《河北临漳邺北城遗址勘探发掘简报》(《考古》1990 年第 7 期)、《河北临漳县邺南城朱明门遗址的发掘》(《考古》1996 年每 1 期)、郭义孚《邺南城朱明门复原研究》(《考古》1996 年第 1 期)、中国社会科学院考古所科技实验研究中心《邺南城出土的北朝铁甲胄》(《考古》1996 年第 1 期)、《河北临漳县邺南城遗址勘探与发掘》(《考古》1997 年第 3 期)、《河北临漳县邺城遗址东魏北齐佛寺塔基的发现与发掘》(《考古》2003 年第 10 期)、《河北临漳邺城遗址赵彭城北朝佛寺遗址的勘探与发掘》(《考古》2010 年第 7 期)、《河北邺城遗址赵彭城北朝佛寺与北吴庄佛教造像埋葬坑》(《考古》2013 年第 7 期)、《河北临漳县邺城遗址赵彭城北朝佛寺 2010—2011 年的发掘》(《考古》2013 年第 12 期)。此外，还有乔文泉《邺南城附近出土北朝石造像》(《文物》1980 年第 9 期)、徐光冀《邺城遗址的勘探发掘及其意义》(《文物春秋》1989 年创刊号)、《曹魏邺城的平面复原研究》(《中国考古学论丛——中国社会科学院考古所建所 40 周年纪念》，科学出版社 1993 年)、《邺城考古的新收获》(《文物春秋》1995 年第 3 期)、张子欣《邺城铜雀三台》(《文物天地》1985 年第 2 期)、马忠理《北齐兰陵王高肃及其碑文述略》(《中原文物》1988 年第 2 期)、《邺都近邑北齐佛教刻经初探》(《北朝摩崖刻经研究》，齐鲁书社 1991 年)、王复生《从出土文物话邺城独特的城建设施》(《北朝研究》1996 年第 2 期)、李裕群《邺城地区石窟与刻经》(《考古学报》1997 年第 4 期)、郭济桥《邺南城昭阳殿考略》(《河北省考古文集(二)》，北京燕山出版社 2001 年)、徐光冀《东魏北齐邺南城平面布局的复原研究》(《宿白先生八秩华诞纪念文集》，文物出版社 2002 年)、朱岩石《东魏北齐邺南城内城之研究》(《汉唐之间的视觉文化与物质文化》，文物出版社 2003 年)、何利群《东魏北齐时期的邺城佛教研究》(《追溯与探索——纪念邯郸市文物保护研究所成立四十五周年学术研讨会文集》，科学出版社 2007 年)等。中国社科院考古所等将邺城考古与研究成果汇编为《邺城考古发现与研究》和《邺城文物菁华》二巨册，由文物出版社 2014 年出版，对半个多世纪的邺城考古调查与研究作了一次总结。邺城考古与文物研究是揭示古邺真实面貌的重要途径，虽已取得不少成绩，但仍有宽广的工作空间，中国未来数十年的考古研究，邺城考古还将是一个深受国内外学术界关注的重要课题。

邺城的历史研究始于改革开放的新时期，其起源可追溯至“文革”后期的“评法批儒”。1974 年全国上下大讲“儒法斗争”，西门豹被说成是法家人物的代表，“西门豹治邺”的故事广为传播、宣讲，一些学者由此关注邺城，再加上邺城附近东魏、北齐墓葬发掘与考古发现，邺城受到越来越多的人的注意。1976年以后，邺城研究便成了学者探讨的课题。1978年秦佩珩在《郑州大学学报》第4期发表《邺都琐考》，次年又在《河南文博通讯》第1期上刊出《邺城考》，邺城研究由此逐渐热起来。论文越来越多，诸如张之《邺城兴废考》(《中州今古》1983年第3期)、张平一《古都邺城述略》(《河北学刊》1983年第1期)、《从文献看古都邺城的兴废》(《文物春秋》1989年创刊号)、周一良《读〈邺中记〉》(《内蒙古社会科学》1984年第4期)、高敏《略论邺城的历史地位与封建割据的关系》(《中州学刊》1989年第3期)、江达煌《论殷邺一体与两个古邺城——兼及东魏邺南城》(《北朝研究》1990年第1期)、邹逸麟《试论邺城兴起的历史地理背景及其在古都史上的地位》(《中国历史地理论丛》1995年第1期)、朱岩石《论邺城皇家园林反映的魏晋南北朝时代特征》(《追溯与探索——纪念邯郸市文物保护研究所成立四十五周年学术研讨会文集》，科学出版社2007年)、张金龙《东魏北齐邺南城建置昨考——以历史文献记载为中心》(《文史》2010年第3辑)，等等。这些论文重点论述了邺城兴衰及其重要的历史地位，特别是著名历史学家周一良先生于20世纪70年代末80年代初撰《魏晋南北朝史札记》，书中《魏书札记》有“中山邺信都三城”一条，曾论及邺城之重要，以后撰《读〈邺中记〉》，通过释读辑本《邺中记》，论述了邺城在历史上所起的重要作用。文末附有田余庆、祝总斌二先生讨论函。高敏先生的论文也颇有特色，都是邺城研究的佳作。

邺城城制及其在中国古代都城史上的地位也是研究的重点与热点。1939年陈寅恪撰成《隋唐制度渊源略论稿》，“礼仪”一节附“都城建筑”，提出“邺—大兴—长安”中古都城系统，这对邺城制度研究具有开创之功。数十年之后，这一问题被展开，广为深入研究，主要论文有俞伟超《中国古代都城规划的发展阶段》(《文物》1990年第2期)、吴刚《中国城市发展的质变：曹魏的邺城和南朝城市群》(《史林》1995年第1期)、朱海仁《略论曹魏邺北城、北魏洛阳城、东魏北齐邺南城平面布局的几个特点》(广州市文物考古所编《广州文物考古集》，文物出版社1998年)、王维坤

《试论中国古代都城的构造与里坊制的起源》(《中国历史地理论丛》1999年第1期)、《论20世纪的中日古代都城研究》(《文史哲》2002年第4期)、秦建明《中国古代都城西北高台建筑之谜》(《文博》1999年第1期)、郭湖生《论邺城制度》(《建筑师》95期，中国建筑工业出版社2000年)、程义《试论邺北城的设计思想、布局与影响》(《西北大学学报》2001年第1期)、郭济桥《曹魏邺城中央官署布局初探》(《殷都学刊》2002年第2期)等。著名历史地理学家谭其骧先生对于邺城在中国古都史上的地位也有论述，他在1984年中国古都史学术讨论会上指出："邺城在中国古都史上具有重要地位，历史上邺的地位远比杭州重要，六大古都应为七大古都。"(见卫家雄《一九八四年历史地理学研究概述》，刊《中国史研究动态》1985年第1期)。邹逸麟在其论文中也论述到邺城在古都史上地位。

关于邺城制度及其影响。郭湖生《魏晋南北朝至隋唐宫室制度沿革——兼论日本平城京的宫室制度》(刊《中华古都——中国古代城市史论文集》，台北，空间出版社1997)，认为魏晋南北朝的宫城布局为骈列制，由北齐邺南城开始至隋唐才正式被中轴对称制所取代，日本平城京的宫城制度似乎更接近于南北朝的制度。其《论邺城制度》将曹魏都邺至五代后梁都汴约700年都城制度的发展概括为"邺城制度"。这一制度的特点：(1)宫前东西横街直通东西城门，划全城为二，宫城在北且与北城垣相接，坊里、衙署、市在南；(2)礼仪性大朝与日常政务的内朝在宫内并列，形成两组宫殿群，各有出入口。认为邺城制度影响了北魏、东魏、北齐和周边国家与渤海和日本诸京等一系列都城建设。

由于邺城研究愈益受到重视，学术界还开展了一些较有影响的学术研究与交流活动。1987年5月，日本京都大学教授谷川道雄、吉川忠夫，奈良女子大学教授上田早苗，东北大学教授安田二郎，大阪市立大学教授中村圭尔，三重大学非常勤讲师高木智见等6位学者以"地域社会在六朝政治文化上所起的作用"为题，与中国学者开展国际共同研究，并一起考察了邺城遗址。这次共同研究的成果，由谷川道雄编成《日中国际共同研究：

地域社会在六朝政治文化上所起的作用》(京都玄文社出版1989年3月),收录了上田早苗的专文研究《后汉末期的邺地与魏郡》。

1988年9月,中国魏晋南北朝史学会、河北省哲学社会科学联合会、河北省史学会与邯郸地区有关单位在邯郸市共同召开“全国第二届北朝史学术讨论会”,重点探讨邺城历史并考察古邺遗址。会议部分论文被结集为《邺城暨北朝史研究》(河北人民出版社1990年版),收录了黄惠贤《魏晋南北朝时期邺都铜雀三台考》、郭黎安《魏晋南北朝邺都兴废的地理原因》、马志冰《魏晋南北朝时代邺都兴起的历史原因》、江达煌《邺城的几次重大营建与破坏》、刘岩《盛时邺城的经济文化与城市建设》等。

1991年4月,全国第三届建安文学学术讨论会在邯郸市召开,与会学者重点探讨了邺下建安文学,并考察邺城遗址,出版《建安文学新论》(中州古籍出版社1991年),收录有傅刚《邺下文学论略》、胡大雷《邺下文学集团考》、李彬凯和石云涛《试论邺下文人集团的形成》等论文。这些学术活动对于推动邺城研究的深入起到了十分重要的作用。

2014年8月5日至7日,中国社会科学院考古所、河北省文物所与邯郸市政府在河北临漳县举办“东亚古代都城暨邺城考古·历史”国际学术研讨会,国内外学者百余人与会,总结邺城考古三十年之成绩。

邺城研究同时还是国际学术上的一个重要课题。西方学者研究世界城市史,将历史上的都市划分为不同类型。中国、日本、朝鲜、越南等国的古都有相似相类的特征,因而被概括为“华夏型”。关于“华夏型”都市的起源与形成,日本学者将之追溯于曹魏时期的邺城。自20世纪初著名古代建筑史专家关野贞提出长安或邺城是日本古代都城的“祖型”,那波利贞、志田不动 、宫川尚志、村田治郎、驹井和爱、秋山日出雄、岸俊男、谷川道雄、上田早苗、中村圭尔等学者都探讨了邺与日本古都之关系,将日本古都城制溯源于长安或邺。20世纪30年代,水野清一等编有《世界美术大全》和《响堂山石窟》,《美术大全》载有曹魏邺城石螭首照片,日本学者此前当考察过邺城遗址。

1930年那波利贞发表《从中国首都规划史的角度探讨唐长安城》(《桑原博士还历纪念东洋史论丛》)，根据《考工记》的都城规划理念和《文选·魏都赋》注的材料，考察了邺城的布局形制的发展及其与隋之大兴、唐之长安规划建造的关系。1938年村田治郎在《建筑学研究》杂志第89号上发表《邺城考略》。昭和五十六年又将旧稿重新修订，收入《中国的帝都》，列为第二章，叙述了邺城的历史沿革；城廓；曹魏、后赵、东魏、北齐之宫殿、官署、三台及苑囿，探讨了诸政权择邺为都的原因。“村田的论文已经成为日本邺城研究中的必读文献。”[①] 岸俊男是研究中日古都的健将，成绩卓著，出版有《日本的古代宫都》(《日本の古代宫都》，NHK大学讲座1981年)、《日本宫都与中国都城》(《日本の宫都と中国の都城》，《都城》1976年)、《古代宫都的探究》(塙书房1984年)、《日本古代·都城生态》(《日本の古代·都城の生态》，中央公论社1987年)等论著。秋山日出雄《日本古代都城制的源流》(刊于昭和五十六年六月《历史研究》第十九号)将日本的藤原京与邺城、藤原京之飞鸟宫与邺南宫作了比较研究。其另一篇论文《八省院=朝堂院的祖型》(《八省院=朝堂院の祖型》，刊于1981年3月财团法人大阪市文化财协会刊《難波宫址の研究第七》论考篇)，对邺南宫的构造、邺南宫的朝堂作了研究，认为邺南宫的朝堂是日本藤原京八省院的祖型。他还曾试图通过邺南城复原研究，揭示日本古都城制原型，于1982年在《女神大史学》第2期上发表《日本古代都城制的原型》。上田早苗《后汉末期的邺地与魏郡》，探讨了魏武都邺的条件及邺在中国都城史上的地位，指出：“邺京不仅为日本‘大藤原京’及平城京两京之祖型，在中国都城史上，也占有极重要的地位。”

日本学者对于邺城的研究应该说始于20世纪初，二三十年代出现有份量的成果，70年代以后形成研究热点。中村圭尔先生说：“自进入20世纪70年代以后，日本学者对邺给予了更多的关心。掀起这个研究热潮的

① [日]中村圭尔：《日本魏晋南北朝城市研究史》，见[日]中村圭尔 辛德勇编：《中日古代城市研究》，中国社会科学出版社2004年版，第47页。

是岸俊男，他反对日本平城京受隋唐长安影响的旧说，认为日本都城的原型是藤原京。藤原京呈南北长、东西窄的布局，这种布局与东西长、南北短的长安不同，其布局应该是来自南北长、东西短的北魏洛阳城或邺南城。受到这个观点的触发，在 20 世纪 80 年代，日本史学者秋山日出雄提出了关于邺的独特见解。秋山首先以村田的学说为主要依据，参考《邺中记》《邺都故事》中的记载，指出邺南宫的太极殿、东西堂、朝（应为“昭”）阳殿、永巷等的布局与日本飞鸟宫的平面布局几乎相同，他认为飞鸟宫的设计受到了邺南宫的影响，飞鸟宫的设计又影响到藤原宫。他还分析了邺南宫的规模、城门、官署等，认为邺与隋唐洛阳可能比较相似。”1982 年“秋山又发表了关于邺南城复原的专论。这个论文（即《日本古代都城制的原型》）以村田的研究为基础，首先据文献尝试复原了邺南城和邺北城。据《历代宅京记》确认了城郭的规模，以及郭和市、里坊等。其次用他自己称为历史地理学式的方法来推定邺南城的形态和位置。他主要根据邺周围的水路和道里对南城的形态和位置进行了推定。根据他的推测，邺南城和邺北城南墙间有 20 度的夹角。这个推测和后来的考古调查发现的邺南城的形态和位置大相径庭。”[①]

2015 年日本中国考古学会年会专题讨论邺城考古。该学会期刊《中国考古学》第十六号（2016 年 11 月出版），收录有小泽证人、八木春生《考古学视角下的邺城——通向隋唐时代变革期的观察》、朱岩石《考古学视角下的都城与邺城时代》、岩本笃志《东魏北齐王朝与邺城的构造——研究史及问题点》、苏哲《东魏北齐邺都墓道壁画的诞生》、八木春生《邺城及其附近北齐时期佛教造像特色》、仓木尚德《从刻经看邺城佛教——以小南海石窟与北响堂山石窟为中心》等论文。

与日本学者一样，韩国学者的邺城研究，重点也在都城制度方面。韩国国立庆州文化财研究所重大考古成果《庆州王京》（遗物图版一册，2001

① ［日］中村圭尔 辛德勇编：《中日古代城市研究》，中国社会科学出版社 2004 年版，第 48—49 页。

年版；本文一册，2002 年版），将新罗王城与邺作了比较。成周铎《百济城址研究》（汉江文化出版社 2002 年）、徐程锡《百济的城郭——以熊津、泗沘时代为中心》（考古学丛书之一，学研文化社 2002 年），论证了百济城址在制度方面与长安或邺城相似之处。著名历史学家、首尔大学朴汉济教授于 2000 年 12 月在《历史学报》第 168 辑上发表《魏晋南北朝时代各王朝的首都选定及其意义——洛阳与邺都》。

韩国学者对邺城的关注，相对来说比较晚，但发展的势头良好，越来越多的学者已经认识到只有搞清楚中国古都城制的发展，才能揭示出本国古代都城制度的渊源。因此，中、日、韩三国学者都在从各自的方面进行研究，并呈现出合作研究、共同研究的趋势，欲通过邺城的探讨，找到东亚古都城制的起源。

笔者自 1984 年涉足邺城研究，撰成《魏晋北朝邺城初探》，赴成都参加全国首届魏晋南北朝史学术讨论会，并被选入文集《魏晋南北朝史研究》（中国魏晋南北朝史学会编，四川省社会科学院出版社 1986 年）。1987 年 5 月与谷川道雄等日本学者进行学术交流，共同踏察邺城遗址。学术交流发言稿《六朝地域社会研究的几个问题》与论文《魏晋北朝幽冀诸州要论——兼谈南北东西形势的形成》刊载于《日中国际共同研究：地域社会在六朝政治文化上所起的作用》。1988 年筹备组织“全国第二届北朝史学术讨论会”，并提交论文《邺城北城建置考》，以后刊于韩国明知大学《明知史论》第 14、15 合辑（2004 年）。1991 年撰《建安年间邺下文学作家群》，参加“全国第三届建安文学学术讨论会”，入选会议文集《建安文学新论》（中州古籍出版社 1992 年）。此外，还撰有《漳河畔邺城故都》（中华书局《文史知识》1990 年第七期）、《邺下传统水利工程的变迁》（《河北水利史志论文集》河北科学技术出版社 1992 年版）、《秦汉邺城钩沉》（韩国韩华学会《韩华学报》第 3 辑，2004 年）、《曹魏邺都城制建筑考》（《亚洲学术 2006》，人民出版社 2006 年）、《邺与中世纪东亚都城城制系统》（《亚洲学术》2007 年）、《后赵邺都城制建筑考》（《河北学刊》2008 年第 3 期）等。

20多年来从事邺城研究，前后四次踏察邺城遗址。2003年春，以《古都邺城研究——中世纪东亚都城制度探源》为题，申请韩国高等教育财团国际交流项目，并获准于是年8月至2004年8月在韩国首尔开展合作研究一年，得以集中精力将20多年的积累作一系统梳理，并补充了许多日文、韩文资料，撰出初稿。回国后，又申请并通过了本项目的后续研究，即《邺城复原研究》。在此基础上，将研究工作推进一步，于2012年申请获准为国家社科基金后期资助项目，综合构架，调整篇目，插配图片，充实内容，完善体例，反复斟酌打磨，于2014年通过结项，由中华书局于2015年5月出版。

五

其实，邺城研究的意义并不仅仅表现在历史意义，或者说仅限于弄清楚中世纪东亚都城制度的起源，更重要的还在于它的现代科学与艺术价值。古人择都，辨方正位，重视天人关系，追求天、地、人之最大程度的和谐，科学合理地利用地理环境和自然条件，将“天人合一”的理念贯彻于城市的总体规划与设计、结构布局、职能分区，以及不同方位建筑及名称，还包括城市辅助设施，诸如供排水系统、城区内外园林建筑，并通过水、陆交通使城市与其周围水系及道路交通网络连接成一个体系，这一城市建设思想理论对于现代化都市建设仍有重要参考与指导作用。而且邺城建筑施工也十分讲究，先筑宫殿及城内外水利工程，再修城垣，建筑用土取之池渠的开挖，弃土废料等建筑垃圾用于筑台，科学计算施工，统筹兼顾，边建设边绿化，沿沟渠、街路植树，并于近郊建造园林、陂塘，既改善城市居住环境，又可调节城市用水。曹操兴建邺城，十分注意周围生态环境的保护，建筑木材取之上党山林，舍近求远，并构建完善的城内城外水利系统，避免漳水的危害，变水害为水利。他用兵于邺时，曾遏淇水入白沟以通粮道。建安十年，北征乌桓，凿渠以漕运军粮，“自呼沱入泒水，名平虏渠；又从泃河口凿入潞河，名泉州渠，以通海”[①]。十八年，凿利漕渠，“引漳水入清洹以通河槽”[②]。通过人工渠将黄河、海河两大水系连接起来，河运与海运贯通，这不仅改善了邺城周边的生态环境，又便利交通，增强了地域中心城市的吸收与辐射功能。城市建设、发展与环境保护相统一，营造人与自然、资源共生共存的和谐关系。古人并不懂得“可持续发展的理论”，但他们在现实生活中迫于居住环境的改善，不自觉地践行了这一理论。以后，历经后赵、前燕、东魏、北齐，邺城三次兴衰，凡处于兴盛时期，基本上都能注意到人与自然的关系，如果步入衰败时期，人与自然的关系往往处在不协调的状态，传统水利工程废弃，湿地萎缩，气候趋于干燥，物种种群减少，植被劣化，邺地一片萧条景象。研究邺城，不仅可以从中总结城市规划与建设的经验，还可以从中归纳城市与区域经济发展之关系等方面的经验。

邺城制度影响明清北京和古代朝鲜的汉城，日本的京都在制度上虽直接承袭唐代长安，但其渊源却在邺城。北京、汉城（首尔）、京都均已发展为现代化都市，甚至成为国际化大都市，但其城制布局至今保留着她们的悠久传统。老城区南北中轴线，左右对称，棋盘状街区，等等，仍然都是昔日的格局。以后新开辟的城区围绕老城区，沿传统城制向外扩展，尽管建筑形式各异，但从根本上讲，万变不离其宗，都是在传统的基础上规划、设计和建设现代化都市。城市的设计者、建筑家未必都能清楚北京、首尔、京都城制的源流演变，尽管他们在现代化城市建设中拆除了许多古建筑，未能尽到保护的作用（特别是北京），但他们并不能改变传统的城市制度，否则，真正意义上的北京、汉城（首尔）、京都就不存在了。研究邺城，揭开邺城之谜，既可以深刻认识东亚现代化大都市的历史传统，

① （晋）陈寿撰，（南朝宋）裴松之注：《三国志》第一册 卷 1《武帝纪》，中华书局 1957 年版，第 28 页。

② （北魏）郦道元：《水经注》上册 卷 10《浊漳水》，江苏古籍出版社 1989 年版，第 952 页。

秉承传统，规划、建设、发展这些现代化大都市，还可以使那些居住、生活、工作在这些都市里的人们，或者到这些都市中旅游的人们，步行在街头，切身体验到历史与现实的美妙结合，不仅有生活工作的舒适感，还有深厚的历史文化的愉悦感，丰富并提升人们的精神境界。

在北京、汉城（首尔）、京都、奈良、庆州、水原等城市，还保存着大量古迹，其中一些著名古迹已被联合国列为“世界文化遗产”，如明清北京故宫、天坛、汉城（首尔）昌德宫、宗庙、庆州王京遗址、水原华城等。这些古迹的建筑理念和制度也都与邺城有关，特别是汉城宗庙制度与东魏北齐邺南城的宗庙颇为相类。这种王室宗庙在中国大陆早已不存在了，而在韩国却完整地保存下来。还有“天上大将军，地下女将军”的部族信仰木柱，也是北齐的遗俗。所有这些，与埃及的金字塔一样，都是人类文明的结晶。这些建筑的性质与布局及礼制礼俗，须从制度方面得到解释，还应从制度沿革方面寻找其源流演变，这都离不开邺城研究。所以，邺城研究对于认识、总结、保护和利用北京故宫等世界文化遗产具有重要的实际意义，只有看得懂，能充分地理解，才会有自觉的保护意识。

当代日本“共生”哲学理念解析

——从马克思主义哲学出发

王 青

【内容提要】20世纪以来，由于世界各国不仅在本国内仍存在着不同程度的人际关系不平等的问题，而且在全球化进程中文明冲突与恐怖主义活动日益严重，人类过度的开发和生产活动也引起了全球规模的生态和环境危机。当代日本学界力图构建超越近代资本主义原理的“共生”理念，以人与人的“共生”和人与自然的“共生”为契机，建设消除人对人的歧视与压迫的环保型可持续发展社会，其中以尾关周二站在马克思主义哲学立场进行的理论阐述最有代表性。尾关在方法论上分别采用马克思关于劳动与交往的异化理论、马克思对资本全球扩张趋势的洞察以及马克思关于人与自然的物质代谢观点，深刻批判了近代资本主义生产方式不仅带来了人对人的剥削和压迫，也从根本上破坏了人赖以生存的生态环境，为彻底解决以上危机状况，人类应该以人与社会、人与自然和谐相处的“共生”作为哲学理念，构建人与人共同共生型社会和人与自然生态循环型社会。

【关键词】“共生”理念　马克思主义哲学　共同共生　多元共生　农工共生

【作者简介】王青，日本一桥大学社会学博士，中国社会科学院哲学研究所研究员，中华日本哲学会会长，日本井上圆了国际研究中心理事，北京日本学研究中心客座教授。

全球化时代背景下人类社会虽然在经济发展和科学技术上取得了巨大

成就，但资本主义市场经济体制导致拜金主义横行，个人只顾自己的利益，在国际关系上也是各国以本国利益为重，不仅在一国内部以及国际上都造成了贫富差距扩大等社会矛盾，还带来了严重的生态危机和环境破坏，甚至威胁到人类自身的生存基础，所以人类必须进行深刻的自我认识与反省，从根本上重新审视近现代文明。

日本学术界近年来提倡以人与人和人与自然的“共生”理念为契机，建设超越近代资本主义制度弊端的未来社会，本文将以尾关周二[①]的“共生”哲学理念为主要分析对象，探讨马克思主义哲学对于当代日本构建“共生”理念的方法论意义。

一、作为元概念的“共生”理念

随着1989年美苏冷战的结束，经济全球化的趋势把原来处于资本主义和社会主义两大对立阵营的世界各国越来越紧密地联系在一起。但1992年联合国环境与发展大会的召开与1997年京都议定书的出台表明人类又开始面临与资本主义和社会主义的政治军事对立不同的另一种危机——全球规模环境问题的深刻化；2001年美国发生“9・11”恐怖袭击事件，这标志着文明冲突和宗教对立的加剧；2008年世界金融危机引发资本主义矛盾大爆发，这一系列的动荡促使各国不得不深入思考生态环境的恶化与政

① 尾関周二（1947年2月18日—），日本东京农工大学名誉教授，专攻环境哲学、交往哲学。现任日本共生社会体制学会会长、日本综合人间学会副会长、日本环境思想与教育研究会会长等。近年来的主要著作有《環境思想と人間学の革新》（青木書店2007年版）、《環境と情報の人間学 共生・共同の社会に向けて》（青木書店《シリーズ現代批判の哲学》2000年版）、《現代コミュニケーションと共生・共同》（青木書店1995年版）、《環境哲学のラディカリズム 3.11をうけとめ脱近代へ向けて》（武田一博共编，学文社2012年版）、《〈農〉と共生の思想〈農〉の復権の哲学的探求》（亀山純生、武田一博、穴見愼一共编著，農林統計出版2011年版）、《共生と共同、連帯の未来 21世紀に託された思想》（藤谷秀、大屋定晴共编，青木書店《シリーズ“哲学から未来をひらく”》2009年版）等。

治社会的危机，甚至对资本主义生产方式和近现代工业文明本身产生了质疑。

特别是2011年3月11日日本发生东北大地震及福岛核泄漏事件，导致当地农产品及海产品受到核污染，使日本社会对依赖核能的能源和环境政策以及农业与食品安全问题产生了深刻的危机感。在对日本自战后以来由国家官僚体制主导、片面推进工业资本主义发展的基本政策和社会形态进行反省和批判的同时，深化了对环境伦理、环境哲学方面的研究，提出了建设以吸收农业文明价值观精华而超越近现代工业文明的多元共生社会的构想。

共生（Symbiosis）一词本是生物科学的概念，指不同种的生物互惠互利、共同生活的一种相处模式。生物学界一般认为不同种的生物间有捕食—被食关系、竞争关系、共生关系和寄生关系，捕食—被食关系和竞争关系曾被认为是生物间的普遍模式，但随着研究的深入，逐渐发现曾被认为属于例外的共生关系和寄生关系其实也是生物界普遍采取的一种生物种间关系模式。

日本社会科学领域借鉴生物学这一"共生"概念，将其引申比喻为政治、社会、哲学概念，指人与人、人与自然协同共存的各种形态。佛教学家椎尾弁匡1922年发起了共生运动，从佛教的立场强调人与人的相互扶助以及人与其他生命的共存。同年，受社会主义思潮影响的文学家有岛武郎将自家农场改名为共生农场，实行土地改革，将土地无偿分给了佃户们，也反映了这个时代"共生"理念与社会主义思想的密切联系。在全球化浪潮席卷中，世界各国不仅在本国内仍存在着不同程度的人际关系不平等现象，而且在全球化进程中文明冲突与恐怖主义活动日益严重，人类过度的开发和生产活动也引起了全球规模的生态和环境危机。20世纪90年代起日本学术界又出现了对"共生"理念的热议，力图以"共生"理念对抗资本主义竞争原理和经济一体化中隐含的排除异质的统一性原理，以人与人的"共生"和人与自然的"共生"为契机，建设消除人对人的歧视与压迫的环保型可持续发展社会。

“共生”理念不仅在日本得到了广泛的共识，通过与中国、德国、美国等学术界的交流，在国际上也引起了很大反响。2006年日本人文和社会科学、自然科学等多学科数十名学者发起创立了共生社会体制学会，正像该学会的英文名称“The Association for Kyosei Studies”[①]所显示的那样，“共生”一词已经突破日本一国的地域限制，发展成为一个回应世界性普遍问题的元概念。

共生理念的倡导者认为，人类社会自从进入近代以后，虽然物质文明高度发展，但资本主义市场经济体制也造成了拜金主义横行，个人只顾自己的眼前利益，在国际关系上也是各国以本国利益为重，不仅在一国内部以及国际上都造成了贫富差距扩大等社会矛盾，还带来了严重的生态危机和环境破坏，甚至威胁到人类自身的生存基础，无疑是自掘坟墓的短视行为。环境破坏与社会矛盾其实都是人的行为的结果，现代人面临的矛盾根源是欲望驱动下的资本逻辑对人本身的异化，所以人类必须进行深刻的自我认识与反省，从根本上重新审视近现代文明。

对于构建超越近代资本主义原理的“共生”理念，日本学界从各个学科、各种视角进行了深入的研究，其中以尾关周二站在马克思主义哲学立场进行的理论阐述最为典型和系统。曾经苏联和东欧社会主义的解体似乎象征着马克思主义哲学已失去了权威性和现实性，但马克思主义哲学对当代日本构建“共生”理念的方法论意义再次证明，马克思主义哲学对于解决当代人的危机和困境仍然具有重要的理论价值和现实意义。

① Kyosei是“共生”的日语发音。

二、人与人的“共同共生”论——从马克思的异化理论出发

根据尾关周二的梳理和总结，共生概念在现代日本曾有以下两种类型：其一为以建筑学家、政治家黑川纪章为代表的圣域共生论。黑川纪章主张“共生的思想就是承认相互的圣域”，而所谓“圣域”是指无法用科学分析的方法和国际通用的规则加以评判的、神秘的宗教信仰及民族文化认同的根源，具体到日本的圣域就是指象征天皇制[①]、稻作文化，以及相扑、歌舞伎、茶道等传统技艺[②]。黑川纪章把稻作文化视为圣域 = 日本传统文化基因，其出发点本来是呼吁在日美经济摩擦中抵制开放日本大米的自由化市场机制，但他以神秘的宗教性来对抗西方理性主义，就陷入了对以天皇制为代表的个人意志从属于集体意志的日本前近代型传统共同体社会的美化。

其二是以政治学家山口定和法哲学家井上达夫为代表的竞争共生论。山口定说：“‘共生’的提倡，第一表明对我们现在的竞争社会的生存方式本身进行自我变革之决心。因为在竞争关系中，即使站在优势一方也说‘共生’，但若没有相当的自我牺牲的觉悟，就不会得到弱者的认同。第二，不是强求遵从现成的共同体的价值观，那会因片面强调‘和谐’与‘协调’而把社会关系导向同质化，而必须是在承认各种异质者的‘共存’的基础上，旨在树立新的结合关系的哲学。第三，它不是相互依赖，而必须时刻保持‘自立’。第四，以‘平等’与‘公正’的原理进行自我检验。第五，

① 象征天皇制：颁布于 1947 年的现行《日本国宪法》规定天皇为日本国及日本国民统合的象征。

② ［日］黒川紀章：《共生の思想——未来を生き抜くライフスタイル》，德間書店 1989 年版，第 97 页。转引自［日］尾関周二：《現代コミュニケーションと共生・共同》，青木書店 1995 年版，第 146 页。

必须有‘透明的公开的决策过程作为制度保障’的支撑”①。可以看出山口定视为理想的“共生”就是近代市民社会的民主政治。

井上达夫批判日本传统的共同体是“同质化社会”，强调尊重异质性本身。他主张“我们所说的‘共生’，是向异质者开放的社会结合方式。它不是限于内部和睦的共存共荣，而是相互承认不同生活方式的人们之自由活动和参与的机会，积极地建立起相互关系的一种社会结合”②。山口和井上都是站在自由主义立场，否定传统共同体强制同质化的侧面，试图导入作为市场原理主义中心意识形态的竞争机制。

在对这两种共生理念进行批判和吸收的基础上，尾关周二提出了超越“圣域共生”和“竞争共生”的“共同共生”的新理念。他认为前近代式共同体价值观的“圣域共生论”包含着对异质者的压抑和排斥；而作为近代市民社会理念的“竞争共生论”以自由竞争为原理，在市场规律 =“看不见的手”的作用下，“理性人”为获取效益最大化，必然会导致把手段当目的的悖论，即如马克斯·韦伯把以竞争为特征的资本主义比喻为窒息人性发展的“铁笼”，是资本主义制度对人的异化。尾关周二从马克思主义哲学的劳动实践观和交往实践观的立场出发构想的共同型共生社会，是超越了前近代共同体主义和近代资本主义的后现代性共生理念：“至少可以说在现代人类社会，‘共生’与‘共同’是相互补充的理念。共同性关系被误解为同质化时，尊重“异质”的‘共生’反而成为积极的对抗理念；另一方面在市场化原理支配下，‘共生’成为遮蔽赤裸裸的‘生存竞争’的概念时，‘共同’又成为对抗理念；二者应以这样的形式相互补充”③。

---

① [日]山口定：《“共生”ということ》，『朝日新聞』連載記事シリーズ「いま何が問われているのか」、1994年10月30日。转引自[日]尾関周二《現代コミュニケーションと共生・共同》，青木書店1995年版，第140—141页。

② [日]井上達夫共著：《共生への冒険》，毎日新聞社、1992年、第24—25页。转引自[日]尾関周二《現代コミュニケーションと共生・共同》，青木書店1995年版，第142页。

③ [日]尾関周二：《環境思想と人間学の革新》，青木書店2007年版，第192页。

尾关周二认为人类本来拥有作为人性自然的本源的共同性，而以竞争主义为原理的近代资本主义导致了个人主义、自由主义的出现，社会成员的原子化使个性价值遮蔽了共同性价值，造成了共同体的解体，而“共同共生”就是以建立在人类自然本源性基础上的共同性价值为基础，同时又积极承认近代的个性价值，以沟通交往来实现实质的平等。

围绕人性的本质，西方哲学史上一直就有“个性”或“共同性”的不同认识。亚里士多德说人是社会的共同的存在，没有与他者的关系性就无法存在，所以人在本源上是“沟通的存在”。但笛卡尔把亚里士多德以“生命”为原型的有机体自然观转换为以“机械”为原型的自然观，其“我思故我在”的意识主义人类观与机械论自然观构成了人类与自然近代二元论的出发点。在由“科学革命”开始的西方近代文明体制下，理性的个人的集合体构成了近代市民社会，但资本主义市场经济社会化破坏了人与人之间和人与自然之间的沟通交往，这就是马克思在《穆勒评注》中所说由于货币关系扩大，人类语言构建的交往关系被货币的“信用”关系所取代的交往异化现象。

马克思考察人的本质是从劳动和交往的视角出发的。首先马克思重视人的社会属性，他认为人是名副其实的社会性动物，具有相互依赖、共同活动的本性，即他在《关于费尔巴哈的提纲》中说，“人的本质不是单个人所固有的抽象物，在其现实性上，它是一切社会关系的总和”[①]。实践是马克思主义哲学的核心概念，是指以改造世界为目的、主体与客体之间通过一定的中介发生相互作用的过程，而劳动是人特有的社会实践活动，人在劳动过程中结成了社会关系，在社会关系中形成了人的本质。同时，马克思的交往理论认为，交往是在实践活动中产生的人与人的关系，因此交往是推动人类社会发展的力量，也是人的社会性的存在方式，马克思主义哲学以人的自由而全面的发展为目标，而交往是实现这一目标的重要条

① 中央编译局编：《马克思恩格斯选集》（第 1 卷），人民出版社 1995 年版，第 56 页。

件。

劳动本来是人按照自己的意志去改造世界的自由自觉的活动，但由于资本主义私有制把劳动力商品化了，于是造成了劳动者与自己的劳动产品、劳动活动、劳动对象的异化，并导致人与自己的类本质和人与他人的异化。即在以私有制为基础的商品经济条件下，由于工人与生产资料相分离，导致工人生产的财富越多，他自身越变成廉价的商品，工人无法通过劳动来肯定自己的生存意义，这不仅违反了人的本质是自由自觉的劳动这一人性，优胜劣汰的生存竞争也造成了人与人的交往危机。马克思关于劳动与交往的异化理论正是通过批判资本主义社会中资本奴役劳动、物统治人的弊端，来阐述通过扬弃异化而实现人的自由和全面发展的未来社会理想的。

站在马克思主义哲学立场上，尾关周二认为资本主义的市场经济体制以追求利润为目的，导致了人际关系被“物象化”为货币关系，唯利是图，社会成员贫富差距加大，加上个人主义的膨胀，日本已经出现了人际关系疏离甚至解体的“无缘社会[①]”。为解决这一可悲局面，必须限制自由市场经济的过度肥大化，建立以新的共同性为基础的共生型社会。这种“共同共生”论不是以回到前近代的方式全面否定近代，也不是单方面的同化或排除异质，而是相互尊重和承认差异，包容对立和对抗。特别是共生理念强调人的共同性与平等性，其重视弱者和强者相互团结和连带的观点可以说代表了一种“弱者逻辑”。在日德裔学者瑞纳德·奥弗·乌尔斯（オプヒュルス鹿島ライノルト，Reinold Ophüls-Kashima）指出日本这一“共生”理念作为政治概念或意识形态要素，从其主张克服弱肉强食的市场原理主义这一文脉上，就可以看出这是一个反资本主义的观点[②]。实际上，“共同

① 无缘社会：指与有血缘关系的亲属疏离，并在大城市定居导致远离家乡这一地缘，同时因流动性增强导致缺乏与朋友、同事等社会关系即社缘的交往。

② オプヒュルス鹿島 ライノルト：《社会、エコロジー、共生（Ⅰ）——日本およびドイツにおける人間－自然関係の概念に関するいくつかの暫定的な覚書——》，《環境思想・教育研究》，環境思想・教育研究会，2009 年第 3 号，第 109 页。

共生”论对资本主义市场原理主义的批判正是以马克思主义哲学的劳动异化学说和交往异化学说为方法而进行的。

可以看出无论圣域共生论、竞争共生论，还是共同共生论实际上都涉及如何认识个人与共同体的关系问题。圣域共生论美化了强制同质化的传统共同体价值观，竞争共生论否定这种前近代价值观，主张导入尊重异质性的近代市民社会价值观，而共同共生论对传统共同体主义和近代个人主义都作了批判性吸收，提倡建立以平等性为基础的新的共同体。

关于个人与共同体的关系问题，欧美一直有自由主义与共同体主义的争论，共同共生论也借鉴了法兰克福学派阿克塞尔·霍耐特从社会统合方式的视角出发把握“社会”与“共同体”的理论。霍耐特所谓“社会”（Gesellschaft）是指各个主体互相尊重其有权行使法定的自由，并结成相互的关系，即所有成员相互承认特质；而“共同体”（Gemeinschaft）则是作为个人的他（她）基于固有的特性和能力而互相评价对方，前提是为了维系相互的连带关系，且共同体“共有某种价值”，因此是相互承认的方式不同规定了社会构成形式的不同。霍耐特为了克服自由主义的个人主义和传统共同体主义的两个弊端，提出了“自由的共同体”或“后传统的共同体”设想，尾关周二超越“圣域共生”和“竞争共生”的“共同共生”理念正与此形成对应。①

日本战后的社会科学曾经普遍认为传统的村落共同体具有压抑异质性的排他性和封闭性，因此传统共同体的解体和近代市民社会的形成就是历史的进步。但进入20世纪后，科学枝术和物质财富虽然越来越发达，但同时也造成了人的创造物作为异己的力量对人的统治不断加剧的现象，近年来日本学术界开始从批判近代资本主义对人的异化、实现人的自由发展和平等交往的视角出发，从社会学、经济学、农学、法学等各个角度重新探讨传统地域共同体如何在现代发挥价值，以缩减资本主义市场经济统治

① ［日］尾関周二：《環境思想と人間学の革新》，青木書店2007年版，第194—197页。

的时代课题。

除了以马克思主义哲学关于劳动与交往理论为方法论的研究外，日本共生哲学倡导者们也借鉴了德国社会学家哈贝马斯关于自由沟通空间的公共领域与生活世界的地域共同体相互补充的视角，主张公共领域在空间上由国家、地域、地方自治体、亚文化群等相互重叠的多种设施构成，传统共同体也可视为地域层面的公共领域，有向外开放的可能性，甚至可以扩大到国家乃至全球层面。公共领域充分彻底地讨论沟通这种民主主义机制可以对资本主义逻辑产生某种制约，可以说这就是传统共同体价值在当代的批判性应用。而众所周知，哈贝马斯建构其旨在批判西方当代资本主义社会交往异化的交往行为理论时，马克思的交往理论正是他的重要思想资源。

中国自实行改革开放政策以来，以市场经济为导向，以解放生产力为宗旨，在经济上确实取得了奇迹般的发展，但同时也出现了市场经济负面因素造成的唯利是图、道德失范的严重腐败现象。为重建中国特色社会主义道德规范，马克思关于劳动异化和交往异化的学说仍然具有重要的理论价值和现实意义，同时，日本学术界试图以“共同共生”理念重塑人际关系、拯救人的异化之理论探索也非常值得我们参考和借鉴。

三、全球化与多元共生论——从马克思关于资本扩张内在趋势的洞见出发

马克思的时代虽然还没有达到今天这种程度的经济全球化，但马克思主义哲学关于资本本质和世界贸易、世界市场和世界历史的深刻洞见仍然是我们揭示当代全球市场经济化形成的物质动因和本质特征的重要理论基础。《共产党宣言》说“资产阶级由于开拓了世界市场，使一切国家的生

产和消费都成为世界性的了”。[①] 也就是说，资本主义的本质就是要不断开拓世界市场，以扩大再生产的方式榨取利润，以实现自我增值。可以说资本的逻辑本身就包含着要向全球扩张的内在趋势。马克思的世界历史理论指出，由于各国人民日益被卷入世界市场之网，从而资本主义制度也日益具有国际的性质，人类社会的发展趋势就是从民族性和地方性的历史向普遍性和世界性的历史方向发展和转变，而世界历史的未来是共产主义，生产力的普遍发展和人类的普遍交往以及两者之间的相互作用就是推动人类历史向世界历史转变，从地域化转向全球化的根源力量。

但是建立在资本的逻辑之上的全球经济一体化并不总是互利共赢的关系，不用说早期残酷的殖民扩张，即使是现代，无论是技术垄断，还是自由贸易，资本主义市场体系遵循弱肉强食的规则，各个主体之间往往是不平等的结构关系。以农业为例，20 世纪 60 年代西方发达国家曾向亚非拉地区推行“绿色革命”的农业生产技术，但这种大量使用化学肥料、农药和新种子，采用大规模灌溉技术的工业化模式脱离了当地的自然循环周期，再加上栽培品种的单一化，往往导致本地丰富物种的消灭等负面后果。[②] 日本马克思主义经济学家大内力著有《农业的基本价值》（1990 年）一书，不仅揭示了单一农作物的栽培模式不能维持自然的生态循环，对于农作物输出国和输入国的自然环境和社会文化环境都是一种破坏，还特别警告全球范围的贸易自由化和由此形成的国际分工过度扩大会瓦解破坏当地的自然经济。发展中国家如果仅追求眼前的经济利益，陷入单一农作物的农业结构，将不得不靠出口特定的经济作物以购买本国所需的粮食，而一旦农产品的国际价格发生价格波动或天气异常，这种经济命脉被发达国家所控

① 中央编译局编：《马克思恩格斯选集》（第 1 卷），人民出版社 1995 年版，第 276 页。

② 美国生物学家蕾切尔·卡逊（Rachel Carson）《寂静的春天》（1962 年）一书，揭露了美国 20 世纪后半叶由于推行这种工业化的农业政策，造成了特定单一农作物的农业形态，而且由于过度使用农药，导致农地以及生态系统被污染，此书由于对以上环境问题的曝光而被誉为世界环境保护事业的开端。

制的经济模式就会给本国带来深刻的生存危机。

农业和食品生产最重要的是安全性和供给的稳定性，它与利润至上的市场经济逻辑本来并不相融，20世纪后半叶以来却被强行编入资本主义全球化市场经济体系，TPP协议更将进一步加快亚太地区的自由贸易化，本来就已经陷入粮食自给率低、农村荒废困境的日本农业恐将面临崩溃，所以日本的农民和农协（农业协同组合）出于担忧这会对日本确保稳定安全的食品供应造成冲击，故强烈反对和抵制TPP协议，并于近年开始推动与全球经济一体化方向相反的、号称“地产地消”（本地生产、本地消费）的食品安全政策和生态农业运动。

英文“农业”一词Agriculture由Agri（土地）和Culture（耕作栽培）组成，Culture又指文化，这说明农业是经济，也是人与自然紧密结合的文化。自然经济时代的农业以与自然循环相似的周期作为基础，所以人类社会由于自然风土的不同而形成了各自的文化形态。在全球化体制下，商品经济带来的单一作物的栽培模式不仅扰乱自然环境及生态系循环，还使本土文化面临消失，形成一种“新极权主义”。因此“风土产业论”积极主张从本地的风土中发现适合当地发展的产业形态，重视本地的自然循环周期，保护生长于当地自然环境下的本土文化，以抵抗资本主义商品逻辑的全球化。

以异质共生为理念的日本学者们从反思近代工业文明的角度出发重新审视日本的传统农业和传统文化，主张相对于把自然与人类对立思考的西方近代二元论自然观，强调人与自然和谐共生的自然观更适合人口稠密的亚洲风土，在与自然的对话中，重新评价日本人的“传统”和“经验”，[①]

① 日本学者积极从日本乃至东方传统文化中寻找思想资源。例如尾关周二高度评价近世农民思想家安藤昌益强调人与人平等、自给自足、循环利用的“直耕”思想在当代的意义；亀山纯生在《〈多元的共生社会が未来を開く〉書評》『』中提到东方佛教思想中因果报应说、阐释宇宙万法皆由因缘所生起之相状及其原由的缘起论以及号称“草木国土悉皆成佛”的本觉思想在思考人应如何开发、改造自然乃至科技方面都有很多值得参考的论点 。

并在这个文脉上提出了振兴乡土文化的设想，主张乡土（农业）不再是城市（工业）的从属，而是有其独特的价值。[①]

经济全球化无疑是一把“双刃剑”，既能给发展中国家带来经济起飞的机遇，又伴有发达国家对发展中国家的不公平与不平等的现象。中国作为最大的发展中国家之一，既应该积极主动地融入经济全球化的大潮，通过国际分工使本国资源得到更佳配置，以加速实现我国工业化和现代化的进程；同时更应谨慎处理参与国际分工和坚持自力更生的关系问题，维护国家经济安全特别是粮食安全。在如何处理全球化与本国利益的辩证关系上，当代日本的“共生”理念对资本主义经济一体化进行的深刻批判也很值得作为发展中国家的中国警醒。

同时，日本学者关于在全球化时代把生态环境与本土文化的保护联系起来的论点对于当代中国也非常具有参考价值。中国文化的母体基因也在乡村，而中国经过改革开放几十年来的粗放式发展，现在面临着农村空心化、乡村凋敝化等新型社会矛盾和环境污染、生态破坏等人与自然的矛盾。党的十八大报告提出在促进城乡一体化建设中，应该发展尊重自然和顺应自然的生态文明，同时要注重保护传统村落的自然风貌，把中华民族世代相传的文化记忆传承下去，这个政策就是我国为抵制全球经济一体化带来单一文化主义或文化普遍主义所采取的正确措施。

资本主义在全球的经济扩张不仅会造成民族剥削和民族压迫，还会瓦解传统文化和生活方式，特别会与保守的宗教生活方式发生严重冲突。在《共产党宣言》中，马克思、恩格斯写道：“资产阶级除非对生产工具，从而对生产关系，从而对全部社会关系不断地进行革命，否则就不能生存下去。……一切固定的僵化的关系以及与之相适应的素被尊崇的观念和见解都被消除了，一切新形成的关系等不到固定下来就陈旧了。一切等级的和

① 参照[日]古沢広祐：《自然共生・循環型社会と協同の可能性～食・農・環境・エネルギーから持続可能な社会へ》，協同組合研究誌(季刊)《にじ》2014年春号。

固定的东西都烟消云散了，一切神圣的东西都被亵渎了”。[①]“9·11”事件等宗教极端主义与国际恐怖活动、叙利亚危机与伊斯兰难民等现象已经说明，现代人正面临不同文明和文化、不同国家和民族之间的竞争与碰撞日益频繁的危机，所以对话与交流便成为一个重要的问题。

全球化不应该将多元的民族文化最终收敛为一种单一的世界文化，而应该是一种异质文化之间交流和融合的过程。[②]从尊重文化的异质性立场出发，尾关周二提出了建设多元共生社会的构想，[③]并指出虽然启蒙主义认为人依靠理性可以认识事物，但实际上人的理解要受其世界观和所持立场的规定和约束，不同文化体系具有其自身特定的价值系统，所以对于不理解的事物，人应抱有某种尊重和敬意。正像19世纪帝国主义对殖民地原住民进行所谓“启蒙”，不过是把“支配”—“从属”的结构关系强加给他们那样。近代日本为了跻身先进工业国的行列，以“富国强兵、脱亚入欧”为国策，对内推行资本主义工业化，对外推行帝国主义侵略政策，不仅给东亚邻国造成了巨大伤害，也使日本人民沦为侵略政策的牺牲品。

---

① 中央编译局编：《马克思恩格斯选集》第1卷，人民出版社1995年版，第275页。

② 日本学者木村光伸通过考察灵长类的社会构造也论证了异质文化共生的观点。木村认为20世纪以后交通手段的飞跃发展以一个价值观统治了地球的各个角落，试图以全球化之标准统一文化价值评判。但是在人类史上，人类多歧分化且连续变化。达尔文区分了野蛮的原始人和现代人，但他混淆了人在进化上的连续性与存在于各自时代的共时的多样性。人类文化在各自的地域表现出固有而独立的特性，结果产生了极其多样的文化形态，适应各个地域固有环境的各个民族的固有文化，其独特性并非同时意味着价值上的差异性。木村以生物学科学考察的结果来佐证全球化时代更应在尊重差异性的基础上，努力构建科学、平等、公平的社会，他的研究视角十分独到，而且非常富有启发性。参照[日]木村光伸：《社会行動の系統発生的基礎—霊長類社会論の展開と人類へ至る道—》，见《名古屋学院大学論集　人文·自然科学篇》第47卷　第2号（2011年1月）。

③ 围绕不同的文化、宗教、民族的共生关系，尾关周二借鉴了加拿大哲学家查尔斯·泰勒的“多文化主义”理论。泰勒的《多文化主义》一书以“相互承认”的新的理论框架，探讨了如何在理解不同文化时避免本族中心主义并克服相对主义等关键问题。

而日本现政权安倍政府不仅未对历史问题作出真诚的反省，还以强化国家主义的方针来应对与中韩等邻国的紧张关系，并以东亚局势紧张为借口，企图解禁“集体自卫权”。尾关通过整理回顾日本近代哲学家内村鉴三关于和平主义的思想遗产，明确地阐述了日本不仅应在本国内坚持平等主义、主权在民的政治理念，同时在国际关系上应遵守日本宪法第九条关于日本永久放弃发动战争的承诺，为东亚地区构建真正的国际和平。内村鉴三以基督教的普世原则批判近代日本对天皇的神格化，对工业化政策导致的环境公害问题（足尾铜矿矿毒事件）作出了深刻反省，特别是他尖锐地揭穿了甲午战争不过是满足国家私欲的战争，日本的侵略行为加剧了西方国家瓜分中国的进程。尾关以回顾历史的方式呼吁安倍政府应真诚地反省近代日本对中韩等国发动侵略战争所造成的巨大伤害，积极建设基于正义与秩序的国际和平。共生的理念以非暴力精神为前提，宪法第九条的和平宣言是日本对世界的承诺，日本政府必须据此实现与东亚邻国以及世界的共生。

国际关系从某种意义上说是人际关系在国家与国家层面的放大，尾关认为人际关系上包容弱者与非主流的“共生”理念同样适用于民族国家和异文化之间的关系问题。在解决民族纷争和地域纷争时，各民族各文化的主体应尊重彼此的异质性和多元性，通过文明对话消除分歧。虽然发达国家内部的社会问题往往要靠脱工业化来解决，但发展中国家当前的目标仍然是实现工业化以谋求经济发展，所以发达国家要容许发展中国家留有一定的成长空间，并对发展中国家承担更多的支援义务。在彼此携手共同发展、消除南北贫富差距的过程中，不断确认新的共有的“普遍性”，以构建既克服排外的民族主义、又超越近代资本主义的“国际连带国家”、“环境福利型和平国家”，全世界联合起来抵制资本主义全球化的蔓延。资本主义世界体系内的主权国家各自以一国利益为中心，弱肉强食，但未来的国际社会各国之间应既相互尊重彼此的独立，又遵循一种取得共识的价值观和交往准则，以共生主义的发展模式取代自我中心主义的发展模式。马克思的交往理论认为交往是推动人类历史向世界历史转变、从地域化向全球化转变的重要力量，世界交往的发展将为共产主义实现提供物质基础，尾关周二关于多元共生这一新型世界秩序的构想就是他把马克思关于资本主义全球化理论运用于当代现实问题研究的重要成果。

四、人与自然的共生——从马克思关于人与自然的物质代谢理论出发

众所周知，近年来全球环境破坏、生态恶化的严峻问题已经成为世界关注的焦点，倒逼人们开始审视人与自然、生态的辩证统一关系，反思人类自身的生存方式。尾关周二自 20 世纪 90 年代起从马克思“人与自然的物质代谢”观点出发，深化了环境哲学这一领域的研究。

马克思主义哲学的生态自然观使用生物学的“新陈代谢”概念论述人与自然的关系问题，所谓新陈代谢就是指人与自然之间的物质变换。[①] 马克思认为：人本身是自然界的产物，人通过劳动改造和支配自然，以满足自身生存繁衍的需求；自然是人类作用下的“社会化的自然”，人对自然的作用就是劳动，而 “劳动首先是人和自然之间的过程，是人以自身的活动来引起、调整和控制人和自然之间的物质变换的过程。人自身作为一种自然力与自然物质相对立。为了在对自身生活有用的形式上占有自然物质，人就使他身上的自然力——臂和腿、头和手运动起来。当他通过这种运动作用于他身外的自然并改变自然时，也就同时改变他自身的自然。劳动过程……是人和自然之间的物质变换的一般条件，是人类生活的永恒的自然条件”。[②] 但资本主义生产的社会化与生产资料的资本家私人占有之间的矛

① 新陈代谢：德语 Stoffwech、英语 selmetabolism，中译本《马克思恩格斯全集》分别译为“新陈代谢”和“物质变换”。

② 中央编译局编：《资本论》第 1 卷，《马克思恩格斯全集》（第 44 卷），人民出版社 2001 年版，第 207—208、215 页。

盾造成了人类与自然之间以及人类社会内部正常的新陈代谢关系产生了断裂，也即打破了物质变换的循环，这就是马克思所说的人和自然都被商品化了的“异化”问题，也是资本主义生态环境危机的根源。

马克思在《资本论》中揭露了资本主义大工业和按工业方式经营的大规模农业对土地肥力的掠夺是造成农业生态环境遭受破坏的直接原因，同时马克思预示了资本主义为了获取更大的利润，通过发展科学技术以提高劳动生产率，但日益发达的科学技术又将加大人对自然的征服和掠夺，所以必须以循环经济和可持续发展的模式来恢复自然的正常新陈代谢。马克思非常重视自然的循环，不仅分析了资本主义生产方式的发展导致工业废弃物增多的现象，还具体论述了对工业废弃物和人类排泄物进行循环再利用的可能性。

尾关周二借鉴和参考马克思这一“人与自然的物质代谢”观点，阐述了人与自然共生的循环型可持续发展社会的构想。他认为产业革命以后，为实现效率与生产力的最大化，资本主义采用机械化、化学化、单一品种等大量生产的工业模式，这种模式依赖于大量消费不可再生的煤、石油等能源及各种矿物资源，但大量生产必然伴随着大量消费和大量废弃，生产活动又随着市场规模的扩大而急速膨胀，最终全球化市场经济造成了世界范围的环境污染和生态危机。过去几年间化石能源使用量增长了十数倍，工业生产量增长了二十数倍，几何级数的增长造成了资源枯竭、生物多样化崩溃等深刻的环境问题。人类对地下资源的掠夺性开发已超出了自然循环的周期，导致人与自然的物质代谢发生了断裂，这种生态危机和社会危机甚至威胁到人类自身的生存基础。

特别是为了确保其发达的工业生产所需的能源，日本政府不顾由于广岛核爆炸惨剧而反核意识强烈的民众的反对，也不顾日本并不具备发展核电的优良地质条件，于2006年开始强制推行“核电立国”的政策，并向国际输出核电技术。由于日本自近代以来推行的“工业立国”“贸易立国”，以及现在的“核电立国”政策都是以牺牲农业和农村来强行推进工业化的进程，大城市产业肥大化，导致了城乡对立现象严重，人口向东京一地过度集中，但农业生产和地方经济衰退凋敝，社会发展结构极不均衡的严重后果。

尾关周二尖锐指出安倍政权在国内推行的“农业的成长产业化”及TPP法案，核电重启及输出核电技术等一系列经济政策都是资本主义体制与现代科学技术相结合的产物，严重违反共同共生社会的理念。“3·11”震灾导致了福岛核泄漏惨剧发生，但也昭示着日本在未来的社会转型时，必须要认识到人类与自然是相互依存的关系。人对自然应改变征服、掠夺的态度，转到适应、共生的立场上。中止对化石能源的依赖，尽量利用可再生资源，并对废弃物、污染物进行无害化与净化处理，重建包括人类在内的生物间相互依存的循环型生态文明。不仅在日本国内要建设以安全而清洁的能源和环保型农业为基础的可持续发展型共生社会，在国际上，日本各种市民团体和NGO组织还应联合丹麦等环保型福利国家及世界市民联盟等国际环保组织，共同形成制约全球化资本主义的国际公共领域，以推进全球规模的生态环境保护运动。

马克思认为“新陈代谢断裂”的根源是资本主义私有制和大工业的生产方式导致了人的异化和自然的异化，所以为实现可持续发展，必须推翻资本主义制度，消灭资本主义私有制。为了摆脱建立在“劳动力商品化”基础上的资本主义生产体制的压榨，尾关周二从马克思“人与自然的物质代谢”理论出发，把“农业”文明作为自然生态系统和社会系统的共生的媒介，主张为缩减资本主义市场经济，必须把劳动形态从工业劳动转向农业劳动。

另一方面，马克思又论述了大规模农业的危险性，认为虽然资本主义制度促进农业技术的发展，但合理的农业同资本主义制度并不相容。合理的农业所需要的，要么是自食其力的小农的手，要么是联合起来的生产者的控制。[①] 从这个理论出发，尾关周二提出了建立在“较小规模的、高度自立的自给自足的地区经济共同体”基础上，同时又以国际分工体系加以补充完善[②] 的农工共生型，即都市农村共生型社会构想。

这一构想不是要回归传统社会的农本主义，而是以地球的资源有限性为前提，以粮食与能源自给自足的小规模农业为基础，同时采用为农业提供保障和支持的的工业体系，以消除马克思指出的城乡对立现象，实现农业与工业、都市与农村的共生。所谓自给自足就是抑制过度的欲望，只为自己使用而生产，不是为了交换而生产，以达到脱商品化，缩小资本主义市场经济规模。这些立足于本土的自给自足的经济共同体之间借助发达的 IT 网络技术，进行物质与精神上平等的沟通交往，并通过这种交往形成新的世界体系，这就是国际连带国家。[③]

构建超越人与自然二元论两个极端的人类中心主义或自然中心主义对立的生态哲学与环境哲学，就是尊重农业的自然法则，从与自然的对话中重新发现自然的固有价值，树立人对自然的义务，而不是把自然当作榨取的对象。这种环境哲学不仅关注自然环境，还包括人文环境，即把人与人之间的的关系也视为生态系统中的一部分，只有实现人与自然的共生、人与人的实质上平等，才可能把工业社会文明转变为可持续发展的后现代社

① 中央编译局编：《资本论》第 3 卷，《马克思恩格斯全集》（第 46 卷），人民出版社 2003 年版，第 137 页。

② ［日］尾関周二：《多元的共生社会が未来を開く》，農林統計出版 2015 年版，第 127 页。

③ ［日］冈野一郎：《データベース社会における共生の可能性》（见《共生社会システム研究》共生社会システム），2008 年第 2 号指出为了建设新的世界秩序，应积极利用当代 IT 信息革命下互联网、数据库等各种先进科学技术。特别是 IT 技术带来的互联网及虚拟现实已成为新时代的交往方式，可以扩大和发展人类的共同性，为交往与沟通的形成提供技术上的支持。而在全球化时代，环境治理及核利用等问题的解决更是有赖于全世界携手合作，所以 IT 技术对于在全球范围内共同构建新的普遍伦理更有着巨大的积极意义。

会文明。[①]

中国自实行改革开放政策近40年来，经济发展取得了巨大成就，经济总量已跃升为世界第二位，创造了世界经济发展史上的奇迹，但随之也带来了生态环境急剧恶化的严重后果。面对资源约束趋紧、环境污染严重、生态系统退化的严峻形势，中共十八大报告正式提出要开发绿色能源，降低能耗，建设资源节约型、环境友好型社会的方针政策。强调必须树立尊重自然、顺应自然、保护自然的生态文明理念，坚持节约资源和保护环境的基本国策，从源头上扭转生态环境恶化趋势，努力建设美丽中国，实现中华民族永续发展，为全球生态安全作出贡献。

中共十八届三中全会《中共中央关于全面深化改革若干重大问题的决定》更进一步提出要深化生态文明体制改革，推动形成人与自然和谐发展的现代化建设新格局。习近平总书记就《决定》作阐释时说："我们要认识到，山水林田湖是一个生命共同体，人的命脉在田，田的命脉在水，水的命脉在山，山的命脉在土，土的命脉在树。用途管制和生态修复必须遵循自然规律"。饱受自然环境恶化之苦的中国社会已经深刻认识到建立人与自然和谐共生关系的重要性与迫切性。马克思主义哲学中所蕴含的生态理念是解决全球性生态环境危机的重要指导思想，我国治理环境问题时借鉴发达国家的历史经验对于我们少走弯路是十分必要的，特别是与我国有着相近的自然条件的邻国日本对于经济发展与环境保护的 "共生" 理念非常值得我们深入借鉴和参考。

综上所述，当代日本的"共生"理念直面人类、社会、自然的危机现状，在对资本主义固有弊端进行深入批判的基础上，从哲学上探索人与社会的关系、全球化与文化多元性的关系，以及人与自然的关系，力图超越否定异质性的前近代共同体主义和近代以竞争为原理的自由主义，建设新

① ［日］尾関周二：《3・11以後の'新たな出発'の意味—食・農・共生を軸に新たな社会・文明を展望して—》，総合人間学会编：《総合人間学》，2013年第7号。

的后现代共生型社会体制。

尤其是尾关周二从马克思主义哲学立场出发提出的以吸收“农业”文明价值观精华而建设后资本主义多元共生型社会的构想尤为值得关注。尾关所谓的“农业”不是资本主义工业化的大农业生产方式，而是指人类为了生存而作用于自然，并尊重自然法则、符合自然循环规律的农业生产方式、社会关系和文化模式。他把这种后现代“农业”视为人与人的关系和人与自然的关系之媒介，系统地阐述了建设人与人共同共生、人与自然生态循环社会的愿景和规划。在方法论上，尾关的研究有如下特点：

第一，采用马克思关于资本主义市场经济原理使人的劳动和交往发生异化的理论，阐述了构建既包容差异性和多元性、又强调共同性和平等性的“共同共生”型后现代社会，以扬弃资本主义商品拜物教带来的人与人交往的异化问题；

第二，根据马克思关于资本扩张的内在趋势与全球化的理论，揭露了全球经济一体化隐含的发达国家和文化强加给发展中国家和文化的结构上的不平等，分析了全球化导致文明冲突和宗教对立的深层原因，呼吁以“多元共生”为理念，构建国际连带国家这一新型世界体系。

第三，采用马克思关于人与自然的物质代谢观点，深刻批判了近代资本主义私有制和工业化生产方式不仅带来了人对人的剥削和压迫，也从根本上破坏了人赖以生存的生态环境，因此人类必须以人与自然和谐相处的“共生”作为哲学理念，构建吸收农业文明价值观精华的农工共生型生态社会。

以尾关周二为代表的当代日本的共生理念把环境问题与社会问题结合起来，主张以构建超越近代资本主义的后现代型社会的方式彻底解决人与人交往的异化和人与自然交往的异化问题，这一思路值得我们借鉴和参考。因为中国自改革开放40年以来，正面临着经济快速发展，但道德滑坡、腐败严重、生态环境严重破坏的困境，如何应用马克思主义哲学原理来认识并解决现实问题，日本对共生哲学理念的探索很有启发意义。

但是尾关周二以及日本的共生论者们大多还只是停留在理论建构上，尚未提示实现共生的具体方法和路径。例如，尾关强调为实现人与人的共同共生，必须摆脱使“劳动力商品化”的资本主义市场经济，但在实践中究竟应采用何种经济制度才能不沦为空想社会主义或单纯依靠抑制欲望的道德主义？另外，尾关主张应放弃高速成长主义，采用小规模自给自足、“地产地消”的农业生产模式，但对于自然条件恶劣到无法自给自足的地域应如何保证其独立的生存和发展？此外，在当前现有的国际秩序下，应采取什么样的具体措施来缩小南北贫富差距，建设发达国家和发展中国家真正平等互助的“国际连带国家”？总之，在“资本主义的自我崩溃”尚没有现实性的当前，如何使多元共生社会从近代资本主义体制中发展出来，还需要在实践中逐步完善具体可行的改革方案。马克思说：“人的思维是否具有客观的真理性，这并不是一个理论的问题，而是一个实践的问题。人应该在实践中证明自己思维的真理性，即自己思维的现实性和力量。”[①] 当代日本对“共生”理念的探索也是世界各国都需要从实践中寻找的答案，是人类普遍关切的问题，这是“共生”理念在哲学上的意义所在。

（原文发表于《日本学刊》2016年第4期）

① 《马克思恩格斯选集》第1卷，人民出版社1995年版，第55页。

佛教东渐过程中的文化互动与选择

宋成有

【内容提要】儒学、汉传佛教和道教（简称儒释道）等三大要素，是中国传统文化的根基，构成古代文化交流的主体。其中，佛教东渐的意义深远。魏晋南北朝时期的东北亚国家，纷纷将来自西域的佛教异质文化本土化，并进而使之成为本民族传统文化的构成要素，形成多元的复合型文化构造。因此，佛教虽然在其发祥地逐渐衰落，却在东北亚国家发展成为汉传佛教，历经二千余年间的多次法难，保持着旺盛的生命力。佛教与儒学、汉字、道教等文化要素鼎足而立，共同构成了东北亚古代灿烂的文化圈，对人类的发展做出了巨大贡献。

【关键词】佛教　佛教东渐　文化互动　选择

【作者简介】宋成有，北京大学历史系教授、博士生导师，北京大学东北亚研究所名誉所长，北京大学日本学研究中心副主任、韩国学研究中心副主任，中国日本史学会常务副会长。

儒学、汉传佛教和道教（简称儒释道）等三大要素，是中国传统文化的根基，构成古代文化交流的主体。对中国而言，儒学和道教为原创文化因素；佛教则是东渐的异质文化，历经从东汉至隋唐500余年的传入过程，演化为中国传统文化的构成要素。对于韩国、日本而言，儒释道均为外来的异质文化，经过长时期的引入、消化和吸收，逐渐实现了本土化，成为本国传统文化的构成部分。在这个过程中，由于各国在国情和发展程度存在着鲜明差异，外来文化在与本土文化互动过程中的传播不尽相同，吸收和融合也因此面临着各具特色的文化选择，形成东北亚国家接受异质文化的不同特点。限于篇幅，本文以佛教为例，进行说明和分析。

一、佛教的东传

（一）佛教在中国大陆地区的传播

公元前6世纪佛教创立于古印度，而后传入天山南北的西域诸国，开始了不断东传的过程。至于佛教何时传入中国内地，尚无定论。见诸史籍记载，并具有一定可信性的说法，主要有以下三种：

1、“伊存授经说”。《魏略·西戎传》载，“昔汉哀帝元寿元年，博士弟子景卢受大月支王使伊存口受《浮屠经》”。[①]“浮屠”即佛陀，“浮屠经”即佛经。《浮屠经》简略地记述了佛祖释迦牟尼诞生的故事，留下了“临蒲塞”“桑门”“伯闻”“疏问”“白疏间”“比丘”“晨门”等弟子的名号。公元前2世纪受匈奴挤压的月支人，被迫离开敦煌、祁连山故地，西迁阿姆河以南的大夏国，占领其土地，另建大月支国，并逐渐接受了当地的佛教信仰。至公元1世纪，大月支国成为佛法东渐的中心。由此可知，佛教在西汉哀帝刘欣在位的元寿元年，即公元前2年西来，传播者为大月支国的使者，均有可信之处。但是，《魏略》对佛法的内容未提及，景卢在何地受经亦不甚明确。

2、“明帝梦感说”或“永平求法说”。此说在《牟子理惑论》等典籍中多有记述。其中，《后汉书》载：“世传明帝梦见金人，长大，顶有光明，以问群臣。或曰：‘西方有神，名曰佛，其形长丈六尺而金黄色。’帝于是遣使天竺问佛道法，遂于中国图画形象焉。”一般认为，[②]汉使求来的首部汉译佛经，即《四十二章经》。这部佛经记录了佛祖释迦牟尼宣示佛法要旨和修道纲领的42段语录，由汉明帝在位的永平年间（公元58—75年），随求法汉使来华的印度僧人迦叶摩腾（又名揭摩腾）和竺法兰，摘译《阿

① 《魏略·西戎传》，引自《三国志·魏志·乌桓鲜卑东夷传·评》裴松之注。

② 《后汉书·西域列传·天竺国》。

含经》的要点而成。为其作序的未详作者某，将遣往西域求经的使者，说成是“张骞、羽林中郎将秦景、博士弟子王遵等十二人”，可谓指鹿为马。①但是，《序》文所说的明帝时佛教“道法流布，处处修立佛寺，远人伏化，愿为臣妾者不可称数”，②却大体接近事实。

另据《后汉书·楚王英传》载，明帝的皇弟楚王刘英“少时好游侠，交通宾客，晚节更喜黄老，学为浮屠斋戒祭祀。”永平八年（65），楚王英奉诏贡“黄缣白纨三十匹”赎罪，明帝不受，下诏曰：“楚王诵黄老之微言，尚浮屠之仁祠，洁斋三月，与神为誓，何嫌何疑，当有悔吝？其还赎，以助伊蒲塞桑门之盛馔。”③据此可知，在汉明帝时代，佛教斋戒已进入皇族豪宅，僧侣“伊蒲赛”、“桑门”（沙门）受到礼敬和供养。

3、“桓帝好神说”。据载，东汉桓帝刘志（在位时间为公元147—167年）“好神，数祀浮图、老子”，“宫中立黄老、浮屠之祠”；“百姓稍有奉者，后遂转盛”。④由此可见，桓帝时释迦牟尼与老子同时被皇家尊奉、祭祀，上行下效，遂流行开来。

由上述可知，佛教当在世纪之初进入中原地区。汉译佛教经典，是此时佛教西来的阶段性特点。据载，桓帝建和元年（147），月支国高僧支娄迦谶（支谶）来洛阳，译出《般若道行品经》《首愣严三味经》《般舟三味经》等大乘佛教经典14部27卷。建和二年（148年）来洛阳的安息国名僧安世高（安清），至灵帝建宁年间（168—171）译出《安般守意经》《阴持入经》《四缔经》等多为小乘佛教经典34部40卷。灵帝末年，来洛阳汉译佛经的安息人安玄，与汉人沙门严佛调共译大乘佛经《法镜经》等。至灵帝、献帝年间，西域僧人支曜、康巨、康孟详、竺大力等也远来洛阳，汉译《成

① 汉明帝刘庄在位时间为公元58—75年，张骞是西汉武帝时代的名臣，曾经在公元前139年出使大月支国、公元前119年出使乌孙等西域诸国，卒于公元前114年。不可能在近200年后的东汉明帝时代出使。

② 《四十二章经·序》。

③ 《后汉书·光武十王列传·楚王英传》。

④ 《后汉书·西域列传·天竺国》；《后汉书·襄楷传》。

具光明经》《问地狱事经》《中本起经》、《修行本起经》等多部。值得注意的是，除严佛调之外，在孙和、周提力等汉人施主的资助下，洛阳孟元士、南阳张莲、南海子碧等汉族佛教徒也参与经典的翻译。西域僧人和佛经初入汉地，语言障碍是首先需要解决的问题。因此，汉人在译经中的作用日益增强，是在情理之中。东都洛阳，自然也成为域外高僧云聚、竞相汉译佛教之处。

在魏蜀吴争霸的三国时代，译经和僧团弘法并行，构成了佛教东渐的新特点。在曹魏首都洛阳，来自印度的昙柯迦罗译经《僧祇戒心》，康居沙门康僧铠译经《郁伽长者经》和《无量寿经》。随着曹魏与西域佛教国家于阗、焉耆、鄯善、龟兹、大月氏等交往日益频繁，高僧和佛经日益增多地进入洛阳。在吴国，为躲避中原战乱而南渡的西域高僧不乏其人。安世高游庐山、会稽、广州等地，促进了江南佛教传播中心的形成。支谶的再传弟子支谦率数十名门徒来吴，备受孙权的赏识而旅居建康30余年，译出《维摩诘经》《大明度无极经》《慧印三昧经》等经书36部48卷。此外，与东南亚、南亚国家保持着交往关系的吴国，为维祇难、康僧会等印度高僧循海路前来传播佛教提供了便利。至于远在西南边陲的蜀国，有关佛教传播的记述鲜见于史书。但在四川乐山县麻浩享堂、彭山县崖墓发现的东汉末年的小型佛像实物，表明"蜀道之难难于上青天"的蜀国并非与佛教绝对无缘。

279年一统天下的西晋王朝，登场不久就被一场"八王之乱"搞得气息奄奄。内乱严重削弱了司马氏家族对国内的控制力，匈奴、鲜卑、羯、氐、羌等五大胡族乘机崛起、建国称帝，北方进入五胡十六国时期。316年西晋灭亡，东晋王朝偏安东南。在两晋·五胡十六国时期，佛教飞跃发展。其特点是：

1、佛教形成凉州、长安、洛阳、庐山等多个传播中心，对胡汉两大族群产生越来越强烈的影响。其中，北方的凉州为前凉、后凉、北凉的首都，西域高僧活跃在这里。长安在十六国和北朝时期，曾经是前赵、前秦、后秦、西魏、北周的首都，吸引了众多高僧前来传法。洛阳地处中原要衢，是东汉、曹魏、西晋、北魏的首都，也是鸠摩罗什、道安等高僧云集，译经讲学之所。在南方，景色秀丽、飞峙长江南岸的庐山，庙宇林立。帛尸梨蜜多罗、竺法汰、慧远等高僧收徒弘法，与文人雅士展开对“有”与“无”的思辨，远近有名。

2、佛教的传播核心势力，逐渐由外籍高僧转变为中国僧人，佛法理念与中国文化要素相融汇，开始了发展为汉传佛教的进程。般若学与玄学相互影响、渗透，加快了汉传佛教的发展步伐。其中，道安创立的本无宗，是佛法与魏晋玄学嫁接的尝试。高僧法显与慧景、道整等结伴远游，不畏艰险，前往佛教的发祥地天竺，刻苦求法13年。法显等历经磨难，取回《摩诃嶓祇律》《萨婆多众律》等律典，回国后翻译刻印，丰富了经论律三位一体的佛法典籍体系。慧远在庐山创立法门，成为净土宗开山鼻祖并代有传人，等等。在汉传佛教发展过程中，汉人高僧的作用日益不可取代。

3、佛教在五胡十六国兴旺发展，胡族国家俨然佛国世界。在羯人创建的后赵，永嘉四年（310）来洛阳的印度高僧佛图澄依托石氏政权，经过数十年的努力，在后赵建立佛寺890座，门徒多达万余人。其佼佼者，如竺佛调、须菩提、释道安、竺法雅、竺法和、竺法汰、竺僧朗等数十名弟子皆为名僧。[①] 其中，汉人高僧释道安，饱学经典，活跃在后赵、鲜卑人创建的前燕和氐人创建的前秦，讲授《般若经》并潜心汉译、注释般若学经典数十种，首次编著了佛教经典目录，并以门下徒众数百名为核心，形成实力颇强的北方僧团。

前秦建元十八年（383），符坚派遣吕光攻击龟兹。被武力迎回的西域高僧鸠摩罗什，却因前秦的骤亡而成为羌人建立的国家后秦皇帝姚兴的座上客。姚兴对其“待以国师之礼，甚见优宠”。[②] 时常“引诸沙门于澄玄堂听鸠摩罗什演说佛教”，并与鸠摩罗什校译新旧“诸经并诸论三百余卷”，“兴

① 任继愈主编：《中国佛教史》第二卷，第147页。

② 《高僧传》卷2。

既托意于佛道，公卿以下莫不钦附，沙门自远而至者五千余人”，“州郡化之，事佛者十室而九矣。”[①] 鸠摩罗什旅居后秦首都长安 11 年，主持重译或新译《般若经》《中论》《妙法莲华经》《阿弥陀经》等大量经典，为佛教流派的兴起，作出贡献。

420 年东晋由刘宋取而代之。439 年北魏统一黄河流域，而后历经东魏、西魏、北齐、北周等北朝诸国的变迁，与宋、齐、梁、陈先后承接的南朝对峙，史称南北朝时期。胡汉王权的南北对峙，佛教却在大陆普遍传播。在北方，甘肃敦煌、山西云冈和洛阳龙门石窟的宏大、精美的佛像雕刻，见证了佛教的足迹。在南方，唐朝诗人杜牧的一首《江南春》，留下了“南朝四百八十寺，多少楼台风雨中”的遐想。据统计，在南朝的刘宋，有佛寺 1913 所；南齐有 2015 所；南梁有 2846 所，李陈有 1232 所。在北朝，北魏末年洛阳一地就有佛寺 1367 所，全国居然超出 1 万余所；东魏、北齐有佛寺 3 万余所，僧尼 300 余万；北周拥有佛寺 1 万余所，僧尼 100 万人。[②] 这一时期佛教东渐的主要有如下几个特点：

1、佛学摆脱了对黄老之学、道教和玄学的依附，独立发展并成为世俗精神世界的主流意识之一。由于得到胡汉王权的长期保护，已经在黄河南北赢得大批信奉者，佛教在南北均得到兴旺发展。佛教取得在世俗精神世界堪与儒学、道教三分天下的地位，继续与中国传统文化要素相互侵染，逐步内化为传统文化的重要构成要素。

2、形成以禅学为中心的汉传佛教诸多流派。其中包括：三国时传入、北魏时形成受戒规范的律宗；循龙树菩萨的《中论》《十二门论》，以及提婆的《百论》的三论宗；东晋时道安倡导、慧远结社，北魏时菩提流支、昙鸾等以“南无阿弥陀佛”名号引导往生西方弥勒净土的净土宗；由开讲天台山的智顗（亦名天台大师、智者大师）集大成，以《法华经》为依据

① 《晋书·姚兴载记》。

② 晁福林主编：《中国古代史》（上册），北京师范大学出版社，1994 年，第 405 页。

的天台宗（法华宗）；源出印度的密教，尊奉《大日经》《金刚顶经》为经藏，通过诵咒祈祷等语、身、意的“三密”的修行而“即身成佛”的密宗，等等。

其中，禅宗的影响最大。“禅”即梵语“禅那”（Dhy ā na）的略称，通过“坐禅”与“悟禅”，即通过静坐默思、排除外部诱惑而感悟真谛。禅法先于佛教而流行于古印度，被纳入佛教后，隐喻为西天说法会上佛祖拈花，迦叶微笑的故事。禅法东渐之初，汉末的安世高、十六国时期的鸠摩罗什等传授经典。南朝刘宋时，禅师求那跋陀罗汉译的《楞伽经》，归纳了禅法修炼的法门。南朝梁武帝时，印度高僧菩提达摩来中国，悟禅嵩山少林寺，宣教禅法。复经门下慧可、僧璨、道信、弘忍、慧能等楞伽禅师延承，蔚然而成为隋唐时期重要的佛教宗派。达摩也因此被认祖归宗，奉为禅宗始祖。禅宗望口为教，望心名禅，强调体味佛陀之心而成正果，故曰：不立文字，教外别传，直指人心，见性成佛。修行方式简单易行，是禅宗在东北亚国家大行其道的重要原因。

3、宗教之间的竞争尖锐化，佛教与王权之间的矛盾浮现。这种情况的出现并非偶然，是僧人剧增而导致劳动力的大量流失，寺院享有免除赋税徭役的特权并挤占大量的耕地，佛教弃家出世的理念与儒学忠孝观念产生矛盾，道教急欲排挤佛教等因素综合作用的结果。与此同时，也表明了佛教力量的显著增强。王权出于稳定统治和增加国家财政收入的考虑，也在某些时候，对佛教进行大规模镇压，史称“法难”。北魏太武帝在太平真君七年（446 年）灭佛，佛教受到第一次沉重的打击。大体出于同样的原因，北周武帝在建德三年（574 年）和建德六年（577 年）连续灭佛，佛教受到第二次沉重打击。①

① 唐武宗在会昌三年（843）、四年（844）、五年（845），接连采取禁止讲经说法、拆毁佛像和寺院、勒令僧尼还俗等措施，第三次打击佛教。三个庙号均带有“武”字帝王的上述行动，史称“三武灭佛”。显德二年（955）年，周世宗又下诏废寺毁佛，第四次打击佛教，合称“法难三武一宗”。

（二）高句丽、百济、新罗、日本成为佛教传播的新天地

《三国史记》载，佛教传入高句丽是在第17代国王小兽林王即位的第二年："夏六月，秦王苻坚遣使及浮屠顺道送佛像、经文。王遣使回谢，以贡方物"；"四年，僧阿道来"。[①]《三国遗事》载："高句丽本纪云：小兽林王即位二年壬申，乃东晋咸安二年，孝武帝即位之年也。前秦苻坚遣使记僧顺道，送佛像经文。又四年甲戌，阿道来自晋，明年乙亥二月，创肖门寺以置顺道，又创伊弗兰寺以置阿道，此高丽佛法之始。"[②]

小兽林王二年为公元372年，正值佛教盛行于五胡十六国时期。由于高句丽与北方民族国家接壤，佛教自然最早传入高句丽，并受到王权的欢迎。高句丽故国壤王九年（391）三月，"下教崇信佛法求福"，由国家出面，弘扬佛教。至广开土王即位的第二年（392），"创九寺于平壤"，[③]佛教发展具备了一定的规模。高句丽诸王热心佛教的传入，既有祈福神佛的考虑，更有内政外交的需要。佛教进入高句丽之日，即高句丽诸王南进与西进并举的扩边之时。南进的主要攻击对象，是与倭国关系密切的百济，解除后顾之忧的需要提上日程。与此同时，高句丽伺机西进，与后燕、北燕、契丹等进行着争夺辽东支配权的拉锯战。在这种情况下，高句丽与一度统一北方的前秦王权密切关系，远交近攻、赢得主动。这样，佛教的初传就并非偶然地发生在前秦和高句丽之间。

《三国遗事》载："百济本纪云：第十五枕流王即位甲申（东晋孝武帝大元九年）胡僧摩罗难陀至自晋，迎置宫中礼敬。明年乙酉。创佛寺于新都汉山州，度僧十人，此百济佛法之始也。"[④]枕流王即位在384年，即东晋孝武帝太元九年。据《日本书纪》记载，百济圣明王（523—554）时，遣使将佛教引入日本。这样，百济成为传递大陆文化于列岛的桥梁。《三

---

① 《三国史记·高句丽本纪第六·小兽林王》。

② 《三国遗事·顺道肇丽》。

③ 《三国史记·高句丽本纪第六·故国壤王·广开土王》。

④ 《三国遗事·难陀辟济》。

国史记》的圣王时代记事，并无遣使倭国的内容。但终圣王一朝，战乱连年。在高句丽、新罗夹击下的百济圣王 4 次使梁朝贡，争取外交支持、并请毛诗博士、涅槃等经义以及工匠、画师等。与此同时，圣王通过传播佛教来加强与倭国的关系，牵制新罗。另外，圣王时高僧谦益矢志求法，不顾海上风浪之险，远赴中天竺学梵五载。归国时，百济王郊迎之，安置于兴轮寺，又召 28 名僧人协助译律部经书 72 卷，也足见百济君臣对佛教的热忱之甚。

在新罗，据《三国史记》载："初讷祇王时，沙门墨胡子自高句丽至一善郡，郡人毛礼于家中作窟室安置。于时，梁使赐衣著香物，群臣不知其香名与其使用，遣人赍香遍问。墨胡子见之，称其名目曰：此焚之则香气芬馥，所以达诚于神圣。所谓神圣，未有过于三宝：一曰佛陀，二曰达摩，三曰僧伽。若烧此发愿，必有灵验"。[①] 讷祇王在位时间是 417 — 458 年，其间为东晋末代皇帝恭帝司马德文以及刘宋少帝刘义符、文帝刘义隆当朝期间。502 年武帝萧衍废南齐和帝，建立梁朝。因此，文中的"梁遣使"当为"宋遣使"。墨胡子何时自高句丽来新罗，语焉不详。但至少可以肯定的是：墨胡子的身份是僧侣沙门，黯熟佛教礼仪；虽暂居民间，但一旦有机会接触王权，则宣扬佛教三宝。

在日本，对佛教通过官方渠道传入的具体时间，有宣化三年戊午（538）、钦明六年（545）前后、钦明七年戊午（546）、十三年壬申（552）等不同说法。其中，钦明天皇十三年（552）冬 10 月的记事最详。《日本书纪》载：百济圣明王遣使"献释迦佛金铜像一躯、幡盖若干、经论若干卷"，并在表文中盛赞佛法"于诸法中最为殊胜，难解难入，周公孔子尚不能知"，"此法能生无量无边福德果报"，甚至赋诗赞美说："譬如人怀随意宝，逐所须用尽依情。此妙法宝亦复然，祈愿依情无所乏。"钦明"天皇闻已，喜欢踊跃。诏使者云：朕从昔来，未曾得闻如是微妙之法，然朕

① 《三国史记·新罗本纪第四·法兴王》。

不自决”。[①]经过一番争论，钦明命宿祢大臣苏我稻目迎入家中祭祀。与《日本书纪》同时代成书的《上宫圣德法王帝说》《元兴寺伽蓝缘起并流记资财账》等，记载钦明七年10月或12月百济圣明王遣使送来佛像、佛器和佛经。《日本书纪》钦明七年仅记至秋七月，不能与上述两著在传入的年代相互印证。综合以上诸说，佛教在6世纪前半期自百济传入的说法，基本可信。

二、佛教与东北亚国家本土文化的互动关系

作为来自域外的异质文化，佛教在传入东北亚之初，一方面势必遇到如何与各国原有的本土文化协调关系的问题；另一方面，东北亚国家长时期陷入战乱而动荡不安，既有学说和信仰苍白无力，无法满足世人的精神追求，又为佛教的传播提供了相对有利的条件。这样，就形成了西来佛教与东北亚国家本土文化的互动大环境。

在中国，汉末、魏晋南北朝时期，作为本土文化的儒学、黄老学、神仙方术处于危机，道教、玄学新兴但底气不足。曾经在汉武帝时代获得独尊地位的儒学，至魏晋南北朝时期，胡汉诸帝为巩固统治，竞相尊孔、祭孔，魏文帝封孔氏为宗圣侯，北魏孝文帝立孔庙于洛阳，北齐文宣帝赐孔氏为享有百户邑的崇圣侯等，以笼络人心，宣示统治的正当性。在黄河南北，儒学虽然失去了独尊的地位，但依然保留着传统的影响力。与此同时，华夷变态、纲纪混乱，赤裸裸的暴力取代了温良恭俭让，骄奢淫逸与惟利是图刺激着物欲横流。在种种冷酷的现实面前，儒学说教和价值观日益无力化。

汉初的黄老学所主张自然无为、清净无为的无为论，构成过轻徭薄赋、休养生息，积蓄国力以赢得汉匈战争胜利的治国理念，显示了其存在的价

① 《日本书纪》卷十九，钦明天皇十三年冬十月条。

值。至崇尚武力的魏晋南北朝时代，“无为”早已被“有为”所取代，成了政治上的明日黄花。儒学和黄老学的困境，在无形中为佛教的东渐，提供了机遇和发展空间。

道教创立于东汉末年，并在魏晋南北朝时期得到相当的发展，几乎与佛教的传播同步进行。东汉顺帝（126—144）时，蜀郡张陵（张道陵）学道鹄鸣山中，著《太平洞极经》，创立互助共济的五斗米道。其子张衡继之，其孙张鲁尊奉老子为教祖，自号“师君”，“教以诚信不欺诈，有病自首其过”，信众遍及巴蜀。[①] 与此同时，齐鲁琅琊人于吉在东海创立信奉《太平青领书》(《太平经》) 的太平道，宣扬阴阳五行、成仙飞升、离欲寂静、立致太平、各令平均等理念。太平道首领、巨鹿人张角兄弟兼以符水医病，在河北、河南和山东等地区地区赢得大批信徒。这样，道教作为本土宗教，初步形成。至魏晋南北朝时期，东晋人葛洪在建武元年（317）撰成《抱朴子内篇》，归纳道术与理论；北魏嵩山道士寇谦之革新演乐诵诫章法，南朝道士陆修静整理三洞《太平经》经典，规范斋戒律条，至此道教臻于成熟。但是，在宗教思想的深刻性、思辨性和系统性等方面，道教难以与流传既久的佛教相匹敌。因此，借用佛法思辨哲学、经典和宗教祭祀仪式，成为丰富和发展道教所必需。在一定时期内，道教与佛教的关系相对平和，尚未对佛教的传播构成障碍，从而有利于佛法的扩展。

魏晋士人热衷其间的玄学之“玄”，来自《老子》第一章。其文曰：“道可道，非常道；名可名，非常名。无名，天地始；有名，万物母。常无，欲观其妙；常有，欲观其徼。此两者同出而异名，同谓之玄，玄之又玄，众妙之门。”又说：“古之善为士者，微妙玄通，深不可识。”[②] 玄学之妙，在思考“无”与“有”之间，探究宇宙自然本源的幽深玄远。《老子》《庄子》《周易》等号称“三玄”的经典，则是谈玄寻幽之所本。魏晋玄学风行一时：“学者以老庄为宗而黜六经，谈者以虚荡为辩而剑名检，行者以放浊为通

① 《三国志·魏书·张鲁传》。

② 《老子·上篇·道经》第一、十五章。

而狭信节，进仕者以苟得为贵而鄙居正”。[①]王弼、何晏、夏侯玄等主张“贵无论”，裴頠、郭象等持“崇有论”，展开论争。竹林七贤嵇康、阮籍等主张自然生天地，天地生万物，故应道法自然。玄学者冲破儒学名教的束缚，放荡不羁、道法自然，沉湎于玄而又玄、宏大而虚幻的形而上天地。在对陷入困境的汉儒的冷嘲热讽中，渲泄精神世界苦闷的魏晋玄学士人，很快在“无在万化之前，空为众形之始”的佛教般若学里，找到了知音，从而激发了对佛教的浓厚兴趣，又一片精神世界对佛教开放。

在上层社会对异质文化真谛产生强烈探求冲动的同时，底层社会的心灵慰籍需求，也是佛教东传的有力杠杆。汉末、魏晋南北朝时期战乱频仍，离乡背井、颠沛流离，生活极不安定，屠城略地、杀人如麻也已司空见惯。在动荡的时代，个人的命运变幻无常。在长时期的精神折磨中，祈求神佛的荫护保佑，以解脱于苦难，逢凶化吉以求得身家平安，从一夕数惊的心灵恐怖中得到片刻的喘息安宁，乃至暂且游离苦海，进入某种豁达的境界等，成为普遍的社会心理。初传的佛教恰恰在某种程度上，满足了前述社会心理的需要。

因此，《四十二章经》借佛陀之口，列出“杀”“盗”“淫”“两舌”“恶口”“妄言”“绮语”“嫉”“恚”“痴”等“十恶行”，警戒并劝导世人弃恶向善。在这部经典中，佛陀将人生的烦恼和苦难归结为“贫穷布施难”“豪贵学道难”“弃命必死难”“得睹佛经难”“忍色忍欲难”“见好不求难”“被辱不瞋难”“触事无心难”“广学博究难”“除灭我慢难”“心行平等难”“不说是非难”“见性学道难”“随化度人难”等“二十难”，供社会各阶层的信仰者对号入座，以自我觉照、迷途知返。名与利，是最常见的人生追求目标。《四十二章经》训诫热衷于求名者说：“人随情欲，求於声名。声名显著，身已故矣”；对斤斤计较的聚敛财富之人，晓之以理：“财色於人，人之不舍。譬如刀刃有蜜，不足一餐之美。小儿舔之，则有割舌之患”；

① 《晋书·愍帝纪》。

对撒手人寰的死亡，给以“视涅槃如昼夕寤”的达观阐明。[①]上述教说，涉及劝善去恶、皈依佛法、善待人生、淡泊名利、打破生死关门等民生日常面临的问题。尤其是对人生20种苦难的归纳，为中国传统典籍所见所未见未闻，不乏启迪意义。这些教说与社会心理需求相互作用，构成佛教传播的深厚精神土壤。

在文化互动环境相对有利的情况下，佛教高僧在传播过程中发挥主动性，也是能在较短时期内，取得显著进展的重要原因。

第一，佛教东渐之初，僧人以灵活态度对待东北亚国家既有的本土文化，设法减缓与当地本土文化的矛盾和冲突，从而与本土文化产生柔性互动关系。在佛教开始传入的东汉、三国时期，来自域外的佛教传播者不惜屈尊依附黄老道术，以求侵染之效。例如，在揭摩腾、竺法兰主持汉译的《四十二章经》，大量采用道家、道教的概念来解说佛法。在这部经典中，佛法被称为“道”或“至道”，佛教被称为“佛道”，僧人经常被称为“学道之人”或“道人”，修行过程被称为“沙门学道”。佛言训导说：“应当坚持其心。精进勇锐，不畏前境”，最终“破灭众魔，而得道果”；或言“净心守志，可会至道”。[②]在这里，译经者故意将道教和佛教混为一谈，借助世人耳熟能详的道家、道教的语言，来传播佛教人生无常、修行向善等基本理念。

值得注意的是，随着魏晋士人入信佛教，能利用其准确掌握汉语、谙熟经史子集的学理优势，擅长于将传统文化要素用诸佛理的阐释，收取“老瓶”装“新酒”之侵润的功效。在这方面，《牟子理惑论》(通称《牟子》)堪称代表作。所谓“理惑”，即梳理世人对佛教、佛法的错误理解，阐释佛法教理。一般认为，牟子名牟融，字子博，生活在东汉末年和三国时代，官拜苍梧郡太守。牟子饱学经传诸子和神仙长生之书，足以驾轻就熟地利用道家、道教用语，对佛教作出便于世人理解的新解释：“佛者，谥号也。

① 《四十二章经》。

② 《四十二章经》。

犹名三神皇、五圣帝也。佛乃道德之元祖，神明之宗绪”;[①]佛陀有神性:“恍惚变化，分身散体，或存或亡，能大能小，能圆能方，能老能少，能隐能彰，蹈火不烧，履刃不伤，在污不染，在祸无殃，欲行则飞，坐则扬光，故号为佛也。”[②]此外，牟子又借用道家有关“道”和“无为”的观念，来论述佛教的清净无欲说，即“道之言，导也，导人致于无为”，[③]等等。《牟子理惑论》从“吾睹佛经之说，览老子之要”的立场出发，以黄老之学的言论，针对有关佛祖行状、佛法经纶和沙门修行质疑，展开对话，借以弘扬佛教理念。例如，针对“孔子以五经为道教，可拱而诵履而行”，但佛道“虚无恍惚”“不见其意”“不指其事”的质疑，《牟子理惑论》引用《老子》“有物混成先天地生，可以为天下母。吾不知其名。強字之曰道”，认为佛道与圣人之教“何異之有乎”。再如，针对“不孝莫过于无后”，沙门“弃妻子”“捐财货”或“终身不娶”而“何其违福孝之行也”的指责，牟子引用老子“名与身孰亲，身与货孰多”的论说，为僧人出家修行正名，等等。[④]

第二，鉴于鬼神迷信思想和神仙方术在汉末、魏晋南北朝时期的中国精神世界颇有人气的现实，远道而来的域外高僧因时制宜，纷纷以神咒法术为传播佛教影响的工具。晋时来华的西域高僧帛尸梨蜜多罗不仅精通佛法，擅长与权贵高谈阔论，而且“善持咒术，所向皆验。初江东未有咒法，蜜译出《孔雀王经》，明诸神咒，又授弟子觅历高声梵呗，传响于今”。[⑤]在这里，帛尸梨蜜多罗显然利用了动荡时代人们敬畏鬼神的心理，使咒术成为传播佛教的得力工具。再如，晋怀帝永嘉四年（310）来洛阳的西域高僧竺佛图澄（道进），既“清真务学，诵经数百万言，善解文义”，又“善

① 《弘明集·牟子理惑论》。
② 《弘明集·牟子理惑论》。
③ 《弘明集·牟子理惑论》。
④ 《弘明集·牟子理惑论》。
⑤ 释慧皎撰:《高僧传·晋建康建初寺帛尸梨蜜》。

诵神咒，能役使鬼物，以麻油杂胭脂涂掌，千里外事，皆彻见掌中，如对面焉”。[①] 所谓“能役使鬼物”，当然是佛图澄借以传播佛教的障眼法，目的在“志弘大法”。为此，甚至包括采用魔术为传播佛教开路。在他被后赵皇帝石勒召见时，石勒直截了当地提出一个问题：“佛道有何灵验？”佛图澄看透赳赳武夫石勒“不达深理，正可以道术为征”，使之敬服佛道。于是，他从容不迫地应答说“至道虽远，也可以近事为证。”言毕，佛图澄“即取应器盛水，烧香咒之。须臾生青莲花，光色耀目，勒由此信服。”一次魔术表演，征服了后赵皇帝石勒。加之佛图澄劝告石勒停止滥杀而颇得民心，“于是中州胡晋略皆奉佛”。[②]

第三，佛教之所以在短时期内占领人们的精神信仰空间，与传播者的人格魅力、学识才能和布教的使命感，也是一个重要的因素。明帝时随汉使来洛阳白马寺传经的天竺高僧摄摩腾“善风仪，解大、小乘经，常游化为任”，精通佛学，立志高远。当应邀赴汉时，年事已高，但“腾誓志弘通，不惮疲苦，冒涉流沙，至乎洛邑。明帝甚加赏接，于城外处立精舍以处之，汉地有沙门之始也。”在洛阳译出《四十二章》后不久，摄摩腾病故。[③] 同行的另一位天竺高僧竺法兰“自言诵经论数万章，为天竺学者之师”，“既达洛阳，欲腾同止，少时便善汉言”，为汉译佛经作出贡献。[④] 桓帝时来华的安息高僧安清也非平常之人。据载，他是安息国太子，“幼以孝行见称，加又志业聪敏，刻意好学，外国典籍及七曜五行医方异术，乃至鸟兽之声，无不综达”，“故俊异之声，早被西域”。来华后，“才悟机敏”的安清“一闻能达，至止未久，即通习华言。于是宣译众经，改胡为汉”，“先后所出经论，凡三十九部。义理明析，文字允正，辩而不华，质而不野”，颇受

① 释慧皎撰：《高僧传·晋邺中竺佛图澄》。
② 释慧皎撰：《高僧传·晋邺中竺佛图澄》。
③ 释慧皎撰：《高僧传·汉洛阳白马寺摄摩腾》。
④ 释慧皎撰：《高僧传·汉洛阳白马寺竺法兰》。

读者好评。[1]

晋时来建康的西域高僧帛尸梨密多罗，“天姿高朗，风神超迈，直而对之，便卓出于物”。“永嘉中，始到中国，值乱，仍过江，止建初寺”，丞相王导“一见而奇之”，“太尉庾元规、光禄周伯仁、太常谢幼舆、廷尉桓茂伦皆一代名士，见之，终日累叹，披衿致契”。又结交尚书令卞望之、大将军王处仲等，贤名见闻于宦海。密所译《孔雀王经》等，闻名江东。[2]

同样的情形，也出现在新罗。起初被王权疏远的佛教之所以逐渐引起重视，是因为沙门墨胡子治愈了生病的王女。此事见载于《三国遗事》：“时王女病革，使召墨胡子。焚香表愿，王女之病寻愈。”女儿病愈，讷祇王兴高采烈，对墨胡子厚加赏赐，从而在无形中扩大了佛教的影响。[3]然而，佛教的初传，遭到群臣的反对。他们的理由是：“僧徒童头异服，议论奇诡而非常道，今若纵之，恐有后悔。”群臣竞相表态“不敢奉诏”。[4]在多数大臣坚持排佛立场的强大压力下，讷祇王冷遇佛教，下令诛杀了力主崇信佛法的近臣异此顿（处道），堵塞了官传渠道。

40余年后，佛教通过民传渠道，再次传入新罗。据《三国遗事》载：“又至二十一毗处王时，有我道和尚与侍者三人亦来毛礼家。仪表似墨胡子，住数年，无疾而终。其侍者三人留住，讲读经律，往往有信奉者。”[5]毗处（照知）王在位时间，为479—499年。其间，“仪表似墨胡子”的游方僧阿道基罗（我道、阿头），不避排佛的风险，重来新罗传法，终于收到“往往有信奉者”的效果。关于其来历和进入新罗的时间，历来有争议。笔者在这里所要强调的，是佛法初传新罗时期，僧人弘法的大无畏精神和持之以恒的努力。

---

① 释慧皎撰：《高僧传·汉洛阳安清》。

② 释慧皎撰：《高僧传·晋建康建初寺帛尸梨蜜》。

③ 《三国遗事·阿道基罗》。

④ 《三国史记·新罗本纪第四·法兴王》。

⑤ 《三国遗事·阿道基罗》。

在高句丽，原来流行天神信仰。如《三国志》所载：“好治宫室，于所居之左右立大屋，祭鬼神，又祀灵星、社稷”；“以十月祭天，国中大会，名曰东盟”，“其国东有大穴，名隧穴。十月国中大会，迎隧神还于国东上祭之，置木隧于神坐。”[①]其中，尚未有佛教传入高句丽的记载。在《周书·异域上》中，出现高句丽“敬信佛法”的记述，而且高句丽“又有神庙二所，一曰夫余神，刻木作妇人之像；一曰登高神，云是始祖夫余神之子”。[②]在《北史》中，记述高句丽“信佛法，敬鬼神”。[③]新来的佛法被原来信仰鬼神的高句丽人坦然接纳，固然与高句丽历来处于输入中原文化的走廊，养成开放的心态有关，但传入佛教的高僧顺道的人格魅力，也是不可忽略的重要原因。《海东高僧传》称其“迈德高标，慈忍济物。誓志弘宣，周流震旦。移家就机，诲人不倦”；以为顺道来而佛法畅行于海东，“非其有大智慧、大谋猷，得不思议通力。其何以行之哉，以此知其为异人。”[④]也因此之故，顺道被尊称为海东高僧第一人，名列《海东高僧传》卷首。

在百济，历来“信鬼神，国邑各立一人主祭天神，名之天君。又诸国各有别邑，名之为苏涂。立大木，悬铃鼓，事鬼神”。[⑤]尽管百济本土祭祀传统深厚，本土神与域外来的佛并无冲突。《三国志》在解释“别邑苏涂”的含义时说：“其立苏涂之义，有似浮屠”。文中“有似浮屠”的解释应该是：在曹魏人或百济人看来，“浮屠”与“苏涂”是可以划等号的，祭祀佛陀或建筑佛塔，与传统的“事鬼神”相得益彰。这种情景，与魏晋人士将佛教与黄老、神仙之术混为一谈，大同小异。因此，枕流王时首传佛教的胡僧摩罗难陀自晋来百济，发挥“神异感通、莫测阶位、约志游方、不

---

① 《三国志·魏书·高句丽传》。
② 《周书·列传·异域上·高丽》。
③ 《北史·列传·高句丽》。
④ 《海东高僧传·释顺道》。
⑤ 《三国志·魏书·韩传》。

滞一隅”的弘法精神，其效果是：百济君臣“一旦闻所未闻，见所未见，即皆革面迁善，修真面内”而迎佛奉法。[①]

在日本，佛教自传播之初，即遭遇来自灭佛派权贵豪族的有力抵抗。但这种在“国神”与“蕃神”矛盾冲突的背后，是大和朝廷内部豪族之间的激烈争斗，并非单纯的文化冲突。敏达天皇十三年（584 年）秋九月，宿弥苏我马子拜旅居播磨国的高句丽僧慧便为师，“深信佛法，修行不懈”，“修治佛殿。佛法之初，自兹而作。”十四年春二月，苏我马子又“起塔于大野丘北，大会设斋”。[②]不久，国内瘟疫流行，物部氏乘机废佛，打击苏我氏。此后苏我氏反击物部氏获胜，至推古朝苏我氏支持下的圣德太子立志兴隆佛法，为佛教大举登陆列岛，打开了方便之门。在摄政期间，圣德太子派出遣隋使，大力引进中国佛法，建法隆寺、四天王寺等寺院，著佛教经典义疏，被尊为日本佛教的始祖。圣德太子弘法虽非域外僧人所为，但就个人在佛教传播中所发挥的作用来说，效果类似。

三、佛教与东北亚国家文化的相互选择

自汉末传入的佛教，逐渐盛行于东北亚各国。佛教采用借助王权和民间交往的两种途径而持续东渐，是初传东北亚的共同国际现象，也是东北亚国家官民与异质文化佛教之间不断进行相互选择的历史过程。概括起来看，这种选择包括权力、学理、心灵等不同层面，相互进行着漫长选择。其中，心灵之间的相互感应，渗透在权力与学理的选择之中，以下主要论述前两个层面。

（一）政治文化领域中的佛教与权力的相互选择

前述见载于典籍中的“伊存授经”“明帝感梦”“楚王洁斋”“桓帝好

① 《海东高僧传・释摩罗难陀》。

② 《日本书纪》卷二十，敏达天皇十三、十四年条。

佛”“苻坚求法”“姚兴礼佛”等佛教初传的记述，以及高句丽小兽林王时代的“道顺送经”、百济枕流王时代的“王迎胡僧”、新罗讷祇王时代的“墨胡子医愈王女”，日本的“钦明传法”，等等，在古代东北亚国家有关佛教初传的记述中，均体现了佛教与王权相互结合的特点，具有普遍性。如何解释这一并非偶然的现象呢？

概言之，对佛教而言，依托王权无疑于掌握了一把打开布教之门的钥匙。特别是在“王土王民”“朕即国家”的封建时代，得到王权的容纳、支持和庇护，等于得到一路放行的通行证，这是初传的佛教选择王权而快速发展的重要原因。对王权而言，新来的佛教奉释迦牟尼为主佛、诸佛菩萨位次有序，与现有的等级制度相吻合，有利于强化王权的需要；佛教宣扬的因果报应、转世轮回、劝善弃恶等观念，有助于稳定统治秩序；初传时期的佛教被视为祈福成仙的道术、佛陀被视为神，如楚王“诵黄老之微言，尚浮屠之仁祠，洁斋三月，与神为誓”，① 求得佛陀的保佑，镇护王威并趋利避害，从而满足了帝王贵族的精神需要。这样，在王权与佛教之间产生了强烈的互补性，双方各取所需，自然相互选择。

在中国，300余年的魏晋南北朝分裂时期，北方胡族王权崛起。较之汉族王权，胡族王权更需要以德运轮替和神佛西来，来论证建国称帝的合法性。率先自称汉王的匈奴贵族刘渊以有德者王天下传统观念为理由，挑战华夷之别：“夫帝王岂有常哉！大禹出于西戎，文王生于东夷，顾惟德所授耳。”② 在羯人创建的后赵，中书令王波、著作郎王度等向皇帝石虎建议禁佛，说：“佛出西域，外国之神，功不施民，非天子诸华所应祠奉。”建议仿照汉魏旧章，汉人不得出家，禁止官民拜佛烧香，出家为僧者一律还俗。石虎答复说：“度议云：佛是外国之神，非天子诸华所可宜奉。朕生自边壤，忝当期运，君临诸夏。至于飨祀，应兼从本俗。佛是戎神，正

① 《后汉书·光武十王列传·楚王英传》。

② 《晋书·刘元海载记》。

所应奉。"[1]从中，不难看出胡族王权大力倡导佛教的原因所在。

在高句丽，自小兽林王二年佛教自前秦入境，王权就支配了佛教在高句丽传播的全过程。《海东高僧传》载第25代高句丽国王平原王（559—589）时期，"大丞相王高德，乃深怀正信，崇重大乘，欲以释风被之海曲。然莫测其始末缘由，"遂"遣渊乘帆向业"。[2]被王高德派遣赴陈求法的"渊"，即高句丽高僧义渊。待其回国，赢得高句丽佛教"法门栋梁"的赞誉。

在新罗，由于缺乏王权的支持，佛教在初传之时颇受打击而难以形成规模。直到半个多世纪后，第二十三代国王法兴王金元宗（514—540）即位，将振兴佛教上升到国家政策的高度，在王权的介入下，佛教在新罗兴旺发展。法兴王五年，建成兴轮寺，"许人出家为僧尼奉佛"；十年，"梁遣使与入学僧觉德，送佛舍利。王使百官奉迎兴轮寺前路"；十四年，动工修建皇龙寺，历时13年建成；二十六年，"陈遣使刘思与僧明观来聘，送释氏经论千七百余卷"。史称法兴王"一心向佛，至末年祝发，被僧衣，自号法云，以终其身。王妃亦效之为尼，住永兴寺。"[3]至真兴王时，继续推行佛教国教化的政策。十年（551），封前来新罗的高句丽高僧慧亮为僧统，建立僧官制度。在慧亮的主持下，通过举办百座讲会和八关会，传播佛法戒律。八关即八戒，包括"不杀生、不偷盗、不淫泆、不妄语、不坐高大床、不着香华、不自乐视听。关者闭也，谓禁闭八罪不犯也。"[4]二十九年（568）真兴王巡游国内，"沙门道人法藏、慧忍"等伴驾随行，参与国事。[5]新罗王权弘扬佛法事出有因：三国兼战争期间，新罗急欲通过礼佛而得到南朝的外交支持；自智证王（500—514）时代起，新罗王权开始了多方面的改革。在历史上的任何一次改革中，观念更新历来伴随着

---

① 释慧皎撰：《高僧传·晋邺中竺佛图澄》。

② 《海东高僧传》。

③ 《三国史记·新罗本纪·法兴王》。

④ 《东史纲目》。

⑤ 《黄草岭真兴王巡狩碑》。

深化改革的过程。在当时，弘扬佛法成为观念更新的重要手段。

在百济，佛教的传播同样得益于王权强有力的支持。史载：枕流王元年（384）9月，“胡僧摩罗难陀自晋至，王迎致宫内礼敬焉”；二年，“春二月，创佛寺于汉山，度僧十人。”①从佛法传入之时起，百济王权就给予强有力的支持。至圣王（523—554）时，遣使朝贡与求取佛经等，同为开展对南梁外交的主要内容。至法王（599—600）即位的“是年冬，下诏禁杀生。放民家所养鹰鹯之类，焚渔猎之具。明年庚申，度僧三十人”；又“创王兴寺于是都泗沘城”，“其寺亦名弥勒寺，附山临水，花木秀丽，四时之美具焉。王每命舟，沿河入寺，赏其形胜壮丽。”②百济王权在弘扬佛法、享受生活的同时，国王称法王，所建寺院称王兴寺或弥勒寺。王即佛的佛教国家化意识，已经深深地深入百济政治生活之中。因此，在百济王权的倡导下，百济涌现了诸如玄光、慧显、谦益等赴南朝或天竺的高僧，也出现将佛法南传日本的昙惠、道深、慧聪等国际型的佛教大师。

在日本，佛教自钦明天皇时期传入后，立即成为大和朝廷内部权力斗争的导火索。由于王权软弱，佛教在初传日本的命运，取决于苏我氏或物部氏等权贵豪族权力斗争的结局。钦明天皇十三年（552），百济圣王遣使送来佛像佛经。钦明天皇征询诸臣的意见说：“西蕃献佛，相貌端严，全未曾看，可礼以不？”对此，迎佛派大臣苏我稻目认为：“西蕃诸国一皆礼之，丰秋日本岂独背也。”排佛派大连物部尾与等表示反对：“我国家之王天下者，恒以天地社稷百八十神，春夏秋冬祭拜为事。方今改拜蕃神，恐致国神之怒。”③苏我、物部氏争执不下，天皇优柔寡断，佛教仅流行于苏我氏家族内部。物部氏还两度利用瘟疫流行，大肆灭佛，打击苏我氏。至崇信佛法的用明天皇临朝，情况方发生变化。在即位第二年（587），用明天皇复命群臣再议兴佛与否。大连物部守屋等老调重谈：“何背国神，敬

① 《三国史记·百济本纪第二·枕流王》。

② 《三国遗事·法王禁杀》。

③ 《日本书纪》卷十九，钦明天皇十三年条。

他神也！”苏我马子力主尽臣道，应随诏兴佛，天皇坚定兴佛决心，丰国法师入宫说法。[①]佛教得到王权的支持，传法进入兴旺时期。同年苏我马子与厩户皇子联合，击垮物部氏，扫清了阻碍佛教传播的顽固势力。588年苏我氏拥立的泊濑部皇子即位，是为崇峻天皇。日本君臣在兴佛的问题上立场一致，并以后来居上的姿态，迎来推古朝佛教大发展的新时期。

当然，当佛教传播过程中，因僧尼出家人数过多而导致王权控制的劳动力急剧减少，进而危及国家财政收入，或者皇帝入信道教，佛教成为农民反抗的旗帜而对王权构成威胁时，也会发生北魏太武帝、北周武帝断然灭佛，造成法难的恶性事件。但法难事件并非王权与佛教关系的主流，法难过后，佛教往往更加发展。

综上所述，尽管在魏晋南北朝时期，在东北亚纷纷涌现的民族国家王权兴衰隆替不已，帝王更替如同走马灯。但作为共同的特点，是王权与佛教产生了极为密切的联系，双方彼此选择，推动了佛教东渐的进程。

（二）思想和学理层面的选择

魏晋南北朝期间，连年不断的战争和频繁的王权更替，既造成大量的伤亡与灾难，也使王权在整体上受到削弱。其间，个人福祸荣辱的始料未及、命运多舛的兴衰沉浮，展现了人生无常的万般无奈。以上诸多种因素综合作用，给此一时期打上放任自流、宽松奔放和奇谈怪举一时俱来的时代特点。获得某种精神自由的士人们，生逢乱世，随时面临生死、命运、人生变幻等尖锐的问题，精神世界处于亢奋状态。他们在悲叹人生际遇，渴望倾诉、渲泄的同时，组成各类不问朝政国事，埋头学术的文化社团，探讨学理真谛，追求谈玄论道的极终真谛。诸家各抒己见、展开论争，使得这一时期的思想界在继春秋战国时代诸子百家之后，进入又一个思想活跃、新论叠出的文化时代。

佛教充分利用这一时机，以经、律、论齐备的精密思想和丰富的学识

---

① 《日本书纪》卷二十一，用明天皇二年条。

滋养，吸引并选择各国上层思想精英人士，求取填补思想空间，扩大社会影响的实效。魏晋南北朝士人，则在思想和学理层面，选择了经卷浩繁、诸派立论多彩、论说新奇的佛教，以求新的精神发现和思索。双方相互选择，在推进了佛教本土化的同时，也使释学教理越来越深入地切入思想和学理层面，演化成为中国传统文化的新要素。

魏晋时期的精英聚会，首推曹魏的西园会。在这里，曹操父子与孔融、陈琳、王粲、徐干、阮禹、应玚、刘桢等“建安七子”彼此以文会友，于杯觥交错的酒酣之际，咏诗放歌、寓情言志，催生了灿烂的建安文学之花。后来，曹丕得知因瘟疫流行，“亲故多罹其灾，徐、陈、应、刘一时俱逝”的悲报时，致信吴质回忆西园会相聚的情形说：“行则连舆，止则接席，何曾须臾相失！每至觞酌流行，丝竹并奏，酒酣耳热，仰而赋诗”。[①]其中，不难看到当年的盛况。

两晋时期，北有河南金谷会，南有会稽兰亭会等文人聚会、切磋学艺的场所。金谷会因“征虏将军石崇河南金谷涧中有别庐”而得名。石崇与“冠绝时辈”的24友，“日以赋诗”。[②]元康六年（297）的一次聚会的情景是：众人“昼夜游宴，屡迁其坐。或登高临下，或列坐水滨。时琴瑟笙筑，合载车中，道路并作。及住，令与鼓吹递奏。遂各赋诗，以叙中怀。或不能者，罚酒三斗”。[③]可知，石崇与苏绍、潘岳、贾谧、欧阳建、陆机、陆云等文坛名流继承了西园会的遗风，在笙歌悠扬、酒香四溢中聚会，赋诗文咏，令京师士人心向往之。

至于文人荟萃的兰亭会，书圣王羲之的《兰亭集序》，对永和九年（353）三月在会稽兰亭举行的聚会，进行了记述：“群贤毕至，少长咸集。此地有崇山峻岭，茂林修竹，又有清流激湍，映带左右，引以为流觞曲水，列坐其次”；与金谷会大吹大擂、酒气熏天的豪门盛宴不同，兰亭会追求

① 《曹丕集·又与吴质书》。

② 《晋书·刘琨传》。

③ 《全晋文·金谷诗序》。

文人墨客的清谈情趣："虽无丝竹管弦之盛，一觞一咏，亦足以畅叙幽情"；他们"仰观宇宙之大，俯察品类之盛，所以游目骋怀，足以极视听之娱，信可乐也"，"快然自足，不知老之将至"。[①] 史载，出席兰亭会聚会的有"王羲之与孙绰、谢安、支遁等四十一人"，"皆以文义冠世，并筑室东土，与羲之同好"。[②] 值得注意的是，文中提到的支遁（支安）是熟知般若，杂糅老释之学的高僧，著有《释即色本无义》《道行指归》《安般经注》及《本起四禅序》等文章，主张顿悟，喜与王羲之、谢安、孙绰、李充等名士交往，切磋教理学理，促进了僧俗的思想交流。

白莲华社（白莲社）是东晋末至南朝初期，士人在学理、教理的探讨中，皈依佛法的另一个重要场所。白莲社在庐山虎溪东林寺，因净土宗初祖慧远与慧永、慧持、道生、刘遗民、雷次宗、宗炳等僧俗人士，开凿东西两净池种植白莲而得名。其结社目的，在于探讨佛法教理，希求见佛往生于西方弥勒净土。在白莲社的聚会中，山水诗人谢灵运与慧远等高僧的交往，持续着类似兰亭会王羲之等与支遁的思想和学理的交流。谢灵运出身豪门谢氏家族，袭封公爵。有生之年恰逢刘宋代晋的改朝换代，被降官减封、监视和防范，因而对世事多有不平。谢灵运于是在放浪形骸，寄情于山水之乐和问津佛法，以求摆脱人生的失意和苦闷。谢灵运与慧远多有来往，慧远圆寂后，曾写下祭文《庐山慧远法师诔》，寄托哀思和仰慕之情。

当然，在佛教浸润东北亚精神世界，在双方相互进行思想和学理的选择过程中，也会发生争论乃至对抗。东晋抚琴、雕刻、论说高手戴逵，虽然在佛像雕刻方面颇富匠心，但对佛教的因果报应说不以为意。为此，曾经撰写《释疑论》质疑慧远师徒。在论争中，慧远著《三报论》，戴逵再回以《答远法师书》作答，掀起文坛争论的波澜。采菊东篱下的田园诗人陶渊明赋诗支持戴逵说："积善云有报，夷叔在西山。善恶苟不应，何事

① 《晋书·王羲之传》。

② 《晋书·王羲之传》。

空立言！九十行带索，饥寒况当年。不赖固穷节，百世当谁传”。[①]此外，佛教也受到道教的抗拒。西晋惠帝时，天师道祭酒王浮与僧人帛远论证道教与佛教正邪优劣，王浮每每落败，情急之下，引用东汉末年“老子入夷狄为浮屠”的传说，[②]编著《化胡经》，宣称老子西去天竺教化胡人，将道教说成是佛教的源头，以抬高道教的地位，等等。

在倭国和新罗，则发生了前述迎佛与排佛的论争。与此同时，思想与学理选择与融合的过程，也出现在中国周边国家。在新罗，圆光25岁时入南陈求法11年，“博通三藏，兼学儒术”，修行为著名高僧。后随隋使回国，新罗真平王“君臣敬重为师。常讲大乘经典”。在皇龙寺举行的说经百座道场上，圆光被公认为首席大法师。作为僧侣，讲授佛经是其本分。圆光的过人之处，是儒佛两学融会贯通，并能根据时势的需要，灵活运用，对国家发展发挥作用。贤士贵山等慕名而来，请教何为“终身之戒”。圆光对僧俗两界之戒进行了划分，说：“佛教有菩萨戒，其别有十。若等为人臣子，恐不能堪”。圆光嘱咐贵山等另择“世俗五戒”为终身之戒，即“一曰事君以忠，二曰奉亲以孝，三曰交友有信，四曰临战不退，五曰杀生有择。”贵山等对“杀生有择”表示不理解，圆光解释说：“六斋日春夏月不杀，是择时也。不杀使畜，谓牛马鸡犬。不杀细物，谓肉不足一脔，是择物也。此是世俗之善戒。”贵山等心悦诚服，发誓终身奉行，“不敢失坠”。[③]

新罗真兴王时，盛行花郎道（也称风月道），即在歌乐群游中选拔贵族子弟的有德者，为国家之用。自新罗君臣“仰若圣人”的圆光大法师将儒学的忠、孝、信、勇、仁等“世俗五戒”纳入花郎道之后，[④]使之完成了伦理化的飞跃，从整体上提升新罗贵族子弟的素质，王权骨干武装力量的凝聚力大为增强。因此，《三国遗事》记载有当面请教圆光“终身之戒”

① 《陶渊明饮酒诗二十首》其二。
② 《后汉书·襄楷列传》。
③ 《三国遗事·圆光西学》。
④ 《三国遗事·圆光西学》。

的贵山等人“从军事，皆有奇功于国家”。[1]

简短的结论

回顾魏晋南北朝时期佛教东渐的过程，可以得出如下几点结论：

1、佛教东渐是异质文化与本土文化相互选择和融合的范例。从古至今，来自域外的异质文化多次冲击东北亚国家。佛教的东渐，是异质文化最早的一次冲击。与近世基督教文化第二次冲击以中日韩三国实施锁国而告终、近代第二次冲击以欧美列强的武力殖民征服为先导不同，佛教的东渐伴随着古代东北亚国家文化开放和持续交流的过程，并未导致大规模的武力征服和侵略行为的发生。在自然的文化交流中，佛教如同春雨浸润干渴的大地，以佛法折服信众，在东北亚生根、开花、结果。佛教传播过程，也就是异质文化实现了本土化的过程，并经过长时期的磨合，成为各国传统文化的构成要素之一。这是佛教东渐历程中特色独具的现象，造成这种现象的原因，值得深入研讨。

2、民族国家的文化建设和文化开放，是民族文化发展总过程的不可缺少的两个方面。魏晋南北朝时期，古代民族国家活跃发展。各个国家，尤其是胡族国家和高句丽、百济、新罗、倭国因文化的落差和制度建设的需要，对来自西域或中原地区的异质文化采取开放方针，加快文化建设的步伐。即使在中原地区，连续不断的战乱和“下克上”“夷乱华”的权力更替，使得有汉以来，在大一统时代经常被奉为治国大典的儒学苍白无力，急需新的精神补充；新兴的道教尚处于汲取营养的成长期，玄学也从佛教的论说中寻觅知音。因此，历来以中华自居的汉族王权和汉人社会，也对初传的佛教持开放态度。在这个过程中，各国文化开放中展开文化建设，遂使这一时期的文化展现了鲜明的时代特点。

---

① 《三国遗事·圆光西学》。

3、佛教东渐的意义深远。魏晋南北朝时期的东北亚国家，纷纷将来自西域的佛教异质文化本土化，并进而使之成为本民族传统文化的构成要素，形成多元的复合型文化构造。因此，佛教虽然在其发祥地逐渐衰落，却在东北亚国家发展成为汉传佛教，历经二千余年的多次法难，保持着旺盛的生命力。佛教与儒学、汉字、道教等文化要素鼎足而立，共同构成了东北亚古代灿烂的文化圈，对人类的发展做出了巨大贡献。佛教的文化史地位及其在文明进步中的作用，值得高度重视，并继续给予必要的深入研究。

试析儒学与日本神道的关系

牛建科

【内容提要】儒学自5世纪初开始传入日本，后以汉唐经学、宋明理学为主要范本在日本得到传播与发展，并形成了日本的朱子学、阳明学和古学派。儒学在日本传播发展的同时，自然与日本的传统信仰神道发生了较为密切的关系，成为神道理论化的思想资源，并形成了儒家神道（或儒学神道），在使神道理论化的同时，也实现了自身的本土化。因此，深入探讨儒学与神道的关系，既有助于对儒学形态丰富性的把握，也有益于对日本神道思想发展轨迹的了解。

【关键词】儒学　神道　神儒关系　儒学神道

【作者简介】牛建科，哲学博士，山东大学犹太教与跨宗教研究中心、哲学与社会发展学院教授，山东大学哲学与社会发展学院副院长。

一、儒学在日本的传播与发展

儒学首先是经由朝鲜传入日本的，并且是与汉字和儒家经典的传日同时开始的。据日本现存最古老的典籍《古事记》（712年）和《日本书纪》（720年）记载，大约在应神天皇15年，朝鲜半岛的百济国王派遣使者阿直歧到日本，阿直歧成为皇子的汉学老师；经阿直歧推荐，应神天皇遂派人至百济延请百济博士王仁来日（应神天皇16年2月）。据传，王仁带来了《论语》10卷和《千字文》1卷。这是文献记载中国儒学传入日本的嚆矢。据日本学者丸山二郎的研究，应神天皇16年应是公元405年。因此，学界一般认为，5世纪初儒学开始传入日本。

从5世纪儒学传入日本到12世纪（平安时代：794—1192）以前，可谓儒学在日本的早期传播阶段（“早期日本儒学”），当时在日本传播的均是训诂性质的汉唐经学。“出于建立中央集权制国家的需要，儒学被作为先进的政治理念加以应用，对其伦理作用尚未引起重视。与日本传统的神道思想和已经在日本扎下根的佛教思想，尚未产生正面冲突，而是兼容并蓄地共存发展。”①

至13世纪时（镰仓时代中叶），留学中国的日本僧人和赴日的中国僧人，把宋学也带到了日本。②这些人都属于禅宗僧人，他们在日本传播禅学的同时，还对朱熹、二程、张载等的著作和思想进行了介绍，促进了儒学在日本的传播和发展。

至14世纪时（室町时代初期），被称为“五山僧侣”的一批禅僧开始讲授儒学，成为当时日本讲授和传播儒学（宋学）的主要力量。同时，儒学也开始在宫廷传播，出现了一批研习儒学的公卿贵族学者。以致到了16世纪时（室町时代后期），形成了博士公卿派、萨南学派和海南学派三个研究宋儒的学派，逐渐打破了禅僧垄断儒学的局面。

总之，中世的日本儒学（宋学）“势力虽仍居于佛教之下，未能脱离佛教而独立，但经过长期流播、浸润，其影响已逐渐扩大，从而为江户时代儒学的独立与全盛，准备了条件。”③

---

① 王守华、卞崇道著:《日本哲学史教程》，山东大学出版社1989年版，第41页。

② “13世纪始即镰仓时代中期，宋学著作已开始传入日本。还有的学者推测，禅宗俊芿在1211年从南宋携回的书籍两千余卷中有关儒家的256卷，可能包含有宋学著作。大部分学者认为，携来宋学著作，并对宋学有一定理解的，是禅宗圆尔辨圆。圆尔于1235年到宋留学，1241年归国。他携回的书中有朱熹的《大学或问》《论语精义》等著作。他还于1257年为镰仓幕府执政北条时赖讲解南宋居士奎莹的著作《大明录》。《大明录》讲儒、佛、道三教一致，关于儒则尊奉宋学，大多引用二程及其门人学说。圆尔还著有《三教要录》和《三教典籍目录》。圆尔以后，禅僧天佑，净云等也曾留学宋朝，并在返日后传播禅宗和宋学。”参见张立文、李甦平主编：《中外儒学比较研究》，东方出版社1998年版，第195页。

③ 王家骅著:《儒家思想与日本文化》，浙江人民出版社1990年版，第76页。

至17世纪（德川时代），儒学（宋学）已不再是禅僧们倡导的缁流文学，而是最终摆脱禅学的束缚，独立发展起来，成为独立的学派，进入它在日本的全盛时期。宋学主要包括朱熹的绝对理哲学和陆九渊的主体理哲学。其中，朱熹的哲学思想被称为“朱子学”，陆九渊的哲学后经明代王阳明的阐发，被称为“阳明学”。不论是朱子学还是阳明学，在江户时代都得到了长足的发展，并形成了日本朱子学和日本阳明学。[①]日本朱子学，门派甚多，经藤原惺窝（1561—1619）和林罗山（1583—1657）的努力，朱子学成为德川幕府的“官学”，成为占统治地位的意识形态。此外，还形成了阳明学派、古学派、折衷学派等，并最终使儒学与日本的神道发生了密切联系。

本文旨在较为系统地梳理日本近代以前儒学与神道的关系，并在此基础上对两者的关系进行反思，以期加深对儒学与神道关系的探讨，既有助于对儒学形态丰富性的把握，也有益于对日本神道思想发展轨迹的了解。

二、中世日本儒学与神道的关系

如上所述，早期日本儒学的主要内容是“德治”的政治理念，尚未与日本传统的神道发生关系。到了中世（镰仓、室町时代）日本儒学的承载者主要是禅儒双修的禅僧，受到中国禅宗自宋以后特别强调儒佛一致或儒、释、道三教一致的影响，“日本五山禅僧中也很自然地形成了以禅宗为中心的主张三教和合的倾向。”[②]受此影响，一些日本的儒者也自觉地提出神道、儒学和佛教所谓神、儒、佛三教一致的主张。

随着神道对佛教思想理论的吸收和自身理论的逐步成熟以及儒学（宋学）的传入，14世纪即从镰仓时代末期以后，经度会家行（1256—1351）、

① 参阅张立文、李甦平主编：《中外儒学比较研究》，东方出版社1998年，第196页。

② 王青著：《日本近世思想概论》，世界知识出版社2006年版，第13页。

北畠亲房（1293—1354）、一条兼良（1402—1481）到吉田兼俱（1435—1511）的努力，形成了较为完整的以神、儒、佛一致为特征的反本地垂迹说的理论。其根本点就在于否定佛本神迹或佛主神从，主张神本佛迹或神主佛从，试图确立神道对佛教和儒学的优越地位。

“建武中兴”失败后，朱子学被南朝统治者用作其同室町幕府和北朝皇室进行斗争的思想武器。作为在日本宋学史上第一个正式开设讲席讲解朱子学的禅僧玄惠法印（?—1350年）弟子的北畠亲房，在《神皇正统记》[①]中仿照朱熹《通鉴纲目》的宗旨，大力宣扬“大义名分论”，笔诛“乱臣贼子”。他还按朱熹的理气说，对由来已久的“国土生成”和“天神出现”等神话加以演绎，为所谓“肇国悠久”和“皇位神圣”说赋以哲学“理论”，并通过所谓“神器授受”说论述皇统的继承，为南朝正统说提供根据。[②]北畠亲房认为，镜、剑、玉三种神器分别代表了正直、智慧、慈悲之德，揭示出“惟有神道才是治国之要道”的基本原理，强调了三种神器在镇护国家、维护万世一系的皇统中的作用。

室町时代的公卿中被称为“第一儒者”“第一程朱学者”的一条兼良（1402—1481）则以神道为主，调和儒佛，从儒佛二教一致，进而主张神、儒、佛三教一致。他认为神道是心性之教，并以朱子学的理气说与神道相调和，认为理即心之体，气即心之用；他还援用程朱阴阳二气屈伸往来之说来解释神道的神。指出：

> “《周易大传》曰：“阴阳不测之谓神。”程子曰：“鬼神天地之功用，而造化之迹也。”张横渠曰：“鬼神者二气之良能也。”朱晦庵曰：“以二气言，则鬼者阴之灵也，神者阳之灵也。以一气言，至而伸者为神，反而归者为鬼，其实一物而已。”此书(《日

① ［日］北畠亲房著，1339年开始撰写，1343年完成，是记述从“神代”至南朝后村上天皇即位（1341）的历史著作。

② 吴廷璆主编：《日本史》，南开大学出版社1994年版，第170页。

本书纪》）题目，专标神学者，明阴阳变化不测之理而已。所谓鬼神无形与声，而天下之物莫非鬼神之所为者。故《中庸》曰：“体物而不可遗。”先儒曰：“惟妙万物而无不在”，是则二气之良能，万物之主宰者也。”（一条兼良《日本书纪纂疏》卷上）一条兼良进而从体用关系出发，认为心为本体，神道的镜、剑、玉，儒学的智、仁、勇和佛教的般若、法身、解脱都是心的作用，认为一心的实现，就是所谓的中道：“故二教（儒佛——引者注）之所宗，神道之所本，唯中而已。”（一条兼良《日本书纪纂疏》卷上），即把神儒佛三教统一于“中道”。

另一方面，在神道界，吉田兼俱（1435—1511）则继承“反本地垂迹”的传统，认为神道毕竟高于儒佛二教，因而提出了“三教根叶花实”说，认为“日本生出种子，中国展现枝叶，印度开花结果。所以，佛教是万法之花果，儒教为万法之枝叶，神道是万法之根本，佛儒二教皆是神道之分化，以枝叶花果，显其根源。”[①] 把神道放在根本的、主体的地位，而将儒佛置于派生的、从属的地位。同时，把神道作为一种普遍的存在，认为“天无神道则无有三光、亦无四时，地无神道则无有五行、亦无万物，人无神道则无有一命、亦无万法。……唯一神道，诸法根本，万行滥觞，毕竟宗源。”[②] 把神道，实际上是把吉田兼俱自认为代表日本纯神道的“唯一神道”视作支配一切的根据。

总之，中世日本的思想界，在处理儒学与神道关系的问题上，有来自儒学（宋学）和神道两方面的学者，虽然其出发点各有不同，但基本上都主张神儒佛三教一致。这既是由当时儒学（宋学）自身存在的特殊方式（或

① ［日］《唯一神道名法要集》，《神道大系·论说编八·卜部神道（上）》，神道大系编纂会 1985 年版，第 74 页。

② ［日］《唯一神道名法要集》，《神道大系·论说编八·卜部神道（上）》，神道大系编纂会 1985 年版，第 89 页。

作为禅宗的附庸，或居于禅宗之下）所决定的，也是由神道自身发展的需要所导致的。这既反映了儒学（宋学）在登上日本意识形态统治地位之前与日本传统信仰冲突、融合的互动历程，也凸显出日本神道不断靠汲取外来思想养分而逐渐成长的历史进程。在神儒佛三教一致理论发展过程中，“很清楚地看到神道的地位不断上升，佛教权威开始下滑，以及儒学和佛教思想对神道影响力的消长变化。而且，这一强弱消长的变化，十分明显地左右着神道理论的构成与内容。”[①]同时，也关乎儒学在日本的发展命运。这种异文化冲突、融合的实践，无疑为江户时代儒学与神道的结合提供了历史前提。

三、近世日本儒学与神道的关系

日本的近世即江户时代(1603—1867),“儒学已不再是训诂章句的旧套，而是向着伦理方面的转化；儒学不是什么禅僧倡导的缁流文学，而是万人所依据的道学。”[②]从“五山禅僧”中独立出来的儒学（朱子学），在幕府的扶助下成为“官学”。在儒学独立发展的刺激之下，神道也不甘于长期附属于佛教的尴尬地位。但是，神道由于其思想底蕴薄弱，又不得不借助儒学的思想资源来丰富自身的理论，从而形成了与儒学融合的局面，由此产生了形形色色的“儒学神道”派别。

（一）林罗山的“理当心地神道”

一般认为,“儒学神道”肇始于藤原惺窝的“名异心同”的神儒一致观。使儒学摆脱禅学束缚的藤原惺窝，自然要用儒学来解释神道，他在《千代茂登草》中阐明了其神儒一致观，指出：“日本的神道，也以正我心、怜万民、施慈悲为极意，尧舜之道也以此为极意，在中国叫儒道，在日本称

① 张大柘著：《当代神道教》，东方出版社1999年版，第23页。
② 朱谦之著：《日本的朱子学》，人民出版社2000年版，第176页。

神道，名不同而心一也。”[①]强调神道与儒道的一致性。作为其弟子的林罗山，在继承藤原惺窝思想的基础上，创立了“理当心地神道”，认为“理当心地神道，此神道即王道也。心外别无神，别无理。行迹正则是神之姿，政行则是神之德，国治则是神之力。这是天照大神相传，神武以来代代帝王所治之事。”[②]他用儒学的“理”来解释神道，认为“神道即理，万事不在理之外，理是自然之真实。”[③]因此，神道与儒道“其理相同，表现各异，……王道一变而至于神道，神道一变而至于道。道就是我所说的儒道，不是所谓外道，外道是佛道。”[④]

林罗山的“理当心地神道”典型地反映了儒学神道的特点，他把佛教视为“外道”“异端”，在极力批判儒佛一致思想的同时，批判神佛融合思想，力图排除佛教对神道的影响，进而将儒学与神道加以融合，特别是试图通过朱子学来为神道奠定基础。因此，林罗山的“理当心地神道”堪称日本近世儒学神道（或儒家神道）先驱性的典型形态。

（二）熊泽蕃山（1619—1691）的“太虚之神道”

与林罗山是朱子学者不同，熊泽蕃山是阳明学者，但他又与林罗山一样，既是神佛融合论的反对者，又是神儒融合论的倡导者。熊泽蕃山继承了其老师中江藤树（1608—1648）神儒合一的思想，在中江藤树把“明明德”的儒道叫作“太虚神道”的基础上，他以“太虚”（即人心）作为世界的根源，认为天地万物皆在太虚之中，在《三轮物语》中认为：“天地之神道无形

① ［日］藤原惺窝著：《千代茂登草》，见［日］井上哲次郎、蟹江义丸编：《日本伦理汇编》卷7，育成会1902年版，第40页。

② ［日］林罗山著：《神道传授》，《日本思想大系》第39卷，东京岩波书店1972年版，第19页。

③ ［日］林罗山著：《神道传授》，《日本思想大系》第39卷，东京岩波书店1972年版，第45页。

④ 《罗山林先生文集》卷第66，京都史迹会编：《罗山先生文集》卷2，平安考古学会1918年版，第360—361页。

象而成为人人之性，名称用唐土文字来表示也好，借琉球文字来表现也好，其实体乃天地一源之神道也。”最终归结为用“太虚之神道”即儒教来解释日本神道，其根本思想是要把“太虚之神道”建设得适合于“日本之水土”。[①]

熊泽蕃山认为，神道以正直为体，爱敬为心，以无事为行，而这恰好相当于《中庸》所讲的智、仁、勇三德，从而确认了儒学与神道在根本精神上的一致性。如果从具象上来说，熊泽蕃山认为日本神道所尊奉的镜、玉、剑三种神器，便是儒学智、仁、勇三德的表现。在日本上古还没有文字书籍的时代，镜、玉、剑三种神器就体现了智、仁、勇的精神，实际上发挥着神道经典的作用。从而，把儒学的智、仁、勇三德与神道的镜、玉、剑三种神器的关系归结为“神”与“器”的关系，即“唐之圣人云此为智仁勇三德，日本神人作此三种神器。神，心也；器，象也。”(《集义外书》)但从它们的根源上来说，“理本一理，气本一气”。熊泽蕃山明确了儒学与神道是“神与器即心与象的关系，并从理气观上说明它们的一致性。很明显，熊泽蕃山是以宋学理论为日本神道确立哲学基础的。”[②]

（三）度会延佳（1615—1690）的“度会神道”

度会延佳所创立的“度会神道”，可视作伊势神道在江户时代初期的复兴和发展。“度会神道”继承伊势神道“神主儒从”的立场，在批判神佛融合神道思想的基础上，强调“神道、儒道其旨为一”，[③]主要以儒家经典《周易》的若干思想来附会日本神道，认为《日本书纪》神代卷中记载的七代神皆符合易卦。这是因为“神道、易道皆合自然，故合道理……然非由易出神道。……虽有疑以周易作日本神道者，然神道，日本之道也。

---

① [日]永田广志著：《日本哲学思想史》，商务印书馆1978年版，第86页。

② 王家骅：《儒家思想与日本文化》，浙江人民出版社1990年版，第339页。

③ [日]度会延佳：《阳复记》上，《日本思想大系》第39卷，东京岩波书店1972年版，第87页。

儒道，震旦之道也。”[①] 并且进一步认为，作为理，异国之理与我国之理无二；而作为法，因为有形故有别。度会延佳在用周易的思想来解释日本神道的同时，也以儒学的五常思想来解释神道，认为，“所谓神道，存在于人们的日用之间，……君以神道临下之时，就是仁君；臣以神道事君之时，就是忠臣；父以神道育子之时，就是慈父；子以神道事父之时，就是孝子。夫妇、兄弟、朋友之间也以神道相交。”[②] 他这种“神道于人人日用间，无一事不为神道”的思想，极富特色，不过，其在理论形式上则是继承了中国儒学“百姓日用之道”的思想。[③]

（四）吉川惟足（1616—1694）的“吉川神道”

吉川惟足所创立的神道被称为“吉川神道”，因其是朱子学与神道的结合，所以又被称作“理学神道”。吉川惟足把只以祭神礼仪作为主要内容的神道归结为“行法神道”，而标榜自己的神道才是以治理天下为主要内容的“理学神道”。他一方面援用朱子学的概念“太极”来解释“记纪神话”中的神，如认为“太极”就是日本神道中的本原神国常立尊，一切神都是太极的具体体现。另一方面，他又用儒学的“五常”思想来解释神道，认为神道就是以君臣、父子、夫妇、兄弟、朋友所谓五伦之道所建之教，且五伦以君臣之道为本。[④] 并且认为，“虽有为君而舍亲之道，却无为亲而舍君之道。”[⑤] 同时，他还用五行来解释日本的社会伦理，说：“故土者万物之母即肉也。金者万物之父即骨也，骨即金矣。五行虽名双立以骨肉为要。

---

① 转引自［日］村冈典嗣：《神道史》，创文社 1956 年版，第 81 页。

② ［日］度会延佳：《阳复记》上，《日本思想大系》第 39 卷，东京岩波书店 1972 年版，第 101—102 页。

③ 参见王家骅：《儒家思想与日本文化》，浙江人民出版社 1990 年版，第 341 页。

④ ［日］吉川惟足：《视吾堂先生行状》上，转引自［日］岸本芳雄：《神道与国学》，白帝社 1941 年版，第 54 页。

⑤ ［日］吉川惟足：《神学承传记》，转引自［日］岸本芳雄：《神道与国学》，白帝社 1941 年版，第 54 页。

两要亦尚以骨为贵。所以天者为金气，人犹金气而立。金气者即义也，义者人心之要，人心无义则等于禽兽也。义是金气，敬之用也，敬义一体而人伦之道之所立矣。”[①]他站在神本儒从的立场上，将朱子学“敬义一体”的根本思想与日本神道相结合，作为贯穿天地自然及现实人生的“神明之道”，并将理学神道作为治理天下的根本原理。

总之，儒学者林罗山和熊泽蕃山批判神佛一致的思想，主张神儒合一，援引儒学理论来丰富神道的理论形态、充实神道的思想内容；神道家度会延佳和吉川惟足则继承了反本地垂迹说的传统，在强调日本神道独立性的同时，主张神儒的一致性，并以儒学的理论来建构神道的理论学说。他们构成了江户时代前期占主流地位的儒学神道。

（五）山崎暗斋（1618—1682）的“垂加神道”

山崎暗斋创立的垂加神道，是上述江户时代前期儒学神道的集大成，甚至可以说是中世以来诸神道学派之集大成。作为儒家神道，垂加神道继承了反本地垂迹说的传统，站在神主儒从的立场上主张神儒结合。山崎暗斋认为，神道与儒道之间有“妙契”，“故以神道为本，以儒道为润色，但却不可随便调和二者。”[②]其根本主张则是在《神代卷风叶集首卷》中讲的，“道则大日灵贵之道，而教则猿田彦神之教也。”[③]《垂加社语》中也认为，“道者日神之道，而教者猿田彦之所导也”，[④]把神道作为日神天照大神之道。因此，垂加神道笃敬天照大神和猿田彦大神，并将《日本书纪》的编

① ［日］山崎暗斋：《土金之秘诀》，《日本思想大系》第39卷，东京岩波书店1972年版，第68页。

② ［日］迹部良显编：《垂加翁神说》卷之下，《神道大系·论说编十二·垂加神道（上）》，神道大系编纂会1984年版，第422页。

③ ［日］《神代卷风叶集首卷》，《神道大系·论说编十二·垂加神道（上）》，神道大系编纂会1984年版，第332页。

④ ［日］《垂加社语》，《神道大系·论说编十二·垂加神道（上）》，神道大系编纂会1984年版，第412页。

者舍人亲王作为神道的集大成者来尊崇，认为天照大神既是日神，又是皇祖神，神皇一体。同时，山崎暗斋把三种神器作为“同床共殿、神皇一体，而与天壤无穷”[①]之象征，依照天照大神之敕命，自“开辟以来，神皇正统”，连绵不绝，[②]强调了皇统的神圣性及万世一系的永恒性。山崎暗斋把天皇绝对化，并在此基础上强调君臣之道，指出所谓“磐境”就是天御中主尊之“中”，“这是君臣相守之道，君在上治下，臣在下奉上。”[③]正如山田孝雄所指出的，山崎暗斋的垂加神道，在以神道为主儒教为从这点上，与其他的儒教神道有很大的不同，其原因就在于垂加神道有着强烈的“日本主义”思想，正因如此，山崎暗斋才强调道是大日灵（天照大神）之道，尊信《日本书纪》，依据日本的事实来阐述其主张。[④]因此，可以说垂加神道以其强烈的天皇崇拜思想、日本主义，为复古神道准备了思想养料。

与复古神道被誉为近世理论神道双壁的垂加神道，虽然强调道是天照大神之道，但最终还是从儒学那里借用了“理”“气”“阴阳五行”等概念来解释《日本书纪》，阐述日本的神道。垂加神道最富理论性。它将儒学理论运用于神道，创立了“神理合一”“天人唯一”的神道（宗教）哲理；并将儒学伦理引入神道，通过“土金之传”“龙雷之传”，发展了神道的伦理性；又通过对神篱、磐境、三种神器的解释，形成了“神皇一体”“祭政一致”的政治哲理，从而成为江户时代最有影响的神儒结合的理论神道派别。

综上所述，儒学与日本固有的神道的融合，在江户时代表现为两种类型。一种是以儒学，主要是朱子学的“理”的思想为日本固有的神道奠定新的理性主义基础，如林罗山的“理当心地神道”，这属于以中国儒学的

---

① [日]山崎暗斋：《持授抄》，《神道丛说》，国书刊行会1920年版，第198页。

② [日]山崎暗斋：《神代卷风叶集首卷》，《神道丛说》，国书刊行会1920年版，第326页。

③ 参见[日]山崎暗斋《持授抄》，《神道丛说》，国书刊行会，1920年11月版，第199页。

④ 参见[日]山田孝雄：《神道思想史》，明世堂书店1943年版，第94—95页。

理性主义改造和取代日本神道的神秘主义的类型；另一种类型是放弃儒学的理性主义，强调与保存日本神道的神秘主义，如山崎暗斋的“垂加神道”就属于这一类型。[①] 但不管是哪种类型，都表征了日本儒学明显不同于中国儒学的特点，这既充分反映了日本的思想文化在引进和吸收外来思想文化过程中十分注重保存固有思想文化并将它们互相融合的传统，又是在原生态（元生态）儒学基础上作为次生态（子体）儒学从而从理论上丰富了儒学形态的。

四、对儒学与神道关系的思考

神道既是日本文化的原风景，也是日本人生活方式的体现，积淀了日本人的价值观念取向、伦理道德诉求、思维方式特征和内心情感寄托。在千百年的以神道为民族信仰核心的历史传承中，形成了日本文化的显著特征。因此，可以说如果离开神道，我们就无法解读日本文化乃至日本人。同时，我们在分析任何一种外来宗教文化传至日本后的存在、发展状态时，也必须将日本民族信仰神道作为其分析的背景。也就是说，我们必须在“本土”与“外来”的互动中，在诸教的关系中来分析把握之。

纵观日本思想的历史进程，在对待外来宗教文化的过程中，从“神佛习合”到“儒佛不二”，从神、儒、佛三教一致，再到排佛思潮下的神儒一致乃至神儒合一，无不体现出日本本土宗教思想文化与外来宗教思想文化的双向互动。一方面是神道以外来宗教思想作为自身理论化的思想资源，另一方面是外来宗教思想借助神道实现自身的日本化，在这一双向互动的过程中，各自达成了自己的目标。儒学与神道的关系，典型地表征了这一特点，为我们解读日本思想家处理本土宗教思想与外来宗教思想的关系问题提供了范本，这正是我们分析儒学与神道关系的目的之一。

① 参见[日]王家骅：《儒家思想与日本文化》，浙江人民出版社 1990 年版，第 207—208 页。

儒学传至日本，在与神道、佛教的互动关系中实现了其自身的价值。在以往的研究中，对儒学在日本历史上所起的作用或精神价值，有三种解读方式。一种是哲学层面的，一种是社会思想史层面的，一种是思想意义和精神价值层面的；而思想意义和精神价值层面的解读则是要“追问儒家思想文化究竟对日本民族的文化心理、思维方式、社会政治生活等诸方面产生了怎样的影响。”[①] 正像被誉为“日本的伏尔泰”的福泽谕吉所指出的：“把我国人民从野蛮世界中拯救出来，而引导到今天这样的文明境界，这不能不归功于佛教和儒学。”[②] 把儒学作为日本文明的来源之一，足见日本学者对于儒学对日本社会文化等价值的清醒认识。但是，如果在儒学与神道二元结构中来解读儒学的话，则体现了日本“接纳即包容”这一独特的传统思维方式。从日本民族处理与大陆文化关系的所谓“绳魂弥才”“和魂汉才”，到神道处理与佛教关系的“神佛习合”，到近世以后处理与西方文化关系的“东洋道德，西洋艺术（技术）”“和魂洋才”，无一不是这种独特思维方式的具体体现。也就是说，神道只是把儒学作为“才”来接受和包容的，其本身才是“魂”。这样就可以将“和魂汉才”具体地置换成“神魂儒才”。正像李泽厚所指出的：“总之，从古代的朱子学、阳明学、古学、国学到现代‘启蒙’者、军国主义者，和战后的企业主，尽管各有不同、大有差异，却以不同形态，共同地体现了这条‘和魂汉才’‘和魂洋才’，亦即神秘主义与经验论（或非理性与重实用）携手同行的道路特征。它使日本在古代吸收中国儒学，使社会文明化；在今日吸收西方文明，使经济现代化。它取得了举世瞩目的惊人成就。”[③]

但同时要说明的是，这种“和魂汉才”思维方式下的“神魂儒才”与

① 王健：《儒学在日本历史上的文化命运》，大象出版社 2006 年版，第 209 页。

② [日]福泽谕吉著、北京编译社译：《文明论概略》，商务印书馆 1982 年版，第 145 页。

③ 李泽厚：《中日文化心理比较试说略稿》，见陈明、朱汉民主编：《原道》第 5 辑，贵州人民出版社 1999 年，第 204 页。

我国近代社会转型期的“中体西用”论并不完全相同，最重要的一点是“中体”与“和魂”在各自框架中所处的地位不同。“中体”在其框架中是根本的和优先的东西，“西用”则处于从属的地位，两者是一种不对等的结合。而“和魂”则并没有受到优先的强调，“洋才”（也可以指“汉才”——引者注）也没有摆到枝尾末节的位置上，因而基本上是对等的结合。因此，“和魂洋才”（也可以指“汉才”——引者注）不存在道德中心主义的问题，而“中体西用”的根本局限则在于道德中心主义或道德至上论。[①]正是在这种意义上，作为“才”的儒学就有可能作为“魂”的因子而被同化，从而成为“魂”的组成部分。这正像日本学者平川弘所指出的：“‘和魂洋才’时‘和魂’的内容可以说是接受中国文化影响以前的日本人的精神。但是，幕末以降‘和魂洋才’时的‘和魂’的内容，则是指摄取儒教道德从而发生了变化以后的日本人的精神。……‘和魂’即是这样随着时代而变化，外国起源的价值观念作为一种精神内容被无意识地作为‘我物’且得到同化，并包含在‘和魂’之中。”[②]因此，“忠孝”等传统的儒学观念才能构成日本武士道的精神信条。日本是一个重实用，重现实的民族，在其民族文化中缺乏超越性的价值维度。因此，相对于“魂”（价值理性）的这种“才”（工具理性）的地位是变动不居的，常常是根据现实（或“魂”）的需要而变换角色。从这种视角出发，我们也就不难理解在日本与外来宗教文化等的交往过程中出现的一些特殊现象了。因此，在今天全球一体化、文化多元化，且注重多元文化研究，跨文化研究的背景下，深入研究同属儒学文化圈的中日乃至东亚儒学文化与其本土传统文化的关系不失为一件有着深远历史意义的事情。

---

① 参见李翔海、刘岳兵：《“中体西用”与“和魂洋才”比较申论》，《河北学刊》1997 年第 5 期，第 45—50 页。

② ［日］平川弘：《和魂洋才の系譜》，河出书店新社 1992 年版，第 35 页。

丽末鲜初朱子学在朝鲜半岛的传播①

洪 军

【内容提要】丽末鲜初正处于新旧王朝更替之际，此时朱子学作为新的理论学说传入韩国后，开始分化为重视义理的保守势力和重视现实问题的革新势力。两派立场上的差异，源自各自对性理学（朱子学）历史观和价值观的不同理解。以郑梦周为首的纲常论者强调忠节精神，重视大义名分；以郑道传为首的革命论者则强调周易的变易思想，主张应根据时代之变化要主动求变，革新现实政治。朱子学被传入至最终确定为官方哲学，经历了三部曲。首先，作为新的理论和学说而受到丽末新进士林的关注并介绍到韩国；其次，作为新的思想理论使用于排斥佛教的思想斗争中；最后，被革新派所利用，逐步确立为朝鲜王朝的建国理念，至此朱子学获得了朝鲜王朝官学的独尊地位。

【关键词】丽末鲜初　朝鲜王朝　朱子学　朱子学传播

【作者简介】洪军，哲学博士，中国社会科学院哲学研究所研究员。

儒学思想产生于2500多年前的春秋战国时代，其创始人是春秋末年的大思想家、大教育家——孔子。他把“仁”作为儒学的核心理念，开始了关于哲学、伦理、政治、教育诸方面的重大问题的探讨。后经由孟荀、董仲舒、朱熹、王阳明等历代儒学大师的补充与发展，逐渐成为我国封建社会的统治思想和传统文化的主流思想。同时又传播至域外，如朝鲜半岛、日本列岛、越南等东亚东南亚各国，在东方形成了儒家文化圈。尤其曾在

① 本文部分内容曾发表于《史林》2015年6期，此次对原文作了修改和补充。

东亚，韩日官学“独尊朱学（朱子学）”，形成了至今人们津津乐道的“东亚儒家文化圈”。

在东亚儒家文化圈中受儒家思想影响最深、最广的国家为韩国。对于韩国儒学，李甦平先生指出：“何谓韩国儒学？关于这个问题，一些对韩国历史和文化有着走马观花式了解的人认为，韩国儒学就是中国儒学的移植和翻版。此言误矣！固然中国是儒学的发源地，儒学就是以孔子为首的儒者的学说及其思想的总汇。同时应该看到儒者的学说和思想总是随着时代的发展而深化，随着时势的需求而丰富。由此，儒学才能够像一棵长青之树，像一条湍流不息的长河，永葆青春，永不沽竭。”[①] 诚如斯言，儒学从中国传入朝鲜半岛后便开始了本土化、民族化历程，这种带着民族印记的儒学就不再是中国儒学，而是具有独立性的“韩国儒学”。

韩国儒者以独特的问题意识和精微的逻辑思辨，使儒学发生了重要变化，演变为具有本民族特色的“韩国儒学”。朝鲜王朝（1392—1910年）开国后，朱子学迅速上升为国家意识形态领域的主流思想，遂成为此后朝鲜王朝的官方哲学。

在跨文化比较研究日益受到学界关注的今天，作为东亚儒学百园中的一朵奇葩，韩国儒学也将会日益彰显其独到理论价值与意义。但是，目前中文学界对高丽末期和朝鲜王朝开国之际朱子学的研究更多侧重于朱子学传入之初的主要人物间的传承系谱的研究[②]，而对其义理发端之初的理论特点的探讨略显不足。本文拟通过对丽末鲜初朱子学在韩国的传播及发展状况的考察，以思想史的视角探讨韩国的早期朱子学义理思想的特点。

---

① 李甦平：《韩国儒学史》，人民出版社，2009年，第1-30页。

② 韩国早期的朱子学传承系谱的相关研究著作有：[韩]崔英成：《韩国儒学通史》（上中下），simsan出版社，2006年；[韩]琴章泰：《朝鲜前期的儒学思想》，首尔大学出版社，1997年；李甦平：《韩国儒学史》，人民出版社，2009年等。

高丽末期的朱子学

东亚无论从地缘政治上看，还是思想文化上看，都是一个充满着多元冲突融合的地区。这个地区因其历史和现实的特殊性，既存在着“文化的东亚”，亦存在着“东亚的文化”。[①] 儒学作为这一地区最具生命力和影响力的思想文化，其对东亚社会的发展所起到的作用是毋庸赘述的。因此学界将儒家思想视为东亚文化圈得以成立的一个“关键性纽带”。儒家思想不但对东亚人的日常生活行为、基本观念有重要影响，而且影响到了政治体制、教育制度等诸多方面。[②] 虽然“东亚文化”是多元的、多样的，但是最重要的一元就是儒家思想。

韩国统一新罗和高丽两朝的统治阶级将佛教定为国教。佛教的广泛传播不仅促进了韩国思想文化的发展，而且还推动了社会艺术、建筑等诸多领域的发展。但是随着高丽王朝（918—1391）的衰弱，作为国教的佛教也日益腐化堕落，其在意识形态领域的统治地位亦逐渐丧失，“崇佛与排佛”成了高丽社会末期的矛盾焦点。高丽朝后期从武臣执权时起，文教进入沉滞期，至13世纪末整个社会已呈衰落。此时出身中小地主阶层的“新进士类”，通过科举登上国家政治舞台，且成长为影响王朝政治的一股新兴势力。他们企图从元朝引进程朱理学（朱子学）重拾社会秩序，进而挽救国家的命运。不过，朱子学的被传入还与当时元朝社会思想界的特征有密切关联。元代统治者出于自身需要把朱子学定为官方哲学的同时，将与之对立的陆九渊心学却列入排斥之列，致使陆学只能在我国南方的民间传播。因朱子学在元代思想界享有独尊地位，故自然就成为高丽新进士类所要引进的首选。[③] 这一特征在韩国思想界影响甚远。它一方面使朱子学成

---

① 张立文：《和合与东亚意识》，华东师范大学出版社，2001年版，第1页。

② 陆玉林：《东亚的转生》，华东师范大学出版社，2001年版，第15页。

③ 李甦平：《韩国儒学史》，人民出版社2009年，第96–97页。

为此后朝鲜王朝五百年间的官方哲学，另一方面却影响和阻碍了陆王一系的心学思想在韩国的传播。

据载，朱子学是高丽忠烈王时，由安珦从元朝传来。对于朱子学，虽有“新儒学”“宋学”“程朱学”等称谓，但其内容则基本相同。[①] 安珦（字士蕴，号晦轩，1243–1306，朝鲜时代改称为安裕）为兴州（现今顺兴）人。韩国高丽朝后期的儒学大家和教育家，被称为韩国性理学的始祖。安珦为高丽忠烈王的宠臣，历任尚州判官、儒学提举、集贤殿大学士、佥议中赞等职。1289年高丽朝设置儒学提举司，安珦被任命为首任“本国儒学提举”。是年他扈从忠烈王入元，在滞留元都（燕京）期间始得《朱子全书》，知其为孔门之正脉，遂手录其书，并模写孔子和朱熹画像而归。归国后安珦讲究朱子之书，深致博约之工，“晚年常挂晦庵先生真像，以致景慕，遂号晦轩”[②]。他常以兴学育才为己任，“蓄儒琴一张，每遇士之可学者劝之”[③]。而且，安珦还曾随忠宣王也来过元朝，再次目睹了文教在元朝社会之隆盛状况。

但是，当时高丽朝的儒学则呈现一派萧条景象。对此安珦曾作诗咏曰：“香灯处处皆祈佛，箫管家家尽祈神。独有数间夫子庙，满庭春草寂无人。”[④] 为了重新振兴儒学和恢复荒废的儒学教育机构，他建议朝廷设置“赡学钱”。安珦曰：“夫子之道垂宪万世，臣忠于君，子孝于父，弟恭于兄”[⑤]，兴学养贤的目的就在于传授孔孟之教，推行儒家的伦理道德。他还曾派博士金文鼎等入元朝，画先圣及七十子像和求祭器、乐器、六经诸子史等回国，

① [韩]柳承国:《韩国儒学史》，傅济功译，台湾商务印书馆，1989年，第99页。

② 郑麟趾等:《高丽史》卷一百五，列传十八，《安珦》条，台湾文史哲出版社，1972年，第253页。

③ 同上。

④ 《晦轩实纪》卷一，“遗集·题学宫”，韩国全南大学校出版部，1984年，第204页

⑤ 郑麟趾等:《高丽史》卷一百五，列传十八，《安珦》条，台湾文史哲出版社，1972年，第253页。

并荐举李幢、李瑱等人为经史教授都监使，于是“禁内学馆内侍三都监五库愿学之士，及七管十二徒诸生（指国学七斋与私学十二徒——笔者注），横经受业者动以数以百计”[①]。在他的积极倡导和推动下，儒学开始在高丽社会得到重视。安珦另一功绩是培养出了众多硕学大儒，著名者有禹倬、权溥、白颐正等人。其门生也为朱子学在高丽的传播做出了重要贡献。

安珦卒后 13 年，即忠肃王六年（1319 年），朝廷为表彰其在兴学养贤方面的功绩，给予其从祀文庙之殊荣。朝鲜王朝时期则祭祀安珦于白云洞书院，在时任丰基郡守的李退溪的努力下，1550 年被明宗赐名为“绍修书院”。“绍修书院”是朝鲜王朝最早的赐额书院。

高丽朝后期的名儒禹倬（字天章，又字卓甫，号白云，称为“易东先生”，1263—1342）是安珦的大弟子，也是早期的朱子学主要传播者之一。禹倬为丹山（丹阳）人，他与白颐正、辛蒇、权溥并称为安珦门下的“四君子”。历任宁海司录、监察纠正等职，曾官至成均（国学）祭酒。禹倬博通经史，尤其对《易》学造诣颇深。其时，“程传（按：指程氏《易传》）初来东方，无能知者。倬乃闭门月余、参究乃解。教授生徒，理学始行。”[②]可见，禹倬是以《易》学为中心接受程朱之学。朝鲜王朝的儒学巨擘李退溪对其学德十分敬仰，将其列为丽末鲜初的八大儒之一。[③]他不仅建议朝廷在安东创建“易东书院”，而且还对其易学研究给予了极高评价，曰：“天相吾东，斯文有迪，我程易传，肇臻斯域，人罔窥测，视同发梗，不有先生，谁究谁省……孔演十翼，程氏攸宗，专用义理，发挥天衷。熟玩深味，

① 郑麟趾等：《高丽史》卷一百五，列传十八，《安珦》条，台湾文史哲出版社，1972 年，第 253 页。

② 郑麟趾等：《高丽史》，卷一百九，列传二十二，《禹倬》条，台湾文史哲出版社，1972 年，第 307 页。

③ 李滉：《增补退溪全书》（三），“退溪先生文集续集”卷八，“回示诏使书”，第 138 页；《增补退溪全书》（四），“退溪先生言行录”卷五，“论人物”，韩国成均馆大学校大东文化研究院，1985 年，第 231 页。

靡不该通。知益以明，守益以正。以是教人，德业无竞"[①] 禹倬在韩国易学史上开启了以义理为中心的《易》学研究（义理易）之先河。由此可知，朝鲜王朝朱子学的以《易》为中心的性理学传统始于禹倬。

安珦的另一名弟子权溥（原名永，字齐万，号菊斋，1262—1346）为安东人。他于忠烈王五年 18 岁即登第，历任佥议舍人、礼宾寺尹、词林院侍读学、佥议政丞等，封为永嘉府院君，谥文正。忠肃王元年（1314 年）同闵渍一起编撰高丽朝太祖以来的实录，忠烈王二十八年（1302 年）和忠宣王元年（1309 年）分别作为圣节使和正朝使出使元朝。史称权溥"性忠孝，惠族姻，睦僚友，嗜读书，老不辍。尝以朱子四书集注建白刊行，东方性理之学自权溥倡"。[②] 他在翻刻朱子学著作，普及程朱理学方面很有建树。据《栎翁稗说》记载："我外舅政丞菊斋权公，得《四书集注》，镂板以广其传，学者又知有道学矣。"[③] 而且，他还同其子权准褒集历代孝子 64 人并使婿李齐贤著賛，以定名曰《孝行录》刊行于世。此外，权溥还有其所注的《银台集》20 卷，但今已失传。在他的努力下，忠惠王五年（1344 年）高丽改订科举法，"六经义"和"四书疑"被定位"初场"之考试科目。[④] 于是，《四书集注》便成为士人们应试所必备的教科书。

白颐正（字若轩，号彝斋，1247—1323）为蓝浦郡人，亦是高丽朝后期的名儒。高宗时登第入翰院，历任佥议评理、商议会议都监事等，后被封为上党君。白颐正也曾赴元，并于元大都生活多年。忠烈王三十一年（1305 年）白颐正作为忠宣王的侍臣入元，并于元大都居留十年，在忠肃

① 《增补退溪全书》（二），卷四十五，"易东书院成祭禹祭酒文"，韩国成均馆大学校大东文化研究院，1985 年，第 401 页。

② 郑麟趾等:《高丽史》卷一百七，列传卷二十,《权呾》条，台湾文史哲出版社，1972 年，第 382 页。

③ 《栎翁稗说》，前集二,《丽季明贤集》，韩国成均馆大学校大东文化研究院，1995 年，第 356 页。

④ 《高丽史节要》卷 25，忠惠王五年 甲申 8 月条，韩国新书院，2004 年，第 88 页。

王元年（1314 年）归国。[①]《栎翁稗说》记载："白彝斋颐正，从德陵留都下十年，多求程朱性理之书以归……学者又知有道学矣。"[②]在元期间他钻研程朱之学，归国时带回《朱子家礼》等大量朱子学著作。《高丽史》亦称："时程朱之学始行中国，未及东方。颐正在元，得而学之。东还，李齐贤、朴忠佐道先师受孝珠（颐正）。"[③]

与安珦相比，白颐正则在研究和进一步深化程朱之学的理论方面贡献更大。而且，在高丽朱子学的传承方面还起到了承上启下的作用。如其弟子朴忠佐（字子华，号耻菴，1287—1349），官至判三司事，被封为咸阳府院君。他喜读《周易》，终生致力易学（主要是研读"伊川易"）研究[④]；弟子李齐贤则培养出李穑等丽末鲜初的著名朱子学者。白颐正的遗稿有：《燕居诗》《詠唐尧》《寒碧楼》《与洪厓集句》等。

高丽末期政治家、史学家，李齐贤（字仲思，号益斋、栎翁，1287-1367）为庆州人，亦是权溥之贤婿。在早期的朱子学传播者中，李齐贤是卓有建树的一代名儒，他亦有曾留元都生活之经历。李齐贤年 15 岁便登成均试状元榜，历任进贤馆提学、知密直司、政堂文学、判三司事、右政丞、门下侍中等职，封为鸡林府院君，谥文忠。1313 年忠宣王让位于太子忠肃王后便以大尉身份留居于元，在燕京他构筑万卷堂与当时许多名儒交游，元仁宗延佑元年（1314 年）他将李齐贤召至元都（燕京）。其时姚燧、阎复、元明善、赵孟頫、虞集等咸游王门，李齐贤与他们相从学益进。李齐贤在元朝滞留时间较长，其学问造诣亦曾让姚燧、元明善等元朝学者"称

① 李甦平：《韩国儒学史》，人民出版社，2009 年，第 98 页。

② 《栎翁稗说》，前集二，《丽季明贤集》，韩国成均馆大学校大东文化研究院，1995 年，第 356 页。

③ 郑麟趾等：《高丽史》卷一百六，列传卷十九，《白文节》条，台湾文史哲出版社，1972 年，第 260 页。

④ 郑麟趾等：《高丽史》卷一百九，《朴忠佐》条，台湾文史哲出版社，1972 年，第 301 页。

叹不置”[①]。李齐贤回国后，通过兴学养贤，积极传播和推动了朱子学的发展。而且，他还成就了高丽儒学史上的一段佳话。即，著名的父子学者李縠、李穑均出自其门下。李齐贤视程朱理学为“实学”，故在学风上非常强调经世致用之实用之学，主张“躬行心得”和“求新民之理”。其实，李齐贤的思想中有较强烈的现实指向性，他试图以经世之学来反对佛教，革新朝政。并且，他还向朝廷提出了诸多志向改革现实政治的建议，这与安珦、白颐正有较大区别。此外，从李齐贤所提倡的“为学次序”[②]中又可以看出，其对以六经为代表的经学思想的重视。李齐贤的著作有《益斋乱稿》(10卷)、《栎翁稗说》(4卷)、《益斋长短句》等。

由此可知，作为儒学新形态的程朱理学（朱子学）主要是通过由出使元朝的使臣传入韩国。经过他们的积极倡导和推动，朱子学在高丽朝的知识界获得了初步的传播。[③]值得注意的是，从《高丽史》的记载来看，高丽朱子学的传承主要是由安珦及其弟子来完成。换言之，高丽的朱子学是由安珦开其端，并由其弟子和再传弟子加以传承并发扬。因此安珦在高丽乃至韩国儒学史上的历史地位和功绩理应得到重视。但是，这一时期处于韩国朱子学义理思想的萌发阶段，故丽末朱子学在理论创获上的成就自然十分有限。

从思想史的意义上，这一时期的特点可以归纳为以下两点：一是朱学义理在高丽社会得到初步普及的同时获得新进士林阶层的认同；二是为下一阶段韩国朱学义理思想的勃发培养和储备了大量人才。

① 郑麟趾等：《高丽史》卷一百十，列传二十三，《李齐贤》条，台湾文史哲出版社，1972年，第320页。

② 郑麟趾等：《高丽史》卷一百十，列传二十三，《李齐贤》条，台湾文史哲出版社，1972年，第325页。

③ 洪军：《朱熹与栗谷哲学比较研究》，中国社会科学出版社，2003年，第115–116页。

二、朝鲜王朝初期的朱子学

至丽末鲜初，即高丽、朝鲜两新旧王朝更替之际，思想界涌现出李穑、郑梦周、郑道传、权近、吉再、朴础等著名朱子学家。刚刚传入半岛的朱子学顺应时代潮流，成为社会改革的理论武器，并在新王朝建立过程中发挥了重要作用。①

高丽末的重臣、著名的朱子学家李穑（字颖叔，号牧隐，1328—1396）是“丽末三隐”之一，历任典理正郎、内书舍人、政堂文学、判三司事等职，谥文靖。作为李齐贤的门人，李穑在韩国儒学史上，起到了承上启下、继往开来的转折性重要作用。所谓“承上”“继往”，是说他的儒学仍具有政治儒学的色彩；所谓“启下”“开来”，是讲他的政治儒学与高丽前期的政治儒学已有本质区别。李穑是以朱子学作为其政治儒学的核心内容。同时，在构建学理层面的儒学中，他还提出了许多重要的学术观点，对丽末鲜初的儒学产生了深刻影响。甚至可以说，他的一些学术观点，如“天则理”，“一而二，二而一”等奠定了韩国性理学的基本理念。②他任成均馆大司成时不仅亲自讲授朱子学，还聘金九龙、郑梦周、李崇仁等为教官，培养了一大批儒生，为朱子学在高丽全境内的传播与发展做出了重大贡献。《高丽史》上称，恭愍王十六年“重营成均馆，以穑判开城府事兼成均馆大司成，增置生员，择经术之士金九龙、郑梦周、朴尚忠、朴宜中、李崇仁皆以他官兼教官。先是，馆生不过数十，穑更定学式，每日坐明伦堂，分经授业。讲毕，相与论难忘倦，于是学者坌集相与观感。程朱

① 洪军：《朱熹与栗谷哲学比较研究》，中国社会科学出版社，2003 年，第 115-116 页。

② 李甦平：《韩国儒学史》，人民出版社，2009 年，第 124-125 页。

性理之学始兴”。[①] 他将程朱理学视为儒学之正脉，强调学者应以“明明德”为首要之务，曰：“以吾儒言之，曰明命，以天言之；曰明德，以人言也。顾明命明明德，学者之事也。”[②] 又曰：“在天曰明命，在人曰明德，非二物也。而天与人判而离也久矣，仲尼盖悲之，道统之传，不绝如线，幸而再传，有圣孙焉，著为一书，所以望后人者至矣。”[③] 此处“明德”指的是“性”，即所谓在天为命，在人为性。他认为，二者是一而二，二而一的关系。进而又从“天人无间”立场出发，李穑提出“天则理”思想。曰：“天则理也，然后人始知人事之无非天也……指人物而名之曰人也物也，是迹也。求其所以然而辨之，则在人者性也，在物者亦性也。同一性也，则同一天也。”[④] 他反对将天和人、命和性分而为二。在政治上，他主张以三纲五常作为立国之本，企图重建理想的儒家王道政治。在丽朝新旧王朝更替时李穑站在保守派一边，反对革新派的田制改革。1392 年革新派赵浚、郑道传等人与李成桂密切配合，建立了李氏朝鲜王朝。由此朱子学获得了官学的地位，亦随之成为朝鲜王朝的统治理念。他的著作有《牧隐集》(55 卷)。

“丽末三隐”之一的郑梦周（字达可，号圃隐，1337—1392）亦是高丽末期的政治家、哲学家、文学家，被李退溪等人视为“东方理学之祖”[⑤]。历任成均馆博士、政堂文学、右文馆大提学等职，谥文忠。他一生不遗余

① 郑麟趾等：《高丽史》卷一百十五，列传卷二十八，《李穑》条，台湾文史哲出版社，1972 年，第 413 页。

② 《牧隐稿》，文稿卷六，“杲菴记”，韩国文集丛刊 5，景仁文化社，1996 年，第 48 页。

③ 《牧隐稿》，文稿卷十，“可明说”，韩国文集丛刊 5，景仁文化社，1996 年，第 80 页。

④ 《牧隐稿》，文稿卷十，“直说三篇”，韩国文集丛刊 5，景仁文化社，1996 年，第 77 页。

⑤ 《增补退溪全书》(四)，“退溪先生言行通录”卷五，“类编”，第 97 页。

力地推广程朱之学，曾“内建五部学堂，外设乡校，以兴儒术”[①]。他的此一心向和作为开了朝鲜儒教兴起之先河。其时，明朝已开国，他暗图废弃蒙古服饰，力请朝廷施行大明衣冠文物，主张“绝元归明”。而且，他对朱子学有很深的体会，其理论造诣颇得同时代学者的赞赏。如李穑曾曰：“梦周论理，横说竖说无非当理，推为东方理学之祖。”[②]表明，他对朱子学的精深研究和哲学思考已达到相当理论高度。郑梦周竭力倡导“濂洛之道”及朱子学的同时，还极力排斥佛老之言，并仿朱子家礼立家庙奉先祀以取代佛教仪式，行冠婚丧祭。韩国17世纪的大儒宋时烈（1607—1689）也对其称颂道：“吾东方自箕圣以后至于丽季阐开道学有功，斯文无如郑梦周之比，而致使人人得知君臣父子之伦，内夏外夷之义者，亦皆梦周之功也。”[③]郑梦周35岁和47岁时曾作为高丽朝使节入明朝，他也是在高丽朝廷内力倡亲明外交的代表人物。两朝更替之际，他对高丽王朝忠心耿耿，忠实践履了孟子所言“有安社稷臣者，以安社稷为悦”的儒家教义。郑梦周的一臣不事二主的至死不变的忠义节烈精神，后被李朝君臣高度推崇，这也是他被尊为东方理学宗祖的重要原因。他的著作有《圃隐集》（7卷）。

被誉为“东方真儒”的郑道传（字宗之，号三峰，谥号文宪，1342-1398）是丽末鲜初著名的政治家和斥佛论者，庆尚北道奉化人。作为李穑的弟子，他于1362年中进士第，翌年任忠州司录，从而开始了其坎坷的政治生涯。在高丽王朝历任成均馆博士、成均馆司艺、艺文广教、三司右使、右军都总制使等官职。在两朝交替时期，郑氏作为改革派的核心人物与李成桂相互配合，1392年拥立李成桂建立新王朝成为李氏朝鲜的开国功

① 郑麟趾等：《高丽史》卷一百十七，列传二十九，《郑梦周》条，台湾文史哲出版社，1972年，第450页。

② 郑麟趾等：《高丽史》卷一百十七，列传二十九，《郑梦周》条，台湾文史哲出版社，1972年，第442页。

③ 《圃隐先生文集》，“圃隐先生集续录·筵臣奏辞”，回想社1985年，327页。

臣，并在建立新朝的各项制度方面起了关键作用，亦被后人誉为“朝鲜王朝的设计师”。而在意识形态领域里，他以朱子学为理论武器，从教义和哲理上对佛教进行了深刻地批驳。这是他的主要的理论功绩。同时代的名儒朴础对其赞道：“郑道传发挥天人性命之渊源，倡明孔孟程朱之道，辟浮屠百代之诳诱，开三韩千古之迷惑，斥异端，息邪学，明天理而正人心，吾东方真一人而已。”[①] 在排佛的过程中，郑氏批判地吸收程朱理学思想，逐渐建立了自己的性理学体系。在道器说方面，他以形上、形下区分道器的同时，还强调了二者的不离不杂性。即，道虽不杂于器，亦不离于器。并以此为基础还批评了佛教，指出佛教昧于道器之辨，视道器为二物。主张佛教“道与器岐而二之”的“道器”两极化的思想，根于其“万法唯识”“诸相非相”之观念。结果导致“以器为道”，使“道”落于形而下之器。表明，郑道传不仅对程朱的道器说有准确的理解，而且对佛教理论要害处亦有相当深刻的认识。在三峰的哲学著述中，对心性学的论述所占的比重较多，如《佛氏杂辨》十九篇文章中“佛氏心性之辨”“佛氏心迹之辨”“儒佛同异之辨”“辟异端之辨”，以及《心气理篇》《心问》《天答》等都集中涉及了“心性”问题。关于“心”，《心难气》篇中则写道：“心者，合理与气，以为一身神明之舍。朱子所谓虚灵不昧，以具众理而应万事者也。愚以为惟虚，故具众理；惟灵，故应万事。”[②] 指出，“心”为理气之合，是一身神明之舍。此时的心中之理为心之所禀之德，即“理者，心之所禀之德而气之所由生也。”[③]“德”，即为仁义礼智之性，天之所令而人之所得者。主张，若以义理存心而涵养的话可以无物欲之弊，全体虚明而大用不差。由此，三峰提出“志帅气卒”的思想。他写道：“志吾之帅，气吾徒卒。

① 郑麟趾等：《高丽史》卷一百二十，列传卷三十三，《金子粹传（附）》，台湾文史哲出版社，1972 年，第 503 页。

② 郑道传：《三峰集》卷十，《心难气》，三峰郑道传纪念事业会，2009 年，第 201 页。

③ 郑道传：《三峰集》卷十，《理谕心气》，三峰郑道传纪念事业会，2009 年，第 210 页。

皆不坚守，弃臣从敌，以臣之微，孤立单薄。”[①] 此说后来被演变为李退溪的“理帅气卒”论。表明，三峰是以程朱心性学说为基础展开了对佛教“性空”论的批评，并得出“佛氏虚，吾儒实。佛氏二，吾儒一；佛氏间断，吾儒连续”的结论。

郑道传斥佛论主要集中反映在其著作《佛氏杂辨》一书，书中他对佛教观点逐一批驳、辩解。在批评佛教的过程中，系统发挥了朱子学的观点。此文撰写于 1398 年，三峰围绕以下 19 个问题展开分析论述。即，1. 佛氏轮回之辨；2. 佛氏因果之辨；3. 佛氏心性之辨；4. 佛氏作用是非之辨；5. 佛氏心迹之辨；6. 佛氏昧于道器之辨；7. 佛氏毁弃人伦之辨；8. 佛氏慈悲之辨；9. 佛氏真假之辨；10. 佛氏地狱之辨；11. 佛氏祸福之辨；12. 佛氏乞食之辨；13. 佛氏禅教之辨；14. 儒释同异之辨；15. 佛法入中国；16. 事佛得祸；17. 舍天道而谈佛果；18. 事佛甚谨年代尤促；19. 辟异端之辨。从题目中我们可以看出，三峰对佛教的批判是相当系统而全面的。在反对佛教“轮回”“因果”等基本教义和内容的过程中，提出天地万物皆由“气”形成的气化论观点。郑道传是丽末鲜初斥佛论思想的集大成者，正是通过他对佛教教义的系统而全面的批判朱子学才获得官学的地位，成为朝鲜王朝的官方哲学。而且，经他的积极阐发和努力，朱子学中的理气论、心性论等领域的诸多观念和思想在此后韩国性理学发展过程中得到进一步的继承和阐发。郑氏哲学思想方面主要代表作《心气理篇》《佛氏杂辨》等均收入在《三峰集》(14 卷）中。

与郑道传一起活跃于丽末鲜初思想界的朱子学者权近（字可远，号阳村，1352—1409），为安东人，曾受教于李穡和郑道传。他出身文臣贵族家庭，曾祖父即是前文所介绍的高丽朱子学先驱权溥。其大作《五经浅见录》按照朱子学观点阐释五经，而《入学图说》则是朝鲜最早一部理解朱子学思想的入门向导书，影响曾及于日本。

---

① 郑道传：《三峰集》卷十，《心问》，三峰郑道传纪念事业会，2009 年，第 226 页。

权近与郑道传虽然并称为朝鲜王朝初期朱子学的双璧，但在接受和习研朱子学方面却各有侧重。郑氏致力于对现有朱子学理论的理解与实践，并以之竭力批判佛教。而权近则更倾心于朱子学理论的探讨与发展。仅就二人对韩国朱子学的理论贡献而言，权氏显然大于郑氏。故权近被后人视为朝鲜王朝初期朱子学的理论代表。

权近以独尊儒术为基本前提，在对佛、道进行批判的过程中阐述了自己的观点。他强调“理”的绝对权威，曰：“理为公共之道，其尊无对。”[①] 权近的这一思想后来被李退溪加以继承和发展为“理尊无对”“理贵气贱”论，开启了韩国儒学史上著名的主理论传统。

权近还指出：“理为心气之本原，有是理然后有是气，有是气然后，阳之轻清者，上而为天，阴之重浊者，下而为地，……天地之理，在人而为性，天地之气，在人而为形，心则兼得理气，而为一身之主宰也。故理在天地之先，而气由是生，心亦禀之，以为德也”。[②] 在此基础上，他着重解释了“五常”“四端”“七情”等心性论方面的基本问题。尤其是，他在《入学图说》中首次提出的“四端”与“七情”的关系问题，开启韩国儒学史上著名的“四端七情”论辩之先河。“四端”出自《孟子·公孙丑上》，“七情”出现于《礼记·礼运篇》。“四端”，即指恻隐之心、羞恶之心、辞让之心、是非之心，人的四种伦理道德情感；“七情”则指，喜、怒、哀、惧、爱、恶、欲，七种人的弗学而能的生理心理的自然情感。二者之间的关系问题在我国并未引起注意，而在16世纪的韩国性理学界却引发了一场“四端七情，理发气发”之大论辩。这一论辩最终使韩国性理学走上了以心性论探讨为中心的哲学轨道，在东亚儒学史上具有重要影响。对这一哲学范畴的探讨，意味着韩国朱子学已开启本土化进程。不仅如此，权氏的《入

① 郑道传：《三峰集》卷十，心气理篇注，三峰郑道传纪念事业会，2009年，第210页。

② 郑道传：《三峰集》卷十，心气理篇注，三峰郑道传纪念事业会，2009年，第211页。

学图说》还是韩国最早的儒学图说书，因此他是韩国儒学界“以图释说”研究范式的开创者。《入学图说》中的“天人心性分释之图”性条中写道：“昔唐韩子《原性》而本于《礼书》，以喜怒哀乐爱恶欲七者为性发之情，程子亦取而言之。今子以四端属乎性而七情列于心下者，何也？曰：‘七者之用在人本有当然之则。如其发而中节则《中庸》所谓达道之和，岂非性之发者哉！然其所发或有不中节者，不可直谓之性发，而得与四端并列于情中也。故列于心下，以见其发之有中节不中节者，使学者致察焉’。”[①]权氏以为，七情中发而中节者与四端并无不同，故为纯善；而发而不中节者则非为性之所发，故不能与四端并列。依他之见，四端为理之所发；而七情却并非如此。权近以此区分了四端和七情。权氏的这一主张实为百余年后，李退溪、李栗谷等诸人进行旷日持久的“四七论辩”之滥觞。其思想后来被以李退溪为代表的岭南学派继承和发扬，在韩国儒学史上占有极为重要的地位。不仅如此，权氏之学还传播到日本，并在日本儒学界产生了一定的影响。日本曾多次翻刻权氏的《入学图说》，现存宽永甲刻本和庆安元年刻本等。他的主要著作有《五经浅见录》《入学图说》《佛氏杂辨·序》，以及《心理气篇》（注，序）等，现有《阳村集》（40卷）。

丽末鲜初的著名朱子学家还有吉再（字再父，号冶隐，又号金鸟山人，谥号忠杰，1353—1419），海平（善山）人。他与李穑、郑梦周一起被称为“丽末三隐”，曾受学于李穑、郑梦周、权近等人。作为朝鲜士林派学者的先驱吉再为学极重真知与实得，主张学者应以忠孝礼义廉耻为先。《冶隐集》记载，吉再与弟子“讲论经书，必务合于程朱之旨，言必以忠孝为主”。[②]弃官归隐山野后积极从事教育活动，大兴“私学”教育，开了朝鲜私学教育之渊源。其学脉连绵，后学中涌现出金叔滋、金宗直、金宏弼、

---

① 《入学图说》，“天人心性分释之图”性条，韩国乙酉文化社，1974年，第150页。

② 《国译冶隐先生文集》，“冶隐先生言行录拾遗卷上·行状”，韩国光明印刷社，1965年，第36页。

郑汝昌、赵光祖等一大批活跃于朝鲜王朝前期政界和学界的大儒。权近也对吉再称誉道："呜呼！有高丽五百年培养教化，以励士风之效，萃先生之一身而收之。有朝鲜亿万年扶植纲常，以明臣节之本，自先生之一身而基之，其有功于名教甚大。"[①] 可见，吉再在韩国儒学史上占有的地位亦不容忽视。朝鲜王朝前期士林派学者的理论探讨和实践活动，为韩国朱子学的纵深发展奠定了坚实的理论基础和社会基础。他的主要著作有:《冶隐集》《冶隐续集》《冶隐言行拾遗录》等。

高丽末至朝鲜王朝开国前后是韩国性理学（朱子学）的初创期，此一时期可划分为两个阶段：高丽末期朱子学的传入阶段和朝鲜王朝开国前后义理的初发阶段。前一阶段主要代表人物有安珦、禹倬、白颐正、李齐贤等，而后一阶段主要代表人物有李穑、郑梦周、郑道传、权近、吉再等。

因为丽末鲜初正处于新旧王朝更替之际，此时在统治阶层内部和意识形态领域亲明与亲元、革新与纲常、事大与社稷（自主）之争异常激烈。朱子学作为新的理论学说传入韩国后至李穑，开始分化为重视义理的保守势力和重视现实问题的革新势力。两派立场上的差异，源自各自对性理学（朱子学）历史观和价值观的不同理解。以郑梦周为首的纲常论者强调忠节精神，重视大义名分，因此这一派也被称为节义论者；以郑道传为首的革命论者则强调周易的变易思想，主张应根据时代之变化要主动求变，革新现实政治。郑梦周、吉再、金叔滋、金宗直等属纲常论者，他们基于春秋大义反对异姓革命，拒绝同革新势力妥协，于是新朝建立后他们或遭杀害，或被革职，余下大多归隐乡野专心于教育事业。结果朝鲜王朝初期的学界和朝政，被主张权变的郑道传、权近一系的革新势力所掌控。郑道传死后，权近继承其学风成为了这一"官学派"的先驱。"官学派"的学风特点是，重视实用性、功利性、经世性。此后，"官学派"又逐渐演变为"勋旧派"，成为"士林派"所要批判和排斥的权贵阶层。

---

① 权近:《阳村集》卷二十，'题吉再先生诗卷后序'，韩国文集丛刊 7，景仁文化社，1996 年，第 203 页。

朝鲜王朝开国之后，郑梦周一系的部分节义论学者则以岭南地区为中心逐渐形成了以义理研究为特色的“士林派”。他们大兴私学教育，培养了众多新进士林。世宗（1419—1450在位）朝时“士林派”学者大举进驻中央朝政，与勋旧派形成了严重对立。于是，从15世纪末至16世纪60年代，两派之间曾发生了多次流血事件，韩国历史上著名的“四大士祸”发生于此一历史时期。经过多次血腥的“士祸”洗礼，“士林派”逐渐成为主导16世纪之后的韩国思想界和政界的政治势力，同时亦被定为韩国儒学史上的正统正脉。

概而言之，丽末鲜初朱子学被传入至最终确定为官方哲学，经历了以下三部曲。首先，是被作为新的理论和学说而受到丽末新进士林的关注并介绍到韩国；其次，被作为新的思想理论使用于排斥佛教的思想斗争中；最后，被革新派所利用，逐步确立为朝鲜王朝的建国理念，至此朱子学获得了朝鲜王朝官学的独尊地位。另外，从思想史的视角来看，至朝鲜王朝初期韩国朱子学已呈现本土化特色。如，李穑的“天则理”思想，基于儒家践履思想的郑梦周、吉再的节义精神，基于理学道器说的郑道传的斥佛论，以及权近的四端七情问题的提出和“以图释说”传统的开启，都为16世纪韩国性理学全盛时期的到来做了理论准备。

历史上朝鲜半岛文化在中国的传播

特木勒

【内容提要】韩国历史上曾经学习和输入中国文化，这是以往很多中国学者善于和乐于讨论的课题。但是，历史上韩国文化也曾经反向传播到中国。但是这个课题似乎还没有引起中国学者的关注。本文试图在这方面进行初步的讨论。

【关键词】朝鲜文化　反向传播

【作者简介】特木勒（Temur Temule），内蒙古扎赉特旗人，历史学博士，南京大学历史学院教授，韩国研究所副所长。

一、问题的提出

1992年中韩建交。1996年以后与韩国有关的研究机构在北京、南京、上海和杭州等城市的很多大学里建立起来，中国的中韩文化交流史以前所未有的规模展开，韩语系在很多大学的外国语学院设立。中韩两国人文社会科学领域的学生、学者的交流日益密切。在历史学研究的领域，中韩文化交流史是很多中国学者非常感兴趣的领域。1996年以后越来越多的中国学生、学者的注意力被引向这个领域，也产生了一批研究成果。本文要提出的一个问题是：中韩文化交流史研究对于中国学者的中外文化交流史，甚至中国史研究究竟具有怎样的意义？

中国是多民族国家。综观中国境内外，包括汉族在内，很多民族都是跨境民族。汉族在中国是主体民族，但是在世界上的很多其他国家（包括在韩国），汉族作为海外华人（Chinese Overseas）却是少数民族。相对而言，中国的很多少数民族，在很多其他国家却是主体民族。这方面，中国的朝鲜族应该是比较典型的例子之一。作为朝鲜半岛传统文化的承载者，它在中国是少数民族，而在韩国和朝鲜却是主体民族。有一个基本的事实当然需要指出，中国汉文化和韩国文化有相同或相近的部分，历史上的朝鲜半岛的历代政权学习中国的汉文化，汲取了很多典章制度和词汇，这当然毋庸置疑。韩语中的汉语词汇之多，可能会超出很多中国人的想象。同时这些汉语词汇又保留了古汉语的发音。很多初到韩国的中国学者发现，韩国是研习中古音韵的绝佳之地。在中国学界讨论韩国传统文化，不仅仅反映一个大国学者对相对小国文化的认知和态度，还涉及中国国内的主体或多数民族的学者对于国内少数民族文化的认知和态度。

韩国所藏汉文文献数量很多，这是很多中国学者擅长的领域，也被越来越多的中国学者所瞩目。韩国传统文化的研究往往表现出浓厚的“汉学”的特征，这当然也是很多中国学者引以为自豪的。与此同时，有一个我们不能忽略的事实，韩国语言和文化有其不同于中国汉文化的独特性。根据兰司铁的研究，韩语作为阿尔泰语系语言，具有黏着语的特点和不同于汉语的语法结构。在韩国访学的中国学者惊喜地发现韩语中包含大量汉语词汇的同时，韩语词汇的发音、语法结构和特征仍然使其成为不易掌握的外语。近年来韩国青年学者在满语和蒙古语学习以及满、蒙文史料的利用方面的速度和成绩令人瞩目。同样，韩语在蒙古国学生学者中的普及率可能远超中国相关学界。这也从另一个侧面解释了阿尔泰语系各语种之间语法结构的关联近似性。

东亚大陆的王朝国家与朝鲜半岛的王朝国家间的文化交流源远流长，吸引了很多学者的关注。特别是 1992 年中韩建交以后，学者交流日渐增多，中国大陆高校中韩语系或韩国学研究机构如雨后春笋般地建立起来，越来越多的中国学者投入到这方面的研究中。值得注意的是，在“中外文化交流史”的视角下，“中韩文化交流史”更多地表现为中国前近代历代王朝向朝鲜半岛王朝的单向的文化传播。如果说前近代的中国在与欧洲和内陆亚洲国家的交往中接受了很多“外来”的文化，那么在与韩国交往中似乎只有“输出”而没有输入。长期以来中国学者更多的关注中国汉文化对朝鲜半岛的影响，讨论的题目大多都是历史上中国的物质或非物质文化对韩国的影响。我们要提出并试图回答的问题是，历史上的高丽和朝鲜文化对中国前近代王朝有没有反向的传播？可能没有，也可能有而我们却没有注意到。这里人们可能会联想到中韩建交以后以服装和电视连续剧为标志的“韩流”在中国的流传。历史上的中国有没有“韩流”？如果一部中韩文化交流史，只关注中国汉文化对于韩国的影响，也就失去了“交流”的本义。文化只有在双向传播的时候才能称其为“交流”。

讨论历史上韩国文化在中国的传播，需要克服的障碍至少有两个：承认韩国文化有其独特性，此其一；第二，从更广阔的欧亚大陆的视角观察中韩文化交流史，将其视为整个欧亚大陆各地域之间文化交流的一部分。本论文试图利用元明时代的笔记史料和朝鲜时代的史料，对历史上“韩流”在中国的“传播”做初步的尝试。当然，这里的“中国”不仅仅包括汉人主导的“明代中国”（Ming China），同时也包括历史上蒙古人主导的“元代中国”（Yuan China）。疏漏错误在所难免，祈望方家指正。

二、“高丽样”风行元朝

元代“中国与高丽的经济、文化关系在特殊历史条件下有很大的发展。来元高丽人比以往各代都多，其中有不少精通汉语的文人学者和高僧。”在元代，蒙古人和汉人、色目人客居高丽，同时，高丽人在元朝做官者也很多。元朝的汉文化和蒙古文化对高丽都有不同程度的影响，后来的朝鲜士人批评高丽“其因袭元俗，不可一二计。”李德懋《青庄馆全书》卷五十八讨论“蒙古语”说“盖高丽人仕元，元人来留高丽，故东语多同蒙古语”云，就是明证。蒙古式的服饰对高丽和朝鲜的宫廷都有影响，且持续了很久，“盖元丽相通时，染袭元俗故也”。

高丽文化对元朝同样有很大的影响，特别是进入14世纪以后，元朝诸王和达官贵人纳高丽女子为妻妾，最典型而突出的例子莫过于元惠宗妥欢帖木儿与奇皇后的婚姻了。奇皇后又带来大批高丽女子，赏赐或引荐给蒙古诸王贵族。有诗云，“东国名姬貌似花，中宫分赏大臣家，衣衫尽仿高丽样，方领过腰半臂斜。”这里的“中宫”指的应该是奇皇后，她把“貌似花”的“东国名姬”分赏给诸王大臣。元朝后至元年间，在元大都形成了“达官贵人必得高丽女，然后为名家”的风气。民国时期著名史学家瞿兑之《杶庐所闻录》有“高丽美人”一札说：

> 朱彝尊《静志居诗话》云：“元制岁责高丽贡美女，故张光弼《辇下曲》云：‘宫衣新尚高丽样，方领过腰半臂斜，连夜内家争借看，为曾着过御前来。’”《庚申外史》说：“徽政院使者宦者高丽人秃满歹儿首荐高丽女子祁氏于宫，立为次宫皇后。祁后蓄高丽美女，大臣有权者辄以此女送之。京师达官贵人娶得高丽女，必得高丽女，婉媚善事人，至则立见夺宠。自至正以来，宫中给事、使令，大半为高丽女，以故四方衣服、靴、帽皆依高丽样矣。”此元代高丽女子在中国之势力也。《野获编》云：成祖妃权氏及其他四人亦为高丽人。后正德间回回人于永上言高丽女白皙而美，大胜中国，因并取色目侯伯及达官女入内，中亦多外国人也。朝鲜且有进女之制，宣德十年，帝命中官遣回金黑等五十三人，则此制至明不废。[①]

瞿兑之较早注意到“元代高丽女子在中国之势力”，作为一个题目专门加以讨论。他所说的“祁后”应该就是“奇后”，也就是元顺帝妥欢帖木儿的奇皇后。奇皇后带来众多高丽女子，这些高丽女子，带来“高丽样

① 瞿兑之：《杶庐所闻录》，见上海图书馆整理《申报丛书》17，上海科学技术文献出版社2012年版，第284页。

子”的潮流，开始引领和带动大都和其他很多城市的新的流行趋势，所谓“四方衣服、靴帽、器物皆依高丽样子，一时风气举世若狂”可以看出当时“韩流”的流行程度。18世纪末朝鲜韩致奫（1765—1814）注意到了《庚申外史》的记录，他在《海東繹史》卷七十《人物考》中说“此关系一时风气，岂偶然哉！”关于服制，清代《日下旧闻考》的作者于敏中认为明初仍然沿袭和元代的习俗，他“窃疑明初犹沿元制未改”，应该是合乎情理的推断。

元末大都宫廷中流行“高丽样”应该与奇皇后有直接的关系。张光弼有诗云“宫衣新尚高丽样，方领过腰半臂斜，连夜内家争借看，为曾着过御前來。”这里的描述突出了“高丽样”的主要的特征：“方领过腰”和“半臂斜”。“连夜内家争借看”就是因为这种“方领过腰”的高丽样式的宫衣曾经出现在元顺帝面前，甚至可能得到皇帝的赞赏，因此一度成为流行新趋势。朝鲜文人李瀷（1681—1763）在《星湖僿說》中考证说：“今人犹有此制，长不至膝，广不及臂，两襟不掩，方领适对，如鶴氅，两边为珠为彄以搭住，名曰挂背。此詩所举者是耳，俗之流来着远矣。近时颇有加诸道服之上者，或者丽時亦如此，而元人效之也。”[①]18世纪前期李瀷的推测是有道理的。

元大都的高丽人为数甚众，元上都的高丽人应该也有很多，他们也把高丽的习俗和植物种子带到草原都城。元人杨允孚在元上都旅行以后作诗，收录在《滦京杂咏》中。其中有一首诗说：“海红不似花红好，杏子何如巴榄良，更说高丽生菜美，总输山后蘑菰香。”作者自己还做注释说：“海红、花红、巴榄，皆果名。高丽人以生菜裹飯食之，尖山産蘑菰。”元代应该有高丽人把生菜籽带到元上都一带地区并种植，这才有了杨允孚“高丽生菜美”的赞叹。《滦京杂咏》在高丽和朝鲜也有流传，朝鲜文人李瀷显然看到了此书，他在《星湖僿說》卷之五《萬物門》中引用了这首诗，

① ［朝鲜］李瀷：《星湖僿說》卷之五《万物门》。

然后说“我俗至今尚然，蔬菜叶大者皆如此，萵苣為上，家家種之，為此故也。”进入21世纪的今天，我们仍然可以说韩国“俗至今尚然”，700年前的元上都，汉人儒士在元上都看到的高丽习俗竟然与今天的习俗如此相近！

《庚申外史》说元末的大都“四方衣服、靴、帽、器物皆依高丽样子，一时风气举世若狂”云，高丽样子风靡元大都，蔚然成风气，甚至到了“举世若狂”的程度。这股流行风还吹了杭州。与高丽靴子有关的例证在元末可以找到。元代文人著高丽靴到杭州，也引发了很多人的热烈追捧。《南村辍耕录》卷之二十八有“处士门前当怯薛”一条说：

> 杜清碧先生本应召次钱唐，诸儒者争趋其门，燕孟初作诗嘲之，有“紫藤帽子高丽靴，处士门前当怯薛”之句，闻者传以为笑。用紫色椶藤缚帽，而制靴作高丽国样，皆一时所尚。“怯薛”则内府执役者之译语也。[①]

杜清碧是元代著名的文人和医士。《辍耕录》有专门条目介绍其行迹：“杜清碧先生本，字伯原，有所編五声韻目，大小分隸真草，以至外化蕃書及國朝蒙古新字，靡不收録，題曰《華夏同音》。至正壬午中書奏修三史以翰林待制聘先生，起至武林，辞疾不行，盤桓久之。浙省平章康里子山公巙巙時來訪，一日語及声律之学，因问國字何以用司喉音？有無字字為首？先生曰：‘正如嬰儿坠地時作此一声，乃得天地之全气也’，平章甚服。”[②] 怯薛（Keshig）是元朝皇帝的近卫军，贴身侍卫。我们要注意的是，在元朝很多地方，“用紫色椶藤缚帽，而制靴作高丽国样，皆一时所尚”，元朝中书省奉旨修宋、辽、金三史，“以翰林待制聘先生，起至武林，辞疾不行”，因此被称为“处士”。皇宫门前有怯薛，当然无可厚非，但是“处

① （元）陶宗仪撰：《南村辍耕录》，中华书局2004年版，第346页。
② （元）陶宗仪撰：《南村辍耕录》，中华书局2004年版，第126页。

士门前当怯薛”则是戏谑，也生动描述出杭州书生儒士们追捧杜本的“粉丝”样貌。这当然与杜本的声望有关，同时与高丽靴子不无关系。

三、朝鲜王朝文化在明朝的传播

元明鼎革以后，北元和明朝关系发生多次变化，在1368—1388年的20年间，高丽的对外政策也发生多次变化，即使在高丽王朝统治集团内部对于元明两朝文化的态度也多有不同。《高丽史·列传》卷一三六记洪武二十年（1387年）“六月，依大明之制，定百官冠服，百官服之，以见徐质，质叹曰‘不图高丽复袭中国冠带，天子闻之，岂不嘉赏！’禑与宦者及幸臣独不服，李沃以左常侍胡服，呼鹰，从禑驰射。”明朝势力进驻辽东，断绝了高丽与北元的联系，作为大陆王朝，明朝与高丽—朝鲜的传统交流和联系却非常紧密。

元顺帝妥欢贴木儿娶高丽女子奇氏为皇太后，永乐皇帝也曾经纳朝鲜女子为妃。前引瞿兑之的考证说到了永乐皇帝的妃子权妃。关于权妃，楊廉夫宫詞说：“‘北幸和林幄殿寬，句麗女侍婕妤官，君王自賦昭君曲，敕賜琵琶馬上彈。’明初相沿未改。此孝陵有碽妃，長陵有權妃也。”这位永乐皇帝亲征蒙古时依然陪伴其左右的权妃是谁呢？《太平清话》记《权贵妃诗》曰：“忽闻天外玉箫声，花底徐行独坐听，三十六宫秋一色，不知何处月偏明。”其题注说“妃朝鲜人，永乐八年侍上征虏，至临城而薨，谥曰‘恭献’。贵妃即我工曹典书仲和女也。永乐中与吕氏、韩氏俱被选，权氏丰艳，善吹箫，最承恩宠。”看来永乐北征蒙古的时候权妃可能陪伴左右。所谓“忽闻天外玉箫声”说的就是权氏“善吹箫”的才艺。

《菽园杂记》卷五：“摺叠扇又名撒扇，盖收则摺叠，用则撒开。或写作箑者，非是，箑即团扇也。团扇可以遮面，故又谓之便面。观前人题詠及图画中可见已。闻撒扇自宋时已有之，或云始永乐中，因朝鲜国进松扇，上喜其卷舒之便，命工如式为之。南方女人皆用团扇，惟妓女用撒扇。近年良家女妇亦有用撒扇者，此亦可见风俗日趋于薄也。”[①] 电风扇在民国时期传入北京和上海，在电和电器传入中国之前，手摇的扇子在夏季的重要性不言而喻。朝鲜国所“进松扇”引起“舒卷之便”深得永乐皇帝的喜爱，还“命工如式为之”。应该承认，这是朝鲜国的扇子工艺反过来在推动明朝工艺的进步。朝鲜松扇可能就是摺扇，《大明一统志》卷八十九《外夷·朝鲜国》谈到朝鲜的物产中就有“摺扇，编竹为骨，以多为贵。”

如果说朝鲜松扇还只明朝皇宫里的奢侈品，只是供皇帝和王公大臣享用，那么朝鲜的马尾裙则消费群体就广泛得多了。陆容《菽园杂记》卷十记录“马尾裙”在明朝京师的流变说：“马尾裙始于朝鲜国，流入京师，京师人买服之，未有能织者。初服者，惟富商、贵公子、歌妓而已。以后武臣多服之，京师始有织卖者。于是无贵无贱，服者日盛，至成化末年，朝官多服之者矣。大抵服者下体虚奓，取观美耳。阁老万公安冬夏不脱，宗伯周公洪谟重服二腰。年幼侯伯驸马，至有以弓弦贯其齐者。大臣不服者，黎吏侍淳一人而已。此服妖也。弘治初，始有禁例”云。[②] 虽然陆容说马尾裙“此服妖也”，他的语气却很平和。与之相比，《万历野获编》相关记录中有一股愤愤的情绪。该书有“大臣异服”一条说：“马尾裙者，不知所起，独盛行于成化年间，云来自朝鲜国。其始，阁臣万安服之，既而六卿张悦辈俱效之，独礼部尚书周洪谟至重服二腰，尤为怪事。万眉州亦何足责，如洪谟素以理学自命，哆口谈天下大事，服之不衷，下僚且不可，况司风化重寄，何以示四方！虽遭弹射，直至弘治初元始去位，亦腼颜甚矣。似此服妖，与雉头裘、集翠裘何异！今中国已绝无之，向在都见高丽陪臣出馆，袍带之下折四张，蓬然可笑，意其尚服此裙耶？”看来，到弘治年间以后明朝宫廷的风气发生了比较大的变化。这种变化的原因还有待进一步考证。但是，成化年间在明朝大臣群体之中竟然有此潮流，是非常有趣的现象。

---

① 陆容：《菽园杂记》，中华书局 1985 年版，第 53 页。

② 陆容：《菽园杂记》，中华书局 1985 年版，第 123—124 页。

这种从朝鲜流传而来的马尾裙，起初只有“富商、贵公子、歌妓”才穿，后来才扩展到武臣，再后来普及开来，“无贵无贱，服者日盛”。从上层富商贵族到平民百姓，都开始追求时髦。在弘治初年，明朝出台禁令之前，一直是流行的时尚。根据《万历野获编》的记录，成化年间马尾裙在明朝大臣中流行达到鼎盛。[①] 这种马尾裙之所以能够广泛流行的唯一原因是“下体虚奓，取观美耳”，所谓“爱美之心，人皆有之。”古今东西，概莫能外。

到了明末的万历年间，仍有朝鲜王朝的礼物在明朝宫廷里流行，万历皇帝把高丽丝汗巾作为珍稀的奢侈品赏赐给身边最宠信的大臣。《明神宗实录》万历四年五月戊申记：“上亲祀地于方泽，赐辅臣、讲官、正字官各银叶、金扇、高丽丝巾有差。”[②] 这里出现了一种被称为“高丽丝巾”的物品，是什么？我们可以一般理解为丝巾吗？我们在研读《万历起居注》时发现了更详细的记录：“万历四年五月十六日戊申，上亲祀地于方泽，赐辅臣张居正手盒二副、御膳九品、长春酒五瓶、川扇十二柄、高丽丝汗巾十二方、银叶二十两。吕调阳、张四维各手盒一副、御膳七品、长春酒三瓶、川扇六柄、高丽丝汗巾六方、银叶十两。讲官申时行等六员、正字官马继文等二员各银叶五两。”[③] 据此我们可以得知，《明神宗实录》所记“高丽丝巾”实际上是“高丽丝汗巾”。诸大臣中首辅张居正品级最高，最受万历皇帝亲信，所以赏赐的东西也最多，物品包括“手盒二副、御膳九品、长春酒五瓶、川扇十二柄、高丽丝汗巾十二方、银叶二十两。”即使这样，高丽丝汗巾也只有十二方而已。吕调阳和张四维大体减半，只得到“高丽丝汗巾六方”，而“讲官申时行等六员、正字官马继文”等人甚至都

① （明）沈德符撰：《万历野获编》补遗卷 4《大臣异服》，中华书局 1959 年版，第 913 页。

② 《明神宗实录》第五十卷，《明实录》第五十二册，中研院史语所校勘影印本，第 1154 页。

③ 《万历起居注》第一册，北京大学出版社 1988 年影印版第 383 页。

没有得到这种高丽丝汗巾。此物如此珍稀，应该是来自朝鲜王朝的礼品。

文房四宝中，除了砚台以外，高丽和朝鲜两朝在笔、墨、纸等方面的制造工艺都有其独到甚至优异之处，东士向来引以为豪。李瀷《星湖僿說》有“朝鲜墨”一条，是宝贵的史料。“朝鲜墨”又称“东墨”“高丽墨”，李瀷说：“吾东白硾纸、狼尾笔为天下所宝。至于墨，专用油烟，比松煤黑不及而滋润过之。中国则大抵皆松也。东坡云两合为良，此未曾有试矣，然韩子苍诗云‘王卿赠我三韩纸，色若截肪光照几，钱侯继赠朝鲜墨，黑若点漆光浮水。’东墨亦为诗家所重如此。虽谓以小儿眼睛为度深黑，何妨其润媚即鸡子白助其彩耳。”[①] 朝鲜燕行使者在明清时代的中国所表现的各种羡慕甚至艳羡，已经有很多学者讨论。不能忽略的是，朝鲜文人同样有“吾东”这样的自豪感和自我的文化身份认同跃然纸上。李瀷引以为豪的白硾纸、狼尾笔和朝鲜墨就是其中几种。《大明一统志》卷八十九《外夷·朝鲜国》中也记录朝鲜特产有“白硾纸、狼尾笔、满花席”等几种。[②] 证明李瀷所说“白硾纸、狼尾笔为天下所宝”所言不虚。韩子苍就是韩驹（1080—1135年），北宋末南宋初的诗人和诗论家。这首诗就是韩驹所作《谢钱珣仲惠高丽墨》的前四句。

高丽纸和高丽布在中国被视作珍品，历史悠久。晚清著名文人俞樾在《春在堂诗编》壬戌编中说：“舟行遇西北风，遂任风东行，距高丽国不千里矣，赋此记游”词赋，词曰：“我舟西北行，乃遇西北风，谓宜投海岛，稍稍避其锋。红毛鬼子意气雄，御风而行声蓬蓬，登舻一望淼无际”。他又说“但见朝暾觥我双眸红，云岠高丽不千里，其地已在山海关之东，我闻高句骊箕子之遗封，国人重文学弦诵何雝容，乾嘉以来经术崇鲁璧汲冢，

① [朝鲜]李瀷：《星湖僿說》卷五《万物门》。按，所谓狼尾笔，是指黄鼠狼尾毛所制作的毛笔，与狼无关。

② 《大明一统志》。按，满花席应该是一种草编席子，然其“草性柔，折屈不损”。《朝鲜王朝实录》中记录的“花席”就是“满花席”，参见《朝鲜太宗实录》九年正月甲子；《朝鲜世宗实录》十一年十二月丁酉、丁亥。

搜求空古书往往出其地，文字颇足订异同，我倘乘桴竟一至，良亦快吾嗜古之心胸，旁有估客闻而笑‘此行虽惫，吾愿从高丽纸与高丽布捆载而来，利亦丰。’”① 这应该是在 1882 年。

汪辉祖是清代研究元史的学者，曾著《元史本证》。他的《病榻梦痕录》被认为是“其自记一生事实之书，诚合乎所谓自传体裁者也。其中叙乾嘉中服饰及钱币之变迁最有价值。辉祖生于雍正八年，卒于嘉庆十二年，所历几一世纪，又起于寒素，周历官幕两途，故所见广而且确，真良史料也。”② 该书卷下谈到他在“年二十二客游览，携一竹笥，冬夏兼储。是冬严寒，外舅以裘衣余，谢却之。后入胡公幕，止服高丽布袍褂。时幕风朴素，重裘尚少，即衣表亦未尝有红青色也。己卯、庚辰间，或衣反裘马褂，群耳目之。”值得注意的是，汪辉祖在“高丽布袍褂”之下用小字解释说“高丽布，丝为经，木棉为纬，簇簇有皱纹，如蠡殼然，今久不见矣”云，可以看出他对这种材质衣服的钟爱，又说“今久不见矣”云，颇有深切怀念的味道。看来这种高丽布在中国流传的历史非常悠久。如果汪辉祖生于雍正八年（1730 年），他 22 岁的时候，大概就是 1751 年或 1752 年（乾隆十六或十七年）。他进入常州府知府胡公之幕做幕僚，是在乾隆十九年。

哈佛大学东亚系的杨莲陞先生 1957 年在他的文章《〈老乞大〉、〈朴通事〉里的语法语汇》中讨论毛施布说“《老》《朴》两书，提到毛施布的地方很多，这施一种高丽名产，中国人向来重视的。”③ 他根据《朴通事谚解》的材料说，毛施布就是苎麻布。“历朝中国与高丽通好，从高丽来的礼物单子上，差不多总有苎布，而且常常占第一位，其重要性可想。直到民国初年，还有人特别喜欢用毛施布（读如毛丝布）做面巾。”向前追溯至明朝，

① （清）俞樾：《春在堂全书》第 3 册，第 64—65 页，《黑水条》，凤凰出版社据民国 29 年刻本影印，2010 年版。

② 瞿兑之：《杶庐所闻录》之“乾嘉风俗”条，见上海图书馆整理：《申报丛书》17，上海科学技术文献出版社 2012 年，第 276 页。

③ 杨联陞：《中国语文札记》，中国人民大学出版社 2011 年版，第 251 页。

从明太祖开始，明朝皇帝赏赐诸王大臣的物品中多次出现高丽布。王世贞《弇山堂别集》记录“亲王功赏之厚”说，高丽布和毽丝布同时出现多次。这种毽丝布也称为白毽丝布或高丽毽丝布，应该就是毛施布，没有问题。毛施布是耽罗的主要特产之一，自宋代以来输出到宋朝、金朝和元朝，广为宋元人所知。元刊本《老乞大》记录的高丽人李舍说“俺从年时正月里将马和布子到大都卖了。五月里到高唐收起棉娟，到直沽里上船过海，十月里到王京，投到年终，行货都卖了，又买了这些毛施布来了。”[①] 这个毛施布应该就是毽丝布。这样看来，除了高丽布长期流行于明清上流社会。毽丝布（毛施布）也是朝鲜半岛王朝向中国输出的重要特产。

四、结 论

已故的浙江大学黄时鉴先生“在不断的教学实践中将中外关系史的内容定为：一、国家或民族之间的关系；二、民族和人民的迁徙和交融（人种、语言、习俗等）；三、中外通道的开辟和交通的方式；四、经济与物质生活方式的交流，生物的传播；五、文化与精神生活方式的交流（语文、传说、宗教、思想、科技、艺术）。东西交流史的内容也大体相当。”[②] 中韩之间的文化交流，很多时候都表现为双向的流动，这种现象在元代表现得尤其明显。以“民族和人民的迁徙和交融”为例，高丽人在元朝大量存在，元朝人在高丽“远客兹土”者人数也有很多。书籍和其他文献的交流也是重要的方面，元朝科举考试用的《三场文选》、元顺帝时期的法律文书《至正条格》，以及大量中国古籍在韩国的发现都是非常重要的例证。朝鲜时代的史料显示，金刚山有元英宗时代的皇帝圣旨碑刻文献，如果现在仍然

① 元代汉语本《老乞大》，庆北大学出版社据元刊本影印，2000 年版。影印部分第 9 页。其他例子见该书索引第 372 页。

② 黄时鉴：《东西交流史论稿》，上海古籍出版社 1998 年版，序言，第 2 页。后收录到《黄时鉴文集Ⅲ：东海西海》，中西书局 2011 年版，第 281—294 页。

存在，是非常值得期待的发现。

中韩文化交流史的“经济与物质生活方式的交流”一直被学者所关注，朝鲜墨、白硾纸和狼尾笔无疑以其独特的工艺和质量赢得了宋、元、明时代中国儒士的青睐。摺扇工艺可以说反过来推动了明朝工匠的技术进步。“高丽样”的裙、靴和朝鲜马尾裙引领一时风尚，丰富了人们的生活内容。我们只是举出一些例证，以期引起学者的关注。以往很多学者热衷于讨论朝鲜半岛王朝对于东亚大陆王朝的“事大”和朝贡，既然如此，朝鲜半岛物质文化向大陆反向传播就应该不难理解。

在处理不同文化之间的关系方面，费孝通先生曾经总结“各美其美，美人之美，美美与共，天下大同”的十六字箴言。前近代的中韩文化交流史上，使臣往来、文人唱和、僧侣往来、难民漂流的事例不胜枚举，在这些文化交流过程中双方互有“美人之美”，即互相赞许对方文化的优点。更值得注意的是，中韩两国儒士文人，都有“各美其美”的现象。中国方面，很多文人往往热衷讨论文化的“源流”。而高丽和朝鲜文人似乎更倾向于强调自我文化的独特性。朝鲜王朝的文人长期关注朝鲜半岛王朝与中国古代王朝之间的文化交流史，除了记录高丽时代以来大量“蒙古俗”、“汉风”在朝鲜半岛的流传和遗存，同时对高丽和朝鲜文化的反向传播也非常关注，这无疑也反映了朝鲜文人的自我意识。很多学者都曾经讨论高丽和朝鲜对元朝和明朝的朝贡关系。既然朝贡，就会有大量的贡品。既然如此，高丽和朝鲜的物质文化在元、明两朝的传播就不难理解。

南亚及东南亚篇

中印思维模式的特点比较①

孙　晶　樊沁永

【内容提要】中国和印度同属东方文明古国，两国自古以来有着密切的文化交流关系，印度文化深深地渗透到中华文化之中，密不可分。在现代社会不断发展的进程中，如何去发现传统文化中还活着的东西，使之发扬光大而服务于现代，是一个值得深思的问题。本文通过对印度思维模式的哲学基础的分析，提出印度思维模式的特点以及与中国的异同之处，并将其归结为一种区别于西方文化的东方智慧。同时彰显东方文化的特性，充分肯定和争取东方的话语权。也对未来东西方文化的融合略作展望。

【关键词】梵　我　思维模式　天　道　逻辑

【作者简介】孙晶，中国社会科学院哲学研究所研究员、博士生导师，国际易学联合会会长；樊沁永，历史学博士，中国社会科学院哲学研究所博士后研究员。

前　言

世界文明的曙光最早出现在东方，中华文明、印度文明、古巴比伦文明和希腊文明四个最古老的文明东方就占了三个。世界古文明产生的历史年代和精神形态具有惊人的相似性，甚至从人类思想发展史来看，大致都

① 本文原刊于《南亚研究季刊》2011 年第 2 期，第 94—100 页，经修改后提交 2016 年 7 月举行的“国际儒学论坛——亚洲文明对话”北京国际学术研讨会。此次国际儒联会议由樊沁永博士代为参加口头发表并修改，定稿由孙晶研究员审定。

存在着一定的共同发展阶段。因为，人类文明的发展一般都经历了相同的石器时代、铜器时代、铁器时代等发展阶段，于是，经历过这些相同的物质发展阶段的人们，也会经历大致相同的思想发展阶段。

雅斯贝斯认为，在经历了史前和古代文明时代之后，在公元前500年左右，也即公元前800—200年左右的精神时代里，世界精神界发生了许多最不寻常的事件。产生了苏格拉底、释迦牟尼和孔子这样伟大的思想家，可以说，这一时期的古代中国、印度、希腊，在这些国家和人民之间虽然并无直接联系，他们还生活在人类社会的初级阶段，但是他们在精神上同时发达起来，他们都对后代产生了巨大的影响，这是因为他们站在人类思想的转折点上，揭开了人类思想史上新的一页。

“人类一直靠轴心时代所产生的思考和创造的一切而生存，每一次新的飞跃都回顾这一时期，并被它重燃火焰。自那以后，情况就是这样，轴心期潜力的苏醒和对轴心期潜力的回归，或者说复兴，总是提供了精神的动力。”①

他们融合了前代给予他们的文化遗产，超越了当时年代出现的各种异端邪说，也超越了他们之前的所有的学说，在理论上产生了一次真正的飞跃。释迦牟尼和孔子两人的思想影响是世界性的，佛陀的思想以普遍宗教的形式在全世界得到传播，而孔子的思想则是儒家文化的基础，自汉代以来在中国、日本、朝鲜等国家被确定为官方统治阶级的伦理价值观并延续流传至今。佛陀所强调的“中道”和孔子所倡导的“中庸”，同样都是以“和”作为哲学背景的；只不过二人对待世间实践的态度截然不同。

---

① [德]雅斯贝斯著，魏楚雄、余新天译：《历史的起源与目标》，华夏出版社1989年版，第14页。

一、印度思维模式的哲学基础

印度这个东方文明古国，她是运用什么样的思维模式来指导人们的行动，又是以什么样的理念作为人们精神的支撑，从而引导社会进步，推动历史发展，这是值得我们注目的。印度雅利安人在很早以前就开始考虑有关宇宙的起源、宇宙的本体问题，在经历了数个世纪的哲学思考之后，他们对天人关系总结出了一套叫作“梵我一如”的理论。印度的这种梵我观也反映出了他们的思维模式的特点。

印度婆罗门教哲学认为，作为宇宙最高本体的“梵”在本质上与作为个体灵魂的“自我”是同一的，众多的“自我”是源于唯一的“梵”。两者的关系是普遍与个体、一即多的关系；个体表现为多，而梵是唯一的绝对精神本体，两者在本质上是同一的，只不过个体表现为众多的现象世界。梵我一如思想最早起源于吠陀，《梨俱吠陀》关于原人（puruSa）的思想便开始传达了这一信息。在《梵书》的年代，阿特曼（自我，Atman）被看作各种精神力量的中心。到了奥义书，阿特曼进而与梵达到了同一，确保了它的宇宙根本原理的位置。于是，阿特曼便超越了个我的领域，成为了形而上学的最高哲学原理。印度最古的《歌者奥义》中有一个很著名的故事，[①] 有五位通晓吠陀的大学者在一起聚会，他们共同探讨“阿特曼为何物”“梵为何物”的哲学问题。他们五人听说哲学家邬达罗伽·阿伦尼在研究阿特曼的问题，于是去找邬达罗伽·阿伦尼，与他讨论阿特曼的性质。这六个人分别认为阿特曼的性质为：天、太阳、风、虚空、水、地等。但其实他们所回答的只是“普遍我”的一部分，是把阿特曼与自然界的各个不同构成要素相混淆，而没有找出“自我”的普遍共性，更难以发现“宇宙自我”的本质，于是也就无法理解梵与我的同一性。古印度文献中类似

① 参见《歌者奥义》V. 11—18，汉译参见徐梵澄译：《五十奥义书》，中国社会科学出版社 2007 年版，第 125—129 页。

比喻还有很多，如《梵书》中所讲的“普遍火”就与奥义书的“普遍我”一样，还有诸如“普遍风”“普遍空”等。印度这种普遍观念是把万物的共同本性抽取出来，作为抽象概念的象征。《梵书》将火的普遍性抽象出来，作为宇宙根本原理的象征；同样，奥义书也把普遍的人的共同本性（阿特曼）抽象出来，发现了阿特曼与宇宙本体梵的同一性。这种“梵我一如”的哲学思想造成了印度人肯定普遍而否定个体的思维方式。

古代印度人对大宇宙与小宇宙的同一是如何描述的呢？《梨俱吠陀》（II）曾经讲到，在人死后，他的各种机能都分解为宇宙的各种要素。《阿闼婆吠陀》（XI，7–8）之《残馔赞歌》（UcchiSTa SUkta）中讲，在祭供时剩下的食品（残馔）就是宇宙的本原，由它生起名色，也生起了诸神和万有。诸神也是梵的觉智（saMkalpa）的显现，他们在创造原人之时分别进入了原人身体的各个部位；大梵则在最后进入人体之中成为灵魂（命我）。[①]在《梵书》里认为，宇宙的总体要素是由神所总括的，而人的各种机能则是由阿特曼统合的；两种要素之间存在着共同点，以及相互沟通的可能性。吠陀本集和梵书都在讲述梵创造世界和万有时，在万有之中默认了梵的元素的存在；从而可以找出梵和我之间的共同因素。奥义书继承这种思路，发展了大宇宙和小宇宙同一的理论。《歌者奥义》说：

> “唯风为吞并者。火之扬没也，唯归于风。日之落也，唯归于风。月之堕也，唯归于风。”
>
> “水之旱矣，唯归于风。唯风剽夺此万物而归于己。”
>
> “其次属自我者：唯气为吞并者。人之睡也，语言归于气。眼归于气，耳归于气，意归于气。唯气剽夺此万物而归于己。”[②]

① 参见杨惠南：《印度哲学史》，台北东大图书 1995 年版，第 62 页。

② 《歌者奥义》IIII，3，译文引自徐梵澄：《五十奥义书》，中国社会科学出版社 2007 年版，第 105 页。

在这里，奥义书找到了二者的共同点：宇宙之火就是人的语言，太阳是人的眼睛，月亮是人的意识；宇宙之风与人的呼吸就是它们的统合原理。宇宙的风是宇宙的要素，人的呼吸是人的机能，它们两者的性质是相同的；而大宇宙与小宇宙统一的原理，正是基于它们共通的本质。

实际上这牵涉到个我与终极实在的最高我的关系问题。个我到底意味着什么呢？印度哲学一般认为意味着行为的主体。印度吠檀多哲学派的最大哲学家商羯罗在《梵经注》中认为，首先是身体。个我作为人而存在，身体是它存在所不可欠缺的条件，上面已经分析了有关身体的构造。那么个我又可以称呼为："具有身体之物"（ZArIra，dehin）。"具有身体之物"可以肯定是与个我（jIva）同义的。[①] 身体为外壳，在身体的深处存在着阿特曼，这是一般的理解。个我的存在作为有生命之物，这生命原理由何而来呢，一般的理解就是个我与梵是同一体，即梵我同一。商羯罗更深层地揭示二者的关系：

（1）最高我由于受个我的统觉机能的限制，从而成为了个我。[②]

（2）个我是最高我的映射。[③]

实际上，作为个我的存在物，即是唯一的最高我，又可称内我，它以个我的相而出现。可以说，我即等于梵。于是，个我也被最高我所涵盖，它失去了存在的价值。

印度思想史上存在的最大哲学问题是关于"有我"与"无我"的论争，这场论争实质的就是关于人的本质、人与天的关系问题。吠檀多派哲学承认有"我"存在，但这个"我"的本质与作为宇宙本源的"普遍自我"（即梵）是同一不二的；因此，作为特殊性的个我最终会复归于梵。商羯罗认为，最高我与个体我是不二的，他经常念在口边的奥义书的格言为"汝即那"（我

① *ZArIra eva……jIvaH.* 参　见 Brahamans Utra-BhASya, Anand Azrama Sanskrit serics, No.21, Poona,1900. vol. I, p.181.

② 参见《梵经》II.3，29，同上。

③ 参见《梵经》II.3，50，同上。

即是梵）。[①]《梵经》认为，梵是万物生起、存续和归灭的根本，而我是梵遍在于一切个我之中的精神；一旦证悟到我的本性与梵是同一的时，我就复归于梵了。中国的朱熹强调“无极即太极”，无极并不是无，太极也不是宇宙起点而是天地万物的共同本性，所以无论阴阳还是五行，以至于万物与人都具有自己的太极。他说：“所谓太极散为万物，而万物各具太极。”无极之太极与散为万物的太极的关系，与商羯罗的梵与我关系很相似，可以看作是天地间的大宇宙与微观小宇宙的关系，二者最终是会统一的。小宇宙的太极与大宇宙的太极虽然是同一太极，但各自却又保持着自身的不同形式，这就是一种个体与普遍的辩证统一，要在对千千万万的个体的把握之中来完成对最高太极的认识，把握了具体事物，就能理解普遍规律。但是，印度人讲梵我同一从实质上讲是对个人行为的一种否定，它认为一切个人存在都是没有意义的；行为主体的活动会受到它背后所存在的那种超自然力量的监督和控制，因此，行为只是个我的属性而非本质，于是印度人倾向于自我泯灭和无视个体。印度古《歌者奥义》对梵与我的关系做了一个定义：

> “是涵括一切业、一切欲、一切香、一切味，涵括万事万物而无言，静然以定者，是吾内心之性灵者，大梵是也。而吾身蜕之后，将归于彼焉。”[②]

印度思维方式的形成正是基于梵我一如的哲学基础，因此，从印度思想史来看，以宗教的角度来说，他们对于智慧的获取，实际上是以对自身价值的否定来换取对永恒精神的认定。因为印度的古老精神传统认为，精

---

① 《歌者奥义》VI，8，7。译文参见徐梵澄：《五十奥义书》，中国社会科学出版社2007年版，第138页。徐译本为“彼为尔”。

② 《歌者奥义》III.14.4，译文引自徐梵澄：《五十奥义书》，中国社会科学出版社2007年版，第96页。

神具有一种至高无上性，真正的宗教产生于精神，而不是产生于人的血肉、法规、风俗、种姓或民族。精神生活是优于一切世俗生活的，它能够摆脱世俗而存在，并且真正地渗透到本体的存在之中。纯粹的肉体欲望和感情，冲动和本能，以至理智和意志都不能耗尽人的本性，只有处于精神状态之中，也即只有摆脱了世俗生活，全身心都投入了精神生活之中的人才能获得最基本的尊严和自由。印度人传统的价值观认为，人的灵魂是不属于世俗世界的，人必须要通过修行或抛弃私欲从而使灵魂上升到永恒的世界，其价值才能得到实现。[①] 杜依森在对奥义书关于梵我关系进行解释时说：

> “整个客观的宇宙因只是由一个所知的主体（knowing subject）所支持着，所以才成为可能。这个作为客观宇宙的支持者之主观者（subject）显现在所有个别客体上，但绝非是与它们同一的。因个别客体消失，但客观的宇宙持续存在着且不需个别的客体；因此，存在着永恒的所知主体。”[②]

杜依森的解释说明，只有主观者（绝对精神）才有存在的价值，个别的客体对整个客观宇宙的持续存在并没有价值，因此可以忽略不计。这就是印度哲学对其重普遍轻个体的思维方式形成所产生的最大的影响。由于上述原因，印度人在精神生活中提倡直觉。所谓直觉就是证悟精神或感知真正的价值。要实现价值，就必须去证悟精神。印度人对这个精神的看法或具体称谓虽不尽相同，但它基本上可以肯定为一种纯粹的、绝对的哲学本体（如梵），当然有的也称它为神或某种境界。印度人认为，神或终极实在不是认识的主体，也不同于被认识的客体。神是不能被证明的，一切有关神存在的证明终归是会失败的。因为神是一切精神，它是生命不是物；

---

① Cf. S. Dasgupta, *History of Indian Philosophy*, Delhi: Motilal Banarsidass, 1975, vol.1, p.52.

② P. Deussen, *Philosophy of the Upanishads*, Delhi: Motilal Banarsidass, 1928, p.201.

它是活动力而不是固定性的东西，所以不能把它作为某种存在似的东西来做出证实。在如此神秘莫测的情况下，要想真正了解梵，当然就只有依靠直觉了。主要的直觉手段叫作“瑜伽”。吠檀多哲学认为，直觉就是对最高真实“梵”的直觉，也可以称作对纯粹自我的直觉，因为他们认为最高实在梵与作为个体灵魂的“自我”是同一的。直觉到了真实的自我，就意味着得到了解脱，而解脱是印度所有哲学的最终目的。

二、中印思维异同比较

根据上面对印度梵我关系的论述可以看出，其实质都是将个体维系并寄托于一个能统率一切的最高存在。这个最高存在就是中国人所认为的“道”或“天道”。西方的上帝无法解释东方的天道，只有东方的天道可以解释西方的上帝，因为东方之“道”不是像上帝那样外在于整个存在世界的，而是渗透于从宇宙天体到人间社会、从宏观到微观、从认识对象到认识主体的所有万事万物之中。“道”即一切，一切即“道”。西方哲学的观点认为，中国的“道”是包含“心”与“物”，因此是心物一元论的。而西方的上帝与世界是心物二元分裂的，上帝并非包含一切的最高存在，上帝只是造物主，是外在于现象界的。西方的认识论体系强调的是对事物进行分割的认识，分析哲学的产生是有历史原因的；这种具有“片面性”的认识方法，是由西方文化环境所决定的。东方的认识论体系主张的是用运动变化的、讲究阴阳平衡的整体观，这是由东方文化环境所决定的。因为，文化环境决定着思想体系中的深层精神结构。

中国黄老学派的《道德经》和《黄帝四经》很清楚地表明：“天道”就是讲的天人关系、人间社会的道德伦理等关系，讲天道是把这些精神原则展现在人间社会宏观、微观的所有层次上动态地去认识和遵循，不能离开了人天关系和各种社会关系来谈论个人的博爱慈悲和仁德之心，也不能离开普遍原则来谈论道德教化，来鉴别圣人贤者。由此可以看出，中国人对最高精神本体的论述与体验都是讲求圆满的，这种体验尽管不像印度人那样运用直觉，但寻求一种人天同体的境界其途径是相似的。天人合一、阴阳和谐也是中国古典哲学的根本观念之一。在儒家文化中，“天”的含义大致可以分为三种：一是意志之天，以董仲舒神秘主义的主宰之天为代表；但也可以理解为是宇宙规律、精神本体。二是义理之天，以孔子、孟子、朱熹具有伦理意义的道德化之天为代表；这是对应着现象世界中所应遵循的各种法则。三是自然之天，以老子、庄子为代表，是指自然的本性、状态，与地相对应。“天人合一”有两层意思：一是天人的不可分割性。天、自然、最高我是大宇宙，人、小我则是小宇宙。这与印度的梵天与自我的合一是一致的。二是天人的同质性。就是说人与自然在本质上是相通的，故一切人事均应顺乎自然规律，达到人与自然的和谐。这也与印度的梵天创造小我，小我在本质上与梵天一致，因此小我最终会复归于梵天的思想是一致的。

中国天人合一的基本思想和印度梵我合一的基本思想虽然在概念比对上有非常强的相似性，但是其间差别也不容忽视。最为重要的差别就是宇宙论的差异。中国天人合一思想的宇宙论基础是有限宇宙（天地人三才）结构性的关系，本体论上对宇宙的讨论和认知不可排除地肯定了处于天地之间的人，否则，这个宇宙就不是中国文化理解的宇宙。在宇宙之中，人虽然相对于万物凸显了自身，但是并不超越世间的时空和限定，是在天地间有明确定位和限定的人。即便通达天道，了解天道，落实到修养修行上，还是要做一个天地间的人。把人限定在天道宇宙序列自身的位置上是道家和儒家共同的根本思想。儒家和道家的差别最多只是对人的限定的理解的差别，一个更加注重人伦、文化对人的限定，一个更加凸显自然的个体。而印度梵我合一思想的宇宙论思想更多表述的不是时空序列意义上的宇宙，印度文化把握宇宙和理解世界本体是完全混为一谈的，其描述时间和空间也不具有现代宇宙论的意义，因此，跟中国文化相比，其宇宙论更多的体现为本体论，更加强调梵在整全意义上的混沌，注重落实到个我修行的层面，其理解宇宙的方式指向的不是外在的世界，而是内在性灵，注重非主客对立的认识或者理解，这种认识和理解需要从个我到梵的体证。梵我合一的宇宙论更多的是体证修行和生活方式下的一种性灵的路径指导，对于世间生活以及时空序列，人伦物理并不是梵我合一这个大的主导思想下重要的组成部分。就性灵的侧重点而言，印度文化中的人（个我）的意义并不是如同天人合一中的人有自己位置的，更多的是要解脱掉个我的有限，回归到大梵这个唯一的本体，因此，其文化中的人是要否定个我体证大梵的。

在今日我们已经深切地感到世界是一个整体的时候，要想再把东方人和西方人彻底地分开来确实是困难的。但是，如果不了解东方思想的特征，不懂得东方思想的思维特点，我们就很难把握住未来思想的发展趋向，也无法更好地吸取西方的先进思想，从而陷入自我思想发展的怪圈之中。在东方，中国和印度的思想在整个东方思想的大氛围中基本上是协调的，研究中国人和印度人的思维特点，实际上就是研究东方这个大范围内许多民族思维特点。因为无论是韩国、日本还是东南亚以及阿拉伯世界，都受到过中国和印度文化的影响，特别是儒家与佛教的影响。整个东方人的思维方式具有同一性，包括思维法则、思维形式、思维特征以及思维形态等。同时还包括它们与语言、逻辑以及各种文化现象的关系等问题。

在中国跟印度一样，强调整体重视普遍的思维方式一直占主导地位，老子或朱子都主张一种大一统的观念，他们把社会、家族看作是一个整体，而几乎不把个人看作是一个个体的存在；个人只是家族、社会或天下的一员。这种将整体涵盖个体的思路从易经就开始了，《易经》坤卦讲："积善之家，必有余庆；积不善之家，必有余殃。"这体现的就是中国几千年以来的汉族的家族制度与祖宗崇拜，这是一种主流的社会制度。这种社会制度的特点是：以易经的特殊时空观为思想基础，从而通过家族制度和祖宗崇拜形成一种特殊的文化观念，这种文化观念以社会集合单位的整体性为主，讲求宗族和文化的普遍传承，将个人短暂的生命完全融入延续不断的整个的家族、社会的发展过程之中，从而使个人的时间视野超过了个人的生命长度，达到家族血脉相传、香火不断。易经的世界观是天地人三位一体，《易经·系辞下》云：“有天道焉，有人道焉，有地道焉，兼三才而两之。”说卦云：“立天之道曰阴与阳，立地之道曰柔与刚，立人之道曰仁与义，兼三才而两之。”老子认为，“自然”既是宇宙的本体，又是万物的本体，尤其是人的本体，三者乃是合而为一的。老子坚持的是“天人合一”的宇宙整体论，认为天、地、人是相互依赖的，自然界与人类社会有着共同适用的原则。儒家传统观念强调整体的和谐，而个人自我的实现就是进入整体和睦的状态。老子认为自我的实现就是达到了“道”即与整体的和谐状态，商羯罗认为就是把小我融入了大我，因为小我的本性与大我是同一的。印度人认为人的本性是一种自然的本性，这是因为他们往往把生活法则同万物的本性统一起来，所谓解脱就是个人的本性与终极实在的统一。作为中国哲学的基本思维方式和最高价值理想的“天人合一”的命题，其着眼点不只是讲人与自然界的关系，而更主要的是从哲学上来讲人的终极存在，以价值观立论，提出人生的最高价值与终极意义在于实现与天合一。“天人合一”思维观特别注重用整体性的、体验性的、主体性的、模糊性的方式或视角去把握世界和解读人与世界的相互关系。“天人合一”最主要讲的是心灵境界，其根本意义在于解决人的心灵问题。“天道”是内在于人而存在的，是由人来体现或实现的，它对应的是“人道”，否则“天道”没有意义。

印度佛教承认个体都具有潜在的“佛性”，这是变相地承认灵魂的存在。但是，佛教对事物个体的承认，只是在逻辑的意义上，也即是个别的“自相”，在特定的时间内，即刹那之间的那种存在。印度无论哪一派哲学，本质上都是根本否认个体的意识的；重视普遍必然就会忽视个别，因此它们提倡的是：不要去留意事物的表面现象，而要去追求事物背后普遍性的东西，去认识事物的真实本性。因此，印度形而上学的主流一般都是彻底的一元论，它们认为世界上的种种现象只不过是唯一绝对者的表象而已，要充分认识到事物的本质，表面的现象是不实的、虚假的。商羯罗认为世界上的一切事物只不过是“幻相”，只有宇宙原理“梵”才是唯一的真实，从根本上否认个体事物存在的现实性和可能性。[①] 龙树提出的“空”的概念虽然不是实体性的观念，但是它却将一切事物的差别相作了否认，在空境界中达到了万物的一体观。印度的哲人们在面对着纷繁复杂的现象世界时，他们都力求像龙树那样，在宗教的沉思瞑想中寻求寂静的境界，归入不动的状态，从而达到抛弃个别现象证悟最终实在，完成解脱的任务。就是这样的一种立场决定了印度人对个别事物的态度。

同时，印度人的价值观取向也严重地影响着他们的思维方式。无论是从宗教还是哲学上来看，印度人都是重精神轻肉体、重来世轻现世、重形而上学轻现实主义，这就必然造成他们对现实和个体的忽视。吠檀多派的实践目标就是，把个我归于大我，把小宇宙融化于大宇宙之中；即便是在现世不可能达到，也一定要在来世中实现。他们认为，已经解脱的人实际上就是归于了梵、与梵合为一体了。解脱就是消灭了个人的特质，没有了个人之间的区别，最终融合于宇宙本体，也可以说是一切个人合在了一个最终的大本体之中。个体不具有存在的价值，尽管个体是现实的存在，但那只不过是一种流动的、虚幻的景象，是不能执着的。印度人在考虑问题时，其逻辑思路上已经形成了一个固定模式：一旦接触到有关个体概念的时候，就会自然而然地把它列入类概念或者普遍概念之中。因为普遍大于个体，涵盖个体。印度人认为，就好比提到火把，这本身就会意味着火把背后的松明那样；说到“我”，也就间接地指明了我背后所存在的梵了。特殊包含在普遍中这是不言而喻的，但这并不意味着特殊就没有存在的价值，这是印度人思维的败笔之处。这种思维方法至少造成了两个问题；一是所谓“万物一体观”，使其在观察事物时缺乏对事物的个性以及事物之间的差别性的定性分析，一味地追求事物背后的终极实在；同时又忽视物

① 商羯罗：《梵经注》(*BrahmansUtra-BhASya*) I.3.19。参见 BrahamansUtra-BhASya, AnandAzrama Sanskrit serics, No.21, Poona, 1900.

质性的世俗生活，缺乏对个人的肯定，必然造成印度哲学从古以来形而上学的绝对一元论盛行，既使出现了个别多元论的哲学（如耆那教哲学）也不对一元论持排斥态度。二是造成了印度哲学的“静观”态度。事物的运动是表现于每一个别事物的，由个别的运动组成了整个的运动，由于缺乏对个别的观察，不能把握住变化中的事物，也没有对事物之间那种变化的关系进行比较研究，于是对事物形成了一种静观的看法，造成理论的僵化。中国的《易经》在阐述其理论的时候，它的论证逻辑模式是先天地后万物，先宇宙后人间；从大到小，从宏观到微观。因此《易经》始终是把宇宙间的普遍性放在主要地位，把个体的特殊性放在从属的位置，这种重整体轻个体、以宏观来替代或掩盖微观的思维逻辑模式对后代的思维模式产生了决定性的影响。由此影响而形成的中国传统思维模式也就不重视对现象的研究，不能由小而大、由点及面，只是追求一种大一统的观点，高高在上，君临天下。

关于中印思维模式非常值得关注的一点是“否定”的思维模式。印度人惯用“遮诠法”（“遮其所非”）即用否定来达到肯定的方法，例如他们在对梵进行解释时，宣称梵在本性上既不具有任何属性，也不表现为任何形式，它超越于人类感觉经验，不能用逻辑概念来理解或者用语言来表达。印度人的这种方式是解释绝对精神本体的最好方法，因为无形的绝对精神是不能用有形的语言来加以解释的。而中国的《道德经》中最具有现实意义的是它关于“道”的否定解释方式。《道德经》的逻辑结构是蕴涵矛盾结构的命题，试分析：1.“非也结构”。老子开篇便言：“道可道，非常道。名可名，非常名。”在此句中使用了“非”的逻辑判断，指明道是无形、无象的——“是谓无状之状，无物之象”（十四章），这是运用“遮诠法”即以否定来达到肯定。老子还说“反者道之动”（四十章）。2.“肯定结构”。就是所谓的“道可道……名可名……”，肯定道是有形有象的。“吾不知其名，强字之曰：道”（二十五章）。《道德经》的这种蕴涵矛盾结构的命题就类似于康德的二律背反。那么，老子的“道”其价值何在？老子的“道”

的本质是宇宙万物的“规律”“真理”，他采用一种“非”和“反”的否定逻辑，从反面来达到从正面肯定“非”和“反”的价值。这是一种怀疑精神，我们可以使用这种怀疑精神来推动现代科技和社会的进步，这也就是老子《道德经》在今天还具有生命力的原因。《庄子·则阳篇》说：“道不可有，有不可无。道之为名，所假而行。或使其为，在物一曲，夫胡为于大方？”庄子是说，要抛弃那种以固定不变的观点来看待流转不息的事象的观点，当你把握住了事物千变万化的状态时，你也就看见了事物不变的本体。要用变化的运动的眼光来看待事物，这完全是辩证法的观点。

三、东西方文明的比较

东方思维模式和西方的思维模式到底有什么区别，二者能否评判孰优孰劣的问题呢？我们来看看西洋人的观点。美国耶鲁大学教授诺斯罗普在他的《东西方之相遇：关于世界理知的一个研究》[①]一书中对世界各民族的思维特征进行了探讨。诺斯罗普在书中区分了两个概念：直观性的（concepts by intuition）和假设性的概念（concepts by postulation）。他认为，东方民族的思维特点就是多为依赖于前者，而西方人的思维特征则是运用后者；前者即为直观事物，直观领悟，凭直觉来做判断，对事物缺乏区别和分析，忽视事物之间的差别而只作整体判断。西方人的假设判断是以寻找事物的合规律性为准则，在进行推断中必须要有前提或假设，依据形式逻辑分析，这是以科学为根据的。根据诺斯罗普的观点我们可以认为，东方民族的思维特点是依赖直接感觉，一种不需要进行分析判断的，或者说是忽视逻辑推理或理性判断的认识，这种认识具有某些神秘的因素，起源于宗教信仰或对于神权王权的臣服。中国传统文化是儒、释、道三家合一的，特别是佛教禅宗的思想在中国的的影响很大，日本佛学家铃木大拙博

① Filmer S.C.Northrop, *The Meeting of East and West, an Inquiry concerning World Understanding,* New York: Macmillan, 1946 年.

士反复强调直觉思维是东方思想的基本特征，他说："'分别识'（Vijnana，识）是分析的，'智慧'（Prajna，般若）则是直观的。'分别识'展示了差别相，'智慧'则超越了差别相达到了无差别，两者正相反。'禅'是这一根本智慧的闪耀。"①

东方与西方智慧之所以具有差异，就在于其构成的文化背景的不同，因而也构成了两者截然不同的发展方向与发展结果。东方智慧运用直觉思维，西方智慧运用逻辑思维；东方智慧以整体观为认识方法，西方智慧以局部剖析为认识手段；东方智慧是从天到人的通达的观念，西方智慧是由人及天的精确而标准的观念；东方智慧是以宇宙本体论为统率的直观理念，西方智慧是立足于人类小尺度上的理性概念。东方智慧与西方智慧是存在着互补性的，对人类智慧进一步深化具有发展的空间，东方智慧与西方智慧的撞击，必将带来人类智慧的又一次革命。

西方思维方式与东方思维方式存在着很大的差异，应该承认，西方近现代思维——分析思维，将任何事物乃至社会现象分割成一个个的部件进行量化分析，确实使人类科技获得了长足的进步。中国人的思维模式是一种感性思维，属形象思维；感性思维的特点是强调对事物的直观认识，不追求对事物感性材料的深层和精确的分析。由于这个原因也就使得中国人思维模式概念模糊、混乱而僵化，因而阻碍了中国近代科技的发展。中国的思维模式起源于古老的《易经》，易经用卦象来解析一切，它创造的是一种"取象思维"。取象思维的本质是一种比附推论的逻辑方法。所谓比附推论是指通过想象，由具体事物直接推知一个抽象事理的逻辑方法。取象思维方式的最大特点是它的模糊性，运用这种思维方式所推知的事理具有很大的歧义性，因为它缺乏定量定性的逻辑分析，以致于人们对同样一个事物出现见仁见智的情况，甚至还会得出截然相反的结论。这种模糊性实际上是因为靠想象这一媒介而造成的。模糊性的取象思维也许在语言文

① T.Suzuki, "Reason and intuition in Buddhist philosophy", in *Philosophy-East and West,* C.A.Moore. 1951, P.17.

学上很有特色，它充溢着中国人对朦朦胧胧的美感的偏爱，但它不具有发明创造的推动力，所以对科学发展却无益处。

西方人所持的逻辑是一种二元逻辑，其最著名的代表是德国哲学家卡尔·施密特（Carl Schmitt，1888—1983年）。他在其最重要的著作《政治的概念》中，将人类行为的所有领域都用一种不能简约的二元对立性加以结构化。他认为，就像道德领域中的善与恶，审美领域中的美与丑，经济领域中的利与害等问题一样，“所有政治活动和政治动机所能归结成的具体政治性划分便是朋友与敌人的划分”。[①] 划分敌友是政治的标准，那就是使政治不同于其他事物的东西。施密特认为：“政治造成了最剧烈、最极端的对抗。”[②] 战争是政治所采取的最暴力的形式，而且即使没有战争，政治仍然要求你把你的反对者作为敌视你所信仰的事物的人。施密特关于敌我对立的思想对西方现代保守主义者产生了很大的影响，现代保守主义者比自由主义者更加彻底地吸收了施密特的政治观。他这种观点对美国人的影响直接就反映在当年小布什对伊拉克战争的表态，“要么是我们的朋友，要么是我们的敌人”，这种极端主义的政治态度造成了美国的“单边主义”。东方与之相反的是老子在《道德经》中提出的“三元逻辑”，或者可以称之为“全息逻辑”。《道德经》的逻辑是“道生一，一生二，二生三，三生万物。”这里说的是八卦符号形成的过程，“道生一”，第一位；“一生二”，第二位；“二生三”，第三位。然后，“三”形成了生成万物的开放系统，“三生万物”则完成了宇宙从无到有的过程。老子的逻辑就是东方智慧中最具现代性的活着的智慧，在现实生活中它教我们不能单从一个方向或角度去看待某一事物，而必须是全方位地占有信息，必须利用全部的信息去开展我们整个人类的生活。这与印度佛教讲的“缘起”理论是一致的。印度佛

① [德]卡尔·施密特著，刘小枫编，刘宗坤等译：《政治的概念》，上海人民出版社2005年版，第106页。

② [德]卡尔·施密特著，刘小枫编，刘宗坤等译：《政治的概念》，上海人民出版社2005年版，第111页。

教讲，一切事物都是由各种各样的因缘和合而生的，由因缘而生，依因缘而灭，这种“缘起性空”的思想就是讲事物之间的联系，肯定每一事物的产生与变化都发生在全信息场之中。《易经》的结构是“阴阳而三行，三行而六度”，这是一种真正深入到自然本体核心的高度的思维模式，东方智慧就是要抛弃思维的二分法而提倡将相互独立的三个不同的方面综合起来，如果做到这一点就能使人类的智慧发生质的变化。最后“六度而自然，自然生万物”，这就是从自然王国进入了自由王国，从而才有可能真正探索到自然本体的最深的奥秘。

从“不二论”看佛教对吠檀多哲学的影响
——以乔荼波陀的《圣教论》为例

成建华

【内容提要】吠檀多是印度正统派哲学最具代表性的宗教哲学派别。本文以吠檀多哲学的代表作——乔荼波陀的《圣教论》为例，着重从《圣教论》的表述形式“不生说”“不二论”，以及“幻论”与中观论的联系等四个主要方面，对吠檀多哲学与大乘佛教哲学进行系统的梳理和比较研究，详细论述了早期吠檀多哲学家基于“梵—我”关系的哲学原理，在充分利用佛教概念和哲学范畴的同时，吸收并杂糅了大量大乘中观佛教的思想理论和论证方法，以建构自己的绝对无分别不二论哲学体系。在论述吠檀多哲学与龙树中观哲学的关系时，明确指出二者哲学的本质上的区别，以及在对经验世界的看法上和与真理世界的关系问题上所具有的相近或相似的地方。

【关键词】中观佛教　吠檀多　不二论　无生论　幻论

【作者简介】成建华，哲学博士，中国社会科学院哲学研究所研究员、博士生导师，东方哲学研究室主任。

佛教与吠檀多在印度哲学史上分别代表着非正统派哲学和正统派哲学。佛教与吠檀多的关系，特别是大乘佛教与吠檀多的关系，主要体现在前者对后者在思想理论上的深刻影响。从吠檀多哲学发展的过程来看，商羯罗以前的吠檀多佛教化倾向极为严重，[①]从乔荼波陀的《圣教论》中便可以清楚地看出。从乔荼波陀生活的时代来看，他恰好处在大乘中观学派和瑜伽行派并行发展的鼎盛时期，[②]在这样一个学派思潮极其浓厚的社会氛围中，各派间在思想理论上的相互借鉴与渗透是相当普遍的。所以，作为吠檀多派的重要思想家乔荼波陀，受大乘佛教思想理论的影响自是情理之中的事情。乔荼波陀在《圣教论》中，充分利用佛教的一些术语或哲学范畴，尤其是龙树《中论》中的思想范畴和论证方法来诠释吠檀多绝对无分别不二论。正如巫白慧先生所指出的，"尽管不能说乔荼波陀把佛教的不二论和吠檀多的不二论完全等同起来，但后者涂有一层浓厚的佛教不二论的油彩，是显而易见的"。[③]

一、《圣教论》的表述形式

从结构上看，《圣教论》是一部颂体性的对《蛙氏奥义》作注释的诗作，因此又称之为《蛙氏奥义颂》。此书大约成书于公元7世纪中叶。[④]后期的吠檀多哲学家认为，乔荼波陀较为忠实地传承了天启圣典的思想，于是亦称《蛙氏奥义颂》为《圣教论》，意味着它是关于圣传的或对圣传具有权威性的论书。乔荼波陀对奥义书和大乘佛教有独到的研究，因此，他在遵循吠陀——奥义书哲学传统的前提下，提出了一系列的新的见解来建构一个新的吠檀多哲学体系，以确立超验的精神实在"梵—我"的绝对真实和

---

① 参见[日]前田专学:《吠檀多哲学》，平乐寺书店1985年版，第274—276页。

② 乔荼波陀（Gaudapqda），印度婆罗门正统派哲学吠檀多不二论较早和较系统的表述者，生卒年代不详。学术界普遍认为，他的生活时代在公元7—8世纪。

③ 巫白慧译释:《圣教论》商务印书馆1999年版，第51页。

④ 从各章的思想内容看，各章均为个别的独立作品，显然属于不同时代的产物。根据近代学者的研究，写成这些作品的人，应该都是婆罗门教哲学家，他们在学术系统上有密切的联系，而且都接受了当时流行的佛教思想和范畴。因此，现有的《圣教论》，很可能是在7世纪中叶，由乔荼波陀统一进行修改增补、编纂而集成的一部著作。参见[日]中村元:《吠檀多哲学的发展)，岩波书店1995年版，第593页。

唯一不二。

从《圣教论》的思想内容和表述方式来看，其受到大乘佛教思想理论的影响很深，特别是该书的第二章、第三章和第四章，龙树《中论》中的思想痕迹十分突出，[①] 同时大乘瑜伽行派的影响亦非常明显，如第四章75颂与弥勒的《中边分别论》开头一颂基本一致，第三章第5颂与清辨的《中观心论颂》第八章第13颂几乎一致；第三章第44颂与《大乘庄严经论》中的一颂，第三章第9颂与护法《广百论释论》第3卷所说的内我也都是非常相似的。此外，至于佛教术语、譬喻等在该书中俯拾皆是，随处可见。[②]

乔荼波陀以《中论》等大乘佛教经论的一些思想为理论依据，来论证和确立自己的不二一元论的学说。《圣教论》的第一章为“圣教章”，是对应于《蛙氏奥义》所作的注释或解说，目的在于确立自己的正统派哲学地位及绝对无分别不二论的哲学体系。第二章称之为“虚妄章”，是根据“幻”的理论来论证的，除“梵—我”之外，经验世界的一切，都是虚妄如幻，非真实的存在，所谓“梦里出现诸境界，心内分别故非真”；“醒时所见诸境界，内心分别故非有”。无论是梦境还是醒境，皆是虚妄不真的，唯有“梵—我”才是真实的存在，因而从理论上把无分别的不二论推向绝对。在论证现象世界的虚妄不实中，大量引用了佛教的譬喻，如梦与幻、绳与蛇，以及“乾闼婆城”等比喻，以完善自己的“幻”的学说。第三章称为“不二章”，借鉴佛教术语“不二、无生、无差别、无分别”等否定模式来否定经验世界“有二、有生、差别、分别”等执妄，以论证他的“有二境界不可得”[③]、“不二称作至上义”，[④] 以及“可知境界无生故，无生称曰

① 龙树（Nqgqrjuna），大乘佛教的集大成者，中观学派的奠基人，其生卒年代不详，学术界一般认为他大概生活在公元2—3世纪，一生著述很多，素有“千部论主”之称。

② 参见黄心川：《印度哲学史》，商务印书馆1989年版注2，第426页。

③ 巫白慧译释：《圣教论》第三章第31颂，商务印书馆1999年版，第125页。

④ 巫白慧译释：《圣教论》第三章第18颂，商务印书馆1999年版，第121页。

一切智”[1]等理论观点，进一步为不二一元论奠定理论基础。第四章为“炭灭章”。“炭灭”是佛教术语即“涅槃清净”的意思。全章通篇可见，采用了大量的大乘佛教术语或哲学范畴，如中观派的“遮诠法”“归谬论证法”“四句论证法”以及瑜伽行派的“三性说”等，从理论上加以论证经验世界的虚妄不实和超验世界的“梵我同一”的不二一元论观点。

所以，在乔荼波陀看来，佛教的范畴系统似乎是最完善的。尽管佛教否定婆罗门教以“梵—我”作为哲学的最高范畴，但他所理解的“梵—我”在抽象内涵方面是和佛教的最高范畴“真如”“实相”等别无二致。所以，他特意地采用佛教的范畴，来充实和丰富自己的宗教哲学理论，使他的梵我不二、无差别的观点得到充分的论证和表述。乔荼波陀甚至还认为他的无差别不二论，是和佛家的“大乘法”相一致的，并盛赞此法，义理甚深，难得遇见。所以在他的《圣教论》中说：“难遇甚深与无生，正等无畏及非异，如是道理悟知已，我等如力致敬礼。”[2]可见，他受大乘佛教思想理论的影响至深，同时也彰显了他对佛陀和大乘法的无比崇敬之情。

二、“不生说”与中观论的联系

乔荼波陀以奥义书和大乘佛教的不二论为依据，从“梵—我”关系论证的立场出发，以建构他的绝对无分别不二论的哲学体系。乔荼波陀的绝对无分别不二论的主要特点，集中体现在他的“不生说”“不二论”以及“幻论”等思想主张上。这也正是他接受大乘佛教哲学影响，吸取佛家思想精华以丰富自己理论体系的重要方面。

在印度传统哲学中，无生（或不生）是超验界的一个重要特征。乔荼波陀的哲学无疑继承了奥义书的无生论，并在此基础上又充分吸取了佛家的无生论观点，认为无生是纯粹的超验境界，是最高的真理，所以他在《圣

① 巫白慧译释：《圣教论》第三章第 47 颂，商务印书馆 1999 年版，第 141 页。
② 巫白慧译释：《圣教论》第四章第 100 颂，商务印书馆 1999 年版，第 185 页。

教论》中说："既无任何生物生，亦无彼生之可能，斯为至上之真理，是中无有一物生。"① 又说："现实存在本不生，非实存在亦不生，不二论者故辩说，正是如此皆无生。"② 这里"不二论者"指的是佛陀。佛教认为，世间一切事物的产生，均由因缘和合而成。也就是说，世界上一切现象的存在，都是依赖于各自的关系或条件；离开了关系或条件，事物就不能够产生或存在。乔荼波陀借用佛教的缘起说以表明：现实存在本来不生，非实存在同样不生。换言之，现实存在是依赖条件或因缘而出现的，没有恒常不变的主体，所以是无生；同样，未曾产生的事物就更谈不上有生了，如果没有因缘和合，事物就不可能产生，当然就是不生了。

客观来讲，生与死相对，有生必有死；反之，不生即是不死，不死正好与死相反，不受"生、住、异、灭"或"成、住、坏、空"等自然规律的影响。死与不死，性质本异，二者间的性质互换，犹如绳不可能转变成蛇一样，是绝对没有可能的。所以乔荼波陀说："不死不会变为死，死亦不会变为死；二者自性起变异，此事绝无有可能。"③ 乔荼波陀认为，不生不灭的事物是不会变为有生灭的；有生灭的现象是依关系和条件而产生或消亡。然而，自性是绝不会起生灭的变异，自性本质上不生不死，如果要想主观地说它有生有死，那是事物的假象，不是事物的本性。④

乔荼波陀进一步说："世间无有一事物，可以自生或他生；世间亦无一事物，或有或无或二俱。"⑤ 这就是说，世界上的一切事物，既不是从自身中产生的，也不是从他物产生的；世界上没有任何事物既是存在又是非存在，或同时存在和非存在。以无生是事物的本性故，所以说事物无生。这一说法，其实是有它的理论依据的。龙树的《中论》中说："法不从自生，

① 巫白慧译释：《圣教论》第四章第 71 颂，商务印书馆 1999 年版，第 173 页。
② 巫白慧译释：《圣教论》第四章第 4 颂，商务印书馆 1999 年版，第 145 页。
③ 巫白慧译释：《圣教论》第四章第 7 颂，商务印书馆 1999 年版，第 146—147 页。
④ 参见徐远和等主编：《东方哲学史》中古卷，人民出版社 2010 年版，第 238 页。
⑤ 巫白慧译释：《圣教论》第四章第 22 颂，商务印书馆 1999 年版，第 151 页。

亦不从他生，不从自他生，云何而有生？”[①] 又说“诸法不自生，亦不从他生，不共不无因，是故说无生。”[②] 二者的无生说惊人地相似，这清楚地表明，乔荼波陀的思想理论，在相当程度上受到了龙树哲学的极大启发和深刻影响。然而必须注意的是，龙树所说的关于无生的理论是和以往的佛教或非佛教哲学的理论有所区别的。以往的佛教大都也以“无生”这一概念来表述其哲学中的所谓超验境界，因此，从超验的角度来观察“无生”是龙树以前佛教的主要特征。龙树进一步发挥了大乘佛教的无生说，认为无生既是超验的，但同时又是经验的，强调不但要从超验的角度，而且也要从经验的角度来表述。所以他对无生理论的阐述无疑是比较全面和合理的。

通过上述分析，不难看出，乔荼波陀的“不生说”是基于其唯心的本体论来加以论述的。在不生说中，他杂糅了大乘佛教中观学派的思想理论和论证方法，形成了自己的一个复杂的、包含多种思想理论的学说。

三、“不二论”与中观论的联系

关于“梵—我”的关系，历来是吠檀多哲学的中心议题。反映乔荼波陀哲学思想的另一个重要方面，就是他基于“梵—我”关系的命题，而提出的所谓绝对无分别不二论。乔荼波陀是吠檀多不二论的开山鼻祖，因此他的“梵—我”理论不可避免地带有奥义书原始哲学的痕迹。根据奥义书，梵与我的关系，如同蜘蛛与网丝，火与火花的关系。网丝虽非蜘蛛，但却出于蜘蛛；火花虽不同火，但源出于火。所以，无论是从外延还是从内涵上讲，梵都包括我，梵与我是同体同源的。因此，乔荼波陀指出，虽然在形相上梵与我有所不同，但在本性上却是同一的。为了进一步论证这一观点，他在《圣教论》中说：“犹如瓶等中之空，瓶等遭到破坏时，其空悉

① 《中论》观成坏品第21。

② 《中论》观因缘品第1。

归于大空，众我汇入我亦然。”[①] 这就好比瓶内的虚空与瓶外的虚空那样，当瓶子被打碎时，瓶内的虚空就和瓶外的大虚空融合在了一块而无法区分，所以二者在本性上无有差别。乔荼波陀认为，瓶内空不是大虚空的变异，也不是大虚空的分支；同样，个我不是大我（梵）的变化，个我也不是大我的分有，也就是说，个我之体完全同于大我，和梵同一。这里强调作为客观精神的梵与作为主观精神的我所具有的同一性的问题。

所以，在乔荼波陀那里，梵是世界的本原，是唯一不二的绝对真实，而经验世界的一切，无论是物质的还是精神的，都是如梦如幻，虚妄不真的。在进一步阐释宇宙的最高实在“梵”时，他还结合佛教的“二谛”原理和“上智、下智”说，创造性地提出了“二梵”理论，把梵分为“上梵”“下梵”，认为“上梵”是真实的、绝对的，“下梵”是虚妄的、相对的，主张通过认识“下梵”的假象而证得“上梵”的真实。所以，在他看来，在至上的梵中，分别与无分别，同归寂灭；二与不二，皆入一如。乔荼波陀在方法论上还引用了佛家的否定模式，即遮诠法，来论证他的绝对无分别不二论哲学。《圣教论》第二章中说：“无灭亦无生，无缚亦无成，无欲脱已脱，斯乃胜义性。”[②] 这种观点显然来自于龙树《中论》的“八不”原理，即“不生亦不灭，不常亦不断，不一亦不异，不来亦不出。”其实，乔荼波陀所说的“胜义性”正是龙树以否定模式所论证表述的“空”或诸法的“实相”。

在《圣教论》第二章中，“无分别不二论”的思想表述得十分清楚、突出：“诸有本来非实有，以不二故妄分别；又由不二生诸有，是故不二性吉祥。”[③] 所谓“无分别”，是说“不二性”中能执的主体和所执的客体都是无分别的，同一不二的；而超验世界，无生无灭，寂静常住，故说“吉祥”。然而，由于凡夫的无明或无知，没有悟出主客间无分别的“不二性”

① 巫白慧译释：《圣教论》第三章第 4 颂，商务印书馆 1999 年版，第 108 页。
② 巫白慧译释：《圣教论》第二章第 32 颂，商务印书馆 1999 年版，第 96 页。
③ 巫白慧译释：《圣教论》第二章第 33 颂，商务印书馆 1999 年版，第 97 页。

这一原理，而误执不二性的梵所外现一切现象（幻相）为实有——有能执的实体和所执的客体。所以，乔荼波陀强调，世间的一切现象，既不是从其自身中产生的，也不是从自身以外的他物产生的，是不二真我（梵）的外现幻相。由不二真我外现的幻相虽然杂多各异，但这种幻相毕竟虚幻非真，离开不二真我一切便不复存在。所以从这个意义上讲，真我与幻相是“有异亦非异”的不二关系。这也就是《圣教论》中所说的：“世间现有种种相，非因他性及自性；尤非有异与非异，悟知真理者知此。”乔荼波陀的这一观点，显然来自于龙树的《中论》。就此颂的前两句看，明显地与《中论》“诸法不自生，亦不从他生，不共不无因，是故说无生”有关，而后两句中的“异、非异”的理论在《中论》中亦可找到其出处来：“若人说有我，诸法各异相，当知如是人，不得佛法味。”[①] 乔荼波陀深受大乘中观学派哲学的影响，接受并采用大量龙树《中论》中的思想观点、哲学术语和范畴来论证和总结吠檀多的“梵我”原理，以建构他的绝对无分别不二论的哲学体系，可以说，这些都是显而易见的。

四、“幻论”与中观论的联系

幻论是印度唯心论哲学的重要理论之一。吠檀多作为印度最具影响的宗教哲学派别，固然也不例外，也有自己的幻论，它是基于“不二一元论”的思想在吠檀多佛教化的过程中由乔荼波陀所开创的。乔荼波陀认为，通过幻论可以说明“我”与世界之间无法言说的关系。由于人的无明，错误地把“真我”（梵）当作了“假我”（命我），把真我及其幻现的一切现象包括命我，看成是二元的。他认为，真我本身是非二元的，真我与其所幻现的一切在本质上是无差别的、不二的。所以他在《圣教论》第二章中说：“诸有与我原无异，认知无异中有异；如是如实理解者，毫无迟疑作

① 《中论》观燃可燃品第10。

分别。”[①] 也就是说，诸有——经验世界的一切（假我），它与真我本身是同体同源、无差别的，但要从无差别中认识到差别，认识到假我是从真我幻现而来的。乔荼波陀之所以要区别经验世界既非有异于我又非等同于我，其目的就在于说明梵（真我）是唯一的真实存在，而经验世界的一切都是虚幻的，绝对不存在的。而佛教的幻论，即所谓的“空”。大乘佛教中观派用“空”来解释世界的各种现象，认为一切依缘相待的事物或现象，在本质上都是无自性的，是虚幻不实的，是空的。所以，龙树在《大乘二十颂论》中说：“如此一切皆虚幻，众生亦是幻境界；世间以幻为自相，依于因缘乃产生。”在《中论》中亦说：“如幻亦如梦，如乾达婆城，所说生住灭，共相亦如是。”[②] 乔荼波陀的“幻论”与龙树的“空”，看似极为相似，都认为经验世界是虚幻的、非真的，否认一切经验的存在或现象的客观实在性，但二者在本质上还是有所区别的。龙树的空是建立在缘起论的基础上的，离开了关系或条件（缘起），也就无所谓的存在可言，“空”亦无从谈起。龙树认为，空是事物的本性，但在否认经验世界客观实在性的同时，又强调事物的相对存在性（假有）。所以，他主张既要看到事物本质的空性，同时又要看到空性的事物的假有（存在）。假有是一种相对或相待的存在，但空性或无自性则是事物的本质，所以他反对对任何事物的执着，包括对空的执着。而乔荼波陀的幻论其实是为他的“梵”实在论做论证的。梵是世界本原，唯一绝对的精神实在，经验世界的一切，无不是梵的幻现，由梵幻现出来的世界是虚幻不实的，是非真实的存在，但经验世界与梵在本质上是别无二致的。一个承认有是绝对的、唯一的、恒常不变的梵的存在，梵是第一因的，宇宙万物都是梵的显现；另一个则站在缘起的角度强调经验世界的背后没有任何永恒不变的绝对的精神实在，反对对任何包括空在内的一切作绝对性的臆断。由此可见，龙树与乔荼波陀，二者的哲学的本质是有所区别的，但尽管如此，二者在对经验世界的看法上以及与真理世

---

① 巫白慧译释：《圣教论》第二章第30颂，商务印书馆1999年版，第94页。

② 《中论》观三相品第7。

界的关系问题上还是有一些相近或相似的地方的。

然而，从学说理论的渊源上看，吠檀多渊源于奥义书，而奥义书关于“幻”的论说以及梵与世界关系的看法，后来又在公元 1 世纪前后成立的《梵经》那里得到了进一步的发展与加强。《梵经》高度系统化的幻论，后来无疑又影响到了当时的大乘佛教。如果从这一层意义上讲，毫无疑问，吠檀多的幻论与龙树的空说，在理论渊源上又多少有着一定的关联，不过后来沿着各自不同的方向发展，这种理论上的渊源就越发变得模糊了。

乔荼波陀对佛教情有独钟，在他的理论学说中无不闪烁着大乘佛教的思想光芒。吠檀多的另一位哲学家商羯罗①，是继乔荼波陀之后吠檀多不二论哲学的集大成者。他与他的前辈不同，对佛教持批判的态度。尽管如此，他的哲学思想还是明显地受到了大乘佛教思想的影响。与乔荼波陀的幻论相比，商羯罗的理论显然更为稠密，更加系统化。梵是世界的原因，世界因梵而现。因此，在世界产生的因果关系上，商羯罗的观点是有别于乔荼波陀的。商羯罗对于梵与幻的论述与龙树的空的学说是有一定的相似性的。根据商羯罗，梵是世界的始基、宇宙的本原，世界上的一切现象都是从梵中产生出来的。梵是统一的、永恒的、纯净的、先验的。②认为梵是绝对的、唯一的真实，世界上的一切现象都是不真实的。③梵与世界的关系既同一又不同一，但二者在本质上是同一的、没有区别的。他否认世间的一切逻辑与概念，不承认通过逻辑概念来解释梵与世界的关系的可靠性。在对于幻觉对象本身的本质的认识上，商羯罗与乔荼波陀的看法显然

① 商羯罗，印度中世纪最闻名的经院哲学家，吠檀多不二论的著名理论家，师从乔荼波陀的弟子乔频陀学习婆罗门教经典。关于他的生卒年代，学术界一般认为，大概在公元 788—820 年。商羯罗一生著书立说很多，其中在注释《蛙氏奥义》和《圣教论》时，竭力恢复吠檀多传统，把佛教的因素赋予吠檀多的性格，使之包摄于自己的思想体系之中。可以说，商羯罗的《乔荼波陀颂注》是从佛教化向吠檀多传统回归的一个转折点。

② 黄心川：《印度哲学史》，商务印书馆，1989 年，第 430 页。

③ 《蛙氏奥义颂注》I. 6； IV. 17。

是不尽相同的。乔荼波陀认为世界是虚幻的，绝对不存在的。而商羯罗则认为，一方面，世界本身不可能是真实的存在，因为幻觉一旦消除，世界随即消逝；但另一方面，世界又不可能像兔角或石女的儿子一样，是一种绝对的不存在，否则这种纯粹的不存在，绝不可能成为实际感觉的对象。这里显然默认了经验世界的相对实在性。这一点，与龙树对世间的看法，基本上是比较接近和相似的。根据龙树，经验世界的一切现象是空的、无自性的，但无自性的一切现象是假有，是一种暂时的相对的存在。显然，龙树并没有完全否定经验世界的客观实在性。如果从俗谛上讲，客观世界是存在的，不过这只是一种相对的暂住或暂时的存在。如果从真谛上讲，世界的本性是空的，是虚幻不实的。必须指出的是，龙树所说的“空”是针对“实相”而言的，空是诸法的实相，诸法本质上是空寂的。因此，从缘起的角度说空，这只是就事物的实相而言，客观世界的相对性并没有被全盘的否定。《中论》中说：“涅槃与世间，无有少分别，世间与涅槃，亦无少分别；涅槃之实际，及于世间际，如是二际者，无毫厘差别。”[①] 所以，在龙树看来，世间与涅槃，在本质上是没有任何差别的。出世间的涅槃必须通过世间的实践活动才能完成。显然，龙树对世界的态度是正面而积极的，他所否定的是任何对世间的执着或执妄。龙树的“空”目的就在于破“执”，在于破除任何于“戏论”上的执妄（破邪），以显现诸法的本来面目——实相（显正）。

五、总结

吠檀多是印度六派哲学中最直接继承和发展奥义书的哲学流派。所以，以乔荼波陀、商羯罗为代表的吠檀多哲学家，在把握传统的奥义书哲学思想精华的同时，借鉴大乘佛教特别是中观学派的思想理论和方法论，建构

① 《中论》观涅槃品第 25。

了自己的一套无分别不二论哲学体系，从而为吠檀多成为印度正统派哲学的主流奠定了理论基础。尽管吠檀多哲学家在建构自己的理论体系中，极大地引用或借鉴了佛教的思想理论和哲学范畴，但吠檀多哲学与佛教哲学是有着本质上的区别的。在传统的印度哲学中，吠檀多是正统派哲学的代表，而佛教则代表着印度非正统哲学。因此，在理论学说上，二者的最大不同在于：吠檀多以奥义书哲学为根据，提出以梵为根本因的哲学理论，鼓吹有我论，是彻头彻尾的唯心主义哲学；而佛教正好与之相反，创造性地提出了有别于其他任何宗教哲学的新学说——缘起论，强调并坚持无我论的思想立场，否定作为最高精神的梵和个体精神的我的存在。从吠檀多绝对无分别不二论立场看，梵与我在本质上并无任何差别，所以，作为世界本体的梵与属于个体灵魂的我同一不二。尽管吠檀多与佛教存有这些本质的区别，然而在相互交流和斗争的过程中，一些思想理论上的借鉴与渗透是非常普遍的。无论是吠檀多不二论的鼻祖乔荼波陀还是该哲学的集大成者商羯罗，他们都在一定程度上借鉴和汲取了佛教的思想理论，其目的就在于更好地将佛教的因素赋予吠檀多的性格，使之包摄于吠檀多的思想理论体系之中，以进一步完善吠檀多的哲学理论体系。从上述的分析论证中，可以清楚地看出，尽管吠檀多哲学家们在哲学的本质上与佛教存有极大的差异，然而在方法论上还是具有一定的相似性的。他们都把一种既独立于客观现实，又脱离于主观认识的幻相哲学化，使之成为超验的绝对。这种超验的绝对是不可以用语言文字或概念范畴来表述的。因此，在哲学的本体论上，二者都承认超验的绝对本体的实在性，否认一切经验的存在或现象的实在性，这一点上是比较一致的。

论梵书与奥义书的哲学思想

李建欣

【内容提要】本文对梵书与奥义书的哲学思想进行简要论述。其中，首先从宗教思想与伦理思想两个方面简述了梵书的哲学思想。在梵书中，一神论被广为传授。祈祷主成了颂赞的领导者与仪式的组织者。梵的地位在梵书不断上升，由于整个宇宙都是由祭祀而产生的，梵逐渐被视为世界的创造本体。人的义务的观念最先产生于梵书中。人被认为对众神、人与动物负有义务。这些义务区分为：①对众神的义务；②对先知的义务；③对灵魂的义务；④对人的义务；⑤对低等生物的义务。四行期（asrama）在这一时期被引入或者说更正确地形成。实语、敬神、尊敬父母、善待动物、爱人、不偷盗、不杀人、不通奸被视为合乎道德的生活的基本内容。在本文的第二部分，从本体论、创世论、轮回业报三个方面论述了奥义书的哲学思想，其中主要从对自我的探寻、梵的真义和梵我合一三个方面进行论述。

【关键词】梵书　奥义书　四行期　梵　梵我合一　轮回业报

【作者简介】李建欣，哲学博士，中国社会科学院世界宗教研究所编审，《世界宗教研究》编辑部主任，中国社会科学院研究生院教授、博士生导师，国家社科基金重大项目“中国宗教研究数据库建设（1850—1949）”首席专家。

吠陀是诗人们的创作，梵书是祭司们的著作，而奥义书是哲学的沉思，或者可以说吠陀属于自然宗教，梵书属于法律宗教，而奥义书属于精神宗教。它们构成印度哲学思想与宗教发展的三个重要阶段。奥义书在某种意义上说是吠陀崇拜的一种继续，在另一种意义说是对梵书宗教的一种抗议。

一、梵书的哲学思想

梵书构成吠陀的第二部分，是指导祭司们举行复杂祭祀仪式的祭祀手册。其中主要有《他氏梵书》（Aitareya）与《百道梵书》（Satapatha）。对于祭祀细节的不同解释导致出现了几个派别的梵书。这一时期的宗教产生了重要的变化，重视祭祀、遵守种姓制度和四行期，吠陀永恒，祭司至上是这一时期的特点。

（一）宗教思想

在这一时期首先是吠陀的众神中增加了新内容。毗湿奴在《夜柔吠陀》中的地位上升，在《百道梵书》中他成了祭祀的化身。[①]湿婆也已出现，不过在《乔尸多基梵书》（*Kausitaki Brahmana*）中是用另外的名字。[②]《梨俱吠陀》中的生主神成了主神和世界的创造者。造一切者与他是同一位神。[③]一神论被广为传授。祈祷主成了颂赞的领导者与仪式的组织者。梵的地位在梵书不断上升，由于整个宇宙都是由祭祀而产生的，梵逐渐被视为世界的创造本体。

梵书的宗教完全是形式主义的。祈祷只是轻声念诵咒语或真言。言词成为能产生神奇效果的声音。除了声称自己是神在人间的使者的祭司们外，没有人能彻底领会其中的奥秘。祭祀的种类很多，“据书传所传，祭祀为数二十一，列为三组。组各有七：一为油乳等之供献，二为须摩之供献，

① ［印度］《百道梵书》V.2.3.6。Eggeling: Satapatha Brahmana, Sacred Books of the East, vol. 12。

② ［印度］《乔尸多基梵书》VI.1–9。

③ 《百道梵书》VIII.2.1.10。

三为牺牲之供献。”[1] 人们的愿望就是像神一样成为不死者，这只有通过举行祭祀才能实现。[2] 世间万物都要受到祭祀的影响。不举行祭祀，太阳都不能升起。祭祀可以取悦神并且有益于人。通过祭祀众神成为人类的朋友。祭祀成为人们获得现世利益的工具，而不再是天界的喜乐。一种建立在冷冰冰的商业契约之上的僵化教条替代了吠陀纯朴而虔诚的宗教，“他向神献供品时，还带有这样的文书：‘你给我，我将给你；你赏赐我，我将奉献给你。’”[3]

“祭祀之指有三：一曰供养。盖牺牲者，神赖以生。祖先之灵，亦需饮食。万古故油汁须摩投倾爝火。而韦纽天（即毗湿奴。——引者注）传曰，用祭祀而诸天之生得养。此则最初人民之遗传，人之视神相去不远。二曰赎罪。祭者恒陈牺牲使代受过。如梵书有曰：‘呜呼！牺牲，起归汝之肢体于火！汝为诸天祖父人类及吾辈所作罪洗涤。所有罪恶吾人于梦中醒时有意无意所作，均汝为洗净。’三曰求福。人神授与，意无殊易。”[4] 在吠陀神曲中，人们主要以神曲来表现他们的虔诚，祭祀并不重要，但在梵书中祭祀占据了核心的位置。祭祀中的每一个动作，所发出的每一个音节都很重要。

祭祀逐渐占统治地位有助于提高祭司们的地位。吠陀神曲中的仙人们、真谛的唱诵者现在成了天启圣典的拥有者、神秘咒语的念诵者。雅利安人中三个种姓的职业划分在这一时期变成遗传的了。祭祀仪式的高度复杂化也要求祭司职业必须有专门的训练。族长也不再能主持复杂而琐细的祭祀仪式。祭司成了一种职业并且是世袭的。拥有吠陀知识的祭司们成为被认可的神与人的中介和神恩的传播者。他们出于自身利益的考虑：垄断其功能与职业，使祭礼的仪式变得越来越复杂而神秘。他们所念诵的真言咒语

① 转引自汤用彤：《印度哲学史略》，中华书局 1960 年版，第 15 页。

② 《百道梵书》Ⅲ.1.4.3。

③ 《百道梵书》Ⅱ.5.3.19。

④ 汤用彤：《印度哲学史略》，中华书局 1960 年版，第 16 页。

只有他们知道其潜在的含义。因此，无怪乎祭司们得意地叫嚣："确实有两类神；一类是众神自己，而研究和传授吠陀的祭司们也是人类之神。"[①]《长阿含经》第六卷《小缘经》："我婆罗门种最为第一。余者卑劣。我种清白。余者黑冥。我婆罗门种出自梵天。从梵口生。于现法中得清净解。后亦清净。"

祭司阶层地位稳固的另一个因素是：雅利安人要保存并传承他们的吠陀，而婆罗门阶层负有这种使命。因此他们也如履薄冰："对圣典一无所知的婆罗门像火上的干草一样瞬间灭亡。"[②]"祭祀就像驶向天界的船；如果有一位犯罪的祭司在上面，他会使这条船沉没。"[③]因此，对于婆罗门来说道德并不是无关紧要的。婆罗门祭司既不能太邪恶也不能太愚蠢。他们也有他们自己的责任与义务：向人们传道。他们是遵守规范、举行仪式、努力维护信条的诚实、正直的人。他们从不怀疑他们正统教义的正确性。时代的因循守旧使他们的思想麻木了。

《长阿含经》第十五卷"今大婆罗门七世以来父母真正。不为他人之所轻毁。……。又大婆罗门异学三部讽诵通利。种种经书皆能分别。世典幽微靡不综练。又能善于大人相法，瞻相吉凶，祭祀仪礼。……。又大婆罗门颜貌端正。得梵色像。……。又大婆罗门戒德增上。智能成就。……。又大婆罗门所言柔和。辩才具足。义味清净。……。又大婆罗门为大师。弟子众多。……。又大婆罗门常教授五百婆罗门。……。又大婆罗门四方学者皆来请受。问诸技术祭祀之法。皆能具答。……。又大婆罗门为波斯匿王（Pasenadi）及瓶沙王（Bimbisāra）恭敬供养。……。又大婆罗门富有财宝。库藏盈溢。……。又大婆罗门智能明达。所言通利。无有怯弱。"

在梵书的时代，吠陀已被看作天启圣典因而永远正确。因此吠陀神曲中的仙人们多称自己为这些神曲的先知，他们只是把看到的真理传播开来，

① 《百道梵书》Ⅱ.2.2.6；Ⅱ.4.3.14。

② 《他氏梵书》Ⅱ.21.2。

③ 《百道梵书》Ⅳ.2.5.10。

他们并不是这些神曲的创作者。吠陀的内容在相当长的时期内都是口耳相传的。在《梨俱吠陀》中，语言是一位女神（Vak），而吠陀是从语言神那里产生的。语言女神是吠陀之母。[①] 吠陀逐渐地被认为是天启的，传授给了仙人们。声音（Sabda）被认为是永恒的。吠陀权威性的确立对以后印度思想的整个发展形成极大的影响。早期并不系统且不统一的典籍必须按照确定的观点进行解释，而一旦一种传统被视为神圣的、绝对正确的时候，就不可能再有自由而多元的解释。

（二）伦理思想

人的义务的观念最先产生于梵书中。人被认为对众神、人与动物负有义务。这些义务区分为：①对众神的义务；②对先知的义务；③对灵魂的义务；④对人的义务；⑤对低等生物的义务。承担了所有这些义务的人是高尚的人。在向神、父辈、其他人和动物献上食物并说一些每天的祈祷词之后，他才能动筷。这就是与周围世界和谐生活之道。生活就是要尽责任与义务。在我们的一切行为中不自私。敬神自然是首要义务。它并不表现在机械地举行固定的仪式，而表现在崇拜与善行。敬神意味着尽可能地虔诚。实语是敬神的基本内容之一。它既是宗教义务，又是道德义务。阿耆尼是誓戒神，伐克是语言神。如果不诚实，他们都不会高兴。

四行期（asrama）在这一时期被引入或者说更正确地形成。一位吠陀中的雅利安人被分为四个阶段：①梵行期（Brahmacarin），人们期望他作为学徒能多学习吠陀；②居家期（Grhastha），他要履行各种义务：圣典中所规定的、社会的与祭祀的；③林栖期（Vanaprastha），像隐士一样专心于斋戒与苦行；④云水期（Sannyasin），居无定所，游行天下，一无所有，一心向神，渴望与神合一。吠陀的四部分神曲、梵书、阿兰若书（Aranyakas，森林书）与奥义书正好对应于吠陀雅利人生活的的四个阶段。

① 《鹧鸪氏梵书》(Taittiriya Brahmana)，Ⅱ.8.8.5。

在仪式崇拜的形式之下尚有真正的宗教与道德精神存在，人们的心灵由此才能获得满足。伴随以对外在行为的要求的是对内在清净的强调。实语、敬神、尊敬父母、善待动物、爱人、不偷盗、不杀人、不通奸被视为合乎道德的生活的基本内容。

种姓制度并不是祭司阶层的发明，但时代会对其发展起着一定的制约作用。种姓制度在这一时期更加稳固。很显然，那时雅利安人与达休人（Dasyus）还可以通婚。[①] 逐渐地一种社会制度竟然成为宗教制度了，为它增加上神圣的光环，使它更加不能改变了。最初具有一定灵活性的阶级制度成为一种僵化的制度。在吠陀早期祭司们构成一种独立的职业，但并不是一个独立的种姓。任何雅利安人都可以成为祭司，祭司阶层并不一定比武士和商业阶层地位更高一些，有时祭司阶层也受到人们的轻视。[②] 但到这一时期，祭司阶层比其他阶层都重要，而且他们具有垄断性与世袭性，这就会压制自由思想并且阻止思想的进步。违反种姓规则的人是一个反叛者和贱民。首陀罗从高级宗教中被排除出去。相互之间的卑视增强。“这些是刹帝利的话”成了婆罗门视其为敌对言语的典型方式。[③]

在梵书中占统治地位的观点是众神的居所是天界，那里没有死亡。“祭祀的人因而获得永远的繁荣和名声并与太阳神（Aditya）和阿耆尼合一，在同一天界有他的居所。”[④] 星星也被视为死者的居所。尽管可以进入更好的世界，但个体的存在依然是其目的。不死或至少长生是那些正确理解并履行祭祀仪式人们的愿望。因此梵书中的观念是死去之后在下一世再生，根据他们的行为给予赏罚。它意味着此生之后只有一次生命，其性质由我们在此生的所作所为决定。“一个人诞生于他自己造作的世界中。”[⑤]

---

① 《阿闼婆吠陀》V.17.8。

② 《梨俱吠陀》Ⅶ .103.1.7.8; Ⅹ .88.19。

③ 《百道梵书》Ⅷ .1.4.10。

④ 《百道梵书》XI.6.2.5。

⑤ 《百道梵书》Ⅵ .6.2.27。

善恶在未来的生命中都有报偿。“因此在往世他们怎么对待我们，在今生我们也这样对待他们。”[①] 但还没有在其他的世界中再生和此生予以偿还的观念。

二、奥义书的哲学思想

奥义书一词的梵文是 Upanisad，意思是“靠近坐下”，靠近导师坐下，恭听教诲。后来逐渐具有了从导师那里接受某种秘密教义的意思。奥义书构成吠陀的结尾部分，因此又称为“吠檀多”（Veda-anta）。“吠檀多，按《秃顶奥义》（iii.2.6）和《白骡奥义》（vi.22）的解释，是‘知识’，是‘密义’；换句话说，就是一种朴素的、带有神秘主义色彩的思辨哲学。因此，吠檀多，按文献说，是吠陀文献的终结；按义理说，是吠陀哲学的总结。正因如此，奥义书是传统印度哲学的思想渊源，印度古今一切哲学流派，包括佛教哲学在内，都可以寻根于此书。”[②] 印度的任何一种唯心主义思想都可以在奥义书中找到它们的根源。奥义书包含了印度人民思辨的最早记录。吠陀中的神曲和祭祀之书更关注宗教与仪式，而不是雅利安人的思想。在奥义书中对世界的本质、人在宇宙中的地位等形而上学问题的解答是通过对话与论辩的形式而展现的，表现了试图掌握世界与人的本质的人类心灵的求索与追求。它们不是一种系统的哲学，也不是一时一人所作，因此可以说它们所包含的大部分内容是不统一的、不科学的。这些著作包含了许多潜在的概念，意蕴丰富，因此此后众多各不相同的体系都从这一富矿中吸取灵感。尽管这些奥义书的作者众多，创作的时期又相当长，但其主旨的一致性——对精神真实的探索还是清晰可辨的。不过，奥义书并不包含任何综合性的哲学体系，而包含可以构成第一个哲学体系的一些基本的

① 《百道梵书》II .6。

② 巫白慧：《印度哲学——吠陀经探义和奥义书解析》，东方出版社 2000 年版，第 291 页。

观念。

一般认为奥义书有108种，其中有10种印度吠檀多哲学家商羯罗都注疏过。这10种应该是最古老、最权威的。但它们的创作时间无法确定。最早的奥义书肯定是在佛教产生之前，当然其中有一些在其后。一般认为它们创作于吠陀神曲的完成与佛教兴起（公元前6世纪）之间。其中早期的奥义书被推定为公元前1000年至公元前300年之间。有一些晚期的奥义书创作于佛教兴起之后，即大约公元前400年至300年之间。最古老的奥义书是散体的，不属于任何派别。《他氏奥义》（Aitareya）、《乔氏多基奥义》（Kausitaki）、《鹧鸪氏奥义》（Taittiriya）、《歌者奥义》（Chandogya）、《广林奥义》（Brhadaranyaka）和《由谁奥义》（Kena）的一部分属于早期的，《由谁奥义》1–13颂与《广林奥义》的第四章第8–21颂构成向诗体的过渡，也许可以认为是后加的。《石氏奥义》（Kathaka）是晚期的，其中可以看到数论与瑜伽体系的一些要素。《秃顶奥义》（Mundudya）是分派别之前最晚的奥义书。《慈氏奥义》（Maitrayani）也属于晚期的，其中包含数论与瑜伽体系的一些要素。《白骡奥义》（Svetasvatara）创作于其他几个哲学派别正在酝酿期间。早期散体的奥义书中显示出更纯粹的思辨，后期的奥义书更多宗教崇拜的内容。

（一）奥义书与吠陀的关系

奥义书由于其与众不同的内容、特色，被视为独立于吠陀神曲和梵书的一种典籍。奥义书思想家试图在不改变吠陀之形式的前提下使吠陀宗教道德化。与吠陀相比，奥义书的进步表现在：更加强调吠陀神曲中有关一元论的内容，其核心从外部世界转到内部世界，对吠陀外在仪式的摒弃和对吠陀神圣性的漠然。

在吠陀神曲中，一元论已初露端倪，世界由唯一的本体所创生的观念已经形成。奥义书继承这一倾向并发扬光大。他们只承认唯一的精神本体，无限、永恒、不可理解、自在，是世界的创生者、维持者和毁灭者，是宇宙的光、主和生命，独一无二，是崇拜的唯一对象。“现在再回答我们一个问题：阿耆尼、伐由、太阳神（Aditya）、时间（Kala），哪一个是气息（Prana）、食物（Anna）、梵、鲁陀罗、毗湿奴？一些人冥想这一个，其他的人冥想另一个。告诉我们哪一个最适合我们。”他对他们说：“这些都是至高的、不死的、无形的梵的变现。……梵是一切，人们应冥想、崇拜梵并放弃那些只是他的变现的东西。”[①] 在印度人的意识中根深蒂固的多神观念很轻易地就被抛弃了。众神都服从唯一的神。如果没有了梵，阿耆尼连一个草叶也烧不着，伐由连稻草也吹不动。有时众神被视为唯一神的组成部分。奥义书并不是简单地抛弃吠陀的多神论，而是使其唯心哲学与吠陀的固定的神学教义尽可能保持一致。

在吠陀中自然的运动与秩序为其关注的核心。它们的神代表着宇宙力量。而在奥义书中人们开始探索内心世界。“自在者打开了感官的通道，因此它们朝向外部，于是人们向外而不是向自己的内心探求；然而眼睛闭合、希望长生的一些智者却寻求躲在后面的自我。”[②]

注意力从外在的客观事实转向躲在意识背后的内在永恒的自我。人的灵魂是整个宇宙景观的窥视孔，内心世界如同反映真理的清澈的湖泊。内在永恒的自我与巨大的宇宙力量是一体的，同一的。梵就是我，我就是梵。万物因之而生的唯一的最高力量就是每个人心中的最高我。

在吠陀与梵书中，其原始宗教的表现形式是祭祀。人与神的关系是机械的、予取与得失的关系。在奥义书中我们看到一种精神生活的回归。它们宣告通过举行祭祀灵魂得不到解脱。而只有通过建立在对宇宙本质之洞察基础上的宗教生活，人们才能获得最后的解脱。圆满是内在和精神的，而不是外在的和机械的。一个人的灵魂与遍在的大我的合一是精神生活的本质。通过举行仪式与祭祀是不能达到解脱的。但奥义书的智者并不

---

① 《慈氏奥义》Ⅳ.5–6，奥义书引文均根据拉达克里希南的《主要奥义书》（S. Radhakrishnan, *the Principal Upanisads*, London: George Allen & Unwin Ltd., 1953）。

② 《石氏奥义》Ⅳ.1。

是简单而直接地反对祭祀，而是以一种新的精神重新解释和定义。他们说一切祭祀都是个人自我的实现。生命本身就是一种祭祀。“真正的祭祀是人；他的前24年是他早晨的向神奠酒……在饥渴中，在禁欲中坚持他的献祭……在吃喝欢乐中他遵守神圣的节日宴饮，在笑声中、宴饮时、结婚时，唱诵神曲。自制、布施、率直、不害、实语，这些都是他的奉献，而且在他去世举行祭祀时还要净洗。”①

奥义书对吠陀的神圣性不予承认。不过，它们采取双重态度，一方面它们承认吠陀的天启，但另一方面，它们也认为吠陀知识要比真正的神圣洞识要低得多。《秃顶奥义》说：“两种知识必须知道：高的与低的。低级的知识是梨俱、娑摩、阿闼婆吠陀，仪式、语法所给予的……而高级的知识是不灭的梵得以认识的知识。”②

（二）本体论

1. 对自我（Atman）的探寻

奥义书的核心主题是哲学问题。它在追寻什么是真实的。《白骡奥义》中说：“我们从何而来？我们生活在何处？我们要到哪里去？噢，认识梵的人请告诉我们，我们应接受谁的指令，无论是苦是乐。时间或自然，必然或偶然，或原素应被视为第一因吗？或者被称为神我者是最高精神吗？”在《由谁奥义》中，学生们问道：“谁的意志使意识展开其旅程？按照谁的指令产生第一口呼吸？谁使我们能够说话？什么神在支配着眼睛与耳朵？”③奥义书思想家们怀疑我们获得经验的感官是自在的，他们认为它们自身是躲在它们背后的更高意志的产物。知识、意识、感官及其对象都是有限的、有条件的。在道德领域，我们发现我们并不能从有限者那里得到真正的幸福。现世的快乐是短暂的，会为生老病死所中断。只有无限者

① 《歌者奥义》Ⅲ。

② 《秃顶奥义》Ⅰ.1.4–5。

③ 《由谁奥义》Ⅰ.1。

才能给予持久的欢乐。奥义书的智者试图带领我们走向无限的存在（sat）、绝对的真理（cit）和纯粹的喜乐（ananda）。每个人的心灵都在祈祷“引领我从虚幻走向真实，从黑暗走向光明，从死亡走向永恒。”[①]

在吠陀神曲中已经出现了唯一真实的概念，它通过一切的存在而表现自己。这一概念在奥义书得到进一步的强调，不过，它们是通过自我性质（他们称之为“阿特曼”）的哲学分析而实现的。在《梨俱吠陀》第十卷第16首神曲第3颂中，“阿特曼（Atman）”的意思是“气息”或“生命本质”。它逐渐地拥有了“灵魂”或“自我”的含义。关于真我或“阿特曼”的观念并没有形成系统的理论。而在《歌者奥义》中所叙述的教师生主神与学生因陀罗的对话中，[②]我们看到对自我定义的一种发展，它把自我分为四个阶段：身体我，经验我，超验我和绝对我。这里更多是从形而上学而不是心理学的角度来讨论这个问题的。什么是人们自我的本质，他核心的存在？生主神以真正的自我应该拥有的一般特点开始讨论。“自我免于罪，不受老、病、苦的折磨，不饥不渴，一无所求却成为渴求的对象，一无所想却成为想象的对象，它正是我们必须努力去理解的事物。”[③]正是主体在经历变化，他是醒、梦、睡、死、轮回和最后解脱等各种状态共有要素。永恒、持续、统一、永远活动是他的特点。生主神接下来阐明人类的自我完全由主观构成，他绝对不可能成为一个对象(客体)。正是人在观看，他不是被观看的对象。不能把一些性质的集合称为“我”，我在它们之上或处于它们的后面，来监视所有这些性质。

任何成为一个对象的事物都不属于我。必须把不属于我或不同于我的一切事物去掉。其中所提供的第一个回答是生老病死的身体是真正的自我。在生主神看来，你在另一个人眼里或水桶中或镜子中看到的就是自我。为了显示它不是自我，生主神要因陀罗打扮一下，穿上最好的衣服，再到水

① 《广林奥义》Ⅰ.3.27。

② 《歌者奥义》Ⅷ.3–12。

③ 《歌者奥义》Ⅷ.7.1。

中或镜子中观看，他看到打扮得光鲜利落的自己的样子。因陀罗心生疑窦：“当身体被梳洗打扮一新时，影中或水中的这个自我也一样光鲜，当身体穿上绫罗绸缎时，这个自我也一样，当身体被清洗干净时，这个自我也一样，如果身体是盲的，这个自我也是盲的，身体是跛的，他也是跛的，身体残废了，他也残废，当然身体消亡，他也消亡。我看这没什么好。”[①] 因陀罗去找他的教师生主神，很长一段时间之后，他被告诉：“梦中为幸福而奔波的他是自我。”真正的自我不是作为物质现象的身体，经受所有的苦难并显现出缺点。但因陀罗发现另外的困难：“确实这个自我不会因身体的缺陷而有缺陷，当身体受打击时他不经受，当身体跛时他不会跛，但就好像他们在梦中打他、追他。当它痛苦与流泪时，他更能意识到，因此我从中看不出有什么好。”在梦中，意识飘浮于身体的遭际之外。这种观点是把自我等同于变动之中的意识体验。这是经验我，因陀罗认识到这个经验我躲不过经验中的事件。它不可能是主体，因为每时每刻都处于变化之中。经验我自身并不是永恒的。因陀罗又找到生主神，解释他的立场，经过很长时间之后，被教诲：“当一个人睡熟之后，享受充分的休息，没有任何梦出现，这才是自我。”生主神想要教导因陀罗，无论是在醒时或梦中，自我都一直存在着。在无梦的熟睡中，我们感受不到体验的对象，但我们不能因此说没有自我。这种经验的持续性使我们不得不承认在所有的意识内容之下有一个永恒的自我。在没有任何对象可供沉思的熟睡中所存在的事物就是自我。

而因陀罗更像一位心理学家，他认为缺少任何身体的感受，连梦中无形的东西也没有，这种无对象的自我纯粹是一种幻觉。如果自我不是他所认识、所感觉、所反映的事物，如果他与它们都了无干系，因而只是一种空洞，还有什么保留下来了呢？“空无，”因陀罗说。“与万物都了无干系的事物只能是空无。”[②] 在因陀罗看来，脱离了有机物的所有束缚，没有

---

① 《歌者奥义》Ⅷ.9.1。

② 《广林奥义》Ⅳ.3.6。

了时空概念，没有对象存在，这种状态只能是寂灭。而生主神试图在强调不受任何经验变化影响的自我。他努力阐明的是自我并不排除意识状态，但自我不是意识状态。

接下来，因陀罗向生主神解释他的困难："无梦的熟睡中的主体不认识他自己，他也不认识世上存在的万物，他已走向完全的寂灭。我从这里看不出有什么好。"[①] 生主神指出："此身是要死亡的，世上的一切都要灭亡。而自我是不灭的、无身的。他是眼睛的主人，眼睛是观看的器官。他是感受的主体，让我闻这个，他是自我，鼻子是嗅觉器官，等等。"[②] 自我并不是抽象的本体，而是一种积极的宇宙意识，在自身中存在，为自身而存在。他既是同一又是变异，既是主体又是客体。我们在经验中所认识的对象都是建立在自我之上。他不是任何有限的事物，但却是它们的基础。它是普遍的自我(遍在我)，超越又内在。整个宇宙都被他包摄并在其中呼吸。"月亮和太阳是他的眼睛，天空四方是他的耳朵，风是他的气息。"[③] 他是一切创造得以进行的普遍的空间，是创造的生命原理，包摄一切。宇宙万物无不被包摄在我们之中无限自我之中。包摄一切的自我是唯一的真实，他自身包含了自然的一切事实与一切经验的历史。我们的小我被他所包摄，为他所超越。这一主体不仅仅是流动的表象，后者只是他不完美的呈现。奥义书认为这个主体是一切个体得以存在的普遍的基础。他隐藏于万物之中，渗透于万物之中。只有自我才是在醒、梦、熟睡、系缚与解脱诸种状态中持续存在的永恒的主体。他是遍在的，纵览所有的世界，既是普遍的主体，又是普通的客体。如奥义书所说："他没在看，却能看见；因为他是不灭者，对于智者来说一直在观看，没有中断；在他之外没有第二者存在，没有其他与之不同者让他去观看。"[④] 自我就是一切。"我就是整个宇

① 《歌者奥义》Ⅷ.11.1。
② 《歌者奥义》Ⅷ.12。
③ 《秃顶奥义》Ⅰ.1。
④ 《广林奥义》Ⅳ.3.23。

宙。”

这个遍在我的性质不能被感知。它不是一种经验，一个对象，尽管所有的对象都是为了他。“灵魂不是这个，也不是那个，也不是空，他是不可认识的，不可捉摸的。”[①] 奥义书拒绝把自我等同于身体、连续的意识状态或一系列的表象。

《蛙氏奥义》通过对意识的分析得出了相同的结论。灵魂具有三种状态，它们都被包含在第四种状态中。它们是醒位、梦位、熟睡位和第四位（turiya）。第一种状态是醒位，自我意识到普通外在对象的世界。它享用粗食（即感官接触并认识外在物质对象）。这一状态是完全依赖身体的。第二种状态是梦位，自我享用细食，以醒位经验的材料为自己造作一个形式的新世界。其精神自由自在，不受身体的束缚。第三种状态是熟睡位，无欲无梦。灵魂据说短暂地与梵合一，享受喜乐。在熟睡位中，我们超越了所有的欲望并且不再有精神的烦恼。第四位是纯粹无对象的认识主体状态。在无梦的熟睡位，我们感受到绝对的喜乐，与外部纷乱的世界切断了联系。灵魂生来神圣，却被束缚在肉体中。在熟睡位，已经从身体的束缚中解脱出来，重获自己的本性。但《蛙氏奥义》并不止步于此，它指出无梦的熟睡位并不是最高的状态，而是灵魂的第四位，一种纯粹的直觉意识，那里外在与内在的认识都消失了。而在熟睡位中，灵魂远远高于多变的感官生活之上，与梵合一。第四位与熟睡位相比，更多地是以正面肯定的方式来表现，“非内慧，非外慧，非内外慧，非慧密集，非慧，非非慧；不可见，无所施设，无所执著；无相，不可思，不可名，一我缘真实，息灭戏论，寂静，吉祥，不二，以为第四；是为我，是应知”。[②]

从对三种状态醒位、梦位和熟睡位的分析中，得出结论：尽管它们并不是非存在，但都是不真实的。醒位是不真实的。梦中所见与我们其他的

① 《广林奥义》Ⅲ .7.3。

② 《蛙氏奥义》7，见巫白慧译释：《圣教论》，商务印书馆 2002 年版，附录，第 188—189 页。

经验不一致，因此是不真实的。在无梦的熟睡位，我们对任何外在与内在的事物都没有特别的认识。而自我（阿特曼）既不是醒位、梦位，也不是熟睡位，而是第四位，见识其他三种状态并超越它们。如汉译《大毗婆沙》卷二所载：“有我士夫，其量广大，边际难测。光色如日，诸冥暗者，虽在其前，而不能见。要知此我，方能越度生老病死，异此更无越度理趣。”

自我问题是奥义书中所讨论的最重要问题之一。奥义书对自我性质的分析对以后思想体系的影响相当深远，当然也产生了不少误解。关于自我的性质，佛教、数论、瑜伽各自持有相互矛盾的观点，这些都要追溯到奥义书。

2. 梵的真义

梵是奥义书从客观的视角对终极真实的定义。在《梨俱吠陀》中，我们已经看到其中出现了一元论的观念。奥义书以一种更加具有逻辑色彩的方式继续对这一客观宇宙本体进行探索。在《鹧鸪氏奥义》中，我们可以看到这一方面的表现。在其第三章，儿子要父亲教他万物产生又回归的本体的性质。儿子被告知梵的一般特征并要求他去发现能满足这些要求的内容。“众生由之而生，生活其中并且死亡之后归入其中，它就是梵。”① 世上万物无不处于不断变化之中，它们不可能被视为终极意义上的真实。儿子认为物质是终极真实。它是外部世界最突出的方面。但他很快发现物质不能说明生命现象。植物的生长需要另外一种解释。他把气息（prana）作为终极本体。物质并不能说明生命的奥秘，尽管生命离开了物质不能存在。生命中有一种事物使它能够吸收和转化无机元素。这种事物就是生命本体，它有助于人们把植物元素转化为血液、骨肉。儿子相信生命属于与物质不同的另外一个序列，尽管气息是身体的本质。

然而，他又不满足于将气息作为终极的真实了，因为我们在动物界中遇到的意识现象并不能为生命本体所解释。知觉意识（manas）是不同于

① 《鹧鸪氏奥义》Ⅲ.1。

生命与物质的事物。它好像是生命过程中最重要的。因此，儿子认为意识是梵。但事情并没有到此为止，因为还有知觉意识不能解释的智慧呢。因此智慧（vijnana）是梵。后天，这位儿子又认识到智慧也是不够的，它也没有达到圆融无碍的程度。奥义书的目的是要指出，在智性的层次还存在着二元要素和外部性。在知识和道德中都存在着主体与客体关系。一定还存在着比智性层次更高的境界，超越主客二分性，达到存在的统一。终极真实不同于思维，它在最高的第四位能够获得，超越思维及其二分性，个体与终极真实合一。喜乐（ananda）是最高结果，认识者、被认识者与知识融为一体。这种喜乐是积极的享受，是存在的圆满。万物由它而生，靠它而存在，最后复归于它。无生命的世界、植物界、动物界和人类社会都是梵的表现。"正像所有的轮辐都被包含在轮辋、轮轴中，所有的存在、所有的神、所有世界和所有的感官都被包含在自我中。"[①]"有一棵古树，其根向上长，其枝向下垂。那就是光明，梵，不死者，一切界都被包含于其中，在它之外，别无存在。"[②]

我们以"喜乐"来定义"梵"，这实际上是与终极本体是不可定义的陈述相矛盾。因此，这里我们只能说喜乐是人类的思维所能把握的最高本体，它并不是终极真实。在奥义书中，对梵的描述分为两种："梵的形相有二：一为有形体的，另为无形体的；一为生灭的，另为无生灭的；一为静持的，另为游动的；一为此有的，另为彼有的。"[③]对于无形的、无生灭的绝对的梵来说，人类的认识能力不足以认识和表现它，因此采用"遮诠法"，即"不是这个，不是这个"（Neti，Neti）的方法。对梵的这种描述在奥义书中很常见，"不可感触，不可描述，不可按特征定义；它是不灭者，故非粗、非细、非短、非长、非赤、非湿、无影、无暗、非空、不粘、不

---

① 《广林奥义》Ⅱ.5.15。

② 《石氏奥义》Ⅱ.6.1。

③ 《广林奥义》Ⅱ.3.1，转引自黄心川：《印度哲学史》，商务印书馆1989年版，第57页。

臭、无味、无眼、无耳、无语、无识、无精力、无呼吸、无相貌、无量度、非内、非外；它不可吞噬何物，亦无能吞噬者。”① “彼非所作，亦非能作；无有匹敌，亦无超越之者。……世间无有（支配他之）主子，亦无（统治他之）统治者；彼无特征，无原因，无生主，无君主。”②

而对有形体的、有生灭的相对的梵的描述，采用正面的、积极的方式。“太初之际，此界唯梵，彼知自身；我就是梵。……彼为自我，创造意识、语言、生命。”③ “这就是梵，这就是因陀罗，这就是生主，一切诸天神，地水风火空五大，一切细微者、混合者，所有这或那的种子，卵生、胎生、湿生、热生、芽生，马牛人像。无论是有气息者、能走者、能飞者和不动者都安立在识之上，为识所指引。世界安立在识之上，为识所指引，识就是梵。”④

这种对梵的具体的描述是一种施设方便，因为人类的思维不足以理解绝对的梵，是不得已而为之。而绝对的梵是没有任何规定性的，是不可定义、不可描述的本体，是一种超越时空的绝对存在。前者是后者的不完美的显现。

3. 梵我合一

梵与自我，一个客观的宇宙本体，一个主观的意识本体被认为是一体的。梵就是我。《梨俱吠陀》中超验的大神在这城转化成了一个内在的本体。无限者不是超越有限者，而是在有限者之中。“不死原人，于此大地，永放光辉；不死原人，内我为体，永放光辉；他正是我，此是不死，此即是梵，此即一切。”⑤

① 《广林奥义》Ⅲ .8.8。

② 《白骡奥义》Ⅵ .8–9。

③ 《广林奥义》Ⅰ .4.10。

④ 《他氏奥义》Ⅴ .3，转引自黄心川：《印度哲学史》，商务印书馆 1989 年版，第 57 页。

⑤ 《广林奥义》Ⅱ .5.1。巫白慧译。

全世诚为梵，凡灵魂净寂者趣尊礼之，趣以之为其所欲知。人诚为智所成，故当其逝去即变为智，因为其在世所有也。是以彼趣精进向智。其质为神，其身为生，其形为光，其意为实，其体为无限。全能全智全嗅全味者，包含天地默然不乱者。彼乃吾之精神，处于吾心，小于米粒，或麦，或芥子，小于草子，或竟小于草子之空皮。此吾心中之精神大于地，大于天，大于神区，大于万有世界。全能全智全嗅全味者，包含天地默然不乱者。彼乃吾心中之精神，彼乃梵。当余逝去，应彼是达，知此者诚无复疑虑。[①]

梵与我是奥义书思想家分别从客观与主观两个视角对世界终极本体的概括与抽象。它们不是人类的逻辑思维所能把握的。“他是你的自我，是内在的支配者，是不死者。他是见不到的见者，听不到的听者，非思维所及的思者，非知识所达的知者。他之外别无见者，他之外别无听者，他之外别无思者，他之外别无知者。”[②] 我们人类的思维只能描述经验世界的事物，运用时间、空间、因果关系等概念进行认识，而梵与自我都是超越时空与因果的。它们包含空间，但其本身都不在空间中；它们包摄时间又超越时间；它们不受因果律的制约。它们都是自在的本体，遍在，无穷大又无穷小。它们又被视为永恒的本体，没有生灭。它们又是永远静止不动的存在，尽管一切变化都建立在它们之上，但它们本身是没有变化的。而只要人类永远停留在逻辑思维的层次上，就永远不可能认识这两个终极本体。而只有我们人类超越了逻辑思维的层次，超越了主客体对立的认识，我们才能达到对终极本体的认识，我们才能真正领悟梵我合一的真谛。

---

① 见汤用彤：《印度哲学史略》，中华书局 1960 年版，第 22—23 页。

② 《广林奥义》Ⅲ .7.23。

（三）创世论

从前面我们对梵与自我性质的分析中，可以看出奥义书的思想家认为世上万物本质上都是终极本体自身，演化只是通过消除其阻碍因素使事物的潜能得以显现。梵是整个世界唯一和彻底的解释。

然而还有一些奥义书思想家却提出了不同的看法，他们认为物质原素才是终极本体。例如，有的思想家认为水原素是宇宙的本原，这是对吠陀中唯一原素水的观念的继承与发展。“太初之时，此界唯水，水生真实，真实即梵；梵出生主，生主育诸神。”[①]“大地天空，气层山岳，神人鸟兽，草木牲畜，虫蝇蚂蚁等诸物形状，皆由水构成。”[②]《提婆菩萨释楞伽经中外道小乘涅槃论》：“第十八外道服水论师作如是说：水是万物根本。水能生天地，生有命无命一切物，下至阿鼻地狱，上至阿迦尼吒天，皆水为主。水能生物，水能坏物，名为涅槃。是故外道服水论师说：水是常，名涅槃因。”这里认为水是万物的创造者，甚至众神也为水所生，水被提升到梵的地位。

此外，奥义书中关于宇宙创生的单一原素说还有火原素说、风原素说等。其中还包含有多原素说。例如在《歌者奥义》（ⅵ.2.3–4）中承认有三种原素：火、水和地。其他物质都是由这三种原素复合而成。还有把宇宙本原区分为五种原素：空、气、火、水、地的。“从自我（梵）生空，从空生气，从气生火，从火生水，从水生地；从地生草，从草生食物，从食物生种子，从种子生人。因而人由食物的精华构成。”[③]在讨论生命的物质基础时，作者对物质的演化进行描述。较高者拥有较低者的性质。最先是空，具有声音这唯一的性质。通过它我们能够听见。由空到气，它除了具有空的性质，还具有可感觉性。通过它，我们可以听见和感觉到。由气

---

① 《广林奥义》Ⅴ.5.1。

② 《歌者奥义》Ⅶ.10.1。

③ 《鹧鸪氏奥义》Ⅱ.1。

到火，通过它，我们可以听见、感觉到和看到。由火到水，我们还能尝其味。由水到地，通过它，我们可以听见、感觉到、看见、尝和嗅。在奥义书中才第一次出现了五原素说。

还有一种看法认为世界是由金卵产生的，这一观念在《梨俱吠陀》中即已出现，有的奥义书思想家接受了这种说法并给予新的发展。“太初之际，此界为无，其后为有，有复发展，化为一卵。孵育一年，卵壳裂开，分成分片：一片为银，一片为金。银者作地，金者作天；表为群山，里为云雾；脉为河流，液为洋海。”[①]有趣的是我们在汉译佛经中也可看到类似的记载，《提婆菩萨释楞伽经中外道小乘涅槃论》：“本无日月星辰虚空及地，唯有大水，时大安荼生，如鸡子周匝金色，时熟破为两段，一段在上作天，一段在下作地，彼二中间生梵天，名一切众生祖公。作一切有命、无命物。如是有命、无命等物散没彼处，名涅槃。”天地万物都由金卵而生，最后还没入金卵。

（四）轮回业报

轮回观念在吠陀中萌芽，在梵书中形成，在奥义书中得到发展，是奥义书一个重要的概念。这一观念最早出现于《百道梵书》中，在那里死后重生重死的观念是与报应的观念连结在一起的。据说，拥有正确的知识并履行他们义务的人死后再生，成为不死者，而那些并不拥有这些知识并且没有履行他们义务的人就会一遍遍地再生，为死亡所俘获。梵书认为人们只在来世死生一次。在奥义书中，这种信仰转变为轮回的教义。“轮回（samsara）是说一个生物体（尤其是人）死亡后，他的意识（灵魂）或它的精气离开尸体，去寻找另一个新生的肉体，托胎转生。由于受生前所做的白业（善行）或黑业（恶行）的潜存不灭的影响（习气）所制约，它（灵魂）或上升天堂变为具有神性的生物，或重回人间或别的什么地方成为非

① 《歌者奥义》Ⅲ.19。

神性的生物。”①

善举与恶行要承受两次的报应，一次在往世，一次为此世再生的生命所承受。据说，焚尸后化为亮光到达天界的灵魂很快就会历经三界投入新胎（《广林奥义》ⅵ.2.14）。有证据证明轮回的观念在奥义书时代才真正形成，有些奥义书并不太熟悉这一观念，最早出现轮回观念的应是《歌者奥义》（ⅴ.3.10）与《广林奥义》（ⅵ.2）的一些段落。

世上万物都循环往复地经历死亡与再生。“凡人像玉米一样衰败与再生。”②死亡只是生命之门。再生何处依然取决于人们的行为。“那些行为端正者很快获得善趣，再生为婆罗门、刹帝利或吠舍。而那些行为不端者将获得恶趣，再生为一只猪，或一条狗，或一个旃陀罗（candala，贱民——译者注）。”③“灵魂在身体死亡之后是否会存留下来？耶若婆佉，如果人死后其魂也被投入火中，他的呼吸没入风中，他的眼睛没入太阳，他的意识没入月亮，他的耳朵没入空中四方，他的身体没入地中，他的自我没入以太，他的毛发没入植物，他的头发没入树木，血与体液没入水中——这时人成了什么呢？”最后的结论是：“善有善报，恶有恶报。”④生命的真实是品质，而不是身体或意识。它会在死亡后保留下来。奥义书认为业会变化，而遍在我存留。脱生为动物在《广林奥义》中并没有提到，而《歌者奥义》与《乔尸多基奥义》有所反映。这一观念也许来自于土著的信仰。

奥义书关于来世的观念吸收了吠陀古老的来世赏罚的教义。《梨俱吠陀》中说生前行善的亡灵往生天上快乐的阎摩王国。生前没有积善德的或有罪的鬼魂被投入黑暗可怕的地下深渊；吠陀还把宇宙分为天、空、地三界。奥义书的轮回学说充分吸取了这些早期的信条，区分了人死后的三个

① 巫白慧：《印度哲学——吠陀经探义和奥义书解析》，东方出版社2000年版，第71页。

② 《石氏奥义》Ⅰ.8。

③ 《歌者奥义》Ⅴ.10.7。

④ 《广林奥义》Ⅲ.2.13。

去处：“我们听到一位仙人的说法：‘我听说人有两个去处，一个是祖先界，一个是神人界。父神天与母神地之间的一切众生都在朝这两个地方前进。’”[①]奥义书意思是说，一个亡灵由于他在今生中所作业的果报而朝向这两个去处：祖先界与神人界。一个被称为神人道（devayana）或光明道（arcirmarga），另一个被称为祖先道（pitryana）或黑暗道（dhumamarga）。前者经过阿耆尼所统治的不同区域等到达梵界（Brahma）或真界（satyaloka）。这里是无还的。只要梵还被视为一个客观的存在，坐在他的宫殿中的高座上，善人都趋向他，祖先界就还有意义。然而当自我与梵合一，梵的神座动摇时，祖先道就成为与最高者合一的途径而已。前往神人道的人不再回到现世，而前往祖先道的人享用了他的善行的果报后还回到现世。具体细节上还有许多不同。根据《乔尸多基奥义》（ⅰ.2.3），所有的人死后都到月亮那里，然后有的人经过祖先道到达梵，其他人复归到存在的各种形式，从人到虫，按照他们行为的性质和知识的多少。神人道与祖先道对应于光明与黑暗王国（ajnana），它们使人们陷入轮回之中。第三条道也被提及，那是一个为黑暗所笼罩的没有快乐的区域。[②]“那些把喝水、吃干草、下奶的不育的牛作为礼物送人的人要去这个没有快乐的区域。”[③]这就是人类于其上或生或死，虫子、昆虫和爬行动物匍匐而行的第三道。[④]实现与梵合一的自由的人由于已获得解脱哪里都不用去。[⑤]无论他在哪里，他都享受着与梵合一的喜乐。那些达到解脱的人不用经历任何道，但那些需要上升的人要经过神人道。

在奥义书中用不同的方式来比喻轮回，“就像一位金匠用一块金做成另一种形状，更新、更悦目，因此抛掉这个身体并进入另一种知识状态，

---

① 《广林奥义》Ⅵ.2.2。

② 《广林奥义》Ⅳ.2。

③ 《石氏奥义》Ⅰ.3。

④ 《广林奥义》Ⅵ.2.6。

⑤ 《石氏奥义》Ⅵ.14。

灵魂获得了一个更新、更愉悦、更适应这个世界的形式。”“正像一位雕塑家从一尊雕像取得材料，用它雕出另一个更新、更美的雕塑，因此这个灵魂也是如此，在它脱离了这个身体并去除自身的无明之后，产生另一个更新、更美的形式，无论是祖先的、乾达婆的、众神的，或生主神的、梵的，或其他人的。”①有的观点提出灵魂在人死后聚集成精气散去，全进入另一个身体中，按照它离开的身体所作的业来决定上升还是下降。②这一细身充当意识与品质的载体，在肉体死亡后它并不消亡。它是构成新身体的基础。奥义书思想家并不支持灵魂在人死亡时会消失的观点。他们坚信生命的持续性，认为有一种事物在身体死亡后保留下来。

奥义书在继承以前各种教义、信条的基础上形成了轮回的教义。吠陀提出神人界与祖先界。土著居民认为人的灵魂可以进入树和动物中去。梵书强调补偿的观念。奥义书把它们融汇起来，形成比较成熟的轮回教义。这一观念无论是对印度以后哲学思想的发展，还是对印度人民的社会生活都产生了深远的影响。这一观念几乎为印度各个哲学流派所接受，成为印度哲学的基础与前提之一。

道德世界的业律对应于物理的统一律。它是保存道德力量的规律。根据业律，在道德世界中任何事物都不是不确定和变化无常的。我们播种什么，我们就会收获什么。良种带来好收成，劣种带来差收成。任何一个微小的举动都会对其品质形成影响。目前人们身上的某些行为趋向正是他有意识或理性选择的结果。有意识的行为逐渐成为无意识的习惯，而我们在自己身上发现的无意识趋向被视为过去有意识行为的结果。要想逃脱业律的制约就像一个人妄想跳出自己的影子一样。我们的生命自身负载着时间不能模糊、死亡不能抹去的记录。奥义书对业律的高度重视是为了弥补吠陀这一古老观念的不足：通过向神祭献可以补偿所犯的罪。它向犯罪的灵魂宣告可怕命运：将会死去。不用举行祭祀，一个人通过行善成为有道德

① 《广林奥义》Ⅳ.4.4。

② 《广林奥义》Ⅳ.3.38。

的好人。“行善者成为善人，作恶者成为恶人。”[①]“人类是意志的产物。按照他在现世相信什么，他去世后就会成为什么。”[②]因此要求我们作善人、修善业。业的果报就是让人们流转于无始无终的生死轮回中。业报适用于人、神、动物与植物。

业与人们的道德作为并不矛盾，也不束缚意识或意志。业律只是说每一个行为都是以前行为的必然结果，以前的行为在行为主体身上一定会产生效果。如果人们没有更高层次的精神追求，人们的行为就会彻底被过去的行为与现在的环境所限制。然而人不仅仅是自然的产物。他要比他的业更强大。如果业律控制了一切，那就不可能有任何真正的自由可言。人的生命有不同的层次，机械的、生理的、情感的、理智的和精神的，这些层次在一个人的生命中是彼此交融、相互渗透的。业律只能控制人的较低层次，对人的精神层次它是无能为力的。反过来，人的精神品质能够抑制和克服他的自然冲动。

业还产生心理上的作用，即它会在一个人的意识留下印迹或形成一种倾向，这就是薰习（vasana），一旦我们作了一个行为它会使我们一再地重复。因此，一切行为都会在此世产生果报，对意识产生影响。我们还是通过自我修习，我们可以加强善的冲动，减弱恶的冲动，从而控制它们。

奥义书确立了以后哲学探索的主要问题，为以后的哲学探讨指明了道路。其中包含了哲学唯心论的真正要素，强调世界的相对真实性，精神的整全与唯一以及伦理与宗教生活的必要性。但其不足在于其哲学概括主要是靠直觉，而不是理性，以致于没有形成严密而成熟的体系。

奥义书思想家虽提出玄远的精神价值，但他们并没有具体的崇拜形式，没有一个祭司阶层，再加上他们对吠陀宗教信仰的尊重与继承，因此它始终没有走向大众，兴起一个流行的社会运动。一方面，他们引导人们从外

① 《广林奥义》Ⅲ.2.13。
② 《歌者奥义》Ⅲ.14.1。

在权威与过分墨守成规的枷锁中解放出来，另一方面，他们又为旧锁链所束缚。因此，奥义书未能影响整个社会。祭祀宗教依然是当时的统治力量。当时的社会呈现出纷乱与矛盾的局面，在宗教上，吠陀多神论与祭祀和奥义书的一元论与精神生活并存；在社会生活中，种姓虽被普遍主义精神所减弱，但依然强盛；在解脱论上，轮回与地狱的观念混合在一起。因此奥义书时代是一个精神干枯的时代，真理要迁就传统，道德僵化为形式。

奥义书的一元论与吠陀的多神论、奥义书的精神生活与吠陀的祭祀程式、奥义书的解脱和轮回与吠陀的天堂地狱说、奥义书的普遍主义与种姓制的盛行这种不合理的混合不会持续太久了。佛教徒、耆那教徒与顺世论者都指出了流行宗教的虚伪性。前两个教派都试图建立自己的体系，他们的尝试是革命性的。他们吸收了奥义书的道德普遍主义信条，期望能彻底打破婆罗门阶层、祭祀体系与流行宗教的权威性。而《薄伽梵歌》与后期的奥义书都努力维系一种更加保守的精神评估传统并进行新的综合。因此，从这个意义上说，奥义书开启了一个新时代。

印度晚期部派佛教的流布与演变状况
——从玄奘、义净大师的记载看

周贵华

【内容提要】据玄奘、义净大师的记载，印度晚期部派佛教一直与大乘佛教并存，甚至一般比大乘佛教信众更多。其总体趋势是走向衰落，乃至灭亡，但中间在地域分布、部派势力方面变化较大，特别是正量部的大兴乃此阶段的一个重要特点。

【关键词】印度佛教　部派佛教　晚期　大乘　玄奘　义净

【作者简介】周贵华，哲学博士，中国社会科学院哲学研究所研究员、博士生导师。

部派佛教在大乘佛教兴起后，便进入了晚期。但晚期部派佛教经历漫长历史时期，直到其灭亡，而此过程，大致可分三个阶段，即晚初、晚中、晚终期。

一、部派佛教晚初期

这相当于从公元2世纪中左右到公元5世纪初左右，部派佛教早已经遍及五印。大乘佛教的兴起，与部派佛教极有关联，一部分部派佛教信众就直接转化为了大乘信众，甚至成为大乘早期的弘扬者与论师，即使是在后来整个大乘佛教流布时期，大乘修行者大多都依于部派佛教的部派出家受戒，然后再修大乘。所以，大多数部派，不论上座系还是大众系，都与大乘佛教有融合而共转的倾向，兼修大乘法的比比皆是。但其中也有一少部分保守的部派佛教修行者，视大乘佛教的兴起为“正法”的危机。他们斥大乘“非佛说”，坚持部派佛教传统而拒绝大乘佛教开创的自由开放的思想方式。这时部派佛教的主要派别为说一切有部（有部）、经部（经量部）、大众部等，而正量部的影响随着大乘的兴起也越来越大。

说一切有部分东西两部，即西方师在犍陀罗，东方师在迦湿弥罗。后来东方师占上风，以其立场编辑成集大成性质的《阿毗达摩大毗婆沙论》，收罗了各种异说，并对西方师予以了批判，将有部学推向顶峰，但同时也终结了传统有部学的发展。由此，有部思想进入了晚期阶段。在此阶段，其思想的开展受到了大乘思想的影响，但相较于犍陀罗，迦湿弥罗其传统得到了较好保护与延续。最值得注意的是，多位有部大师注释了西方师法胜的《阿毗昙心论》，其中法救（非有部四大家的法救）采《大毗婆沙论》的一些思想，补充与系统化了《阿毗昙心论》的系统，而成《杂阿毗昙心论》，对有部东西方思想予以了综合。此书是这个时期有部主要的著作。

经部的活动区域主要在西北印度，而大众部主要在中印度与南印度发展，二者都传承不明，但知道这时出现了一位大师师子铠（即诃梨跋摩），传承了二者之学。师子铠是经部的集大成者童受的学生，在离开老师后，来到了中印度阿逾陀。“当时那一带的部派佛学中僧祇一部已到了多闻阶段，学说规模宏大，不拘守一宗一派之言，采用大乘的说法，开展了综合性的学风。”[①] 师子铠综合经量部与大众部（“僧祇”）之学，融合一些大乘思想，写成了一部性质介于部派佛教与大乘之间的论著《成实论》。

二、部派佛教晚中期

这指公元 5 世纪初左右到公元 7 世纪初左右。在此阶段，大乘佛教从

① 吕澂著：《印度佛学源流略讲》，上海人民出版社 1979 年版，第 149 页。

般若思想的批判性，转变为如来藏思想的信仰性，再到瑜伽行思想的集大成性质的建构性，而进入盛期，但很快就开始衰落。其间，部派佛教最主要部派说一切有部、上座部、大众部仍存，但势力也大衰，而经部思想影响犹在，不过已经失去其主要部派的地位，为正量部所取代，后者一跃而成最大部派。从《大唐西域记》可知，这个阶段是印度佛教宗派论争最为激烈的时期，部派佛教彼此之间，大乘彼此之间，大乘与部派佛教之间，都有发生，所谓“部执峰峙，诤论波涛”。[①]

（一）大、小乘佛教及其僧众分布

小乘在此阶段虽遍及五印，但分布变化甚大。在西北印度这样的小乘传统根据地犍陀罗等地部派佛教已经大大衰落，在玄奘去印时，只见少量部派佛教僧众，而整个北方也就迦湿弥罗国小乘僧众较多，小乘佛教的开展只在中印度、南印度、西印度规模较大。

大乘佛教最初在南印度兴起，后经西印度发展到西北印度，又传播到中印度、东印度，乃至五印皆有大乘。但在西北印度，最初由于龙树等的弘传，有大乘般若思想的广泛传播，后来更由于世亲回小向大的皈依以及无著的阐扬，大乘瑜伽行派曾经兴盛，不过，随着印度婆罗门教在此地复兴，大乘佛教开始衰落，到玄奘去印时，除乌仗那国外，仅见少量大乘僧众，而传到中、东、南、西印度者，仍存三个中心即摩竭陀国（中）、乌荼国（东）[②]与憍萨罗国（南）。

按照《大唐西域记》的记载，在7世纪初，五印诸国习学佛教有五种类型：一者纯习小乘；二者纯习大乘；三者兼功习学大、小乘；四者学无

① （唐）玄奘述、辩机撰：《大唐西域记》卷二，《大正藏》第五十一册，第877页上，CBETA电子版。

② 但有相互矛盾的记载：“行次乌荼国，其国僧皆小乘学，不信大乘，谓‘为空花外道，非佛所说’。”见（唐）慧立、彦悰著：《大唐大慈恩寺三藏法师传》卷四，《大正藏》第五十册，第244页下，CBETA电子版。

专习，即没有形成修学传统的；五习学大乘上座部，代表小乘融摄大乘的形态。这也应该是此整个阶段的基本状况。对此分布，季羡林曾有一个大略总结："崇信大乘的'国'或伽蓝共有十六个，崇信小乘的有三十七个；崇信大小二乘的有十二个；没有说明或'学无专习'的有十七个。至于信徒人数则无法统计。从单位数字看来，大、小乘五天竺都有，而小乘的力量，要比大乘强大得多。"[①]具体情况如下：

1. 纯学大乘共十六教区。谓北印度滥波国、犍陀罗国两伽蓝、乌仗那国、呾叉始罗国、僧诃补罗国、乌剌尸国、迦湿弥罗国一伽蓝、屈露多国（"多学大乘，少习诸部"）；中印度毗罗删拏国、战主国数伽蓝、吠舍离国一伽蓝、摩揭陀国数十伽蓝；东印度乌荼国；南印度憍萨罗国、驮那羯磔迦国[②]；西印度伐剌拏国。其中，北印度乌仗那国应有一万僧众左右；中印度摩揭陀国一万余；南印度憍萨罗国一万左右；东印度乌荼国一万余。此十六教区共约四万到五万间僧众。西印度较弱。

2. 纯学小乘共三十七教区。谓北印度犍陀罗三伽蓝、迦湿弥罗国、磔迦国一伽蓝、至那仆底国一伽蓝；中印度波理夜呾罗国、萨他泥湿伐罗国、窣禄勤那国（"多学小乘，少习余部"）、秣底补罗国、瞿毗霜那国、垩醯掣呾罗国、劫比他国、羯若鞠阇国四伽蓝、阿耶穆佉国、钵逻耶伽国、憍赏弥国、鞞索迦国、舍卫国、迦比罗卫国、波罗痆斯国、战主国、吠舍离国一伽蓝、摩揭陀国两伽蓝、伊兰拏钵伐多国、瞻波国、羯朱嗢祇罗国；东印度三摩呾吒国、羯罗拏苏伐剌那国；南印度达罗毗荼国、摩腊婆国、伐腊毗国；西印度阿难陀补罗国、瞿折罗国、信度国、阿点婆翅罗国、波剌斯国、臂多势罗国、阿軬荼国。其中的中心有北印度迦湿弥罗五千余僧众；中印度波罗痆斯国五千左右、伊兰拏钵伐多国六千左右；南印度达罗

① （唐）玄奘述、辩机原著，季羡林等校注：《大唐西域记校注》，中华书局1985年版，前言《玄奘与〈大唐西域记〉》，中华书局1985年版，第81页。

② 也有说此国习小乘。见（唐）慧立、彦悰：《大唐大慈恩寺三藏法师传》卷四，《大正藏》第五十册，第241页，CBETA电子版。

毗荼国万余、摩腊婆国两万余、伐腊毗国六千余；西印度信度国万余、阿点婆翅罗国五千余。三十七教区共九万僧众左右。南印度、西印度、中印度较强，东印度较弱。

3. 兼功习学大小乘共十二教区。这其中“兼功习学”之义需要略辨一下。季羡林主张非指一个人兼习大小乘，而应指一个地方流传大小乘。[①]然而，此说并非完全合理。在《大唐西域记》中，有的国家如摩揭陀国既流传大乘，也流传小乘，但玄奘并未称其国“兼功习学”大小乘，而是标出其有的伽蓝习大乘，有的伽蓝习小乘。这表明“兼功习学”是指在这些地方或者伽蓝是混传大小乘的，也就必然有一些僧众兼习大小乘，甚至应该指这些地方的僧众大多都兼习大小乘。

兼习大小乘的十二教区谓北印度阇烂达罗国；中印度秣菟罗国、羯若鞠阇国、阿逾陀国、弗栗恃国、奔那伐弹那国；南印度恭建那补罗国、摩诃剌侘国、契吒国；西印度邬阇衍那国、钵伐多国、狼揭罗国。较大中心为中印度羯若鞠阇国万余僧众，南印度恭建那补罗国万余、摩诃剌侘国五千余，西印度狼揭罗国六千余。十二教区总计四万僧众。其中中印度、南印度混传较多，东印度没有混传情况。混传反映了该地大小乘的混融状况。

4. 学无专习共十七教区。谓北印度那揭罗曷国、钵露罗国、半笯蹉国、曷逻阇补罗国、磔迦国、至那仆底国；中印度设多图卢国、婆罗吸摩补罗国、蓝摩国、拘尸那揭罗国、吠舍离国；东印度耽摩栗底国；南印度案达罗国、珠利耶国、秣罗矩吒国；西印度擲枳陀国、茂罗三部卢国。主要分布在北印度钵露罗国数千僧众，东印度耽摩栗底国千余，南印度案达罗国三千余。十七教区共一万僧众左右。学无专习的情况应该反映了该地佛教教派不断发生变化而不稳定的状况，原因可能有二：一者佛教教派间的不断论争替换，二者外道教派势力大而令佛教教派不断变动。

① 也有说此国习小乘，见（唐）慧立、彦悰著《大唐大慈恩寺三藏法师传》卷四，《大正藏》第五十册，第 241 页中—下，CBETA 电子版。

5. 习学小乘摄大乘的融合教义共四个教区。《大唐西域记》提到斯里兰卡主要习学“大乘上座部”，达两万余僧众；在印度也有习学的，如中印度摩揭陀国摩诃菩提僧伽蓝，南印度羯陵伽国、跋禄羯咕婆国，西印度苏剌侘国，共约五千僧众。“大乘上座部”应是融合了大乘部分学说的小乘上座部。[①] 其实不仅有“大乘上座部”，还应有“大乘大众部”，如前一阶段谈到的《成实论》即反映了这种小乘大众部摄受大乘思想的类型。[②] 大乘摄小乘不算新类型，因为学大乘要求学小乘，以圆满道种智（道相智）。

根据前面所述公元 7 世纪初大小乘分类发展状况，对整个印度部派佛教晚中期情况可得如下几点推论：

一者，小乘总的僧众要大大多于大乘，可推论，在印度即使是在大乘佛教的盛期，其力量也要弱于小乘不少。

二者，大乘在北印度与东印度要强于小乘，在中印度相当，而在南、西印度要弱得多。

三者，大乘佛教在此阶段达到盛期，但很快开始衰落，特别在北印度。

四者，小乘佛教在此阶段发展有跌有涨。在北印度大大衰落，但在西、南印度尤其在南印度由于正量部的崛起而有大发展，虽然大众部在南印度已衰落。

（二）小乘部派分布及其僧众

在此阶段大乘佛教达到盛期，但随即开始衰落，而处在衰变过程中的部派佛教却有了一个不小的复兴。在此阶段结束时，在公元 7 世纪初期，在《大唐西域记》中提及的部派主要有上座部、说一切有部、正量部、大

---

① 参考季羡林著：《季羡林佛教学术论文集》，台湾：东初出版社 1995 年版，第 183—207 页。

② （唐）玄奘述、辩机原著，季羡林等校注：《大唐西域记校注》，中华书局 1985 年版，前言《玄奘与〈大唐西域记〉》，第 68—85 页。

众部，这些也应该是此阶段的主要部派。在三大传统部派上座部、说一切有部、大众部外，只提后来兴盛的正量部，并不是说没有其余部派的单纯存在。在唯标小乘的一类中应有前四类以及其余部派的存在，甚至可能就有其余部派的纯粹类型。纯粹部派弘传教区的具体分布如下：

1. 宗崇上座部的地区：东印度三摩呾吒国、南印度达罗毗荼国，共一万二千余僧。

2. 宗崇说一切有部的地区：北印度至那仆底国，中印度秣底补罗国、羯若鞠阇国、伊兰拏钵伐多国、摩揭陀国迦布德迦伽蓝，西印度瞿折罗国、波剌斯国，共四千数百僧。

3. 宗崇正量部的地区：中印度垩醯掣呾罗国、劫比他国、阿耶穆佉国、鞞索迦国、舍卫国、迦比罗卫、波罗痆斯国、吠舍厘国、伊兰拏钵伐多国，东印度羯罗拏苏伐剌那国，南印度摩腊婆国、伐腊毗国，西印度阿难陀补罗国、信度国、阿点婆翅罗国、臂多势罗国、阿軬荼国，共六万数千僧。

4. 宗崇大众部的地区：北印度迦湿弥罗国，共百余僧。

5. 宗崇小乘的地区：北印度犍陀罗三伽蓝、迦湿弥罗、磔迦国一伽蓝，中印度波理夜呾罗国、萨他泥湿伐罗国、窣禄勤那国（“多学小乘，少习余部”）、秣底补罗国一伽蓝、瞿毗霜那国、钵逻耶伽国、憍赏弥国、战主国、摩揭陀一伽蓝、瞻波国，共九千僧左右。从中可知，玄奘大师去印度时，四大部派外其余部派的单纯存在只能在北印度与中印度才有可能。在北印度此三教区中，可能有单纯经量部存在，而在中印度可能有经量部、犊子部、化地部、法藏部等的单纯存在。比如在憍赏弥国，可能仍有犊子部的单纯存在。

容易看出，上座部主要在南印度与东印度流行；说一切有部在北、中与西印度，南印度、东印度无；正量部在中、西、东、南印度有，但主要在中印度、西印度、南印度，而北印度无；大众部已经完全衰落，只在北印度有明确僧团小规模弘传。在这些部派中，正量部与说一切有部流传最广。[①]

在其中还值得注意的是，西北印度的犍陀罗与迦湿弥罗过去一直是说一切有部的根据地，毗婆沙西方师与东方师分别在二地活跃，但在此阶段完全面目全非了，其中迦湿弥罗只能见到后传到北方的大众部了；正量部力量崛起，一跃而成为最大部派，改变了部派佛教生态。

简言之，在北印度有说一切有部与大众部；在中印度有说一切有部、正量部，其中前二者占据主流，而在摩揭陀国的那烂陀寺形成一个大小乘并存的佛教学修中心；在东印度有上座部与正量部；在西印度有正量部与说一切有部；在南印度有上座部与正量部，其中正量部在摩腊婆形成了一个部派佛教最大中心。

（三）有部系、大众系与分别说系的开展

如果从三系角度观察，前述四部可以重新归类，大众部归大众系，有部归有部系，上座部与正量部归分别说系。

先看有部系。大乘佛教的兴盛迫使部派佛教的传统力量也要因应而有所振奋。世亲大师早期作为批判大乘的重要论师，朋经部而对以《大毗婆沙论》为代表的有部说予以了批判、抉择与改造，在《杂阿毗昙心论》的基础上，撰造著名的《阿毗达摩俱舍论》。此论对有部与经部的学说作了抉择与统一的工作，影响极大，甚至地位直追《大毗婆沙论》，而被称为“新有部说”。

但《俱舍论》的立场在经部与有部间折衷，又出新说，并未能使传统力量满意，所以遭到悟入论师的弟子众贤论师等的批评。据《大唐西域记》记载，众贤论师专研《俱舍论》十二年，写成一部针对性的论著，也就是《顺正理论》，其节本称《显宗论》。《顺正理论》以毗婆沙师的立场，对《俱舍论》有批判，也有抉择，相当系统，代表了宗《阿毗达摩大毗婆沙论》

① （唐）玄奘述、辩机原著，季羡林等校注：《大唐西域记校注》，中华书局1985年版，前言《玄奘与〈大唐西域记〉》，第68—85页。

的毗婆沙师试图回到有部传统的最后努力。

经量部在中印度与北印度仍有弘传，但已衰微。其思想受到瑜伽行派的吸收，如陈那论师取经部的“自证说”与“带相说”明确阐发了有相唯识观。在此阶段晚期，经量部已经有与瑜伽行派合流的倾向。

大众系的主要部派大众部最初在南印度，后发展到中印度、北印度，但到玄奘去印时，在南印度以及中印度皆已没有单纯大众部了，只在北印度迦湿弥罗还有单纯传承。大众部思想与大乘相近，所以在大乘兴盛后，其特色不再，衰落在所难免。而大众系其余部派更早已消失。

分别说系上座部最初在北方，后向东、向南流传，而犊子部主要在中印度，化地部、法藏部初亦主要在中印度，后传到西印度、南印度，而在南印度的案达罗与大众部相邻，但后来衰落。在斯里兰卡（僧伽罗国）分别说系更为强盛，有大寺派（摩诃毗诃罗住部，Mahā-vihāra-nikāya）以及无畏山派（阿跋邪只厘住部，Abhaya-giri-vihāra）。如《大唐西域记》记载，僧伽罗国最初习大乘上座部法，僧伽约有二万余人，后“分成二部：一曰摩诃毗诃罗住部，斥大乘习小教，二曰阿跋邪只厘住部，学兼二乘，弘演三藏”。[①] 再后又分出祇多林住派（Jetavana-ārāma）。无畏山派与祇多林住派都是大小乘兼修，而大寺派唯修小乘。

正量部随顺犊子部，而承诺有我论，由此与大乘如来藏思想有相似之处，此时成为一大部派，乃是这个时期的重要特点。早期大乘宗派中观派在佛教中的论敌是说一切有部，而到此阶段，大乘宗派瑜伽行派的论敌渐转为了正量部。所以，在大乘极盛时期，正量部具有了与大乘佛教相抗衡的力量。

正量部最初是西印度流行，后流传到南印度，可能是其业力不空的思想在乱世中受到欢迎，发展很快，特别受到工商阶层的支持。据玄奘大师在《大唐西域记》记载，除北印度以外，正量部在印度其他地区都有流传，

① （唐）玄奘述、辩机撰：《大唐西域记》卷11，《大正藏》第51册，第934页上。

计十九国，共六万多僧众。当时印度有两大重学的地区：一是中印度摩揭陀国，那里建有那烂陀寺；一是西南印度摩腊婆国，如在述及摩腊婆国时云："五印度境两国重学，西南摩腊婆国，东北摩揭陀国，贵德尚仁，明敏强学。而此国也邪正杂信，伽蓝数百所，僧徒二万余人，习学小乘正量部法。"①

玄奘在印时，曾代表那烂陀寺应对正量部论师般若鞠多对大乘佛教的挑战。在《大唐大慈恩寺三藏法师传》中说，当时"南印度王灌顶师老婆罗门名般若鞠多，明正量部义，造《破大乘论》七百颂，诸小乘师咸皆叹重。"在该论中，般若鞠多判大乘为"空花外道，非佛所说"，予以批判。此论影响甚大，以致那烂陀寺的大乘论师们颇有畏惧，而不愿应战。玄奘自告奋勇请许代应战得允，遂造《制恶见论》一千六百颂，以大乘义破斥该论。②并在戒日王在曲女城召开的十八日无遮大法会上宣布，竟无人敢质疑一字，赢得极大声誉。从这次事件可知正量部在印度南部佛教中的强大地位。

三、部派佛教晚终期

部派佛教晚终期是指公元 7 世纪初以后直到佛教在印度消亡间的时期。在这个阶段，部派佛教先是延续了玄奘在《大唐西域记》中记载的部派大略情况，即分为四大派，也就是上座部、说一切有部、正量部与大众部。在晚终期有影响的佛教思想还有经部之说，但其并没有再以现实的宗派形式出现。义净大师在公元 7 世纪下半叶（公元 671 年）去印度取经与朝圣，曾记载了那时印度部派佛教的情况：

---

① （唐）玄奘述、辩机撰：《大唐西域记》卷 11，《大正藏》第 51 册，第 935 页下。

② （唐）慧立、彦悰著：《大唐大慈恩寺三藏法师传》卷 4，《大正藏》第 50 册，第 244 页下—245 页下。

> 诸部流派，生起不同。西国相承，大纲唯四。一阿离耶莫诃僧祇尼迦耶，唐云圣大众部，分出七部，三藏各有十万颂，唐译可成千卷；二阿离耶悉他陛［打－丁＋罗］尼迦耶，唐云圣上座部，分出三部，三藏多少同前；三阿离耶慕［打－丁＋罗］萨婆悉底婆拖尼迦耶，唐云圣根本说一切有部，分出四部，三藏多少同前；四阿离耶三蜜栗底尼迦耶，唐云圣正量部，分出四部，三藏三十万颂。然而部执所传，多有同异，且依现事言其十八，分为五部，不闻于西国耳。其间离分出没，部别名字，事非一致，如余所论，此不繁述。故五天之地，及南海诸洲，皆云四种尼迦耶，然其所钦处有多少。摩揭陀则四部通习，有部最盛；罗荼、信度（西印度国名）则少兼三部，乃正量尤多；北方皆全有部，时逢大众；南面则咸遵上座，余部少存；东裔诸国杂行四部（从那烂陀东行五百驿，皆名东裔……）；师子洲并皆上座，而大众斥焉。[1]

从中可知，当时北印度主要流传说一切有部，再加少量大众部；中印度（摩揭陀国）通行四部，即上座部、说一切有部、正量部与大众部，但主要是说一切有部；西印度（信度国）与西南印度（罗荼国）其他较少，正量部尤其多；南印度主要传播上座部，正量部与大众部已经很少了，而在师子洲即僧伽罗国皆是上座部。

从西去印度取经、朝圣的法显大师、玄奘大师、义净大师的见闻比较可以看出，部派佛教的衰势十分明显。西北印度犍陀罗与北印度的迦湿弥罗曾是说一切有部的根据地，二者的衰颓变化是一个典型。在法显大师去印时，说一切有部在犍陀罗已经衰落，但仍是小乘学流行，包括有部以及经部，但后来长期战乱，破坏了传统信仰结构，小乘衰落，到了玄奘法师去印时，甚至其小乘佛教都衰微到不值一提的状态了。迦湿弥罗在世亲菩

① （唐）义净撰：《南海寄归内法传》卷 1，《大正藏》第 54 册，第 205 页上－中，CBETA 电子版。

萨在世时仍是说一切有部的天下，但经过乱世与灭法，说一切有部的痕迹似乎消除不见，反倒成为了后传到北方的大众部的化地。乌仗那国在法显大师去时小乘甚盛，但在玄奘大师时已经消失，被大乘信仰取而代之。对比法显时代与玄奘时代，可见憍赏弥国从小乘盛行衰为伽蓝倾顿荒芜、僧众只有三百人的衰景；秣摩栗底国从尽有僧住的二十四伽蓝变为只有十余所；伐剌拏国从三千多小乘僧到伽蓝荒圮、僧徒三百，亦尽显衰颓；如是等等，不一而足。总的来看，玄奘大师去印时，部派佛教已经衰颓，规模大不如前，传统寺院多数衰朽，僧群缩小，化地也多有变动，只有正量部变得强大。从总的实力看，小乘还是远强于大乘。

义净去印时代距离玄奘去印时代不到半个世纪，但其间小乘佛教的衰变堪称急剧。中印度本是正量部流布最广之地，大大超过说一切有部，却已经不复旧观。西南印度（也称南印度）的摩腊婆、伐腊毗国在玄奘时代都是正量部独大，然而义净只提到该地区正量部主要在罗荼国，所以摩腊婆已失去其正量部中心的地位。南印度最初是大众部最为流行，在玄奘去印时已成上座部化地，义净的记载亦如此，而大众部仅存少量。

部派佛教晚期与大乘佛教一样，受到了印度教快速发展的挤压，这是其衰败的重要原因之一。而伊斯兰教从公元 8 世纪开始从西北印度对印度的不断入侵，则给予了部派佛教以毁灭性打击。因为部派佛教具有相对严格的僧团制度以及相对保守的思想方式，而且大多集中在印度北部、中部、西部以及南部，所以最先遭到破坏，很快就趋于消亡，而大乘佛教已经渐转型为大乘密教，且主要在偏于印度东部的地区发展，因而偏安的时间较长，直到 13 世纪初伊斯兰军队毁灭了大乘密教最后一个学修中心超戒寺（Vikrama-śīla）后，方告灭亡。

儒学在越南的传播与影响

何成轩

【内容提要】越南是汉文化圈内的重要国家，深受儒家思想的影响。历史上越南人濡染汉文化甚深，许多人尊崇孔子，信奉儒教，诵读四书五经，并建有文庙。政治经济，文化教育，一遵儒学体制。伦理道德，礼仪礼节，风俗习尚，亦多体现儒学精神。儒学在越南传播广泛，影响深远，曾经成为越南封建社会的正统思想。秦汉以后千余年间，儒家思想渗透到越南民族的思想行为、思维方式、情感状态和风俗习惯之中，成为越南文化遗产的重要组成部分。近代以来，儒学渐趋衰微，但其影响一直存在。在当今的社会生活中，儒家思想的影响依然随处可见。

【关键词】儒学　越南　传播　影响

【作者简介】何成轩，中国社会科学院哲学研究所研究员，中国人民大学孔子研究院学术委员、中国实学研究会顾问。

越南是汉文化圈内的重要国家，深受儒家思想的影响。历史上越南人濡染汉文化甚深，许多人尊崇孔子，信奉儒教，诵读四书五经，并建有文庙。政治经济，文化教育，一遵儒学体制。伦理道德、礼仪礼节、风俗习尚，亦多体现儒学精神。越南从秦汉起使用汉字，13 世纪出现字喃（亦称喃字）以后，一般人著书作文及政府文件告示仍沿用汉字。现代越语改用拉丁字母拼写，但汉语借词仍占其词汇的一半以上，越南人称汉字为“儒字”（chữ nho），中学毕业生为“秀才”（tú tài ），大学生为“生员”（sinh viên），大学毕业生、学士为“举人”（cử nhân），博士为“进士”（tiên sĩ），科学院院士为“翰林”（hàn lâm）。儒学在越南影响的广泛与深入，于此可见一斑。儒学在越南传播广泛，影响深远，曾经成为越南封建社会的正统思想。秦汉以后千余年间，儒家思想渗透到越南民族的思想行为、思维方式、情感状态和风俗习惯之中，成为越南文化遗产的重要组成部分。近代以来，儒学渐趋衰微，但其影响一直存在。在当今的社会生活中，儒家思想的影响依然随处可见。

本文从越南建制沿革与简史、儒学在越南传播概况、儒学在越南当代社会的影响三个方面，简略地论述儒学在越南的传播与影响。

一、越南建制沿革与简史

越南位于东南亚中心地带，现有面积 329556 平方公里，总人口近 7000 万。

越南古为交趾之地，很早就与中原发生联系。从秦汉始至五代末，越南北部和中部地区曾经成为中国的郡县，形同内地，前后达一千余年之久，史称“郡县时代” 或“北属时期”。10 世纪越南独立后，仍与中国保持宗藩关系，直至 19 世纪后半叶沦为法国殖民地之时为止。

越南独立后，先后经历了丁朝（968—980）、前黎朝（980—1009）、李朝（1010—1225）、陈朝（1225—1400）、胡朝（1400—1407）、后黎朝（1428—1784）、阮朝（1802—1945）等历史时代。1802 年，阮朝开国之君嘉隆帝阮福映遣使奉表上奏清廷，请改国号为“南越”。清廷没有同意，而于 1803 年封其为“越南国王”。越南国名始此，且沿用至今。

1945 年 8 月，日本无条件投降。印度支那共产党发动总起义，阮朝末代皇帝阮永瑞（保大）宣布逊位。9 月 2 日，胡志明在河内巴亭广场发表《越南独立宣言》，宣布越南民主共和国成立。1975 年南北统一，次年将国名改为越南社会主义共和国。

越南的建制沿革和国家名称在历史上屡有变动，为方便行文，本文一般以“越南”称之。

二、儒学在越南传播概况

秦始皇在公元前214年略取岭南，在岭南建立桂林、南海、象三郡，其中象郡包括了今越南北部和中部地区。从此时开始，儒学陆续传入越南。

秦末两汉，岭南地方割据政权南越国开国之君武王赵佗（今河北省正定人），开汉文化传入越南风气之先，稍以诗礼化其民，初见成效。嗣后，锡光、任延继之而起，踵事增华，功绩卓著，贡献甚巨。

东汉时期，越南有一些士人因笃学明经成绩突出而被举为孝廉、茂才或被征担任各种官职。张重、李进、李琴（阮琴）及其他若干人，还曾到中原和内地做官。

东汉末、三国初，交趾太守士燮（今广西梧州人）对儒学在越南的传播，贡献最大，厥功甚伟。当时的越南人文荟萃，教育大盛，学术繁荣，成为南方文化中心和中外文化交汇点。儒、释、道、医各家，咸集于此，辩论争鸣，切磋砥砺，形成岭南文化史上之黄金时代。古代越南人对士燮极其尊崇，誉为“南交学祖”，称为“士王”，先入帝王庙，后入文庙，祭祀不绝，享俎豆于千秋。

盛唐时期，越南（当时称为安南）与中原的文化联系和交流进一步加强。中原许多文人学者，或到安南任职，或坐事贬谪安南，或因其他缘由流寓安南。他们大多热心教育，振兴文化，传播儒学。另一方面，安南也有一些人到中原求学或供职，他们所接受的自然是以儒学为主体的中原文化。通过这样南来北往的文化交流，儒学在安南的影响进一步扩大了。

唐时安南与内地一样，实行科举制度。当地陆续有士人考中进士，其中不乏饱学干才之士。如姜公辅、姜公复兄弟以及廖有方，都考上了进士，各以政绩或诗文闻名于世。

姜公辅是爱州日南县（今越南清化省安定县）人，才高而忠鲠，精通儒典，睿智有谋。唐德宗时登进士第，官至宰相（同中书门下平章事）。

后被贬为福建泉州别驾，在该地居住十四年而卒，今其墓尚在。

姜公辅以经学起家，官至宰相，对安南地区文教的发展，有很大的鼓舞激励作用。公复、有方诸人继之而起，当地人文蔚兴，儒学大盛，仿佛海滨邹鲁。

越南独立后，儒学经历了由鼎盛而衰微的过程。

丁朝和前黎朝尚处于越南自主封建国家的草创阶段，为时较短。两朝统治者均实行三教并用的方针，而尤重佛教。

李朝时，仍三教并用，而以佛教为主。开国皇帝李太祖（李公蕴）称帝后，广度人民为僧，大造佛寺，重用僧官。其后诸帝竞相效法，奉佛为有国常典，佛教几乎被尊为国教。李朝是越南佛教的鼎盛时期。同时，道教也受到尊重和鼓励。但李朝统治者从政治生活中逐步认识到，佛、道理论虽然高超，但往往不能解决巩固和发展君主专制的实际问题。而儒家的思想学说，特别是其中的三纲五常理论，对维护皇权更为切实有效。因此，李朝逐步抬高儒士的地位，鼓励发展和传播儒学。他们大力兴办学校，推行科举，越来越重视使用儒士。李圣宗时期，朝廷于1070年在京都升龙（今河内）首建文庙，内塑孔子、周公和四配像，画七十二贤像，四时享祀。1075年，李仁宗诏选明经博学及试儒学三场。这是越南独立后的第一次开科取士。1076年，李仁宗又在京都设立国子监，作为皇太子及文职官员学习儒学知识的场所。1086年，又成立翰林院。次年，起造秘书阁。由于最高统治者的提倡和鼓励，李朝时期儒学的地位有了相当大的提高，但在整个社会生活中还没有占居主导地位。

陈朝建立后，诸帝鉴于李末人民反抗的频繁，以及统治集团内部争夺皇位互相倾轧的激烈，迫切需要以儒家的等级尊卑思想来整顿社会秩序，控制臣民思想。要求将尊卑等级原则贯彻到家庭、家族和国家政治当中。陈朝统治者采取多种措施，提倡儒学，并对佛、道两教有所限制。至陈末，儒学终于逐渐占居上风。

陈朝出现了许多儒家学者和儒学著作，黎文休、朱文安、黎适、张汉超等都是当时著名的儒家。黎适和张汉超是排佛的两员大将，他们都发表过严厉批判佛教的文章。张汉超在《开严寺碑记》中提出："方今圣朝欲畅皇风以救颓俗，异端在可黜，正道当复行。为士大夫者，非尧舜之道不陈前，非孔孟之道不著述。"[①] 这一主张，是董仲舒"罢黜百家，独尊儒术"理论在越南的翻版。但由于当时举国上下崇佛成风，而且越南社会三教合一的气氛十分浓厚，所以黎适、张汉超等人的尊儒反佛言论，并未引起强烈的反响。

越南的封建制度到后黎朝达于鼎盛，迫切需要建立一个更加统一、集中、高效的中央政权，保持一个巩固而稳定的社会秩序。儒学以纲常名教为核心的一整套理论学说，正好适应了越南社会现实的需要，因此得以勃然振兴。儒学在后黎朝达到了它的鼎盛阶段，取得了独尊的地位，成为支配全社会的正统思想。

越南最后一个王朝阮朝统治者进一步强化君主专制制度，继续表彰和提倡儒学，所以在阮朝初期和中期，儒学仍保持兴旺的势头。

19 世纪中叶以后，越南沦为法国的殖民地，民族民主革命运动风起云涌。在殖民制度和西方文明的冲击下，在民族民主革命运动的打击下，君主专制制度迅速走向没落。作为封建社会占统治地位的意识形态的儒学，也随之日渐衰微。

1919 年，顺化举行了历史上的最后一次科举会试，在越南延续了八百多年的科举制度便寿终正寝了。祭孔祀孔之礼逐步废弛，文庙在人们心目中的神圣地位大大下降。

随着社会的发展和形势的变化，儒学本身的弊病和弱点更加暴露无遗。儒学对人们思想言论的钳制和禁锢，束缚了越南政治、经济、文化的发展进步。由此，怀疑批判儒学的思潮逐渐兴起，反孔言论屡见于书刊报章。

总之，由于自身以及外部的原因，越南儒学发展到近现代，逐步地走

① （越南陈）张汉超：《开严寺碑记》，见［中］耿慧玲、［越］黄文楼主编：《越南汉喃铭文汇编》第 2 集（陈朝），中国台湾新文丰出版公司 2002 年版，第 303 页。

向衰微。

1945年越南民主共和国成立后，特别是1975年南北统一以后，马列主义成为国家的指导思想。儒学作为一种思想理论体系已经过时，退出历史舞台。在一段时期里，且曾被视为封建思想而受到严厉的批判。

在历史上，越南儒学虽然是从中国传入的，但越南对于儒学的接受，并非原封不动，照抄照搬，而是根据本国的国情，予以改造发挥。因此，越南儒学具有自己的民族特色，简约化、实用化和儒、释、道三教合一尤为突出而鲜明。

三、儒学在越南当代社会的影响

进入近现代以后，越南儒学作为整体来说虽已不能适应时代要求而退出历史舞台，但其影响仍然存在。这种影响，既有积极的一面，也有消极的一面。

（一）儒学是越南民族民主运动的思想动因之一

就积极的一面说，在近现代，儒学是越南民族民主运动的思想动因之一。儒家的群体主义、大一统观念、忠君爱国思想以及夷夏之辨理论，在培养越南民族精神，维护越南国家统一和民族独立方面，曾经起过积极的作用，造就了一批又一批忠臣义士。在越南近现代史上，曾出现众多维护民族独立、抗击外敌入侵的英雄烈士，他们大都受到儒家思想的熏陶。换言之，儒家思想曾经是越南爱国志士仁人的重要精神支柱和思想武器之一。

（二）对儒学的重新评价

越南解放后，儒学一度被看作是封建思想而几乎遭到全盘否定。在这种状况下，要求学术界对儒学或儒家思想作出科学和客观的评价，自然是不可能的。另一方面，百余年来，越南长期处于战争状态，研究儒学也缺少安定的环境和良好的条件。此外，半个世纪以来，除少数专家外，一般人不识汉字，更增加了研究儒学的困难。这种状况，影响了儒学研究工作的深入。

自从越南实行革新开放以后，政治环境比较以前宽松，学术空气趋于活跃。随着文化学术的日益繁荣，对儒学开展研究和重新评价的工作逐渐引起了学术界和社会各界的重视。相当一部分学者及社会人士，以比较客观的态度对儒学的历史地位和当代价值进行评价，并且陆续有一些研究成果问世。

（三）儒学是越南革新开放的理论基础——胡志明思想的来源之一

越南当今的革新开放，主要以列宁的新经济政策和胡志明思想为理论基础，而儒学则是胡志明思想的来源之一。

关于胡志明思想，在越南国内有几种不同的观点。有人认为胡志明思想是越南革命运动中的马列主义思想；有人认为胡志明思想是关于越南革命实践与马列主义相结合的理论；有人认为胡志明思想是越南特色的马列主义；有人认为胡志明思想是越南传统思想与人类优秀思想相结合的思想；另外，还有人认为胡志明思想是马列主义与儒家思想相结合的思想（陶潘的意见）。关于胡志明的思维方法，有人认为是唯物辩证法，是马克思、恩格斯和列宁的思维方法；有人认为是马列主义辩证法和东方传统辩证法相结合的综合体；同时也有人认为胡志明的思维方法是从《周易》的辩证法发展出来的。[①]

关于胡志明的思想根源，越南国内曾经进行过热烈的讨论。目前基本一致的看法是，胡志明思想的根源主要有三个：一是爱国主义、越南文化、仁爱传统；二是东西方文化的精华；三是马克思列宁主义。虽然对各个要

① 参见 [越] 阮才书：《越南几十年来哲学生活的概况》，1994 年，手稿。

素的地位和作用还有不同的看法，但大多数意见一致认为马列主义是其中最主要的根源。[①]

就胡志明思想的根源之一东西方哲学和文化的精华而言，儒学是其中的一个重要因素。所谓“仁爱传统”，正是儒家的传统。

胡志明出生于儒家家庭，受儒家思想的影响很深。他成为马克思主义者后，仍对孔子表示敬重之情，对儒学评价甚高。他曾经称孔子为“伟大的孔夫子”，并援引孔子儒家诸如“世界大同”“四海之内皆兄弟也”“民为贵，社稷次之，君为轻”一类言论，以论证自己的思想学说。

胡志明一生的思想性格和风度节操，都或多或少带有儒家积极一面的烙印。

更重要的是，胡志明很注意对儒学概念命题的援引和对儒家思想观点的吸收、运用并发挥。在他的著作中，成百次地引用儒家的概念和命题，用以阐发革命思想。忠、孝、勤、俭、廉、正、仁、义、智、勇等概念，在其著作中经常可以看到。他提倡用“仁、义、智、勇、廉”五个字来培养国家公职人员的品格，以“勤、俭、廉、正”来作为革命干部道德修养的目标。他多次提出“忠于国，孝于民”的口号，以激励全国军民抗战建国的热忱和自我牺牲精神。他还不止一次地肯定孔子的“学而不厌，诲人不倦”精神，并要求干部要活到老学到老。

胡志明提出，要按照儒家关于君子理想标准三句名言“富贵不能淫，贫贱不能移，威武不能屈”，来培养越南共产党员的道德品质。他还多次引用并发挥“民为贵”“民惟邦本，本固邦宁”的思想，用以说明人民群众的历史地位和伟大作用，以及做好群众工作，争取人民支持的重要意义。

在抗法、抗美救国战争中，胡志明改造儒家的忠孝观念，提出了“忠于国、孝于民”的口号，鼓舞了千千万万党员、干部、战士和群众。

胡志明认为，在社会文化方面，大多数人民将够吃够穿，“衣食足方

---

① 参见[越]武元甲：《胡志明思想的根源》，越南《共产杂志》1996年第23期。

能卫道”[①]。这一说法，正是儒家“富而后教”思想在新时代的体现。

由于胡志明是越南人民的领袖，胡志明思想是越南共产党和越南人民的指导思想，也是越南革新开放的理论基础，所以他对儒家思想积极因素和合理成分的吸取、运用和发挥，也就必然对革新开放的政策和进程产生影响。特别是他关于勤俭廉正、重视道德和“以民为本”的教导，在革新开放中更被越南共产党和政府所反复强调。

（四）对儒家思想的继承、改造与发挥

越南实行革新开放以后，儒家思想中的优良成分、积极因素和有价值的方面，在新的形势下得到进一步继承和发扬。

1986 年越共六大首次提出了革新开放的路线，意义重大，影响深远。这次大会，是越南社会主义革命和社会主义建设的新的里程碑。大会总结的四条经验中，第一条为“以民为本”，显然这来源于儒家民本思想而又赋予新的内涵。第三条为“把民族的力量和时代的力量结合起来”，这其中包含有把民族优良传统包括儒学积极一面应用于新时代的思想。

越南在革新开放当中十分强调继承和发扬民族传统文化，特别是儒家思想学说中的积极方面。儒家提倡的和谐有序、民富国强、富而后教、民惟邦本、重视道义、内圣外王、大同理想等思想观点，以及人文精神、道德理性主义，被决策者们应用到革新开放事业当中，并且获得了成功。儒家对理想人格和群体意识的追求，对社会道德的重视，对精神自觉的鼓励，强调自我修养，自我完善；儒家积极入世的人生态度，关心现实、忧国忧民、经世致用、敬业乐群的历史使命感和社会责任感；儒家主张的仁爱和谐、睦邻友好、礼貌辞让的精神性格；这些传统美德和优良思想文化遗产，

① 《胡志明选集》第 2 集，人民出版社 1964 年版，第 312 页。

得到广泛宣传和弘扬，为培养、建树新的社会风尚作出了贡献。[①]

越南在这方面的言论和实践相当丰富，以下试举数例以说明之。

1. 和谐有序

中庸是儒家的最高道德境界和根本方法论原则，和谐与有序是儒家追求的理想之一。和谐有序应用在人与自然界的关系方面，主张天人合一；应用在人与人关系方面，则主张社会各个成员长幼有序，尊卑有差，各安其分，各守其业，敦睦守信，友好相处。所谓和谐有序，用今天的话来说，就是要求社会安定，人民团结。

越南的革新，采取先经济后政治的步骤；在政治体制革新方面，采取稳步渐进的方针。这样做，符合越南的历史传统和实际情况。同时逐步稳固地进行政治改革，大力发展党内民主和社会民主，实现社会公平。在革新开放当中，特别是在推进民主化方面，避免操之过急，以免影响到社会的稳定，甚至导致国家制度的瓦解。发展经济、提高人民生活水平是当务之急，而社会稳定又是改革开放事业得以顺利进行的基本保障。

儒家提倡的中庸和谐、谦恭礼让、长幼有序、尊师敬长、尊老爱幼等，已经成为越南民族性格的一个重要方面。越南素称礼仪之邦，注重礼节礼貌，古风犹存。就笔者耳闻目睹所知，越南人讲话慢声细语，和和气气，很少见疾言厉色、攘臂争吵者。在称呼谈话对方时，从不叫“你”，而是按照相互之间的辈份、地位、年龄、性别，以及感情远近亲疏的关系，称“先生”“老师”“伯”“叔”“姑”“兄”“姐”“弟”“妹”，等等，听起来有亲切之感。越南人在社会交际中的这一独特的称谓方式可以起到拉近感情，缓和气氛的奇妙作用，甚至可以收到“化干戈为玉帛”的功效。[②]

越南党和政府经常教育党员以及全国人民发扬越南民族在这方面的优

① 参见[越]《越南共产党第八届全国代表大会文件》，河内世界出版社 1996 年版，第 55—56 页；《越南共产党第九次全国代表大会文件》，河内世界出版社 2001 年版，第 38 页。

② 参见赵玉兰：《从家庭伦理的角度看儒学思想在越南的影响》，打印稿。

良传统，加强党群之间、干群之间和人与人之间的团结友爱、互助协作关系，相互理解，彼此尊重，以对治商品经济大潮中出现的人情淡薄和人际关系紧张的现象，从而增强全国人民的凝聚力，推动革新开放事业的不断发展。仁爱宽容是越南民族的传统美德，也可以说这是经过儒家思想和本土民族固有道德互相结合共同培育而逐步形成并且发展起来的。今天，这种美德得到了党和政府的大力提倡；在党的文件中和领导人的讲话中，多次号召人们要保持、发扬仁爱宽容之心，搞好全民族的大团结。越共八大《政治报告》下面一段话，集中地说明了这一点。“发挥全民族的力量，发扬爱国主义传统和民族自豪感，以巩固独立、统一，迈向‘民富国强、社会公平文明’的目标，以此目标作为共同点，同时容许不违背民族共同利益的异议，消除成见和自卑心理，面向未来，树立开诚布公、互相信任的大团结精神。”①

2. 民本思想

民本思想是儒家政治思想的一项重要内容，其要点为主张立国安邦以民为本。认为民是国家的根本，国家的盛衰、兴亡皆以民心之向背为转移，故统治者在治理国家的过程中，应当重民爱民，为民谋利，争取民心。儒家的民本思想，在历史上影响深远、意义重大。它对约束绝对君权，抑制专制主义，减轻专制弊害，起过一定的积极作用；同时，它包含有民主主义的思想萌芽，是近代民主主义理论的思想养料，与民主革命运动相沟通。当然，民本思想并不等于近代意义的民主主义。民主主义要求主权在民，民本思想承认主权在君，这是两者的本质区别。但在现代，民本思想经过改造转型，仍然可以为当今的社会政治经济发展服务。

越南党和政府十分注意运用并发挥儒家的民本思想，以为革新开放寻找理论依据和精神动力。1986 年越共六大总结的四条经验，第一条就是“以民为本”。1989 年越共六届六中全会提出的六项基本原则，第五条是

① [越]《越南共产党第八届全国代表大会文件》，河内世界出版社 1996 年版，第 64 页。

“建设社会主义民主”，其宗旨就是“由民作主”。

越南在革新开放中，提倡“三民”主义和“四民”政策。所谓“三民”，越南语叫作“cua dan”“do dan”“vi dan”意为属于人民、决定于人民、为了人民；有些人译为民有、民治、民享，称之为越南革新开放的“三民”主义。所谓“四民”就是民知（dan biet）、民议（dan ban）、民行（dan lam）、民查（dan tra），这被称为越南革新开放的“四民”政策。

越南革新开放中的“三民”主义和“四民”政策，不仅是一种思想理论，而且已经形成了一套机制制度。与以往相比，人民的地位是有了显著的提高。

越南学术界对于民主与法制问题，也进行过比较广泛的探讨，多数人肯定了儒家民本思想在当代的意义和价值。

1990年，越共中央理论刊物《共产杂志》曾组织政治、经济、法律等研究部门的负责人和主要研究人员，就民主问题举行研讨会。会上，大家一致认为：过去阮爱国（胡志明）提到并认真实行孔子“以民为本”的观点和孟子“民众利益至上”的观点。随着社会经济的发展，现在应该进一步做到“由民作主”。这说明，胡志明思想是革新开放的理论基础；同时也说明，“由民作主”和儒家的民本思想，有渊源的关系。

在越南，儒家的民本思想，经过改造更新，又发挥了它的当代价值和积极作用。

3．人文精神

提倡人文精神，高扬道德理性主义的旗帜，是儒家思想的特色之一。越南党和政府在革新开放中反复强调要重视人文精神和人文价值，加强伦理道德的教育，提高全民族的道德水准，培养社会主义新人，这与该国的儒家文化背景也有一定的关系。越南提出了发展社会主义定向的、国家宏观管理下的、按市场经济机制运行的多成分市场经济这一社会发展模式。而且，在推行革新开放的过程中，非常注意对党员和群众进行传统道德的教育，继承和发扬民族传统美德，以避免或减少市场经济所带来的消极作用和负面影响。

儒家向来主张以德为本和群体利益至上，越南共产党继承了这种精神并把它加以发扬光大。

在1997年12月22日召开的越共八届四中全会开幕式上，杜梅总书记指出："要看到市场是一把双面刃，我们要使用它积极的一面，限制它消极的一面。"①他主张用限制的手段，包括道德和法律手段，抵制市场经济的消极面，使贫富不能太悬殊。

2001年4月举行的越共九大《政治报告》指出："所有的文化活动，旨在建树有政治理想，智慧、道德、健康、有创造能力，有社会群体意识、有仁爱宽容之心，尊重情谊，有文化的生活方式，家庭、社区和社会关系和谐全面发展的越南人。"②

越南实行革新开放以后，人们的道德观念和社会道德风貌确实发生了深刻的变化。一方面，新的道德风尚正在逐步形成；另一方面，也产生某些道德滑坡的现象。

越南一些学者认为，儒家学说从来把人生价值归结为社会价值，认为人应当对家庭、社会、国家以及人类负责；同时把人生价值归结为道德价值，以"孝敬父母"为基础，以家庭为本位，以此维持人际和谐关系。在当今，儒家学说在相当大程度上能起积极调和的辅助作用，或者说在现代化过程中以及在"后现代化"时期，对现代化所不可避免地带来的污泥浊水起涤荡作用。③

有的越南学者指出，儒学的价值观，对于21世纪越南新人的形成具有重要的作用。儒家思想给予今天越南人的启迪，提供给今天越南人的教

① [越]《越南共产党八届四中全会文件》，越南国家政治出版社1998年版，第18页。

② [越]《越南共产党第九届全国代表大会文件》，河内世界出版社2001年版，第37—38页。

③ [越]潘文阁:《胡志明与儒教》，见中国孔子基金会编:《孔孟荀之比较——中、日、韩、越学者论儒学》，社会科学文献出版社1994年版，第151页。

益和借鉴，特别值得重视的有以下几点：①人活着应该有理想。②重视道义，把义看作无上的信条。③做人要有高尚的人格。这个人格就是活着要有道德，要把德看成人的基本修养条件，要有爱别人的心。④强调礼的重要性，要有秩序、有纪律。⑤儒家的方法论，例如关于“常”和“变”的观点，关于“时”的观点，对于今天的人的思维和行动也还有价值。

从上述可知，越南在塑造社会主义新人的过程中，吸取了儒家的诸多思想文化资源。

4. 富民政策

富民政策也是儒家的一贯主张。儒家认为，人民生活富足是进行礼乐教化和保持社会稳定的基础。富而后教，才容易使人们弃恶向善，遵礼守法，收到良好的社会效果。

越南党和政府一再宣称，实行革新开放的目的，是为了实现民富国强。

越共七大的《政治报告》提出：“为民富国强的目标而奋斗！”

1992 年《越南社会主义共和国宪法》第一章第三条提出：“建设强大的祖国，实现社会主义公平，保证每个公民能够温饱、自由、幸福并有条件全面提高生活水平。”

越共八大《政治报告》提出：“工业化和现代化的目标，是把我国建成具有现代物质技术基础，合理的经济结构，适应生产力发展水平的先进的生产关系，高水平的物质精神生活，国防安全稳定，民富国强、社会公平和文明的工业国家。”

越共九大进一步提出了“民富国强，社会公平、民主、文明”的理想目标。

除了民富国强、社会公平文明之外，民主被提到更加突出和重要的地位。九大的筹备工作和举行的过程显示，党内民主和全国民主建设，以及民富国强的奋斗目标，受到了前所未有的高度重视。

综上所述，越南党和政府以马列主义和胡志明思想为理论基础，从本国的实际情况出发，借鉴国际特别是中国的有益经验，实行革新开放。其目标是实现工业化和现代化，把越南建设成为一个民富国强的社会主义国家。在革新开放的过程中，传统的儒家思想曾起到一定的积极作用。但是，这种作用是次要的；起主要作用的，仍然是马列主义和胡志明思想。

还必须指出，儒家思想在当今的越南社会，既有积极的一面，也有消极的一面。例如，受到人民群众深恶痛绝的官本位、权钱交易、裙带关系、等级观念、轻视妇女等落后腐败现象，也与儒家思想的某些影响有关系。因此，越南在继承、发扬民族优良传统，吸收、改造和发挥儒家思想积极一面的同时，也在努力克服和限制儒家思想的消极因素，以使革新开放事业沿着正确、健康的道路不断前进。

中亚及西亚篇

近代以来中国境内的中犹文化交流

潘　光

【内容提要】近代以来中国境内的犹太人与中国人之间存在着一种良性的双向文化交流。在这种文化交流中，中犹两个古老文明所拥有的诸多共同点发挥着促进作用。然而，英籍塞法迪犹太人、俄国犹太人和欧洲犹太难民这三大群体之间又因社会历史背景的不同而存在着很大的差异，三者在中国社会中所处的地位也是如此不同，以致它们对中国文化的态度及与中国文化交流的程度也是很不一样的。

【关键词】近代以来　中国境内　中犹文化交流

【作者简介】潘光，上海社会科学院研究员、博士生导师，上海犹太研究中心主任、上海合作组织研究中心主任，联合国文明联盟大使，中国中东学会副会长、上海市世界史学会会长。

19 世纪中叶，就在黄河岸边的开封犹太社团逐渐被同化之时，列强用枪炮打开了清帝国的大门，使包括犹太人在内的外国人再次大批进入中国内地。此后一个世纪里，来华的犹太人形成一股持续不断的潮流。其间又有三次高潮：第一次是 19 世纪 40 年代以后数十年里从英属中东、南亚和东南亚来华经商办实业的塞法迪犹太人，第二次是 19 世纪末叶以后数十年里为逃避反犹恶浪、革命和内战来华谋生的俄国犹太人，第三次是 1933—1941 年从纳粹统治下的欧洲亡命来华的犹太难民。经过这几次高潮，在中国境内形成了香港、上海、哈尔滨、天津四个犹太社团及满洲里、海拉尔、齐齐哈尔、沈阳、大连、青岛等犹太聚居地，还有大批犹太专业技术人员散居在北京等大城市里。许多学者认为：犹太人之所以乐意来华定居并能与中国人友好相处，一个重要原因就是中犹两个古老文化之间有着许多共同点，因而在华犹太人有一种文化亲近感，易于与中国交融。情况是否如此？本文拟对1840年后来华犹太人与中国人之间的文化交流作一专题考察。而要研究这个问题，又必须将英籍塞法迪犹太人、俄国犹太人和欧洲犹太难民分开来进行研究，因为他们三者在中国社会中所处的地位是如此不同，以致他们对中国文化的态度及与中国文化交流的程度也是那样的不同。

一、塞法迪犹太人与中国文化

塞法迪犹太商人来华的主要目的是经商办实业，而香港和上海这两个开放型外贸中心便成了他们据以发展的基地。当时聚居沪港两地的塞法迪犹太人约有 1000—1200 人，形成两个人数不多、十分富有，而又密切相连的犹太社团。

由于塞法迪犹太商人绝大多数都是英国公民，因而在参加犹太社团活动的同时也积极参加英国人社团的活动，这就使沪港犹太社团带有浓厚的英国色彩，高居于一般中国人之上。这其中主要有几个原因：其一，塞法迪犹太人虽然加入了英国籍，但在那些正统的盎格鲁—撒克逊绅士们眼中仍是“异族异教”之人，因此他们不得不努力融入英国文化，以冲淡英国上流社会对他们的偏见；其二，在中国，他们的英国身份倒使他们可以获得所有英国人都能得到的特权，这是他们在中国这样一个半封建半殖民地社会中经商致富所必不可少的，所以他们一般都积极参加英国社团的各项活动，以维护和强化自己的英国身份；其三，他们也与中国人交流，但主要接触的是中国社会中最为洋化的买办、官僚和富豪这三类人，而很少有机会与代表真正的中国文化传统的中下层民众打交道，这就必然使他们与中国文化比较疏远，很难交融。一个最能说明问题的例子是：大多数在华塞法迪犹太人平时都讲英语，很少有人认真学习中文，会讲国语或地方语言如上海话、广东话的更是极为稀罕。塞法迪犹太人办的文化事业如报刊杂志等，也都是面向他们自己那个小小的社区的，对中国人几乎没有什么影响。

与他们在开封的前辈不同，塞法迪犹太商人受儒家文化影响甚微，也极少与中国人通婚，更少有皈依佛家和道家的。他们倒是与伦敦、纽约的犹太人保持密切联系，似乎像英美犹太社团在上海、香港的分支。1925年，一位英国犹太活动家在访问了香港犹太俱乐部后写道："这个俱乐部的摆饰颇具伦敦西区社会或政治俱乐部那种舒适的特点。在一间大而装修得很有品位的屋子里，摆放着一架大钢琴，可以休憩，欣赏音乐或讲演；还有一间很少让人忽略的台球室，及一个由穿白衬衣的能调配各种鸡尾酒的中国调酒师照管的吧台。"[①] 在这里你不但看不到中国文化，也很少发现犹太特色，难怪有人认为香港塞法迪犹太人的生活与那里英国人的生活"极其一致"。[②]

当然，凡事都不可一概而论。在塞法迪犹太商人集团的上层中，一个例外就是哈同。此人确实受中国文化影响甚深，一个重要原因是他娶了中国女子为妻，这在塞法迪犹太商人中是极为少见的。到了中年以后，他更是笃信佛教，醉心于佛教研究，也喜读中国的文史书籍。他不但喜爱中国传统文化，还积极支持研究和弘扬中国传统文化。除了出资创办诸多将西学和佛学相结合的学校外，他特别注重支持著名的学者和艺术家进行研究和创作。经他大力支持而在事业上取得成就的包括王国维、罗振玉、邹景叔、章一山、费恕皆、徐悲鸿等名家。据哈同的女儿回忆，哈同家吃饭时也有两套饭菜，一套是中国式的，另一套是犹太式的，家庭成员可以各择其好；哈同本人一般吃犹太式的，但有时也来尝尝中国菜肴。[③] 就连哈同

① I·Cohen, *The Journal of a Jewish Traveller,* London: John Lane & The Bodley Head Ltd, 1925, p.116.

② Jonathan Goldstein, ed. *The Jews of China, Vol. One, Historical and Comparative Perspectives,* Armonk and London: M.E.Shanre, 1999, p.177.

③ 笔者采访哈同的女儿诺拉·哈同（Nora Hardoon）记录，1999 年 6 月 22 日于上海。

去世后的葬礼也有两个，一个是按犹太教的方式，另一个则完全以佛教的方式进行，[①] 生动地体现了中国文化与犹太文化的“融合”。

需要提一下的是，虽然在华塞法迪犹太人与中国文化之间始终存在隔阂，但由于他们财力雄厚，出于对中国文化的尊重及宣传自身、广交朋友、促进商贸的目的，也经常出资支持中国的文教福利事业。除了哈同家族外，嘉道理家也在上海、香港、广东等地兴办了不少主要面向中国学生的学校，如上海育才中学的前身育才书社等。这些学校向学生教授英语和西式课程，又非教会学校，因而特别受到不信教的中国学生的欢迎。嘉道理家族还在上海等地捐资办了一些医院。还须指出，塞法迪犹太人虽然受中国文化的影响不深，但他们的商贸活动对中国文化却不是没有影响的。突出的一个例子是：他们投资房地产兴建的各类建筑和开发的一些地段，如上海的沙逊大厦、嘉道理大厦（也称大理石大厦）、爱俪园、新康花园、南京路、拉希尔犹太会堂等，香港的利赫犹太会堂和犹太俱乐部等，均是中西合璧、千姿百态，为近代中国的都市建筑文化增添了光彩，特别对沪港两地的建筑文化产生了重要影响。

二、俄国犹太人与中国文化的互相影响

与塞法迪犹太人不同的是，促使俄国犹太人来到中国的主要不是商业动机，而是从 19 世纪 80 年代起在俄国和东欧掀起的反犹狂潮。这股狂潮导致几百万俄国犹太人逃往北美，但也有几万俄国犹太人穿过西伯利亚来到中国的东北和内蒙古，先是聚居在以哈尔滨为中心的地区，再辗转到达天津、青岛、上海等地。当然，在这股俄国犹太人来华的潮流中，也不排除有些俄国犹太商人主要是来华经商做实业的，但他们来华发展的一个重要原因也是在俄国的反犹环境中根本无法生存，更谈不上在经济上有所进

① 潘光、李培栋主编：《犹太人忆上海》，上海市政协文史资料编辑部 1995 年版，第 130 页。

取。深受反犹主义迫害的来华俄国犹太人一般都不将俄国视为自己的祖国，而希望在中国长久居留下来。因此，与塞法迪犹太人相比，他们在了解中国社会，熟悉中国文化方面更加积极和主动，与中国各阶层人民的接触和交往也更为密切。

在华俄国犹太人大都从事小本经营或担任中下层职员，这就使他们有机会与中下层的中国老百姓经常接触。他们一般很少炫耀自己的俄国身份，这也使他们与普通中国人之间减少了隔阂。曾在中国北方从事肠衣生意多年的俄国犹太商人本·列瓦柯（Ben Levaco）回忆道，为了收购原料，他走遍了东北、内蒙古、华北的许多城镇和乡村，结识了许多中国朋友，有时就与中国伙伴一起睡在大车店的炕上。[①]解放后任山东大学教授的俄国犹太人金诗伯（S.Ginsbourg）还记得，他父亲在满洲里一家为中东铁路加工木材的公司当职员，整天四处奔波，走遍了方圆几千里的林区，几乎天天与中国人打交道。[②]出生在上海的俄国犹太人瑞娜·克拉斯诺（Rena Krasno）回忆道，她母亲在霞飞路上开了一家名叫"彼得·潘"的儿童用品商店，其顾客绝大多数是中国人，因此她母亲交了许多中国朋友。[③]由于与中国人打交道多，俄国犹太人中学习中文，能讲国语乃至地方语言的要比塞法迪犹太人多得多。哈尔滨犹太社团领袖 A. 考夫曼之子 T. 考夫曼（T. Kaufman）告诉笔者，当时在哈尔滨有不少俄国犹太人能讲带有浓重东北味的国语。[④]出生在天津的俄国犹太人 S. 缪勒（Sam Muller）至今仍能讲一口标准的天津话，据他回忆，当时天津俄国犹太人中会讲天津话的不在少数。[⑤]前面提到的列瓦柯也会讲带有北方口音的国语，在与中国人

---

① 笔者采访列瓦柯记录，1992 年 4 月 20 日，上海。

② 金诗伯：《我在中国的六十年》，中国青年出版社 1991 年版，第 2 页。

③ 笔者采访瑞娜·克拉斯诺记录，1998 年 4 月 24 日，上海。也可参见 Rena Krasno, *Strangers Always, A Jewish Family in Wartime Shanghai,* Berkeley, CA: Pacific View Press, 1992.

④ 笔者采访 T. 考夫曼记录，1994 年 4 月 18 日于上海。

⑤ 笔者采访 S. 穆勒记录，1999 年 8 月 11 日于上海。

做生意时，这帮了他不少忙。虽无精确统计，但俄国犹太人与中国人通婚的要比塞法迪犹太人多得多，这也是俄国犹太人与中国人关系密切的一个表现。

由于比较贴近中国社会，许多俄国犹太人不由自主地为中华文化的博大精深所吸引，进而受到这一文化的影响和熏陶。在哈尔滨、天津、上海等地，几乎所有的俄国犹太孩童都是由称为“阿妈”的中国保姆带大的，从小就受到中国人的哺育。不少俄国犹太人迷上了中国戏剧（如京剧和越剧），相信中医，练习中国太极拳和气功，爱吃中国菜，还给自己起了中国名字。金诗伯描述了自己看京剧《霸王别姬》的感受：“当时这出京剧的名字是什么意思我根本不懂，过了很久，我才明白‘霸王别姬’这四个汉字的意思是‘楚霸王告别了他的妃子’。剧中处处采用夸张的手法，还在幕启之前，就已是锣鼓铿锵、号角齐鸣；演员的动作手势都富有戏剧性；服装富丽绚烂，又宽又长的袖子甩进甩出，奇形怪状的脸谱，白的、黑的、黄的、红的、花的，无色不有。但在这一切中，都闪烁着一种美——在音乐中，在表演中，特别是在王妃的剑舞中。……梅兰芳的动作雍容大度、精妙优雅，简直使我忘记了他是男扮女装。”[①] 他的这种感受在俄国犹太人中是比较普遍的：不了解中国文化，但努力尝试去了解它；逐步感受到中国文化中蕴含着无限的美好，因而为其所吸引。俄国犹太音乐家阿龙·阿甫夏洛穆夫（Aaron Avshalomov）也是一例。他 1894 年生于俄国的尼古拉耶夫斯克，1932 年来上海。他先在百代唱片公司担任乐队指挥，后结识了聂耳、冼星海，并为聂耳作曲、田汉作词的电影《风云儿女》的主题歌，后来成为中华人民共和国国歌的《义勇军进行曲》配器。阿甫夏洛穆夫喜爱并努力研究中国音乐，又在自己的音乐创作中尝试吸收中国传统音乐的精华，因而他的许多作品都带有中西合璧的独特风格。他一生写了几十部以中国为题材的作品，如舞剧《香篆梦》、歌剧《观音》，取材于郭

① 金诗伯：《我在中国的六十年》，中国青年出版社 1991 年版，第 85 页。

沫若长诗《凤凰涅槃》的同名歌舞剧，题献给梅兰芳的女声独唱曲《柳堤岸》，以《诗经》和唐诗谱乐的歌曲等，其中最轰动、影响最大的是歌剧《孟姜女》。这种深受中国文化影响的情况，在塞法迪犹太人中相对而言要少得多。

当然，俄国犹太人在受到中国文化影响的同时，也以自己的文化传统影响了他们客居的国家和城市。他们带来了富有俄国风味的犹太音乐；他们将俄国犹太作家的作品由俄文和意第绪语译成中文介绍给中国读者；他们使中国人第一次领略了犹太教的“考歇”（Kosher）食物，即按正统犹太教规烹调的食物；许多俄国犹太音乐家、舞蹈家在中国院校里辛勤教学，培养出了一批批中国学生。如新中国最早在国际重要钢琴比赛中获奖的傅聪，就是在俄国犹太钢琴家阿达·勃朗斯坦夫人的悉心指导下脱颖而出的。[①]

三、欧洲犹太难民：患难中的文化交融

1840 年后犹太人来华的第三次高潮是由远离中国的事态发展——纳粹掀起的反犹狂潮所导致，这次来华的犹太人均属政治难民，而且几乎全部是从上海进入中国的，其总人数几达 3 万。

就与中国人民和中国文化的交流而言，欧洲犹太难民与俄国犹太人既有相同之处，又有不同之点。相同的是，两者所处的生存环境都使其能够广泛接触中国的中下层百姓，因而与真正的中国传统文化比较贴近。不同的是，俄国犹太人在与中国人打交道时有一种长远观点，准备长期在中国文化圈中生活下去，而为生存而逃离欧洲的犹太难民只把上海视为临时避难地，因而在与中国人和中国文化交往中总有一种临时心态。还有一点不同的是，俄国犹太人与中国文化的接触发生在全中国范围，且经历了一个

① 傅敏编：《傅雷家书》，三联书店 1990 年版，第 156 页。

相当长的过程，而欧洲犹太难民是在患难中接触中国人民和中国文化的，这一文化交流主要发生在1938—1945年的上海。[①]

刚到上海，大多数欧洲犹太难民身无分文，举目无亲，不会说中文，甚至连英语都不会说，对这座东方大都市及其居民一无所知。因此，他们是在走投无路的艰难状况下开始接触中国社会的。他们住进了中国人的房子，到中国医院里看病，开始吃不太合口味的上海式食品，有的还穿起了中式服装，在各个方面都试着按中国人的方式去过日子。犹太难民弗兰克·塞莱格（Frank Theyleg）在回忆录中写道："一到上海，我就尽量使自己'当地化'。我开始吃几乎所有的中国食品，并无不良反应。"[②] 现住纽约的威廉·肖特曼回忆道："我母亲不得不在一个小煤炉上烹煮所有的食物，小煤炉与花盘一样大，只有不断煽风才能保持火旺。烧开水花费时间太长，到老虎灶买热水成了我每天的使命。老虎灶在上海任何一个街角都能找到（至少在较贫困的地区）"[③] 这些描述将当时犹太难民努力适应中国穷苦百姓所过的贫寒生活的情景生动地展现在我们面前。

不过，当他们逐步适应了周围的环境，基本解决了温饱问题后，便开始试图在这个客居地构建具有自己文化特色的生活氛围。犹太难民乔治·赖尼希（George Reinisch）在回忆录中写道："随着时间的推移，难民们虽被本地文化逐渐融化，但也极力保留他们源自欧洲中部的生活方式"。[④] 在犹太难民聚居的上海虹口地区，难民们搬砖砌瓦，修复了数十个在"八·一三"战争中被毁的街区，盖起新的住房和商店。由难民经营的店铺一家接一家开张，其中有饭店、杂货店、药店、面包铺、理发店、

① 1933—1938年间来沪的犹太难民很少，大批犹太难民是在1938—1941年间来沪的，1945年后大多数犹太难民陆续离沪。

② 潘光、李培栋主编：《犹太人忆上海》，上海市政协文史资料编辑部1995年版，第148页。

③ 笔者采访威廉·肖特曼（William Schurtman）记录，1996年6月16日于纽约。

④ 潘光、李培栋主编：《犹太人忆上海》，上海市政协文史资料编辑部1995年版，第40页。

裁缝店、鞋帽店、服装店等，当然也有维也纳人不可缺少的奥式露天咖啡馆。后来，一些难民甚至建起了小工厂，生产肥皂、蜡烛、编织品、皮革制品及欧式食品——腊肠、糖果、软饮料等。这些商店和工厂起先主要是面向犹太难民的，但后来在中国百姓中也发现了广阔的市场，一些欧式商品越来越受中国人欢迎。虹口地区一时间德文招牌林立，好像是德国或奥地利的一个小镇，甚至被戏称为"小维也纳"。在这样的气氛中，中犹人民的接触更趋密切。在虹口一带许多中国人学会了讲德文，也有一些犹太难民学会了讲中文，甚至上海话。前面提到的塞莱格回忆道："我向任何一个碰到的中国人求教所见的事物的中文叫法，去看中国电影，还学写中文字。我获得了成功。在电话里，人们认为我是中国人，我大体上已能看懂中文报纸。"[①] 由于能讲流利的汉语，他还与中国朋友合伙做生意，并且取得了成功。当然，像塞莱格这样精通中文的人在犹太难民中可能并不很多，但大多数难民都能用简单的国语或上海话与中国人交流，他们的子女则在与中国孩子共同玩耍时学会了纯正的上海话。

太平洋战争爆发后，在德国的反犹政策影响下，上海的日本占领当局开始对欧洲犹太难民进行限制和迫害。1943 年 2 月，日本当局在虹口设立"无国籍难民隔离区"，迫使犹太难民迁入该隔离区。此后，犹太难民们经历了他们居留上海期间最困难的两年半，但这并没有影响他们与周围中国百姓的交往，反而使这种交往在患难中更为紧密。犹太难民莉莉·芬克尔斯坦（Lilli Finkelstein）在回忆录中写道："我们发现中国邻居非常友好，他们知道我们的处境是多么困难，但他们并没有利用我们的困境牟利。不要忘记，他们都是最穷苦的老百姓，也没有受过什么教育。……我和他们中的一二个妇女还交上了朋友。有一次，有家中国人邀请我们在过年的时

① 潘光、李培栋主编：《犹太人忆上海》，上海市政协文史资料编辑部 1995 年版，第 148 页。

候到他们家中吃年夜饭”。[①]战时与犹太难民一起居住在虹口的王发良老人回忆道：“那时希特勒迫害犹太人，日本人迫害我们中国人，我们与犹太难民同处患难之中，大家在一起友好相处，互相帮助；到战后他们离去时，我们之间都有些难分难舍了”。[②]肖特曼认为，生活在中国人中间，犹太难民感受到在欧洲从未体验到的友好气氛；要是在欧洲，若犹太人遭难之时，周围基督教世界里一定会有些人跳出来利用犹太人的困境趁火打劫，落井下石。[③]顺便提一下，虽然中犹人民在那困难的岁月里同甘共苦，但犹太难民中与中国人通婚的很少，这一是因为犹太难民大都是举家逃难来沪的，二是因为他们的临时避难心理。

在犹太难民中有诸多出类拔萃的知识分子和专业人才：医生、律师、教师、工程师、建筑师、会计师、企业管理人员、编辑、记者、作家、演员、画家、音乐家等，以及各行业的技术工人。如难民中有大批医护人员，仅内科医生就有 200 多人。又如，难民中有许多音乐人才，仅知名音乐家就有上百人。他们将自己的文化带到了上海，介绍给上海人民和中国人民。如他们首次在上海演出了意第绪戏剧，演奏了意第绪音乐，使中国人第一次领略了中欧犹太文化的风采。至少有 13 位犹太难民音乐家受聘到上海国立音乐专科学校（今上海音乐学院）任教，[④]培养出了许多中国学生，其中不少后来成为中国乐坛上的名家高手。如在德国就很有名的卫登堡教授（Alfred Wittenberg），一直在该校任教到解放后，1952 年病逝于上海。他的学生中有著名音乐家谭抒真、黄贻钧、陈传熙、陈宗晖、毛楚恩、范继森、李民强等。难民中的众多医学教授和医生也将欧美最先进的医学理论和技术带到了中国，并在大学中培养了一批中国学生。奥地利犹太人哈

① 潘光、李培栋主编：《犹太人忆上海》，上海市政协文史资料编辑部 1995 年版，第 163 页。

② 笔者采访王发良记录，1994 年 4 月 18 日于上海。

③ 采访肖特曼记录。

④ 汤亚汀：《上海犹太难民社区的音乐生活》，《音乐艺术》1998 年第 4 期，第 7—13 页。

尔彭教授（Fanny Gisela Halpern，汉名韩芬）毕业于维也纳大学，是精神分析法鼻祖弗洛伊德的学生。她在国立上海医学院任教多年，后又任圣约翰大学医学院神经系主任，她培养的学生中包括中国精神病医学的创始人之一粟宗华教授。

经历了种种困难和曲折，犹太难民们也逐渐熟悉并喜欢上了起初他们不太适应的中国传统与文化。像俄国犹太人一样，许多人迷上了中国戏剧，喜爱中国菜，学打太极拳，起了中国名字并刻一个中国式姓名图章。犹太难民画家弗利德里希·希夫（Friedrich Schiff，汉名许福）画了一幅漫画，用的标题是“我喜欢中国人”，这反映了大多数犹太难民的心声。[①] 欧洲犹太难民办的《上海犹太纪事报》这样写道：“一个朋友说，他在公交车上看到一个上海姑娘手持黄色绢扇，轻轻扇动，面带平静的微笑，感到很美。……我们的妇女面对上海的炎热，面对中国的火炉，也都用起了扇子，只是脸上不再有这种微笑了。……愁苦只能增加我们脸上的皱纹，我们也应当用微笑来面对当前的困境。困境很快就会过去，那时，我们会记得中国的风情——扇子和微笑。”[②] 这些话语生动地反映了犹太难民对中国文化的美好印象以及在中国文化氛围中克服困难、迎接未来的信心。

在第二次世界大战中最艰苦的年代，来自欧洲的犹太难民在远东大都市上海与普通的中国百姓的这段交往，真是一种“患难中的文化交融”，在中犹关系史上谱写了难忘的一章。

结　论

综上所述，近代以来中国境内的犹太人与中国人之间存在着一种良性的双向文化交流。在这种文化交流中，中犹两个古老文明所拥有的诸多共

① 潘光主编：《犹太人在中国》，五洲传播出版社 2003 年版，第 150 页。

② 饶立华：《流亡者的精神家园——〈上海犹太纪事报〉研究》，新华出版社 2003 年版，第 148 页。

同点确实发挥着促进作用，如重视教育的价值，重视家庭纽带，善于求同存异，强调在困境中团结拼搏，等等。正因为有这些共同点，中国境内又不存在欧洲那种基督教传统，且中犹两个民族有着相同的遭遇，因此在中国的土地上不存在源于中华传统的反犹主义，也没有源于犹太文化的反华思潮。

然而，具体而言，来华塞法迪犹太人、俄国犹太人、欧洲犹太难民这三大群体之间又存在着极大的差异，因而与中国文化交流的状况和程度也很不相同。

塞法迪犹太人受中国文化的影响不深，而对中国文化的影响则主要表现在经济文化、商业文化和建筑文化方面。因高居于一般中国人之上，他们有时也看不起中国民众，但这主要是源于英国殖民主义心态，而非犹太传统。反过来，中国民众也对一些塞法迪富商经营鸦片生意等行为颇为反感，但这主要是针对英国殖民主义者，而非反犹。

俄国犹太人经过长期奋斗成为中产阶级，与中国人和中国文化的交融程度最深、范围最广、时间最长，主要表现在商贸、艺术领域。俄国犹太人也受到俄罗斯斯拉夫文化的熏陶，因而他们与中国人的文化交流又在一定程度上促进了中俄文化交流。

欧洲犹太难民在中国处于社会的最底层，接触的是中国的平民阶层，因而与中国的大众文化最为贴近。这一在特殊历史条件下的文化交流是一种“患难之交”，因而在中犹关系史上具有特别重要的意义。同样，由于欧洲犹太难民深受中欧文化的影响，这一交流也有利于德国、奥地利、波兰等中欧国家的文化在中国的普及和推广。

土耳其的“民族观念运动”：以伊斯兰政党的兴起与发展为中心

郭长刚

【内容提要】“民族观念运动”是一场主要由土耳其前总理纳杰梅丁·埃尔巴坎领导的，从20世纪70年代开始一直持续至今的伊斯兰政党运动。伊斯兰政党的兴起除经济、社会、心理、文化和意识形态等原因外，还与国家主动的吸纳战略有重要关联。作为一场持续40年的伊斯兰政治运动，“民族观念运动”的发展、高潮、危机和持续过程有助于我们更好地理解现代化与世俗化的关系、宗教与民主的关系以及宗教复兴的复杂原因。

【关键词】民族观念运动　伊斯兰政党　吸纳战略　土耳其　埃尔巴坎

【作者简介】郭长刚，历史学博士，上海大学历史系教授、博士生导师，上海大学土耳其研究中心主任。

“9·11”事件之后，政治伊斯兰成为一个不断被讨论的话题。诚如哥伦比亚大学政治学教授谢里·贝尔曼（Sheri Berman）所言，“近几十年来，主张伊斯兰教应该成为指导社会、政治和个人生活信仰的伊斯兰主义（即政治伊斯兰）已经成为穆斯林世界，尤其是阿拉伯国家的一支重要力量。伊斯兰主义者不仅要求严格遵守宗教仪式，改变政治领导层，而且希望对社会进行革命性改造。之所以将这些伊斯兰主义者视为一个连贯的运动，并不是因为他们所选择的不同手段，而是在于他们秉持同样的目的，即建立一个伊斯兰国家。”[①] 然而，政治伊斯兰的发展和演进在中东各国并不遵循同样的节奏。本文拟以土耳其的“民族观念运动”（Mill Görüş Hareketi）为例，[②] 考察土耳其的政治伊斯兰在近 40 年的发展轨迹，以期从整体上把握土耳其政治伊斯兰的产生、发展、流变及其未来社会政治发展趋势。

一

“民族观念运动”是一场主要由土耳其政治家和土耳其前总理纳杰梅丁·埃尔巴坎（Necmettin Erbakan，1926—2011 年）领导的，从 20 世纪 70 年代开始一直持续至今的伊斯兰政党运动。它同时也是“通过表达某种特定传统（即伊斯兰传统）以推动具有宗教议程的政党产生”这一运动的统称。[③] 该运动兼具宗教主题和非宗教主题，代表了传统伊斯兰和现代主义在政治领域进行调和的尝试。[④] 其主要特点是恢复伊斯兰在土耳其社会

---

① Sheri Berman, “Islamism, Revolution and Civil Society”, *Perspectives on Politics*, Vol.1, No.2, June 2003, p.257。所谓“政治伊斯兰”，又称伊斯兰主义，主要是指“凡是为了政治目的而利用伊斯兰话语、伊斯兰符号及以建立在沙里亚法基础上的以非世俗的社会秩序为目标的政治运动、组织和思潮”。参见刘云：《当代土耳其的政治伊斯兰的发展》，载《宁夏社会科学》2002 年第 6 期，第 69 页。

② 目前，国际学界对 Milli Görüş 的英文翻译有三种：National Outlook Movement，简称 NOM；National View Movement，简称 NOV；以及 National Vision Movement，NVM。outlook,view 和 vision 分别有展望、观念、愿景等意思，但鉴于该运动已经发展成为一种跨国的思想运动，在国内的影响力渐渐式微，因而在本文中的译文选用“观念”一词。Milli 在土耳其语中有双重含义，既有“民族的”含义，也有“宗教的”蕴含，但具体含义由使用语境来决定。“民族观念运动”的领导者在使用该词时大多是有“穆斯林”或者“伊斯兰”蕴含的。

③ Ahmet Yıldız, “Politico-Religiou Discourse of Political Islam in Turkey: The Parties of National Outlook”, *The Muslim World*, Vol.93, No.2, April 2003, p.188.

④ Ergun Özbudun, “Islam and Politics in Modern Turkey: The Case of the National Salvation Party,” in Barbara F. Stowasser(ed.), *The Islamic Impulse*, London-Sydney: Croom Helm, 1988, p.146.

中的决定性作用，把伊斯兰视为土耳其的民族观念或民族身份特征，使其成为凝聚土耳其人的精神纽带。

纳杰梅丁·埃尔巴坎是土耳其“民族观念运动”的缔造者和精神领袖，也是土耳其政坛的常青树，纵横驰骋政治舞台40余年。埃尔巴坎于1926年出生于土耳其黑海边上的锡诺普（Sinop），中学就读于伊斯坦布尔高中，1948年从伊斯坦布尔技术大学机械工程系毕业后留校工作，后赴德国亚琛工业大学求学并获得博士学位。回国后，埃尔多安继续回母校从事教育工作，于1965年晋升为教授。1966年，他被任命为土耳其工商协会工业部部长，之后又担任该协会秘书长和主席职务。1969年，由于未能加入苏莱曼·德米雷尔（Suleyman Demirel）领导的正义党（Justice Party），埃尔巴坎于是作为科尼亚（Konya）选区的独立候选人参与大选，正式开启他的政治生涯。1975年，他完成《民族观念》这本著作，并在书中集中讨论了“民族观念运动”理念。[①]

20世纪60年代末，土耳其国内出现左右两派的对立、反美主义游行也不时爆发，又加上严重的经济危机，这使得国内各派力量的平衡出现了问题。[②]以伊斯坦布尔为中心的大型企业开始与以各省省府为中心的中小型企业出现冲突，曾在20世纪60年代拥有较高民意的正义党也逐渐向大企业的利益靠拢，因此开始失去吸引力，这给了众多小党派以兴起和发展的机会，而这些小党派的选举基础主要在于农村地区的低收入群体、小作坊主以及中小企业等。

在此背景下，1970年，纳杰梅丁·埃尔巴坎创建了第一个走向政治舞台的土耳其伊斯兰政党——民族秩序党，[③]这标志着土耳其政治伊斯兰的

① Necmettin Erbakan, *Prof. Dr. Necmettin Erbakan* Külliyatı *(I. Cilt)*, Ankara: Yayinları, 2014, pp.9-11.

② Muhammed Çetin, *Turkey's Path to Democratization: Barriers, Actors, Outcomes*, New York: Blue Dome, 2014, pp.17-20.

③ “民族秩序党”的土耳其语名为Milli Nizam Partisi, MNP，英文名为National Order Party, NOP。

正式崛起，同时也标志着“民族观念运动”的开启。民族秩序党的领导者希望恢复传统的价值和制度，认为凯末尔主义者以西方模式取代伊斯兰以及奥斯曼国家的历史和文化是个历史错误，同时也是当代土耳其各种不幸的根源。他们的目标是要建立“民族秩序”，结束西方化的进程，而土耳其的身份和未来应该与穆斯林世界而不是西方紧密联系在一起。[①]1971 年，土耳其爆发军事政变，民族秩序党由于“反对国家的世俗主义本质”而遭到取缔。

1972 年，埃尔巴坎的追随者又组建了民族救赎党，其口号是“伟大的新土耳其”[②]，试图如民族秩序党一样调和伊斯兰主义和土耳其民族主义。对于土耳其面临的问题，该党的解决方案是回归伊斯兰教，并采纳穆斯林的生活方式。该党认为，西方化进程已经导致土耳其社会的分裂和国家的落后，只有以安纳托利亚为基地发展重工业的经济措施，才能创造一个远离西方的强大国家，使土耳其成为穆斯林世界的领导者。同时，民族救赎党希望建立穆斯林共同市场，以伊斯兰第纳尔（Dinar）为共同货币，并且组建成一个穆斯林防卫联盟。在 1973 年的选举中，该党获得了 12% 的选票，议会席位数占到 11%，成为第三大政党，并与共和人民党组成了联合政府，时任总统为比伦特·埃杰维特（B ü lent Ecevit），而埃尔巴坎则当选为副总理。这次选举具有重要的意义，从自身来看，民族救赎党和共和人民党有着截然相反的意识形态，从共和国诞生之时起就水火不容，前者主张伊斯兰主义，后者支持世俗主义，但两者最终还是结合在一起，这也标志着政治伊斯兰作为合法力量在土耳其政坛的首次登场。联合政府解散后，民族救赎党又加入由苏莱曼·德米雷尔（S ü leyman Demirel）领导

① Angel Rabasa and F. Stephen Larrabee, *The Rise of Islamic Political Party in Turkey*, RAND Corporation, 2008, p.40.

② “民族救赎党”的土耳其语名为 Milli Selamet Partisi, MSP，英文名为 National Salvation Party, NSP。该口号的土语是 Yeniden Büyük Türkiye，英语是 The Great Turkey Once Again。

的民族战线政府（National Front Government）。在上世纪70年代，埃尔巴坎三次当选联合政府的副总理，[①]成为土耳其伊斯兰运动的代表人物，并利用其地位和影响不断推动宗教在国家和社会生活中的地位。

1980年，民族救赎党在科尼亚的宗教聚会成为导致第三次军人干政的因素，而民族救赎党也遭到取缔，埃尔巴坎及其助手在十年内被禁止从政。[②]不过，就在1983年，埃尔巴坎重新以民族救赎党为基础组建了新的政党——繁荣党。[③]但繁荣党宗教话语的形成受到当时的认同政治的影响。为了解决库尔德认同者的政治诉求，繁荣党不断强调伊斯兰兄弟之谊的主题。繁荣党有两句著名的格言，一是“国家和民族的接合”（the coalescence of state and nation），二是“六千万人的兄弟情谊”（60 million are brothers of one another）。为此，繁荣党致力于以伊斯兰的身份，将反体制的族裔政治潮流整合到土耳其民主制度之中，其具体目标是：第一，减少世俗国家精英对国家领土完整的关注度，并以此裹挟整个国家事务；第二，在不损害国家主权的条件下，从政治层面对族裔认同进行某种妥协。概括而言，繁荣党的宗教话语既有为宗教提供服务的要求，也有使宗教的政治表达成为可能的诉求。[④]

然而，及至繁荣党于1995年获取选举胜利从而达到权力顶峰之时，军方和宪法法庭再次以伊斯兰政党对世俗体制构成威胁为由而将之取缔。

① 纳杰梅丁·埃尔巴坎第一次担任副总理是从1974年1月26日至1974年11月17日，时任总统为比伦特· 埃杰维特（Bülent Ecevit），此时正值塞浦路斯危机时期；第二次担任副总理是从1975年3月31日至1977年6月21日；第三次担任副总理是从1977年7月21日至1978年1月5日，后两次时任总统均为苏莱曼·德米雷尔（Süleyman Demirel）。

② 刘云：《当代土耳其伊斯兰政治的变迁——从救国党到繁荣党》，载《西北师大学报（社会科学版）》2000年第2期，第119页。

③ “繁荣党”的土语名为 Refah Partisi, RP，英文名为 Welfare Party, WP。

④ Ahmet Yıldız, “Politico-Religious Discourse of Political Islam in Turkey: The Parties of National Outlook”, p188.

随后建立的美德党也未能幸免被取缔的厄运。[①] 而 2001 年取而代之的幸福党和正义与发展党（以下简称正发党）则一直延续至今。[②] 不过，仍然秉持传统主义的幸福党的影响力已经大不如先前的政党，彻底沦落为边缘的力量，而主张改良主义的正发党则成为土耳其的执政党，并已经连续执政 13 年。[③] 由此，"民族观念运动"也可以看作是由五个持伊斯兰民族观念的政党，在 40 年的时间里不断为之奋斗的运动历程。虽然这些政党不断被取缔，但这些政党的成员依然每次都会组建新的政党，以保证"民族观念运动"的延续性。这五个政党起讫时间见下表：

参与"民族观念运动"之政党 [④]

党名	领导人	起讫时间
民族秩序党	纳杰梅丁·埃尔巴坎	1970.01.26—1971.01.14
民族救赎党	纳杰梅丁·埃尔巴坎	1972.10.11—1980.09.12
繁荣党	艾哈迈德·泰克达尔 纳杰梅丁·埃尔巴坎	1983.06.19—1998.01.16
美德党	雷加伊·库坦	1997.12.17—2001.06.22
幸福党	雷加伊·库坦	2001.7.20——至今

① "美德党"的土耳其语名为 Fazilet Partisi, FP，英文名为 Virtue Party,VP。

② "幸福党"的土耳其语名为 Saadet Partisi, SP，英文名为 Felicity Party, FP；"正义发展党"的土耳其语名为 Adalet ve Kalkınma Partisi, AKP，英文名为 Justice and Development Party, JDP。

③ Ali Çarkoğlu & Barry Rubin (eds), *Religion and Politics in Turkey*, Routledge, 2006, p.64. 正义发展党脱胎于"民族观念运动"，该党的创立者埃尔多安（Recep Tayyip Erdoğan）、阿卜杜拉·居尔（Abdullah Gül）、布伦特·阿林奇（Bülent Arınç）都是埃尔巴坎的追随者，属于该运动中的少壮派，为避免政党取缔，转而以"温和保守派"为旗帜建立正义发展党，并公开否认同"民族观念运动"的关联，但自从执政后推行的政策仍有浓厚的伊斯兰色彩。因而，正义发展党属于"民族观念运动"的变体，与正统的五个政党有一定区别。参见：Zeyno Baran, *Torn Country: Turkey between Secularism and Islamism*, Stanford: Hoover Institution Press, 2010, p.45.

④ Ihsan Yilmaz, "Muslim Democrats in Turkey and Egypt: Participatory Politics as a Catalyst," *Insight Turkey*, Vol.11, No.2, 2009, p.94.

“民族观念运动”之所以能从1970年代持续至今，是因为它成功地得到了边缘群体的支持。安纳托利亚的东部和东南部省份、库尔德人、城市贫民以及不断崛起的中小企业家，都能在此运动中找到共鸣与吸引之处，他们成为繁荣党在20世纪90年代取得选举胜利的民意和政治基础。[①]另外，努力将宗教、文化、民族和经济使命统合在一起，更是“民族观念运动”获取民意支持的根基。

首先，“民族观念运动”的使命之一在于极力推广伊斯兰主义。伊斯兰意识形态主要表现在以下方面：实现土耳其的经济和精神发展，重现奥斯曼帝国时期的辉煌，运用宗教话语解释政治问题，强调依靠伊斯兰兄弟之情解决库尔德问题并实行反西方的外交政策。[②]“民族观念运动”在初期就制定了双重任务，即经济发展和精神发展。在精神发展方面，该运动除了积极采取宗教和道德教育以提升土耳其社会和公民的精神发展之外，还积极运用国家宗教机构如宗教事务总署等培养一批接受伊斯兰主义的新公民。在对待文明问题上，该运动对凯末尔主义者的现代化工程表示怀疑，希望能再造一个与西方文明相抗衡的文明，即重新理解并确认伊斯兰文化对于土耳其进步的意义，批判对西方的盲目羡慕与模仿心态，恢复奥斯曼帝国时的辉煌。[③]在对外关系方面，“民族观念运动”政党制定了与其他主流政党截然不同的外交政策。埃尔巴坎及其支持者认为，当今的国际政治体系是“力量决定一切”的体系，是由推崇权力、财富和利益的西方文明来控制的，极易产生战争、冲突和压迫，无法使人类得以救赎，因而只能从穆斯林世界寻求解决之道。为此，该运动建议成立“穆斯林国家联盟”和“穆斯林国家防卫与合作组织”，反对土耳其加入欧盟，倡导建立发展

---

① Muzaffer Ercan Yilmaz, “The Rise of Political Islam in Turkey: The Case of the Welfare Party,” *Turkish Studies*, Vol.13, No.2, September 2002, pp.365-373.

② Yusuf Sarfati, *The Rise of Religious Parties in Israel and Turkey——A Comparative Study*, unprinted Ph.D thesis, The Ohio State University, 2009, p.243.

③ Muzaffer Ercan Yilmaz, “The Rise of Political Islam in Turkey: The Case of the Welfare Party”, p.369.

中八国集团，[①] 从而实现外交政策由亲西方向亲伊斯兰世界的转向。[②]

其次，“民族观念运动”的经济使命在于通过重工业和国防工业来发展国民经济。“民族观念运动”虽然对西方持批评态度，但却并没有完全拒绝现代化，而是将西方文化和技术进行分割，倡导用西方技术推动土耳其进步。[③] 他们认为，经济发展和技术进步也是摆脱西方控制，走向独立的前提条件。如，民族救赎党一方面将“现代化”和“发展”视为摆脱西方霸权的必要前提，但同时也强调工业化和西方现代性所带来的物质发展必须符合伊斯兰的正义和公平原则，使得较小的资本集团也能够分享国家资源，实现大中小企业之间、进出口部门之间，以伊斯坦布尔为基地和以安纳托利亚为基地的商业集团和工商业人士之间利益的平均分配。[④] 这也成为民族救赎党与伊斯兰极端主义运动的根本区别所在，前者持有的是一种边缘的伊斯兰话语，从本质上看是保守和传统的，而后者则全盘反对西方现代性。[⑤] 而繁荣党的一个重要使命则是要恢复经济平等和消除地区发展不均衡问题。繁荣党曾强烈批评进口替代工业战略，主张在边缘地区建厂或建立地区银行等保护边缘地区发展的措施，受到了中小企业的欢迎与

---

① 发展中八国集团是一个致力于可持续经济发展的非地区性的政府间组织，由土耳其已故前总理埃尔巴坎倡议，于 1997 年 6 月 15 日经过政府首脑峰会达成的《伊斯坦布尔宣言》而宣布正式成立，成员国都是穆斯林国家，包括孟加拉国、埃及、印度尼西亚、伊朗、马来西亚、尼日利亚、巴基斯坦和土耳其，地理范围横跨东南亚和非洲。参见：“Brief History of D–8” http://www.developing8.org/About.aspx [最后浏览日期：2014–12–30]

② Yücel Bozdağlıoğlu, *Turkish Foreign Policy and Turkish Identity——A Constructivist Approach*, New York & London: Routledge, 2003, pp.130-136.

③ Ihsan D. Dagi, “Transformation of Islamic Political Identity in Turkey: Rethinking the West and Westernization,” *Turkish Studies*, Vol.6, No.1, 2005, p.5.

④ Yıldız Atasoy, *Turkey, Islamists and Democracy——Transition and Globalization in a Muslim State,* New York: I.B.Tauris, 2005, pp.120-121.

⑤ Ihsan D. Dagi, *Islamic Political Identity in Turkey: Rethinking the West and Westernization*, Report for the International Policy Fellow of the Open Society Institute, 2001/2002, p.8.

支持。此外，繁荣党还对工业化过程中对农业的忽视予以批评，希望能够在工业化目标与农业部门发展之间保持平衡。对于埃尔巴坎而言，学习西方技术并不妨碍对伊斯兰主义的宣扬，因为他认为，西方之所以能够取得技术的进步是与中世纪时期伊斯兰世界对知识的保存和创造分不开的，这赋予了学习西方技术的合法性。

第三，“民族观念运动”的社会使命在于建立一个“正义秩序”。“民族观念运动”的领导者对正义观念极为重视，并且将此观念用于社会动员。在他们看来，“正义”要比人权或民主更能得到穆斯林民众的认同。实际上，从伊斯兰教的经典《古兰经》，到现代伊斯兰世界作家的作品，“正义”（Justice）都是一个出现频率很高、含义非常丰富的概念。如果我们说“爱”的观念充满着基督教的整个世界观，那么，“正义”观念在伊斯兰教中的作用完全可以与其相媲美。[①] 繁荣党在1990年代选举中曾许诺要“建立新世界”，推行“正义秩序工程”，一旦掌权就将竭力解决社会中的各种问题。“正义秩序工程”包括政治、经济、科学和宗教/道德四个方面：政治上强调必须获得政治权力，因为只有获得此种权力才可以制定政策，更好地进行国民财富分配和社会调整；经济上致力于社会公正，力求将银行利息制度从经济领域内消除；科学上拒绝任何阻碍自由表达的行为，鼓励现代技术和科学进步的传播；宗教/道德上通过推行以伊斯兰原则为基础的精神生活方式，减少社会的道德腐化现象。[②] 这种口号对于底层民众具有很强的号召力，作为被社会排斥的对象，在面临经济衰退、国民财富分配不均、腐败、缺少自由等问题时，他们希望得到正义与发展，反对不公与贫困。

总之，“民族观念运动”的核心要义就是对西方的批判以及试图调和

---

① 王宇洁：《伊斯兰教正义观浅析》，《经略》，2015年7月6日，转引自：http://www.mesi.shisu.edu.cn/0d/1d/c3711a68893/page.htm

② Muzaffer Ercan Yilmaz, “The Rise of Political Islam in Turkey: The Case of the Welfare Party”, p.368.“正义秩序工程”的英文名为 The Just Order Project，土语名为 Adil Düzen。

伊斯兰和现代性，其在国内层面上表现为对土耳其的西化历史进行根本批判；在国际层面上则推动土耳其的外交政策从传统的亲西方立场向伊斯兰世界转向。①

二

严格说来，“民族观念运动”其实并不是一个具有明确政治纲领的运动，只是希望假借民族主义的表达方式促进伊斯兰的传播，因为“民族”（milli）在土耳其语中兼具宗教性和民族性两重内涵。但从历史和文化语境来看，“民族观念”指的正是伊斯兰，②只是由于土耳其的世俗国家体制，这些伊斯兰政党都无法公开地表明自己的伊斯兰身份，但其伊斯兰主义的实质却是毫无疑问的。③要理解土耳其“民族观念运动”兴起的原因，有必要对上世纪 70 年代全球范围内的宗教复兴尤其是政治伊斯兰的兴起有个总体的认识。

20 世纪 70 年代，全球范围内出现了宗教复兴运动，④其中就包括了政治伊斯兰的兴起。⑤对于政治伊斯兰兴起的原因，学术界从多维度给予了阐释。首先，在社会和经济的层面上，一些学者认为，宗教行动者

---

① Galip Dalay and Dov Friedman, “The AK Party and the Evolution of Turkish Political Islam’s Foreign Policy,” *Insigh Turkey*, Vol.15, No.2, 2013, pp.124-126.

② Ahmet Yıldız, “Politico-Religious Discourse of Political Islam in Turkey: The Parties of National Outlook,” p.190.

③ Ihsan D. Dagi, *Islamic Political Identity in Turkey: Rethinking the West and Westernization*, p.8.

④ 王晓朝：《关于全球宗教复兴的理论分析与思考》，参见郭长刚主编：《全球化、价值观与多元主义：全球化时代宗教、信仰与文化变迁研究》，上海三联 2010 年 8 月版，第 41–50 页。

⑤ 参见张凤梅、郭长刚：《马克 · 尤尔根斯迈耶全球宗教政治理论述评》，载《宗教学研究》2011 年第 3 期；另见 Mark Juergensmeyer, *Global Rebellion: Religious Challenges to the Secular State, from Christian Militias to al Qaeda,* Berkley, Los Angeles, London: university of California Press, 2008, p.244.

（Religiopolitical Actor）① 的产生是因为社会中出现了一个由虔诚群体组成的中产阶级。如美国犹他大学中东研究中心教授哈坎·亚武兹（Hakan Yavuz）就认为，一些宗教国家的现代化进程促使受过良好教育的宗教公民大量产生，而随着经济地位的提升，他们也希望曾经被压制的文化和政治诉求得到满足，同时也渴望成为一支重要的政治力量。哈坎还认为，与一些缺少中产阶级的国家相比，拥有中产阶级的国家的宗教与政治运动所推行的路线更为温和，不易走向极端化。②

但也有学者认为宗教行动者的产生是由"经济剥夺理论"造成的。如土耳其著名历史学家费罗兹·艾哈迈德（Feroz Ahmed）就认为，成为宗教行动者对社会中遭受经济剥夺的群体尤其是底层民众或城市贫民更具有吸引力，因为处于社会边缘地位的群体更容易被宗教吸引或操控。③ 而普林斯顿大学近东研究系荣休教授卡尔·布朗（L. Carl Brown）则认为，随着中东诸国城市化进程的不断加快，以及高等教育的不断发展，农村人口大量向城市流动，接受高等教育的年轻群体开始涌现，但随着社会竞争力的加强，这些青年群体也变得异常焦虑，一方面是因为无法找到令人满意的工作，但也有很多人根本无法找到工作，因而对现存政体表示不满，转而成为政治宗教运动的积极参与者，决心寻找现存政体的替代物，从而成为宗

① 美国宗教学会前主席马克·尤尔根斯迈耶曾将参与全球反叛运动的人称作"宗教行动主义者"（Religious Activists）而不是"基要主义者"，指出宗教行动主义者一方面反对现代主义的价值观，但另一方面又是非常现代的人，一方面拥抱传统宗教价值，但另一方面又拒绝世俗意识形态。参见：郭长刚：9·11 事件是"宗教"与"世俗政治"张力发展的反映——马克·尤尔根斯迈耶，载《中国社会科学报》2011 年 9 月 4 日，http://sspress.cass.cn/paper/24620.htm [最后浏览日期：2014 年 12 月 30 日] 本文中的"宗教行动者"（Religiopolitical Actor）则指的是具有宗教信仰的个人和群体，通过主动或者被动的政治行动而参与政治。

② Hakan Yavuz, "Is there a Turkish Islam? The Emergence of Convergence and Consensus," *Journal of Muslim Minority Affairs*, No.2, 2004, pp.213-232.

③ Feroz Ahmed, "Politics and Islam in Modern Turkey," *Middle Eastern Studies*, No.27, 1991, pp.3-21.

教政治运动的拥趸。[①]

其次，政治伊斯兰的兴起也有其意识形态方面的因素。兰德公司资深政治学家安吉拉·拉巴萨（Angel M. Rabasa）认为，中东各国在独立后实验了各种“世俗”意识形态，如自由民族主义、纳赛尔的社会阿拉伯主义以及巴哈伊主义等，但都未能实现经济稳定增长、政治制度向代议制发展，以及国际影响力的提高。[②] 这些世俗模式及意识形态的失败是伊斯兰模式兴起的最大动力——或许回归伊斯兰才是解决问题之道。[③]

当然，伊斯兰文化传统也应该是一个重要的考量因素。普林斯顿大学近东研究系荣休教授伯纳德·刘易斯（Bernard Lewis）指出，与其他宗教不同的是，伊斯兰教更容易向政治化发展。他认为从穆罕默德以来，伊斯兰教的政治和宗教领导权就交织在一起，目前中东地区出现的政治伊斯兰思潮与伊斯兰教的这一特征息息相关。[④]

应该说，代表伊斯兰力量的土耳其民族观念运动是1970年代全球宗教复兴运动总拼图上的一块拼板，只是其具体演进历程有着鲜明的本土特色而已，土耳其著名学者谢里夫·马丁（Serif Martin）就曾提出“中心边缘论”来概括土耳其的历史发展进程，至今仍然在土耳其学界产生重要影响，引发大量学者的关注、评论与反思。

第一，土耳其社会已经出现了“中心”与“边缘”之间的巨大社会文化鸿沟。早在土耳其共和国的一党制时代（1923—1946），持有世俗主义意识形态的共和国精英们开始推行自上而下的社会改革，其目标则是为

① Carl L. Brown, *Religion and State: The Muslim Approach to Politics*, New York: Columbia University Press, 2000.

② Angel M. Rabasa et al, *The Muslim World After 9/11*, RAND Corporation, 2004, p.36.

③ Ergun Özbudun, “The Institutional Decline of Parties in Turkey,” in *Political Parties and Democracy* by Larry Diamond and Richard Gunther (eds), Baltimore: John Hopkins University Press, 2001, pp. 238-265.

④ Bernard Lewis, *What Went Wrong: The Clash between Islam and Modernity in the Middle East*, Oxford: Oxford University Press, 2002.

达至“当代文明”的高度，即欧洲文明。在这些精英看来，东方文化及生活方式是奥斯曼帝国衰落和共和国经济落后的根本原因，而其中伊斯兰文化更被他们认为是“中世纪的遗迹”，必须加以限制。因而，在共和人民党时期，政府极力压缩宗教的公共空间，如，禁止在公开场合表演东方音乐，建立乡村机构以实现村民的社会化，等等，力图通过宗教事务总署（Directorate of Religious Affairs）对宗教机构、宗教功能和宗教教育进行大范围的改革管理。[①] 但是，凯末尔主义者的世俗民族主义、进步主义和积极主义理念，以及将伊斯兰生活方式改为西方生活方式的做法并未完全渗透进整个土耳其社会，尤其是那些远离城市的乡村。在安纳托利亚地区的广大乡村，伊斯兰意识仍然是大部分社会群体共同身份的基础。也正是基于此，据历史学家费罗兹·艾哈迈德所言，共和人民党才会在多党制推行之时承认伊斯兰是土耳其政治的重要因素，并且开始在宗教问题上进行让步，不然的话将会在选举中很难获得足够的选票。[②]

此外，共和国精英所推行的经济政策也使得城市与乡村的经济发展出现了极度不平衡。大萧条时期，土耳其仿照欧洲各国采取国家主导的工业化计划，大城市的工业化快速发展，控制国家经济命脉的官僚及新兴工业资产阶级成为最大受益者，而农民的利益在很大程度上则成为工业发展的牺牲品，缺少用于耕种的拖拉机，没有足够的电源，许多农村连道路也没有，同时又要承受着不断增加的赋税以及国家强制推行的世俗化改革等。[③] 因此，土耳其的社会形成一种二元对立，即居住在内地乡村的传统伊斯兰民众与居住在城市的现代西方式精英之间的对立，这一对立被称为“中心—

① Yusuf Sarfati, *The Rise of Religious Parties in Israel and Turkey——A Comparative Study*, pp.71-72.

② 转引自：Behlül Özkan, “Turkey’s Islamists: From Power-Sharing to Political Incumbency,” *Turkish Policy Quarterly*, Spring 2015, p.73.

③ Muhammed Çetin, Turkey’s Path to Democratization: Barriers, Actors, Outcomes, New York: Blue Dome, 2014, pp.8 -9.

边缘”鸿沟，[1]或“白色土耳其人”与“黑色土耳其人”的对立[2]，这也是时至今日土耳其社会和政治生活中最为重要的分歧。

第二，中心—边缘鸿沟不断被政治化。随着土耳其于1946年开始向多党制过渡，执政的民主党在20世纪60年代开始推行自由经济政策，农业的机械化开始变得普遍，农业劳动力的需求不断减少，大量农村剩余劳动力开始向城市流动，即“边缘群体”向“中心区域”的流动[3]。不过，流动到城市的农村群体虽然在空间概念上进入了“中心”，但他们只能住

① Şerif Martin, “Center-Periphery Relations: A Key to Turkish Politics?” *Daedalus*, Vol.102, No.1, *Post-Traditional Societies*, Winter 1973, pp.169-190.

② 当代土耳其政治不仅存在伊斯兰主义者和世俗主义者的意识形态之争，同时存在着更为深层次的旧城市精英与新崛起的乡村非经营群体的对立，即“白色土耳其人”（White Turks）和“黑色土耳其人”（Black Turks）的对立，而这种对立主要由阶级和地理因素决定。“白色土耳其人”主要包括军方、媒体、官僚和资产阶级等，致力于促进上层阶级的世界观，并以自己的生活方式、价值观和品味为标准影响整个民族的文明取向，他们主要出生于伊斯坦布尔，或者至少是居住在伊斯坦布尔的第二代或第三代移民。“黑色土耳其人”主要包括私人企业主、农民等，文化上大多持宗教和保守立场，主要居住在安纳托利亚的农村，或者是大城市的贫民窟中。目前，两者之间的矛盾越来越来越大。参见：Seda Demiralp, “White Turks, Black Turks? Fautlines beyond Islamism versus Secularism,” *Third World Quarterly,* Vol.33, No.3, 2012, pp.514-515.

③ 由于移民原因，伊斯坦布尔市的人口在20世纪初时为86万，到20世纪20年代中期时达到110万，在2000年时为1000万，而到2007年时为1250万。而伊斯坦布尔市人口在土耳其总人口的比重分别为：1935年和1945年“二战”后为4.6%，1955年为5.27%，1960年为5.29%，1965年为5.55%，而到2000年时为14.75%。转引自：Gizem Akdoğan, “Dealing with Rapid Development: Creation of the Informal Urban Economy and *Gecekondu* Housing in Istanbul,” Unprinted Master Thesis: Iowa State University, 2009, p.8; p.12. 到2000年时，伊斯坦布尔的贫民窟居民数量占到了了该市人口的75%。参见：Murat Cemal Yalcintan and Adem Erdem Erbas, “Impacts of Gecekondu on the Electoral Geograpy of Istanbul,” *International Labor and Working-Class History*, No.64, Fall 2003, p.94.

在“贫民窟”（gecekondu）里，[①]成为“城市边缘人”，并不能真正融入到城市主流社会。他们无法从事体面的职业，大多没有稳定的经济收入，没有相应的社会安全保障[②]。面对这一群体，城市精英认为他们的存在不仅使城市乡村化，带来大量的基础设施等公共资源短缺问题，而且他们传统的伊斯兰文化观念也是一种威胁。简而言之，边缘和中心的社会文化鸿沟在20世纪90年代不是逐步弥合，而是更为严峻了。其主要原因就在于：居住在贫民窟的第一代“城市边缘人”对于城市生活的向往与乐观态度已经让位于第二代和第三代居民的失望和悲观情绪。如果说前者与继续留守在农村的群体相比拥有较好的经济和教育机会的话，那么后者则囿于父辈的低收入和卑微的社会地位，因而在与城市居民的对比中感受到经济机会的稀少以及城市原住民的歧视。城市精英阶层对于他们的歧视一方面源于贫民窟居民的负面形象及其带来的城市治理问题，但另一方面也源于大量城市原住民移居郊区导致与贫民窟居民的接触增多，这进一步促使贫民窟居民与城市精英阶层的矛盾凸显。贫民窟居民渐渐从无法融入城市的农村群体变为攻击城市价值观及其社会秩序的“他者”，正是这种身份的对立加剧了双方之间的鸿沟。

第三，世俗国家开始采取吸纳战略（inclusion-cooptation strategy），有意吸纳宗教力量以扩大执政基础。1945年之后，随着乡村人口向城市流动的加快，伊斯兰开始在公共空间再度出现。当时执政的民主党也立即利用这一趋势，吸收宗教群体加入政党，兴建新的清真寺，重新开放圣墓，建

① Gecekondu是贫民窟的土耳其说法，一般指的是经过一个夜晚建造的房子，这些房子大多在国有土地上修建，但却没有任何合法许可，也没有任何规划，实际上违背了法律规定，但由于这些房子大多在土耳其大选之前建成，因而政治家为获得选票也会给予这些房子以合法许可或提供其他服务，但在事实上却对市政建设带来较大阻碍。参见：Mehmet Rıfat Akbulut and Seher Başlık, “Transformation of Perception of The Gecekondu Phenomenon,” *METU JFA*, Vol.28, No.2, 2011, p.1-5.

② Gecekondu贫民窟里的男性主要从事街头小贩、建筑工人或司机等职业，女性主要从事家庭小作坊或者服务生职业。参见：Kemal H. Karpat, *The Gecekondu: Rural Migration and Urbanization*, New York：Cambridge University Press, 2009, pp.100-106.

立宗教学校以及大学里的神学院，从而极大地恢复了奥斯曼社会的伊斯兰遗产。[①]一直到20世纪70年代初期，中右政党基本上对边缘群体都具有很大的吸引力。其中最有代表性的政治家就是埃尔巴坎。虽然埃尔巴坎所创建的民族秩序党和民族救赎党先后被取缔，但事实上在土耳其政治中，宗教行动者已经开始被纳入政府官僚体制之内。埃尔巴坎通过加入联合政府在政府职能部门就职，因而成功地扩大了“民族观念运动”的影响范围。即便在军政府时期（1980—1983年），军方为结束意识形态混乱局面也有选择地运用一些伊斯兰元素，其中持保守主义观点的“思想之家组织”（Hearth of Intellectuals）所倡导的“土耳其—伊斯兰一体化”（Turkish-Islamic Synthesis）思想，就成为祖国党执政时期文化和教育政策的源头。因而，宗教行动者也日益受到公众的关注，这为伊斯兰政党在1990年代实现胜利选举并步入权力高峰奠定了最为重要的基础。

总之，对“民族观念运动”的发展大致可以做以下逻辑梳理：首先，土耳其在民族国家构建之时形成了严重的经济和社会鸿沟。随着城市化及识字率的提升，中心与边缘的接触不断增多，导致该鸿沟不断被政治化，而宗教行动者则在这一政治化进程中开始兴起。其次，宗教行动者的意识形态就是要致力于解决边缘群体的社会和文化不满现象，从而为其赢得选举胜利打下了坚实基础。另外，世俗政府也会通过吸纳战略以赢得宗教行动者的支持，这也间接促成他们的发展，表现在允许宗教力量掌管某些国家行政职能部门，从而使其可以使用国家资源为自己的支持者或选民谋福利；赋予宗教力量使用国家文化资源的权利，从而使其可以彰显自己的宗教特征及传播自己的宗教意识形态；增加国家对于宗教教育的资金支持，从而使其可以有更大的空间培养新的替代性精英和传播宗教话语。如果被政府吸纳的宗教力量是温和的，那么来自外部环境的非温和宗教力量就

① Dietrich Jung and Wolfango Piccoli, *Turkey at the Crossroads: Ottoman Legacies and a Greater Middle East*, New York: Zed Books Ltd, 2001, pp.118-122. “民主党”的土耳其语名为 Demokrat Parti, DP，英文名为 Democratic Party, DP。

会对前者加以批评，指责政府对宗教的工具化利用，从而导致温和派力量被怀疑，转而使得非温和派宗教力量得到更大范围的支持。[①] 但二者殊途同归，即吸纳战略都会导致宗教力量的增强，不管其是温和派还是非温和派。祖国党时期的温和型宗教政策的不断受批评、繁荣党时期非温和宗教力量的不断增强，以及正发党时期温和型宗教政策的再度胜出即是明显的例子。

三

第二次军事政变后，民族救赎党于 1980 年被军方取缔，随后该党的领导人埃尔巴坎也被禁止参与各项政党活动，其追随者则于 1983 年创建了繁荣党，并在随后的选举中取得胜利。在祖国党执政期间（1983—1991），[②] 持实用主义原则的图尔古特·厄扎尔（Turgut Özal）试图将民族主义、保守主义、自由主义和伊斯兰主义等意识形态有机融合在一起，但由于党内派系的斗争、自由经济政策的恶果、社会腐败和公民道德的滑坡，以及伊斯兰主义者对政府主动吸纳宗教力量的不满等原因，祖国党逐渐走向衰落，保守力量也纷纷抛弃祖国党阵营，转而加入繁荣党。于是，繁荣党在 20 世纪 90 年代初期逐渐成为土耳其伊斯兰力量的中心，并在随后的选举中赢得胜利，达至“民族观念运动”的顶峰。例如，在 1994 年的地方选举中，繁荣党赢得 19% 的选票，并获得了 28 个市的市长席位，其中包括土耳其最大的城市伊斯坦布尔和安卡拉。在 1995 年的大选中，繁荣党则获得了 21% 的民众选票，从而得以与中右政党真道党组成联合政府，[③]

① Yusuf Sarfati, *The Rise of Religious Parties in Israel and Turkey——A Comparative Study*, p.35.

② “祖国党”的土耳其文名为“Anavatan Partisi, ANAP”，英文名为“Motherland Party, MP”。

③ “真道党”的土耳其文名为“Doğru Yol Partisi, DYP”，英文名为“True Path Party, TPP”。

而埃尔巴坎也成为共和国历史上第一个具有亲伊斯兰思想的总理。

繁荣党之所以取得选举胜利是由于通过宗教方式开展的政治动员扩大了该党的民众基础，推行的社会正义议程增加了该党的社会基础，尤为重要的是将社会问题优先置于宗教议题之前的举措更是得到了城市和乡村边缘群体的支持，尤其吸引了对 1980 年代开始的自由化政策不满的城市贫民和乡村中低收入农民。[①] 具体而言，繁荣党崛起的原因可以归为以下四点。第一，繁荣党的执政基础不断扩大。随着民族救赎党的支持者——农村的传统力量——于 20 世纪 70 年代后开始向城市大量迁移，这些民众所面临的就业、住房、医疗等问题也成为繁荣党关注的议题。因此，繁荣党的民意基础就从农村扩展至城市边缘。[②] 第二，繁荣党的意识形态色彩渐渐减少。图尔古特·厄扎尔领导的祖国党所推行的新自由主义经济政策不仅未能给城市贫民带来福利，扶植小企业家的崛起，而且引发了严重的经济危机和社会腐败问题[③]，因而，与意识形态相比，致力于解决经济和社会问题成为繁荣党赢得大选的重要原因。第三，繁荣党的政治话语开始调整与转变。繁荣党的政党口号由原来的"神圣秩序"改为更世俗化的"正义秩序"，主张对财富进行重新分配，这一话语策略能被各个社会和经济阶层予以接纳。[④] 第四，繁荣党的崛起还得益于冷战之后世界局势的发展。厄扎尔政府在 1980 年代推行的自由化政策受制于国际局势的发展，遭遇的最大挑战即是欧盟于 1987 年拒绝土耳其的入盟申请，这激起了土耳其民众的反西方热潮。与此同时，"文明冲突论"的论调在冷战后也甚嚣尘上，

---

① Mehran Kamrava, "Pesudo-democrtic Politics and Populist Possibilities: The Rise and Demise of Turkey's Refah Party," *British Journal of Middle Eastern Studies*, Vol.25, No.2, pp.292-294.

② M. Hakan Yavuz, "Politica Islam and the Welfare (Refah) Party in Turkey," *Comparative Politics*, Vol.30, No.1, October 1997, p.74.

③ Ziya Öniş, "Turgut Özal and His Economic Legacy: Turkish Neo-Liberalism in Critical Persective," *Middle Eastern Studies*, Vol.40, No.4, July 2004, p.114.

④ Mehran Kamrava, "Pesudo-Democrtic Politics and Populist Possibilities: The Rise and Demise of Turkey's Refah Party," pp.287-289.

再加之西方在波斯尼亚和阿塞拜疆的穆斯林问题上所持的双重标准①，这使得大多数土耳其人愈发地认为西方已经失去道德感，不再有任何吸引力，而伊斯兰文化与价值开始更多地被广大民众所认同。

基于以上原因，以往在民族主义者、保守主义者、自由主义者和伊斯兰主义者之间存在的对西方和西方化持不同观念的意识形态鸿沟逐渐归于隐性。随着土耳其民众对西方不满的增强，政治上与西方的隔离，价值观上与西方的割裂，进而寻求新的国家认同反而成为繁荣党在20世纪90年代崛起的时代背景。②正因为土耳其政治中固有的中右和中左政党的分离，加上双方都无力推行改革以解决社会问题，繁荣党于是成为土耳其一支强有力的可替代性力量。然而，繁荣党虽然在调整政纲策略后便致力于解决社会和经济问题，而赢得了广大城乡贫苦人民的支持，但在实际主政后却无力解决国内的顽疾。埃尔巴坎及其他领导层仍然坚持使用反对现存体制的传统伊斯兰话语方式，使得世俗政权的利益受到严重损害。其结果是，繁荣党所推行的政策不仅未能有效地减少社会冲突的强度，反而导致土耳其社会沿着世俗主义者与伊斯兰主义者的分裂和对立方向继续发展。③最终，埃尔巴坎既受到坚定的伊斯兰主义者的苛责，又承受着世俗主义者的压力。一方面，由于埃尔巴坎曾承诺远离西方，但事实上他却无力阻止土耳其政府1996年分别同欧盟达成关税同盟，与以色列签署军事训练合作协定，这招致了伊斯兰主义者的不满。另一方面，埃尔巴坎主张取消头巾禁令，加上时任伊斯坦布尔市市长埃尔多安希望在塔克西姆广场（Taksim

① M. Hakan Yavuz, “Politica Islam and the Welfare (Refah) Party in Turkey,” p.77.

② Ihsan D. Dagi, *Islamic Political Identity in Turkey: Rethinking the West and Westernization*, p.16.

③ Angel M. Rabasa et al, *The Muslim World After 9/11*, p.43.

Square）兴建清真寺等，[①] 这一系列提议也进一步加剧了世俗主义者的疑虑。

繁荣党的领导者在执政后仍然使用传统伊斯兰语言，推行亲伊斯兰的政策，这势必引起了世俗主义卫士——军方——的强烈警惕，担忧政治伊斯兰力量的增强会对世俗政治体制造成重大冲击。[②] 面对伊斯兰对世俗主义的挑战以及繁荣党对世俗体制的冲击，军方开始采取行动。陆军总参谋部设立“西方工作组”开始对全国各地和社会各界的伊斯兰活动进行调查。不久，由军方司令官、参谋总长和内阁成员组成的国家安全委员会（National Security Committee, NSC）于 1997 年 2 月 28 日做出一系列决定，决心加强土耳其国家的世俗特征，消除伊斯兰的威胁，同时敦促政府采取措施保护世俗主义力量。[③] 这就是土耳其政治上著名的“二二八进程”（February 28 Process），又被成为“软政变”（Soft Coup）或者“后现代政变”（Post-modern Coup）。

1997 年“二二八进程”发生之后，繁荣党由于与军方和世俗主义者的对立不断升级，最终被宣布为非法政党而予以取缔。随后，由繁荣党骨干力量组建而成的美德党再次步入政坛，但它与繁荣党在对待西方的态度上有重大转变。美德党不再反对西方，转而与西方开始合作，积极吸收民主、人权和法治等西方政治理念。因为“二二八进程”使得“民族观念运动”的领导者意识到自己未能撼动军方的地位、未能突破世俗主义者对政治和法律所施加的影响，也未能在土耳其社会和民众中达成共识，因而开始寻

---

① 塔克西姆广场是现代伊斯坦布尔的心脏，但同时也是典型的土耳其社会的破裂带，追求波西米亚生活方式和非正统思想的艺术家、作家、演员在此相遇，各种生活方式和价值观在此地汇聚，使得塔克西姆广场成为反体制的中心，因而在土耳其具有重要的政治和社会意义。参见：Edibe Sözen and Hakan Yavuz, “The Gezi Protests: An Outburst at Turkey’s Shatter-Zone,” *Insight Turkey*, Vol.16, No.1, 2014, p.147.

② Ihsan D. Dagi, *Islamic Political Identity in Turkey: Rethinking the West and Westernization*, p.17.

③ 同上，第 18 页。

求西方的支持，以西方的“民主、人权和法治”等观念来对抗军方的“独裁”。吊诡的是，美德党的立场转变与其一贯坚称的反西方传统理念相违背，而这一与传统完全背离的表态也影响了美德党的政治基础，促发了“民族观念运动”的内部分裂。[①]

无论美德党作出何种调整，世俗主义的捍卫者——军方一直视美德党为繁荣党的继承者，这也源自军方对“民族观念运动”的敌意，视其为威胁土耳其政治稳定和政治体制的头号反动势力。在这种情况下，“民族观念运动”只有两种选择：一是与世俗主义者进行直接对抗；二是解决政党的合法性问题，即如何规避世俗主义法律或政治的障碍而合法开展活动。然而，即便美德党采取第二种方式，积极调整话语策略，仍然于 2001 年被判违反宪法和政党法而遭到取缔。美德党被取缔之后，“民族观念运动”的内部分裂也已经成为公开的事实。该运动中的传统主义者（Gelenekçiler）在雷杰伊·库坦的领导下创建了幸福党，埃尔巴坎实际上仍然在幕后操控，而且坚持该运动的伊斯兰主义立场。该运动中的改革主义者（Yenilikçiler）则在埃尔多安的领导下创建了正义与发展党，摒弃伊斯兰主义立场，转向“保守民主”（Conservative Democracy）立场，积极拥护民主、人权、多元主义等西方价值观。其原因在于伊斯兰政党与世俗政权的不断冲突以及不断被取缔的经历给改革派留下了深刻教训，因而采取更为灵活和合作的政治态度，与世俗政权、军队、商业人士进行对话与互动，直至掌握政权。[②]

2003 年，埃尔多安公开表示与“民族观念运动”决裂。与“民族观念运动”对伊斯兰价值观和伊斯兰话语的坚持相比，正发党则试图调和现代与传统、普世主义与本土主义、理性与精神之间的矛盾，确实与“民族观

① Sebnem Gumuscu and Deniz Sert, “The Power of the Devout Bourgeoisie: The Case of the Justice and Development Party in Turkey,” *Middle Eastern Studies*, Vol.45, No.6, November 2009, pp.960-963.

② Sebnem Gumuscu and Deniz Sert, “The Power of the Devout Bourgeoisie: The Case of the Justice and Development Party in Turkey,” p.961.

念运动”存在着众多差异。

第一，正发党主张的“保守民主”政治理念表现在以下五个方面：1. 拒绝以革命方式改变社会，主张渐进式改革；2. 建立有限政府，保护个人自由；3. 在协商基础上解决政治问题；4. 接受不同社会文化存在，以宽容求生存；5. 政治权威合法性应基于大众支持及法治价值。[①] 概括而言，正发党在社会政策上推行保守主义，在政治制度上推行民主化进程，力图如 20 世纪 50 年代曼德雷斯领导的民主党、60 年代德米雷尔领导的正义党以及，80 年代厄扎尔领导的祖国党一样获得边缘力量的支持，而这些边缘力量大多数是保守的、民族主义的、伊斯兰的和崇尚民主的，因而正发党的政党基础可以包括城市人和乡村人、富人和穷人，以及受过高等教育者和受教育程度较低者，成为执政基础更为广泛的中右政党。

第二，正发党的政治纲领是“正义和发展”，而这一纲领正是土耳其自 1950 年代以来中右政党的经典主题。之所以以此为主题就是因为中右政党希望能够凭借广泛的民意对抗凯末尔主义意识形态下笼罩的世俗主义国家精英和军事官僚，希望大众获得经济发展带来的益处，赋予人民以更多的力量，削弱世俗主义精英在国家事务中的专断作风。正发党正是凭借“正义与发展”的竞选纲领成功弥补了中右政党缺失的空间，因而并不能被简单地认为是另一个伊斯兰政党，而是更多地代表了边缘力量的要求，而这些力量以往则被土耳其强大的国家传统所压制。

第三，正发党在经济和外交政策上也与“民族观念运动”有很大不同。虽然正发党认为社会正义非常重要，但与“民族观念运动”赋予政府发展经济的重要职能不同，它开始复苏厄扎尔时代的新自由主义经济政策，全力融入全球经济之中，促使土耳其经济得到迅速发展。同时，正发党拒绝教条式的反西方立场，但也对亨廷顿的“文明冲突论”予以驳斥，并将精

① Yusuf Sarfati, *The Rise of Religious Parties in Israel and Turkey—— A Comparative Study*, pp.283-284.

力集中放在不同文明对话上。[①] 基于此种文明理解，正发党的外交政策也实现转型，积极谋求加入欧盟，平衡东西外交，同时积极参与各种国际组织，这使得土耳其已经成为全球治理的重要参与者。

虽然以上三点揭示正发党与“民族观念运动”的不同，因而有可能会得出正发党不是“民族观念运动”延续的结论，毕竟我们还从未看到有任何一个伊斯兰政党会主动推行西方化运动以加入欧盟，积极主张全球化运动，与国际行为体合作，吸引外国直接投资，并且接受新自由主义经济政策，推行市场经济改革，实行私有化项目等，然而正发党的伊斯兰主义的底色仍然无法让众多拥抱世俗主义并且拥有强大权力的国家精英所信服，对埃尔多安政府是否有“秘密议案”以及是否能够真正改变伊斯兰主义的奋斗目标持怀疑态度，因为无人可以排除这种可能性，即便是经历了几年温和的保守主义，正发党亦有可能随时会回归伊斯兰主义的根基。[②] 毕竟，正是在 2008 年，土耳其同时与欧盟和美国的关系陷入困境，这在土耳其历史上则是绝无仅有的，同一方关系僵硬，同另一方关系保持正常在土耳其历史上是个常态，但同时交恶的状态则非常鲜见。[③] 因而，将正发党称之为“后伊斯兰政党”恐怕也是不大准确的，更为合适的定位则是将其视为“民族观念运动”的流变。作为“民族观念运动”的流变，正发党人代表了土耳其伊斯兰主义者的转变，固然还有一部分伊斯兰主义者仍然坚持埃尔巴坎的信条，对西方和全球化具有敌意，然而还有一部分伊斯兰主义者已经开始响应埃尔多安的召唤，拥抱一个更加开放、自由、民主和

---

① Nurullah Ardıç, “Civilizational Discourse, the ‘Alliance of Civilizations’ and Turkish Foreign Policy,” *Insight Turkey*, Vol.16, No.3, 2014, pp.105-111.

② Joost Lagendijk, “Turkey’s Accession to the European Union and the Role of the Justice and Development Party,” in Ahmet T. Kuru and Alfred Stepan (eds). *Democracy, Islam, & Secularism in Turkey*, New York: Columbia University Press, 2012, pp.167-176.

③ Philip H. Gordon and Omer Taspinar, *Winning Turkey: How America, Europe, and Turkey can Revive a Fading Partnership*, Washington DC: The Brookings Institutions, 2008, p.48.

人性的政治体制，而促成这种转变发生的因素则如土耳其著名政治学者齐亚·厄尼斯（Ziya Öniş）所言共包含以下四个要素。[①]

第一，正在埃尔巴坎成为土耳其总理，“民族观念运动”走向顶峰之时，“二二八政变”的发生使得埃尔巴坎被迫辞职，繁荣党也被取缔，这表明掌控国家权力的世俗主义力量仍然具有重大影响力，这为“民族观念运动”划定了一个底线，即不能挑战世俗秩序。第二，伊斯兰主义者认识到议会民主的重要性，在底线无法突破的条件下，必须通过民主化手段扩大边界的范围，因而成为民主的坚定支持者，这也有助于伊斯兰主义者的温和化。第三，伊斯兰主义者为了获得更多的支持，就必须依赖崛起的穆斯林中产阶级，因而自然赞成全球化体系下的经济自由主义政策，这将有助于大量的穆斯林企业家和学者的产生，进而寻求更多的自由的政治参与空间。第四，为了寻求更多的政治参与，加入欧盟进程则成为伊斯兰主义者的重要工具，欧盟可以有效地保障伊斯兰主义者的穆斯林认同，同时也可以对世俗主义精英施压，使其让出部分权力。

如果说凯末尔主义者是坚定的世俗主义者和西化主义者，是国家权力的实际掌控者，埃尔巴坎领导的“民族观念运动”是坚定的伊斯兰主义者和反西方主义者，是寻求替代凯末尔主义道路的挑战者的话，那么流变于“民族观念运动”的正发党则寻求二者的调和，一方面推行伊斯兰的社会政策，赢得广大保守民众的支持，另一方面推行民主化的政治政策和自由主义的经济政策，赢得了部分世俗主义和自由主义民众的支持，一方面通过欧盟施压的改革进程扩大社会边缘力量的权利，另一方面通过欧盟施压的民主化进程消弱世俗主义国家精英的权力，因而才得以获得不同的社会、族裔和宗教群体的支持，填补土耳其中右政党的权力真空，连续执政 13 年之久。当然，正发党在度过执政难关之后也习染了土耳其政治的固有缺

---

① Ziya Öniş, “The Political Economy of Islam and Democracy in Turkey: From the Welfare Party to the AKP,” in Dietrich Jung (ed.), *Democracy and Development: New Political Stategies for the Middle East*, New York: Palgrave, 2006.

陷，如同20世纪50年代后期的民主党一样，有放松改革、加固权力、走向威权的倾向，这在该党第二和第三任期的执政措施中也有所表现。

结 语

民族秩序党和民族救赎党代表着“民族观念运动”的初始阶段，而繁荣党的建立和发展则将“民族观念运动”推向高峰，然而走向高峰之时却随即带来了打击，即便是改换名字的美德党也仍然被取缔，而作为“民族观念运动”坚定继承者的幸福党则在以后的土耳其选举中表现不佳，逐渐沦为一个边缘的政党，取而代之的则是脱胎于、但又对“民族观念运动”有所超越的正义与发展党，凭借“保守民主”的政治纲领、代表“伊斯兰和保守的边缘力量”的立场，以及支持加入欧盟进程，全球化、自由化的态度，正发党赢得了“选举霸权”，得以单独执政长达13年。从20世纪70年代以来长达40年的“民族观念运动”为我们理解土耳其的政治发展提供了一种新的角度。

首先，从政党政治的角度来看，“民族观念运动”代表了政治伊斯兰力量的合法化和温和化。1973年，埃尔巴坎领导的民族救赎党在议会选举中获得48个议席，共和人民党获得185个议席，虽然两党的意识形态截然不同，但最终两党仍然建立了联合政府，标志着政治伊斯兰在土耳其政坛的登场。繁荣党在20世纪90年代取得的胜利更是使得政治伊斯兰力量达至顶峰，随后“民族观念运动”的颓势和流变则表明政治伊斯兰并未诉诸暴力手段，而是或采取温和化路线，或融入主流政治形态，逐渐积蓄力量。

其次，从意识形态的角度来看，“民族观念运动”既代表了伊斯兰主义与世俗主义的抗争（与他者关系），又代表了民族主义和自由主义之间的竞争（自身内部关系）。伊斯兰主义和世俗主义之争是理解土耳其政治发展的钥匙，“民族观念运动”就是希望通过构建一种新的伊斯兰认同而对世俗主义者推崇的同质化文化政策进行挑战。同时，正发党的组建和掌权也表明“民族观念运动”自身内部的民族主义派别和自由主义派别的对立，虽然二者都以强化伊斯兰的社会影响为前提，但埃尔巴坎领导的民族主义派别更为反欧、反美、反对西方的现代性，而埃尔多安领导的自由主义派别更为亲欧、亲美，支持全球化进程。目前来看，“民族主义运动”的流变——正发党——的受众范围更大，因而影响力也更大。

最后，从社会变迁的角度来看，“民族观念运动”代表了一种保守的、伊斯兰的边缘力量的崛起。边缘中心论是理解土耳其社会发展的一条路径，其中居于中心的是持凯末尔主义的世俗国家精英及其机构，如军队、政党（共和人民党）、立法机构、宪法法庭等，位于边缘的则是持保守主义的安纳托利亚民众以及大中城市的贫民阶层。埃尔巴坎领导的各个政党更为倾向于具有伊斯兰主义的民众，而埃尔多安领导的正发党则是将此边缘的边界继续扩大，使其民意基础更为夯实。“民族观念运动”虽然给世俗主义者带来了极大挑战，但这绝不意味着土耳其的世俗主义正在受着更大的威胁，因为大多数土耳其民众仍然赞成政教分离，对于建立伊斯兰法统治下的社会并不支持，对于埃尔巴坎和埃尔多安的支持都可以视作边缘力量对中心力量的一种抗争。

在最近十几年土耳其的历次选举中，作为“民族观念运动”的继承者的幸福党的得票率保持在2%~3%，而作为“民族观念运动”流变的正发党的得票率通常在40%以上，这表明仅仅依靠“伊斯兰主义”（作为意识形态的伊斯兰）的旗号已经逐渐失去昔日的政治和意识形态吸引力，但同时也表明拥有“伊斯兰”（作为宗教的伊斯兰）的保守元素仍然能够获得较大的民意支持。土耳其的政治伊斯兰已经从对伊斯兰的工具化利用向伊斯兰的日常政治转变，作为个人信仰的伊斯兰不断得到强化，与此同时温和的伊斯兰政党也逐渐和世俗体制相适应。“民族观念运动”的发展、高潮、危机和持续，尤其是正发党的兴起都表明土耳其的伊斯兰政党正在向温和化方向发展。虽然“民族观念运动”在过去的40年间屡次遭遇世俗政治体制的排斥，但在民主政治的参与进程中却逐渐适应选举机制的规则，这反而符合伊斯兰政党以及世俗国家的长远利益。

反美主义语境中的中东民主化进程

王　健　汪舒明

【内容提要】美国的“中东民主改造”战略是基于反恐和国家安全的现实主义考虑，而阿拉伯国家的反美主义则源自现代化与全球化负面影响和美国偏袒以色列的非公平中东政策。在反美主义特殊语境下推进中东民主化进程，必然会遭到阻碍和扭曲。反美主义使中东缺失民主化进程的稳定环境，限制甚至阻止美国进一步推动民主的决心，成为阿拉伯世界威权政府对抗美国民主化压力的制衡手段，甚至还会制约美国“中东民主改造”战略的路径选择。

【关键词】反美主义　中东　民主化

【作者简介】王健，经济学博士，上海社会科学院国际问题研究所所长，研究员、博士生导师；汪舒明，上海社会科学院国际问题研究所副研究员。

“九·一一事件”是美国中东民主政策的一个重要转折点。出于全球反恐战略的现实主义考虑，美国在中东开始积极推行所谓的“民主改造战略”，企图改造“失败国家”和遏制伊斯兰运动，为美国的绝对国家安全创造一个稳定的外部环境。2010 年阿拉伯之春爆发后，美国一度放任中东各国的民主化进程，企图实现所谓的地区政治改造。但是，全球化不平衡和美国长期以来实行的偏袒以色列的中东政策，在中东地区孕育了反美主义的肥沃土壤。在反美主义语境下的中东民主进程，不仅没有带来所谓的美国式民主，反而遭遇许多摩擦、阻力和对抗，中东民主之路充满未定之数。

美国中东“民主改造战略”的动因

在全球扩展民主是20世纪以来美国外交的一项重要议程，有着深厚的历史文化根源。美国自视为“世界的灯塔”和“山巅之城”，积极推进全球的民主化进程。但是，为了在冷战时期美苏争霸中获得中东国家的支持以及为了维护其中东的战略利益，防止反美的伊斯兰激进势力借助民主进程上台，“九·一一事件”前美国对中东地区的民主发展采取了实用主义的改造路径，与一些君主制国家和威权主义国家建立了良好的关系，对这些国家内部的民主诉求不仅不予以响应和支持，甚至加以镇压。最明显的例子就是在所谓的第三波全球民主浪潮中，由于害怕伊斯兰运动掌权，1992年美国在“伊斯兰拯救阵线”即将通过选举在阿尔及利亚上台执政时，支持阿尔及利亚军方发动政变，强行中止了该国的民主选举进程。为这种现实主义中东民主政策提供理论解说的，就是所谓的中东“民主例外论”，即民主与中东无涉。中东“民主例外论”认为，崇尚真主主宰的伊斯兰教与世俗的民主不相容。美国著名中东问题专家伯纳德·路易斯指出：“从政治的视角看，伊斯兰教似乎为自由民主政体展示了最黯淡的前景”。[①]而劳瑞·米尔劳伊则认为，伊斯兰传统中，“政治和宗教的权威合为一体”，“主权在神”而不是“主权在民”，因此，自由民主与伊斯兰传统“完全不相适应”。[②]

“九·一一事件”震惊了美国，也成了美国中东民主政策的转折点。

---

① Bernard Lewis, “Islam and Liberal Democracy : A History Overview, ” *Journal of Democracy,* Vol.7, April 1996, p.54.

② Laurie Mylroie, “Promoting Democracy as a Principle of U.S. Middle East Policy,” in Yehudah Mirsky and Matt Ahrens, eds., *Democracy in the Middle East: Defining the Challenge,* A Washington Institute Monograph,1993.

重创之下的美国不仅开始重新审视与阿拉伯国家的关系，而且逐渐把反美主义和恐怖主义的根源追溯到阿拉伯国家内部的民主赤字（Democracy Deficit）及其所引发的深刻危机，这种趋势如果不从根本上加以扭转，那么其未来发展将对美国的国家安全构成重大挑战。2002 年 9 月，时任美国国务院政策规划办公室主任的理查德·哈斯在伦敦国际战略研究所的年会上首次阐述了美国的“中东民主改造”战略。他指出：“‘九·一一事件’促使我们重新审视与伊斯兰世界尤其是阿拉伯国家的关系。……忽视许多社会内部引发动荡的种种问题，只会使疏远和绝望成倍地增长，并造成一种对恐怖主义的支持不断增长的社会气候。”[①] 不久，哈斯的这种“民主赤字恐怖论”的核心观点为当年发布的美国国家安全战略所吸收，并以老调新唱的“失败国家论”（Failed States）加以标签。“失败国家论”并不是新论调，早在克林顿任内，就已经有学者和官员提出这一看法，并进行了论证。美国前国务卿奥尔布赖特就明确将世界上的国家分成了四大类：“国际体系内国家”“过渡国家”“失败国家”和“无赖国家”，但将失败国家与恐怖主义挂钩则是一种新唱法。《国家安全战略》指出，失败国家或衰落国家是恐怖主义等各种极端主义的滋生温床。中东的专制统治使阿拉伯国家排除在全球化的进程之中，处于边缘状态，广大穆斯林生活于绝望之中；而绝望成为反美主义和恐怖主义等极端主义意识形态的沃土。只有在中东扩展民主，改造中东专制政权，才能给中东带来和平、繁荣和希望，也才能减弱反美主义和恐怖主义等极端主义的吸引力，实现穆斯林温和化，根除恐怖主义的温床。2002 年 12 月，美国前国务卿鲍威尔在美国传统基金会发表演讲，正式提出了题为《美国—中东伙伴关系倡议：为未来岁月构建希望》的扩展民主的庞大计划，为美国重塑中东社会和地区秩序确定了初步框架。2003 年 2 月，小布什总统在著名的新保守主义智库美国企业研究所正式阐述了扩展民主，改造中东的政策，要求解决中东的“自由鸿

① Richard N. Haass ,“Reflections a Year After September 11”, London, the United Kingdom, September 13, 2002, https://2001-2009.state.gov/s/p/rem/13442.htm.

沟”（Freedom Gap）问题。11 月，小布什进一步将中东民主改造战略确定为“中东自由前瞻战略”（A Forward Strategy of Freedom in the Middle East），指出中东的专制政权先后同苏联阵营、国际恐怖主义结盟。60 年来，西方国家一直宽恕和迁就中东地区缺乏自由的状况，这丝毫不能使我们感到安全——因为从长远来看，稳定不可能以自由为代价来换取。2004 年 1 月，小布什总统在国情咨文中首次提出了“大中东”概念，要求美国把新的工作重点放在发展该地区的自由选举、自由市场、自由舆论、自由工会之上。不久，美国在同年 6 月的“八国集团”首脑会议上，正式提出了“大中东倡议”，后改为“泛中东和北非”，旨在与该地区的政府、企业和公民社会加强政治、经济、社会和文化各领域的真正合作，增加自由、民主和共同繁荣。

在以新保守派为代表的美国决策者那里，民主在曾经“例外”或者慎行的中东不仅变得必要，而且变得可行和可能。理查德·哈斯宣称，“只要有机会，穆斯林总是拥护民主的准则，选择民主。”“穆斯林世界许多地方正在进行的活跃的改革试验表明，民主和伊斯兰是相容的”。[①] 他们认为，安全、改革与和平是实现美国中东战略的相辅相成的三根支柱。只有扩展美国价值观，推动自由民主变革，从根本上改善中东社会面临的处境，美国才能赢得与恐怖主义等极端主义的“灵魂争夺战”，实现恐怖主义在中东“普遍的非法化”。[②] 美国以及中东盟友的安全才有保障。此外，民主也是从根本上解决阿以冲突的前提条件。因为只有通过民主改革，巴勒斯坦人才会有一个公正、负责、有权威的政府，才能建立以民主、市场经济和打击恐怖主义为基础的、全新的政治和经济制度。只有在这样的条件下建立的巴勒斯坦国，才能给巴勒斯坦人带来希望，才能与以色列和平

① [美] 理查德·N·哈斯：促使穆斯林世界更加民主化，《国际展望》2003 年第 10 期，第 50 页。

② Report of President Study Group, “Security, Reform and Peace: the Three Pillars of American Policy in the Middle East,” The Washington Institute for Near East Policy, 2005.

共处。

当然，美国推行的中东“民主改造战略”是一种现实主义的选择，因此这种布道士民主战略的道袍下露出的却是美国新帝国的武士剑柄。小布什政府要以美国的超强实力在对美国霸权生死攸关的、有战略需要的地区空降移植民主。这种民主战略“与现实主义的共性在于权力的中心地位”。[①]权力是值得信赖的推进民主的保障。“我们是单极强权，我们该怎么办？”这个问题的答案就是运用美国的现有优势，在“单极时代”打造出“单极世界”，建立美国新帝国。中东地区是当下对美国霸权的合法性和绝对国家安全构成最严重威胁的阿基里斯之踵，反美主义强烈的激进伊斯兰是美国最主要的敌人，因此，所谓中东的现实主义民主改造战略，就是以美国强权为依托的、旨在改造和消融反美主义，从而为美国霸权树立合法性威权，是使世界“美国化”，建立美国新帝国的工具。

2010年阿拉伯之春爆发，一些美国人就撰文认为是美国“大中东民主计划”的胜利果实，是“小布什的胜利”和“美国的成功”。[②]奥巴马政府也采取了暗中支持的政策，并寄予期望。美国有线电视新闻网（CNN）援引布伦南称：“我想，部分政府官员在内的整个华盛顿曾经有非常不切实际的期望，希望‘阿拉伯之春’能推翻独裁政权并促进民主繁荣发展，因为这是人民的愿望。”[③]但是后来中东民主化进程走向背离了奥巴马政府的预期发展轨道，甚至成为重新走向内乱和冲突的“阿拉伯之冬。”

① Charles Krauthammer, *Democratic Realism: An American Foreign Policy for a Unipolar World*, (The AEI Press, 2004), p.15.

② Tobin Harshaw, “Egypt’s Revolution, Bush’s Victory?” *The New York Times*, February 11, 2011

③ 《中情局：奥巴马对“阿拉伯之春”有不切实际的期望》，见 http://military.china.com/news2/569/20170110/30160815.html.

反美主义：帝国的重轭

“反美主义已经成为非常有用的工具。……（它）作为一种战略，似乎为所有人提供他们需要的东西。……让美国来对他们生活中的一些错误负责，有助于解释世界运转的方式和他们的生活从未改善的原因”。[①] 这种说法虽然为美国失败的中东政策开脱，但却也道出了阿拉伯国家面临的深重危机。

反美主义是现代化，尤其是全球化冲击下伊斯兰世界普遍社会危机的结果。近代以来，伊斯兰世界为求自强复兴，一直没有停止过现代化的努力，并曾在不同阶段仿效西方和苏东国家实行民族主义、社会主义或资本主义。但除极少数外，伊斯兰世界从整体上说已经成为现代化的落伍者，全球化的边缘者。第二次世界大战以后，伴随着中东国家相继获得民族独立，中东地区现代化进程进入了新阶段。由于属于后发外源型现代化，加之没有处理好与本国实际相结合的问题，许多中东国家盲目照搬外国发展模式，导致了一系列的社会经济问题。如经济发展缓慢，工农业生产落后，广大穆斯林生活困苦，有些国家甚至出现了社会转型脱序，引发了“社会结构性震荡”：人口爆炸、大规模失业、贫富分化、腐败丛生、道德沦丧、家庭和社会瓦解，以及严重的认同危机。中东“传统的社会和政治系统处于全方位的危机之中，这些系统正在破碎和崩溃”。[②] 而这样一个充满转型挫折感的社会，一方面必然会试图在“回归”传统的伊斯兰中寻求慰藉和答案，形成伊斯兰复兴主义浪潮；另一方面，也注定会寻找一个外部的“敌人”以宣泄怨愤和转移失败，从而产生反西方，特别是反美主义语境。

---

① Barry Rubin, The Real Roots of Arab Anti-Americanism, *Foreign Affairs*, November/December 2002,p.80-81.

② James A. Bill and Rebecca Bill Chavez, “The Politics of Incoherence: The United States and the Middle East”, *The Middle East Journal,* Vol.56, No.4. Autumn 2002.

只有置于伊斯兰世界和西方社会长期冲突的历史背景下，伊斯兰世界反美主义才能充分理解。在近代以前，伊斯兰世界创造了远胜于欧洲的繁荣和文明，并在与基督教欧洲的冲突中处于优势地位。但近代以来，西欧的变革和扩张逆转了双方的力量对比，伊斯兰世界渐渐地沦为西欧帝国主义和殖民主义的牺牲品。欧洲列强在中东分土裂疆，宰制河山并伴以经济掠夺、文化渗透和西化，导致在穆斯林中形成了一种主导性的、充满悲情的反西方情结。“对西方数世纪之久的霸权的记忆，伴之以继续对西方的依附，留下了一道深深的伤痕和愤恨，很容易成为对社会失败的一种托辞和穆斯林政治中的导火线”。[①] 美国在取代欧洲列强的霸权地位并试图走向世界帝国的同时，也不可避免地承继了伊斯兰反西方主义的历史遗产。特别是美国推进的全球化进程并未给伊斯兰世界带来繁荣与进步，相反，中东在世界经济中的地位不断下降，不断被边缘化；而且中东伊斯兰文化和认同也受到西方文化的严重冲击。因此，中东穆斯林眼中的全球化只是美国借以扩展霸权，实施经济控制和掠夺，宣扬西方糜烂生活方式和消费主义文化的工具，这就进一步加剧了阿拉伯世界和穆斯林的反美情绪。

另外，与往昔列强相比，美国卷入中东事务的程度可谓有过之而无不及，尤其是在后冷战时代，美国在中东的主导地位更是无与伦比。从现实政治视角分析，中东地区的反美主义也是美国非公平中东政策的必然结果。首先，美国在阿以冲突中长期坚持偏袒以色列的立场，使巴勒斯坦问题长期得不到公正解决。在广大穆斯林看来，阿以冲突正是西方和伊斯兰世界长期冲突的延续。以色列就是在英、美等西方国家支持下在中东建国和扩张的，因此，就是西方强行植入中东心脏的一颗钉子，是西方“新帝国主义”的一种形式，或者殖民主义和帝国主义的一个活的标志。[②]“正因为它重现了作为一个整体的中东与西方的关系的历史图景，巴勒斯坦成了穆

① [美] J.L. 埃斯波西托著、东方晓译：《伊斯兰威胁——神话还是现实？》，社会科学文献出版社，1999 年 6 月，第 254 页。

② 高祖贵著：《美国与伊斯兰世界》，时事出版社，2005 年 2 月，第 109 页。

斯林跨越种族和民族界线的少数共同象征之一”。[①] 穆斯林与巴勒斯坦人的苦难休戚与共，阿拉伯国家一次次败于以色列，巴勒斯坦人的苦难和屈辱最终会引发广大穆斯林的绝望和愤怒。因此，以色列成了广大穆斯林心中的“小撒旦”，而支持它的美国就必然成为“大撒旦”。其次，美国在民主化、防止大规模杀伤性武器等领域长期奉行双重标准，以及美国在海湾地区驻军等也引起穆斯林的强烈不满。美国向来以良性霸权自居，高谈自由、民主和人权“不可剥夺的尊严”。但在中东，它却以伊斯兰反民主为由，无视阿拉伯穆斯林广泛的民主参政要求，支持中东君主专制主义和威权政府、甚至不惜以军事政变来阻止伊斯兰运动通过民主选举获得政权。在人权方面，美国纵容以色列长期占领巴勒斯坦的领土，无视巴勒斯坦难民的权利，甚至自己也不断制造严重的人道主义危机（如十几年制裁伊拉克）。另外，它默许以色列发展和拥有核武器，却将阿拉伯国家发展和利用核技术的愿望视为严重的威胁。美国驻军海湾则被穆斯林视作亵圣和侵略。再次，随着单极时代的降临，美国成了唯一的超级大国，拥有了前所未有的力量。但是，美国并不习惯于谦卑地运用力量，而一个傲慢的强权总会受到疑惧、憎恨和抵制。在建立所谓“新帝国”的努力中，美国将不得不背负起全球，特别是中东地区反美主义的重轭。“九·一一事件”以来，小布什政府以反恐为名扩展霸权的努力进一步激起了全球，尤其阿拉伯世界的反美主义。在小布什政府关于“邪恶轴心”和“流氓国家”的“公示”中，在关于“要么与我们一起，要么与我们为敌”的宣言中，美国都展示了其粗暴、傲慢的形象。美国对以色列沙龙政府在西岸和加沙地区的种种暴行的纵容，美军在阿富汗、伊拉克对无辜平民的血腥屠戮，在阿布格莱布监狱的虐俘丑闻，以及发生在关塔那摩监狱“不当”对待《古兰经》事件等，均极大地破坏了美国支持“民主”、维护“人权”的形象。伊拉克战争后，美国未能找到萨达姆政权发展大规模杀伤性武器和支持恐怖主义的证据，似乎也

① Michael Scott Doran, “Palestine, Iraq, and American Strategy”, *Foreign Affairs,* January/February 2003, p.21.

从反面证实了广大穆斯林对美国在中东政策的疑虑和对美国伪善的看法。因此，反恐战争开展以来，阿拉伯世界各个社会阶层人民的反美主义变得更加强烈，甚至西方化的阿拉伯自由派也对美国大失所望。①

反美主义对中东民主化的影响

当代的阿拉伯世界实际上也始终涌动着政治参与和革新社会渴望，以期改变自身在现代化和全球化进程中的尴尬境地，促进本地区的社会进步与经济繁荣。一群著名阿拉伯学者和分析家2002年撰写的《阿拉伯人力发展报告》中就明确显示了一种崭新的自我反省。其实，早在第二次世界大战之前，阿拉伯知识分子对西欧的民主体制多持赞赏态度，也希望在阿拉伯国家引进西欧式民主。可是1943年叙利亚举行的有名无实的自由选举，使阿拉伯的知识分子对西欧式民主体制是否适合于阿拉伯社会开始表示怀疑。之后阿拉伯国家思想界出现各种道路或倾向，其中包括社会主义、阿拉伯民族主义、正确独裁主义（即所谓“开明专制”）和伊斯兰运动。到了20世纪70年代以后，伊斯兰运动逐渐替代了其他意识形态，成为阿拉伯世界的主流思潮和运动。虽然他们的意识形态就是给当今阿拉伯世界的持久危机提供简明有效的处方，即回到伊斯兰原教旨主义，但主流的伊斯兰运动是温和的，一直谴责暴力，并致力于通过政治手段来推进其政治目标。结果，他们往往成为民主的热情鼓吹者，因为在封闭专制体系中他们根本无法取得政权。因此，从某种程度上说，伊斯兰运动中也有民主的因素，而正是美国以往错误的中东政策才导致了伊斯兰运动中的一部分人因为无法通过民主合法途径取得政治成功而转向激进主义。“九·一一事件”后，美国“中东民主改造”战略在一定程度上还是顺应了阿拉伯世界的这种渴望。阿拉伯世界内部在需要改革这一点上已经取得了广泛的共识，

① Marc Lynch, “Taking Arabs Seriously”, *Foreign Affairs,* Vol.82,No.5, September/October 2003.

民主化进程已经在巴勒斯坦、伊拉克、埃及、沙特阿拉伯等许多国家迈出了历史性的步伐，并在更广泛的地域内扩展，形成了一股难以抗拒的潮流。但是，中东地区反美主义的盛行却日益成为一种阻碍和扭曲阿拉伯国家民主化尤其是所谓美国式的民主化的因素。

首先，反美主义导致中东部分地区的持续动荡和混乱，无法为民主化进程创造一个稳定的环境。美国欲在中东的心脏地带伊拉克树立一个民主样板，进而推广到整个中东地区，因此美国在伊拉克民主改造的成败将直接影响到其“中东民主改造”战略的实现。然而，恰恰在伊拉克，美国面临了强大的反美主义挑战。美国本希望在推翻了萨达姆政权后，以解放者的身份受到伊拉克人民的欢迎，但伊拉克人却把美国为首的联军视为占领者和侵略者，并发动了大规模的反美游击战。在抵抗美国的各种力量中，既有丧失了权力的逊尼派和复兴党徒，还有从中东各地潜入伊拉克的伊斯兰激进主义者，甚至为数众多的什叶派也加入了反美武装斗争的行列，组成以萨德尔为首的“麦赫迪军”。虽然后者在美国的打压和以西斯塔尼为首的主流温和派的压力下暂时平息了下去，但前者却愈演愈烈并呈现出长期化的趋势。这两股反美势力都不愿接受美国移植的民主，认为这是美国长期霸占伊拉克的手段。他们频繁地对美军和美国扶植下的伊拉克政府机构和人员发动袭击，试图破坏社会秩序，甚至挑起伊拉克内战。伊拉克民主化进程的动荡不安，大大削弱了中东地区部分民主派的改革动力。设在约旦首都安曼的《今日阿拉伯人报》主编塔希尔·阿德万就一针见血地指出：“伊拉克使人们可以这样说：‘忘记美国式的改革吧！’美国人不能向改革者提供任何东西来鼓励他们。”

其次，反美主义的盛行使美国在阿拉伯国家缺乏合意的民主派作为内应，因此在很大程度上限制甚至阻止美国进一步推动中东民主化进程的决心。美国以往推行所谓的中东民主例外论，一个重要的原因就是美国在中东地区缺乏合意的民主派支持者。“九·一一事件”后，美国改变以往的中东民主战略，很大程度上是出于现实主义政治考虑，希望通过对中东民主改造，从内部彻底治理“失败国家”，从而铲除恐怖主义和反美主义的土壤，从而确保美国的绝对安全。但是，不可否认的是，美国在原苏东地区扶植起亲西方自由民主派的成功实践，也使得美国对冷战后的全球民主形势做出了一定程度的误判，以为历史在中东也已经终结。但事实是，在反美主义的语境中，阿拉伯国家倾向于西方式民主的自由民主派影响微弱，往往只限于一些知识分子群体，而且缺乏强有力的组织和群众基础。他们往往被广大穆斯林视为美国的“特洛伊木马”，而在阿拉伯社会中被边缘化。真正能挑战威权政府的反对派是组织良好、有更广泛群众基础的伊斯兰主义者。但基于世俗主义和自由主义的美式民主对于伊斯兰主义者完全无法接受，他们只接受伊斯兰民主。即使一些人出于权宜之计接受西方民主，但一旦获得政权后又会恢复激进的本来面目。他们“对改革的阐释是迈向纯粹的伊斯兰价值和政治形式，而不是走向自由主义国家、市场经济和世俗价值”。即使较为自由主义的伊斯兰分子也坚持认为，真正的政教分离是无法接受的，议会制定的法律不能与伊斯兰教法相悖”。[①]更有甚者，由于伊斯兰运动根植于社会结构，具有良好的组织基础和动员能力，很容易在大选中获胜，最典型的例证就是哈马斯在巴勒斯坦大选中赢得了胜利。这样，美国民主化战略将面临所谓伊斯兰“挟持民主”的巨大风险：即伊斯兰主义者（包括激进派）借助民主化而壮大，甚至出现像伊朗、塔利班那样的伊斯兰政体。因此，许多美国学者最近纷纷撰文，要求重新审视“中东民主改造”战略。保守的美国传统基金会中东问题专家阿里尔·科亨就要求美国在推进民主战略时，必须从实质内涵、美国利益、反对单纯选举形式和防止恐怖组织合法化这四个方面系统考察。他指出，政治进程的参与者必须是多党、民主和非暴力的，必须承认少数者权利、妇女权利和以色列的生存权；美国支持的必须是符合美国长期利益的民主，当选举结果

① 玛丽娜·渥太威，托马斯·卡罗瑟斯：《大中东创议：走上错误的开端》http://www.carnegieendowment.org/programs/china/chinese/Research/PoliticalSocialDev/GreaterMiddleEast.cfm

危害美国在中东地区生死攸关的利益时必须重新权衡；选举并不等同于民主，公民社会、法治、保护少数者权利、宗教、言论和其他个人自由都是民主的重要组成。美国及其盟国要拒绝与哈马斯或其他民众选举产生的激进组织政权交往和提供外交承认、经济援助和各种形式的国际合法性。美国的中东战略必须是现实主义的，必须符合美国的利益。[①]

第三，阿拉伯国家的威权政府还可以借助反美主义制衡美国民主化压力，从而主导和掌控当地政治变革进程。面对来自美国和国内的改革要求，中东各国政府不能不有所回应。但是，阿拉伯国家没有一个统治者愿意选择政治自杀。在伊斯兰运动团体势力强大、组织良好的情况下实行公开自由的选举，其结果往往就是伊斯兰政党获得更大的权力，甚至上台执政。另外，在一个反美主义强烈的社会中轻易地屈从美国的压力而推行民主化也将使那些政府丧失政治基础。这样，美国越表现出强行输出民主的倾向，就越容易遭到各阿拉伯国家政府的抵制。在 2004 年 3 月阿盟外长会议上，美国提出的“大中东民主计划”受到了整个阿拉伯国家的抵制。阿拉伯国家还推出一个自己的改革计划与美国方案抗衡。而且，阿拉伯国家的领导人往往将改革进程与中东一些泛阿拉伯主义的问题联系起来，抵制美国民主化的压力。埃及总统穆巴拉克 2005 年 3 月中旬在亚历山大会议上的发言颇有代表性。一方面，他赞同阿拉伯国家进行改革的必要性，并将改革的主要内容放在教育现代化、经济自由化，以及提高人权，尤其是保护妇女权利方面。另一方面，他表示，改革不应采用一种会破坏阿拉伯国家稳定的方式，也不应允许激进势力操控改革进程。而且，改革方面的国际合作机制“已经存在”，如跟欧盟签定的“巴塞罗那进程[②]”等。他还明确提

① Ariel Cohen, “State of the Union 2006: Democracy in the Middle East”, http://www.heritage.org/Research/MiddleEast/wm983.cfm

② 巴塞罗那进程指发起于 1995 年的欧洲—地中海伙伴关系。其目的是促进欧盟和地中海南岸和东岸国家之间在政治改革、经济自由化和社会问题上的进行合作。这种对话机制主要为开展学术研讨以及政治对话提供了论坛，以推动中东在稳定中渐进地变革。

出，为了阿拉伯改革的成功，应“同样关注”中东危机的综合解决。显然，他愿意接受的是一种稳定基础上的自主的、温和的、自由化的改革。而所谓的中东危机，首要的就是旷日持久的巴以冲突。事实上，随着伊斯兰运动在政治上的崛起、伊拉克的混乱和什叶派上台，特别是哈马斯在巴勒斯坦赢得大选，反美主义令美国在中东民主改造问题上已经出现了犹疑，而中东君主专制和威权主义政权则抓住这一机会抑制当地的民主化进程。在埃及，穆巴拉克政权将地方选举推迟了两年，卡塔尔议会选举的计划已经第三次被推迟，也门政府在总统选举之前镇压媒体，沙特阿拉伯国王拒绝了选举国家协商会议的要求。阿拉伯之春后的埃及强人塞西也是以相似的理由得到美国的默许和支持推翻了民主选举上台的穆尔西政权。

第四，反美主义还对美国“中东民主改造”战略的路径选择产生了制约。由于前苏东国家存在强大的亲西方尤其亲美的反对派，再加上这些地区是美国在地缘政治上压缩俄罗斯战略空间的前沿，因此美国在这些地区往往鼓动反对派起来开展街头暴动，进行自下而上的“颜色革命”，并频频得手。而在大部分阿拉伯国家，由于美国找不到强大的亲西方的反对派进行街头暴动，也担心反美的激进伊斯兰势力借民主化上台，而且，鉴于阿拉伯国家的威权政府在美国反恐战争中不可或缺的作用，美国只能缓和其推进民主化的激进立场，与亲美的威权政府进行协商和协调，选择一条自上而下的、稳定基础上的渐进式改革之路，不敢对中东国家逼得太紧。美国乔治·布什总统的“中东自由前瞻战略”也不得不承认：“有效的民主制度，总是需要时间来加以完善——就像我们自己所做的那样，我们在通向包容和公正的旅程上已经走了200年——这使得我们在其他国家处在这一旅程不同阶段的情况下，能够保持耐心和理解。”①

总之，中东的反美主义对美国现实主义的“中东民主改造”战略产生

① Speech By President Bush At The 20th Anniversary Of The National Endowment For Democracy, November 6, 2003, https://www.ned.org/remarks-by-president-george-w-bush-at-the-20th-anniversary/.

了多重影响，要改变这一窘境，美国必须从根本上改变其长期以来实施的非公平中东政策，积极帮助阿拉伯国家促进经济发展和社会进步，通过文明对话和相互尊重来加强伊斯兰文明与西方文明的沟通，而不是凭借武力和强权，从外部强加给中东地区所谓的西方式民主。 即使亲美的阿拉伯青年也表示："毋庸置疑，我们需要帮助，但是帮助我们的时候，还应该尊重我们，尊重真正的民主程序。美国和西方其他国家可以促进别国的人权、言论自由和其他改革，但是不应该以威胁的方式来进行，也不要以最后通牒的方式来施压。应该通过积极支持非政府组织和民间社团，通过促进经济发展来帮助这些国家。"①

① Alia Fattouh, "An Arab liberal's anguish", in *Christian Science Monitor*. 12/15/2003, Vol.96, Issue 14, p.11.

“颜色革命”十年后中亚和俄罗斯的西方非政府组织发展演变[①]

李立凡

【内容摘要】中亚地区的“颜色革命”后五到十年间，西方非政府组织仍然充斥在中亚和俄罗斯的公民社会，他们以“播种民主”“倡导人权”为名不断加强渗透，本文详细描述了近几年西方非政府组织在中亚和俄罗斯的最新发展，以及中亚和俄罗斯的应对策略和行动方案，揭示未来与西方在人权价值、民主意识等领域的斗争仍将存在，虽然特朗普的上台可能会减缓西方自由民主的观念在前苏联地区的铺展，但西方国家会继续调整“颜色革命”的后发展期，在保持与独联体国家关系的同时，施展打压转向拉拢，由策划“颜色革命”到支持渐进改革，这也为国际非政府组织在中亚和俄罗斯的转型和发展指明了方向。

【关键词】颜色革命后　非政府组织　项目　演变

【作者简介】李立凡，上海社会科学院国际问题研究所副研究员，“一带一路”信息研究中心、俄罗斯中亚研究中心常务副主任。

多年前充当西方政府“看不见的手”，以“播种民主”“倡导人权”为名义，从事培育亲西方政治势力的非政府组织似乎已经淡出人们的视线。如今颜色革命已经过去了近10年的时间，随着2011年中东地区的政局剧烈变动以及2016年开始的中亚和俄罗斯大选，西方的非政府组织的身影

① 此文乃笔者主持并结项的国家社科基金青年课题《西方非政府组织与独联体国家的颜色革命》(06CGJ004)的部分成果。

又引起了大家的关注，而原先深受颜色革命侵袭的独联体国家又是如何防范这些非政府组织呢?

一、“颜色革命”十年后国际非政府组织在中亚和俄罗斯的最新发展

“颜色革命”的后续效应一直是国际非政府组织考虑的切实问题，因为这关系到它们在独联体的生存。美国仍然是“颜色革命”后“溢出”民主最大的国家，即通过国际非政府组织向海外输出资金和意识形态。华盛顿的“国家民主基金会”每年利用非政府组织向海外输出十亿美元，包括利用美国国际开发署、中央情报局，以及众多私人基金会向世界各地渗透。在 2012 年底在俄罗斯有超过 650 家外国非政府组织，累计接收国外的资金超过十亿美元，其中约 2000 万美元是通过西方外交使团进行“传递”的。相比十年前公开资助中亚国家的“颜色革命”，现在的资助已经相对减少，如 2013 年美国国务院和美国国际开发署（USAID）的“民主的政治改革工程”已经从原先的4.36亿美元减少到1.26亿美元，而USAID对哈萨克斯坦、塔吉克斯坦和吉尔吉斯斯坦在 2014 年只有 380 万美元[①]。

美国前助理国务卿鲍彻认为，西方国家将进入“颜色革命”后的调整发展期。调整与独联体国家关系，由打压转向拉拢，由策划“颜色革命”到支持渐进改革，这也为国际非政府组织在独联体的转型和发展指明了方向。

（一）西方发达国家对独联体的渗透活动并未停止

第一，西方非政府组织介入“颜色革命”的理论工具

在独联体国家爆发的“颜色革命”，并不完全是群众自发的反抗政府

① Американские НПО и Центральная Азия，转引自《乌兹别克斯坦编年史》，见 https://uzbchron.wordpress.com/2015/01/08/американские-нпо-и-центральная-азия/.

的行为。实际上，它是在国际势力有组织的精心策划下，长期渗透的一个过程。特别是在这一运动的背后，有不少非政府组织还为其提供了理论论证。在这方面，由美国人吉恩·夏普及其创立的位于美国马萨诸塞州的非政府国际组织“爱因斯坦研究所”就是一个典型例子。该研究所的宗旨是要在全球范围内“通过非暴力抗争颠覆政权”，其下设有“人权基金会”“民主价值基金会”及“宗教自由基金会”，负责具体执行研究所的全球行动计划。1993年，夏普推出了奠定其“颜色革命精神教父地位的著作——《从独裁到民主》。”该书出版后不久，就被一些追随者奉为“颜色革命的圣经”。在书中，夏普基于亲身实践，总结了198种“非暴力抗争颠覆政权”的方法。例如，如何在短时期内搞好与军警的关系，从而让军警在司法和心理上都不便镇压抗议活动①。这些理论可以从最近的中东巨变中发现，诸多伊斯兰青年热衷于学习该书，在推翻穆巴拉克的运动中，该书的阿拉伯语版销量惊人。

其实夏普领导的爱因斯坦研究所，与美国政府有着广泛而密切的联系，其研究活动引起了美国中情局的关注。中情局高层认为，用暴力方式颠覆别国政权的方法困难重重，而夏普的非暴力抵抗理论把行动刻意保持在“非暴力”界限内，以此“让普通人敢参与到其中来，同时，国际社会也因此可以源源不断地送来物质和道义支持。”让他们“看到了其中隐藏的希望”。受夏普理论的启发，美国开始抛弃资助反政府武装，用暴力手段颠覆现政权等冷战时期的方式，逐渐转用资金支持非政府组织，由其策动“颜色革命”。夏普因此受邀出任中情局的“顾问”，专门策划秘密颠覆活动，爱因斯坦研究所也开始秘密为中情局训练“颜色革命”人才。

西方非政府组织非常重视在“颜色革命”中对各种具体策略的应用，并不因为它是和平的运动就轻视各种手段的使用。正如前美国军官、国家民主基金会塞尔维亚项目主管丹尼尔·瑟沃对受训人员所说的那样：“非

---

① 王晋燕：《“颜色革命”策动者阴谋中国》，《环球人物》第4期，2008年2月16日。

暴力的战争是和平的战争，但是作战使用的各种基本原理也是非常适用的。比如在决定性的点上集中最大兵力，应当采取进攻而不是防守策略。”[①]这些方法也被其他美国非政府组织所运用。例如，“自由之家”就不讳言其为实现颠覆别国政权的使命而广泛运用这些方法。该组织在一篇所谓研究报告中称：“颠覆政权的催化剂在于广泛和非暴力的公民反抗，具体手段包括抵制商品、大规模抗议、封锁、罢工和违抗命令，从而削弱政权的合法性和他们的支持者，包括军队的忠诚度。”

第二，美国以“企业家”的发展模式继续在独联体，尤其是中亚地区延伸势力

美国在独联体“颜色革命”中所扮演的是“精明商人”的角色，把战争当成生意来经营。一场战争胜利后的优势不利用到敲骨吸髓的地步，美国不会罢手。根据2007年美国国务院发布的一份名为《支持人权与民主：美国2005年至2006年的记录》报告，为了在全球推进人权与民主，美国政府在上个财政年度耗资大约14亿美元。这份报告详细说明了行政部门致力于外交与民主的成果，这恰恰被华盛顿视为对抗恐怖主义最重要的安全防线。主管全球事务的副国务卿杜布林斯基表示：“我们资助从事女性文化教育事务，培养政治领导才能，开展选民教育以及女性非政府组织管理的培训”。她指出，“我们花费9500万美元在101个国家资助约266项计划，推动政府与非政府组织打击非法活动”。

一些专门的项目由此应运而生，如欧亚基金会专设的中亚项目（EFCA），该特别项目成立于2005年底，即颜色革命后，目的是更好地满足欧亚基金会在中亚当地合作伙伴的需求，并对当地工作人员实施管理。在阿拉木图、比什凯克、杜尚别、奥什，设有分支机构。EFCA人员通过技术援助赠款各地组织。在中亚地区欧亚基金会（EF）和EFCA投入了超过4000万美元来支持地方社区发展、民营企业、教育和公共管理。欧亚基金会网

① 翟东升、雷伯勇：《四处输出“颜色革命”的美国NGO》，《半月谈》2005年第4期。

络包括5个自治分支机构：新亚欧大陆基金会（俄罗斯），欧亚基金会中亚项目，欧亚基金会伙伴基金（高加索和更广泛的黑海地区），东欧基金会（乌克兰、白俄罗斯、摩尔多瓦）和欧亚基金会（美国）。这些分支机构在国内各自经营的同时，还可根据需要联手进行跨国协作。

美国主管人权与民主的助理国务卿大卫·克拉米尔曾指出“俄罗斯无法走近美国的民主模式，但美国愿意以经济支持推动俄罗斯的民主进程”。[①] 但是，美军在中亚站稳脚跟后，美俄竞争的一面明显上升。“颜色革命”爆发后，美国的“大中亚”计划出台[②]。俄方目前清醒地意识到，美国已着手实现其长远目标，即抢占战略资源，通过非政府组织等推进中亚的民主进程，敦促中亚各国按照美国模式改造国家和社会，以图彻底将中亚纳入自己的势力范围。因此，俄罗斯著名地缘政治学家杜金等学者指出，俄当初放美进入中亚是一个“战略错误”，美国的“大中亚计划”标志着“颜色革命”后美国对该地区的基本设想的出台。

第三，日本借助于官方发展援助，持续在中亚扩大影响力

日本官方发展援助（ODA）一直是一项涉及面广、着眼长远的战略举措。1992年1月，与哈萨克、乌兹别克、吉尔吉斯和塔吉克四国建交伊始，日本就将这些国家视为自己ODA的重要对象国，并确定了向中亚

① 原话是根据笔者在2008年4月4—10日参加由奥地利主办的萨尔斯堡全球论坛第450期“俄罗斯：2020展望”会议上，美国助理国务卿David Kramer的讲话。

② 美国“大中亚”计划——“Greater Central Asia”主要是指2005年5月以来由美国约翰霍普金斯大学(CACI)著名学者斯塔教授提出的一种构想。该计划以遏制俄罗斯在中亚的影响并加强对中国的渗透和干涉；并加强美国推动中亚等前苏联地区“颜色革命”后的关键时期，该计划旨在政治上将中亚从独联体中剥离出来、肢解上海合作组织、并削弱中俄的影响，将推动中亚激进式的政治改革变为渐进的方式，建立由美主导的地缘政治板块；经济上以中亚、南亚一体化为诱饵，形成“南向能源输出战略”，控制中亚能源，将阿富汗打造成大中亚的核心，并让哈萨克斯坦在这当中发挥独特的作用，通过经济来带动政治，并让日本配合实施；安全上加大在打击恐怖主义领域、反毒品走私等领域的合作，整合中亚地区国家协调应对非传统安全领域合作的能力，加大信息和情报的共享以及教育方面的合作；以实现与大中东计划相协调的地区整合战略。——笔者注

国家提供ODA的三个重点领域，即人员培训、基础设施建设和缓解社会问题。日本努力为上述国家经济转轨、社会管理等提供人员培训和制度建设支持，如邀请这些国家人员赴日，在哈、乌、吉三国设立“人力资源合作中心”，为其培训专门人才；向中亚国家派遣经济管理、法律制度等方面的专家。在援助项目的设置上，日本既照顾到受援国政府对基础设施建设、制度建设等领域投入的要求，又比较多地关注了教育培训、医疗卫生等惠及普通民众的领域，因而得分不少，收到了不错的效果。日本还密切关注中亚国家的社会问题，如地区差异、贫富分化、环境恶化等，通过改善医疗卫生条件、提供教育、技术援助，一定程度上缓解了矛盾。其中日本财团（The Nippon Foundation）为主要的推手，资助日本笹川和平基金会（Sasakawa Peace Foundation）、国际文化会馆（International House of Japan）。截至2007年，已经对哈、乌两国提供了超过2千亿日元的援助，其援助范围正在逐渐从经济外围渗入政治核心。日本政府希望借助亚洲开发银行的“亚行—政府—非政府组织合作行动框架”，更多地参与中亚发展进程[①]。相应地，中亚国家政府和民众对日本印象较好，在国际事务中也给予了日本相应的支持。

第四，欧盟国家加大了力度，改“人权批评”为“可持续发展”援助项目

欧盟过去一贯将中亚政策的重心放在指责中亚人权状况上，因此失去了中亚这一能源供应地。2006年欧盟指出，“未来的欧盟与中亚关系存在着巨大的障碍”，今后应将中亚国家视为“安全、管理与能源伙伴”，[②]并

① 最近二十年间亚行一直承认非政府组织为可持续性发展作出了重要的贡献，但是2005年是首次采用通力协作的方式制定出一个明确的相关框架，即“强化亚行—政府—非政府组织间的合作”这一着眼点，符合所有三方的共有的扶贫目标：改善亚洲开发银行、非政府组织和政府三方间的合作，群策群力，促进助贫型的可持续性发展、社会进步和良好的治理机制，以摆脱亚太地区的贫困状况，资料来源为亚洲开发银行网站。——笔者注

② 《欧盟转向：中亚能源重于人权》，2007年2月6日，见http://www.eastday.com。

“开拓中亚的经济能源市场”，[①] 即发展TACIS（对独联体国家的技术援助）的核心功能。[②]2007年6月，欧盟即出台了对中亚发展新战略，其主要内容包括维护中亚地区的稳定和安全、向中亚提供经济援助、开展扶贫和建立与中亚更加紧密的合作关系；此外，欧盟与中亚将在经济、交通、能源、环境、人道主义援助及教育等领域进行广泛的合作等[③]。可见，欧盟重返独联体的步伐正在加快，欧盟救助行动皆由欧洲共同体人道援助局（ECHO）负责，ECHO的预算每年已超过50亿欧元，近年来欧盟援助的资金约三分之二提供给非政府组织。其中，瑞士发展合作局（SDC）与瑞士国家经济事务委员会（SECO）则为中亚等独联体国家提供了大量的财政援助。一些欧洲的基金会开始对独联体国家进行轮番注资，如各类关注民生且在联合国框架下运作的组织：UNCTAD、UNESCO、UNDP、UNEP、UNIFEM、WAWONs、WSSD等，以及关注环境保护的基金会如Heinrich Böll Foundation，The Stefan Batory Foundation[④] 和关注性别歧视的WIDE[⑤] 组织等。

如今欧盟国家采取了一些专项援助方式（Thematic instruments）对包

---

① Bruce Pannier, CENTRAL ASIA: EU SEEKS ENERGY, PRESSES ON RIGHTS, ***EURASIA INSIGHT,*** posted on March 31, 2007, http://www.eurasianet.org/departments/insight/articles/pp033106.shtml.

② TACIS，即Technical Assistance in CIS；Tacis计划金额包括第一轨（Track I）的对中亚区域援助、第二轨（Track II）对吉尔吉斯的PCA/Tempus援助及第三轨（Track III）针对减少吉国贫穷的Pilot schemes-Southern Ferghana等项目。可参见欧盟对外关系网 :http://ec.europa.eu/external_relations/ceeca/tacis/index.htm 和 http://europa.eu.int/comm/europeaid/projects/tacis.

③ Наргис Касенова, ЕС В ЦЕНТРАЛЬНОЙ АЗИИ: СТРАТЕГИЯ В КОНТЕКСТЕ ЕВРАЗИЙСКОЙ ГЕОПОЛИТИКИ，*ЦЕНТРАЛЬНАЯ АЗИЯ и КАВАЗ*,2007vol.3.Swenden.

④ 这是由前华约国家波兰创办的国际非政府组织，其创建于1988年，“颜色革命”后，它的主要方向转到了独联体地区，她每年资助该地区近百万美圆，主要是增加教育水平和扶持当地非政府组织，她为中亚地区每年提供5500个奖学金名额，让那些希望得到欧洲国家资助的人前往波兰学习。——笔者注

⑤ Globalizing Gender Equality and Social Justice.

括中亚地区在内的发展中国家进行援助，这些援助内容能够在某些情况下为非政府组织提供新的援助资金。新财政规划中主要的六项援助事项，首先是三种普遍的援助事项：宏观经济援助、稳定与安全援助、人道主义援助。另外三种援助事项具有地域性：针对申请加入欧盟的国家的援助（the Instrument for Poecession Countries，IPA）、针对欧盟与邻国和合作伙伴协议国的援助（the European Neighborhood and Partnership Agreement，ENPA）、发展合作与经济合作事项（the Development Co-operation and Economic Co-operation Instrument，DC&EC）。

第五，寻找盲点，开拓新的市场和焦点国家

土库曼斯坦可能是中亚地区最不为人知的国家。以前西方国家总认为，土库曼斯坦存在着一个使非政府组织难于发展的环境，其主要体现在对立法和法律实施的不足迫使 NGO 寻找其他替代手段来注册自己的组织（例如，以政府资助的 NGO 为保护伞），加强与政府的合作逐渐成为西方非政府组织笼络本土组织和施加影响的主要方式。

“颜色革命”后，土库曼斯坦的 NGO 日益壮大，其成熟的标志之一是他们对于同政府建立社会伙伴关系所采取的建设性态度。他们中的大多数认识到与政府建立良好关系的重要性，并且认识到非政府组织通过自身的调整、努力工作和为人民做实事来提高他们在政府眼中形象的重要性。虽然在一些邻国（如哈萨克斯坦）对 NGO 已经采取了更为激进的立场，以减缓 NGO 对政府的制衡作用，但土库曼斯坦的 NGO 在总体上似乎反对公开的冲突，并希望得到政府的承认和支持。在社会领域里，似乎有一些共同的原因促使政府也想保持一个社会福利安全网。在地方层面上，关系更为简单。有一些例子表明 NGO 可以和地方政府等有关部门在诸如健康、环境和社区基础设施建设等关键领域建立伙伴关系。

英国的国际非政府组织研究中心土库曼斯坦项目顾问 Anara Musabaeva 指出，如今西方的资助者之间协调性的提高是一种积极的发展。资助方在与 NGO 的关系中趋于采用相似的方式，并且相互分享信息，即西方组织可以利用本土非政府组织的工作成果，作为其自身业绩的凭据。考虑到大环境，大多数西方非政府组织认为在一些领域采取一种积极的方式来使政府欢迎 NGO 的参与是更好的方法，独联体地区的“颜色革命”，他们已经成功地使 NGO 介入一些敏感项目中，如毒品、艾滋病和救助难民。土库曼斯坦的很多 NGO 都非常年轻，并且他们首要关心的是找到一种生存和立业的方式，NGO 之间为获得西方的资助而进行的竞争不像该地区其他国家那样激烈，在中亚其他地区的 NGO 虽然数量更多，但竞争的压力已经给他们的内部关系蒙上了一层阴影。相反，土库曼斯坦 NGO 之间洋溢着一种特别的、积极的精神，土库曼斯坦的 NGO 有着继续成长的潜力。西方的非政府组织也会不断加大对该国的资助，这不仅是西方非政府组织的转移或过渡，而且也是他们希望将这个能源富国拉入西方的怀抱，对抗俄罗斯的影响力的重要屏障。

（二）组建各级“外交民主大联盟”

“民主大联盟”（Community of Democracies）① 是西方意识形态的深化与整合，不仅为民主化提供了关键性的深度战略，同时也扮演着协调机制的角色。西方国家政府之间，以及他们与“非政府组织”之间强化了相互协调，非政府组织之间的活动亦强化了协调。和北欧及英国政府一样，美国政府也认识到非政府组织的团体能做政府无法做的事，且往往能取得远超过政府可获得的资讯，但美国与非政府组织的合作零星且不完善。2000 年 6 月和 2002 年 12 月，“民主国家共同体”（Community of Democracies）② 分别在华沙和首尔召开大会，会议达成共识，认为倡导民主是极其重要的，帮助本国民主人士抓住机会，借助西方国家力量施加压力，迫使对象国依从。

美国人撰写的《2004 年度各国人权报告 · 导言》认为，民选政府更可

① Coalitions of Democracy。

② The Community of Democracies，但也有学者也称是民主共同体。

能尊重本国公民的人权。[1] 基于这一原因，美国与由“民主国家”组成的“民主国家共同体”（Community of Democracies）中的其他成员合作，促进、巩固和发展世界各地的民主事业。2004年，美国与民主共同体国家共同推动发起民主核心小组，使一些志同道合的国家在联合国人权委员会和联合国其他机构的背景下进行更密切的协调，以推进符合民主价值观的目标。美国在联合国人权委员会与秘鲁、罗马尼亚及东帝汶一道提出并成功通过一项提高联合国促进民主作用的决议案。其中一项建议是，要求在联合国人权事务高级专员公署内建立一种“焦点（Focal Point）”机制，帮助新生和新兴民主政体利用联合国资源。

除了支持建立“联合国民主核心小组”，民主国家共同体还谋求通过整合不同国家的项目来支持发展民主制和建立民主价值观。它向独联体国家摩尔多瓦派遣了一个由从事民主事业的人员组成的多国代表团，向该国官员介绍民主的最佳经验。该“民主国家共同体”的宗旨是使民主声音一致地谴责侵犯基本人权，即《世界人权宣言》中所规定的权利，以及该共同体《华沙宣言》（Warsaw Declaration）和《汉城行动计划》（Seoul Plan of Action）所重申的权利，同声谴责是对那些“剥夺和践踏”本国公民权利的政府保持压力的重要途径。故此，在西方的鼓捣下，来自波罗地海国家的“民主共同发展组织”对中亚的一些国家进行了积极渗透。他们认为，欧亚地区的政治动态仍令人严重关注，越来越多的非政府组织、反对党及公民应该组织起来，要求政府对其行为负责，如他们指出在土库曼斯坦和乌兹别克斯坦，反对党不能登记注册。同时，他们又指出，这一地区国家的政府没有正确效仿乌克兰和格鲁吉亚，他们试图通过官僚体制障碍和专门的法律手段骚扰倡导民主的非政府组织，窒息公民社会。

---

① 《2004年度各国人权报告·导言》是于2005年2月28日在美国国务院民主、人权和劳工事务局发布。

（三）利用电子传播手段整合媒体资源

“颜色革命”后，西方非政府组织利用自媒体等网络工具侵蚀中亚和俄罗斯，如利用博客在网络传播各种言论和评论，在著名的欧亚博客网上开发了分博客群，重点对独联体各国的经济改革、环境保护、社会发展、国际关系、军事等话题进行综合报道，鼓励并吸引大量的前苏联地区的国家干部、媒体从业人员和普通市民参与讨论。据统计，截至2007年8月8日，已建有3009个博客群，分别为：学术（20）、宣言（12）、亚美尼亚（15）、阿塞拜疆（11）、博客空间（86）、高加索（2）、时事（20）、发展论坛（17）、经济（8）、能源（6）、环境（1）、突发事件（17）、格鲁吉亚（18）、历史（16）、国际关系（4）、互联网（6）、哈萨克斯坦（497）、吉尔吉斯斯坦（166）、传媒（2）、军事（11）、蒙古国（59）、新欧亚博客（16）、中亚与高加索新闻（2）、旧版综合报道（13）、教育（6）、政治（22）、宗教（17）、综合报道（1366）、塔吉克斯坦（254）、泛区域（35）、土库曼斯坦（126）、特殊类型（3）、乌兹别克斯坦（155）。①

同时西方也鼓励并筹建了诸多的“独联体海外国际网络”，为防范原独联体国家对互联网的限制及实现对青年人的支持，2006年在布鲁塞尔组建了“旅欧阿塞拜疆学生论坛（FASE）”，鼓励境内外阿国青年在网络上发表见解，成为政治经济的“Think and Act”主导者。②

二、“颜色革命”后中亚和俄罗斯国家对西方非政府组织的管理和防范

在乌克兰、格鲁吉亚、吉尔吉斯斯坦等国发生“颜色革命”后，其他尚未发生“革命”的国家引起了高度警觉，尤其是让俄罗斯产生了“再度

① 以上数据采集自 Alan R. Cordova 的专题研究报告 *Democracy in Central Asia*, Williams College, USA, 2007.

② 参见：*Forum of Azerbaijani Students in Europe*, http://www.fase-org.eu.

证明西方仇视俄国的假设”。[1]各国纷纷采取措施加强对非政府组织的管理，未雨绸缪，应对可能再次爆发的“颜色革命”。

（一）“颜色革命”引起俄罗斯对西方非政府组织的警惕

西方非政府组织在“颜色革命”中所起的颠覆作用如此明显，而此后的乌克兰、格鲁吉亚等国虽然没有完全走向俄罗斯的对立面，但其亲西方立场对俄罗斯的独联体政策形成了重大考验。同时，俄罗斯国内也出现了爆发“颜色革命”的势头。在俄罗斯境内的西方各国非政府组织公开宣称其目标是扶持俄建立所谓的公民社会，它们除了邀请俄有关政界人士赴美进行“考察”之外，还资助俄反对党和非政府组织，打着各类基金会和研究所的旗号，宣扬西方民主价值观。多年来，美国通过非政府组织在俄罗斯境内培植亲美势力，以推动民主的名义插手俄罗斯内政。

俄罗斯政府各部门对此都十分警惕。2008年4月，“美国之音”曾报道，俄高级安全官员指控外国非政府组织帮助国际恐怖组织在俄罗斯招募人员。俄罗斯联邦安全局局长帕特鲁舍夫认为，恐怖分子利用在俄罗斯活动的一些外国非政府组织招募人员，恐怖分子试图依靠意识形态来吸引俄国年轻人加入他们的队伍。

实际上，俄罗斯限制非政府组织活动的举措由来已久。俄已经颁布实施了管理非政府组织的专门法律，如《俄罗斯非营利组织法》，这项法律收紧了对非政府组织的控制和监督。外国非政府组织在俄开展活动，必须遵循以下原则：1. 外国非政府组织在俄罗斯开展活动，必须设立分支机构或者代表机构，而且必须作为一个独立的法人实体向俄罗斯登记机关申请登记，必须有原登记国相关政府部门的担保。2. 登记时应当按规定提供该分支机构的一系列重要文件，而且必须定期向登记机关报送财产数额、预定使用目的和实际使用情况。3. 对违反俄罗斯法律或者损害俄罗斯国家利

---

[1] 陈美芬：《文献评论》，《台湾民主季刊》2007年第4卷第1期。

益的，俄罗斯政府有权依法取缔或者不予登记；如果发生财产实际使用与宣称目的不一致等违法行为，俄罗斯政府有权予以取缔。4. 俄罗斯政府有权禁止外国非政府组织分支（代表）机构向俄罗斯国内某些组织提供资助[①]。

此外，外国非政府组织在俄罗斯开展活动，必须到俄罗斯联邦中央司法部的非政府组织登记署进行登记，而不是各地方相关机构。外国非政府组织在俄罗斯的分支机构自进入俄罗斯境内 3 个月内必须到登记机关通报登记[②]。并提交大量的证明文件，俄罗斯对外国非政府组织进行登记管理，实际上有利于对其活动类型进行有效监督，防止外国非政府组织的“名不副实”。也为俄罗斯政府了解外国非政府组织的“底细”提供了便利，有利于了解外国非政府组织的具体性质和活动力量。而俄罗斯联邦注册登记署可以根据情况请求安全部门、税务部门等机构对非政府组织的资金来源以及在俄罗斯的活动等进行调查，此举对西方非政府组织大量进入俄罗斯起到了一定的限制作用。

（二）独联体国家加强对西方非政府组织的监管

第一，关闭某些西方非政府组织在本国的机构

2007 年 4 月，俄罗斯内务部警察搜查了一个为媒体记者提供教育训练课程的美国非政府组织。警方取走该组织的一些档案数据。这项搜查行动是莫斯科对圣彼得堡反对派抗议示威行动的反应。2007 年 7 月俄国司法机构正式关闭了“媒体教育基金会（又名‘国际新闻俄罗斯分部’）”，俄政

① 王岳，俄罗斯如何应对外国非政府组织，《爱思想》，2013 年 2 月 22 日。

② Постановление Правительства Российской Федерации от 15 апреля 2006 г. N212 “О мерах по реализации отдельных положений федеральных законов, регулирующих деятельность некоммерческих организаций”, http://www.rosregistr.ru/docs/norm-akt/nko/prikaz-mu-362.doc.

府还指控该基金会领导人阿斯拉马基扬走私外汇[①]。2008 年 2 月，俄罗斯拒绝人权观察领导人罗思参加在莫斯科举行的新闻发布会。罗思曾计划宣读一份 72 页的报告，激烈批评普京政府严格限制非政府组织在俄罗斯活动的作法。同时，俄罗斯取缔非法组织，对社会团体赞助人实施监督。最近，俄罗斯破获了一个被称作“声音”的非法反俄组织，它与乌克兰“橙色革命”期间十分活跃的“波拉”组织有密切接触。它的行动方案也与格鲁吉亚和乌克兰“颜色革命”大体相同，准备在议会选举时采取行动，宣布选举有大规模舞弊行为，并以此为借口组织民众上街游行。此次事件给俄罗斯敲响了警钟，俄罗斯当局拟采取措施清理整顿社会团体，对各种非法反俄组织予以坚决取缔。另外，俄罗斯修改了法律，限制赞助人在俄罗斯境内的活动，并且规定国家有权监督赞助人能否资助社会团体。因为俄罗斯司法部发现，俄罗斯的一些人权组织从别列佐夫斯基的“自由俄罗斯”基金会获得资金，而这些西方或亲西方基金会的煽动是“颜色革命”的诱因之一。

出于对“颜色革命”的担忧，乌兹别克斯坦关闭了索罗斯基金会在该国的办事处。此外，被关闭的还有美国政府资助的一些大型组织，如国家民主基金会、国家民主研究所、国际共和研究院，这些组织的工作主要是专门促进民主，有时候也为反对派组织提供资金资助。索罗斯基金会一直在东欧和中亚地区支持民主变革。[②]邻近国家的“颜色革命”也引起哈萨克斯坦的高度警惕。哈萨克斯坦政府早就对“索罗斯基金会”驻哈机构有所警惕，并采取合法行动警告。

第二，制定非政府组织法，依法管理西方非政府组织

俄罗斯官方认为，美英等西方国家的间谍利用非政府组织作掩护，帮助独联体国家的反政府组织推翻当地政权。普京坚决反对国外势力资助俄

---

① 白桦：《国际非政府组织被迫结束在俄活动》，《美国之音》，莫斯科，2007 年 7 月 10 日。

② Risto Karajkov, “NGO Bashing”, *Florence, Italy*, November 13, 2005.

罗斯社会团体，强调俄罗斯境内的政治活动应该保持最大限度的透明度，利用国外资助从事政治活动的社会组织应该处于国家的监督之下。2005 年 11 月 23 日，国家杜马正式审议了一项由统一俄罗斯党、俄罗斯共产党、俄罗斯自由民主党、祖国党团联盟联合提交的法律草案《关于对非政府、非商业性社会组织强化国家注册程序》（即非政府组织法）。法案原定 12 月中旬由国家杜马进行二次审议，但由于该法案成了西方国家在财政部长和中央银行行长会议上指责俄罗斯的导火线，俄罗斯被迫对该法案进行了修改，12 月 23 日国家杜马以 357 票赞成、20 票反对通过该法案，2006 年 1 月 26 日，经俄国家杜马签发，该法案正式生效。①

非政府组织法的核心是使俄罗斯境内的非政府组织活动经费来源情况保持透明，以防止“颜色革命”的发生。该法规定：第一，所有非政府组织、非营利性组织必须在国家登记；第二，国家有关机构有权对其活动和财务进行随机审查，一旦发现有违法行为，立即将其注销；第三，非政府组织一旦从事与注册章程不相符合的活动，立即取缔；第四，国家对非政府组织超过 50 万美元的现金流入进行监控。这些规定可以使普京政权及时掌握非政府组织的动向，防止美国和西方势力的渗透与影响。

对于这项新法案，俄罗斯和国外的一些非政府组织负责人纷纷表示反对，美国政界一些人士立刻给总统布什写信表示，俄罗斯国家杜马审议的法律草案将会关闭外国尤其是美国驻俄罗斯的非政府机构，这将会影响俄罗斯社会的多元化发展，同时会阻碍两国的交流。

哈萨克斯坦议会也通过法律对非政府组织加强监管。总统纳扎尔巴耶夫说：“议会已经注意到外国非政府组织在我们的近邻国家投入资金，造成社会不稳定所引起的危险。”②2005 年 4 月 1 日的政府会议上，哈萨克

① “О недопустимости влияния спецслужб на деятельность некоммерческих неправительственных организаций”, Заявление Государственной Думы, www.pnp.ru, 2006-1-27.

② Risto Karajkov, “NGO Bashing”, *Florence, Italy*, November 13, 2005.

斯坦总统纳扎尔巴耶夫表示支持举办国家级的《民间论坛》(Конфедерации неправительственных организаций Казахстана，КНОК)。即通过政府的干预，加大对非政府组织的管理。

第三，强烈监管互联网，压缩西方非政府组织的传播能力

2009 年 7 月 10 日，哈萨克斯坦总统不顾反对声浪，在一个有关限制互联网活动的法律上签了字。这项法律规定，哈萨克斯坦境内的所有互联网，包括新闻网站、论坛、博客，甚至互联网商店和图书馆等，都属于传统新闻媒体范畴。相应地，这项法律把互联网的使用者同传统新闻媒体的从业者画上等号。哈萨克斯坦对传统新闻媒体有各种限制，包括禁止传统新闻媒体发布有关呼吁人们集会、游行和抗议的信息。如果违反有关规定，传统新闻媒体的新闻从业人员将受到包括被判刑在内的严厉处罚。所以这项法律等于间接禁止人们通过互联网传播有关示威、集会和游行方面的信息。这项法律的第二个特点是，当局将更加容易关闭他们不喜欢的外国新闻媒体的网站。哈法律规定，哈萨克法院在外国新闻媒体当事人缺席的情况下，可以裁决关闭这些媒体在哈萨克斯坦的网站[①]。

第四，成立具有政府背景的非政府组织与之进行抗衡

独联体国家应对西方非政府组织渗透的另一策略就是组建现政权的青年组织，警惕西方意识形态渗透。政府性非政府组织（GONGOs）在美国等西方国家屡见不鲜，但由于其伪装得较为巧妙而未引起太多关注。这些组织多为政府出资，执行政府的战略和政策计划。独联体国家认识到，在全球化时代，非政府组织及其发动的群众运动，由于打着民主、人权的旗号，并且与全球公民社会有诸多联结，即使出于维护社会稳定的良好动机，强力压制也会引起国际社会的强烈反响。“以子之矛，攻子之盾”不失为一种好的方法，那就是建立支持政府的非政府组织与那些反政府的非政府组织相抗衡，抵消反政府非政府组织的影响。

---

① 白桦，《哈总统签署限制互联网活动法律》，《美国之音》，莫斯科，2009 年 7 月 15 日。

成立于2005年4月，名为“纳什”（俄语意为“我们”）的青年组织不断地抵御西方意识形态对俄罗斯青年的渗透。普京等俄领导人希望“纳什”能吸引年轻人，成功对付反对派的各种青年团体。在2008年和2012年总统大选时达到“政治上的成熟”。按照克里姆林宫的计划，“纳什”的成员总数应发展到20万至30万人，而且要在莫斯科、圣彼得堡、下诺夫哥罗德以及罗斯托夫等各大城市设立分支机构，并在总统办公厅的直接领导下开展工作，成为保卫俄罗斯的一支“青年近卫军”。俄罗斯教育科技部资助了该组织，并希望创建一个“具有积极社会意义的青年组织”，以对付反政府青年组织，保卫俄罗斯免受“颜色革命”的威胁。

2008年2月18日，俄罗斯组建了俄罗斯民主与合作学院，并在美国注册和设立分部。该学院以反戈一击的方式，对欧盟和美国政治体制及选举进行监督，该学院以非政府组织的形式注册，但是它实际上是为克里姆林宫做宣传和担当挡箭牌，当西方在批评俄国的时候，它会站出来发表不同的声音。

俄罗斯建立相应的非政府组织以抵冲反政府非政府组织消极影响的努力受到了西方政府的指责。[①] 但“纳什”组织的新闻秘书伊万在接受采访时说：“在我看来，乌克兰发生的一切撼动了俄罗斯，年轻人开始讨论和思考俄罗斯的前进方向。我们这个组织的主要目标是现代化、民主体制和爱国主义。”莫斯科新社会学和实用政治研究中心专门研究青年运动的塔拉索夫主任说：“要抵挡波拉那样的青年激进组织，你需要拥有同样激进但支持政府的青年团体。纳什这个组织有着明确的目标，他们明白自己必须抗击那些意欲改变普京政权的人。他们的理念是，凡是反对现政权的人都是祖国的敌人，必须用武力与之斗争。”

---

① Barry F. Lowenkron, *The Role of Non-Governmental Organizations in the Development of Democracy* Assistant Secretary for Democracy, Human Rights, and Labor Remarks to the Senate Foreign Relations Committee, Washington D.C., June 8, 2006.

三、结 论

可见，独联体国家“颜色革命”十年后，随着美国特朗普的上台，西方非政府组织扩张的势头有所收敛，并且引起了相关国家的高度警惕和更多的法律约束。但是，西方国家在中亚和俄罗斯的基本战略目标没有改变，西方非政府组织按照自己的价值取向改造这一地区的目标也没有改变，只是在方式上更灵活，手段上更先进，组织协调上更得心应手。因此，中亚国家普遍认识到，不仅不能降低、反而应进一步加强对这些非政府组织的关注，并进行严格的登记管理和风险防范，以求趋利避害。

李甦平等主编五卷本《东方哲学史》书评

十方世界是全身
——评五卷本的《东方哲学史》

张立文[①]

“百尺竿头需进步，十方世界是全身”。《东方哲学史》以其创新的勇气与和合的体贴，历经十年磨砺，终于在2010年由人民出版社出版了。它放眼东方，对印度哲学、阿拉伯伊斯兰哲学、中国哲学、朝鲜半岛哲学、日本哲学、越南哲学、南亚哲学等进行探迹索隐、智慧创作的成果。它是中国首部内容翔实、完备、系统的研究东方哲学的学术著作，填补了学术界在东方哲学研究方面的空白。

《东方哲学史》以时间为纵轴，将公元前30世纪到公元20世纪这五千年历史分为“上古”“中古”“近古”“近代”和“现代”五卷；以地域为横轴，横向阐述东方各国的哲学思想。纵横结合、圆融无碍，彰显了其个性和特点。

其一，潮流起伏，东西融合。

东方哲学在五千年的演化历程中，有高潮、有保守；有与西方文化的碰撞，有东西文化的融合。错综复杂，内涵丰富。

公元前3世纪至公元10世纪，为东方哲学的高潮期。

① 作者简介：张立文，中国人民大学一级教授、著名哲学家、哲学史家，孔子研究院院长、国学研究院院长，哲学院博士生导师。

这一时期的印度哲学走向成熟，不论是印度正统的六派哲学：胜论派、正理派、数论派、瑜伽派、弥曼差派、吠檀多派，还是非正统佛教哲学都走向了辉煌的颠峰。这是因为这一时期的印度哲学以其深邃的思辨性、严紧的逻辑性、完备的理论性形成了周密的理论体系，自成一家之说。在中国，汉唐哲学与中国历史上的汉代与唐代这两个盛世王朝一样，灿烂辉煌。汉代独尊儒术，儒家经典和儒家理论日趋完备。儒学成为中国传统文化的骨干，儒学理论成为中国哲学的基本内容，儒学精神成为中国人的精神寄托。印度佛教于公元之际传入中国，通过六家七宗的“格义”和玄学化，形成了具有中国品格的中国佛教即天台宗、华严宗、禅宗。天台宗的“三谛圆融”说、华严宗的“法界缘起”观和禅宗的“识心见性”论，标志着中国佛教哲学思辨理论的成熟和最高水准。伊斯兰教于公元 7 世纪产生后，给阿拉伯伊斯兰社会带来了空前的文化繁荣，激活了阿拉伯的理性哲学。阿拉伯哲学最重要的贡献有两点：一是铿迭、法拉比、伊本・西那、伊本・路西德等著名哲学家所提倡的具有强烈世俗色彩的理性哲学，这种理论在宗教为先的宗教意识形态中，树起了理性主义的大旗；二是阿拉伯理性哲学对欧洲近代哲学起了关键性作用。这是阿拉伯伊斯兰哲学的黄金时期。

哲学的发展与事物的发展一样，总是有不平衡的。9 世纪至 13 世纪，伊斯兰教的阿拉伯人、突厥人侵入印度。印度本土文化发生了彻底改变。首先是印度佛教在印度本土湮灭，其次为印度本土哲学在吠檀多哲学精神基础上，走上趋同之路。在西亚，由于伊斯兰社会自始就是实行政教合一的体制，所以就有一股保守思潮主张真理的唯一源泉只存在于《古兰经》与穆罕默德的《圣训》之中，反对理性主义的哲学思辨。在此思潮的冲击下，先前阿拉伯伊斯兰哲学的辉煌，从此一去不复返。此时只有苏菲主义借助于文学载体，保持一定程序的繁荣。而此时的中国哲学却继续向着又一个巅峰发展。儒学在吸取佛教的思辨哲学、融摄道教智慧的基础上，形成了新儒学的宋明理学。其代表有朱子学、阳明学和气学。朱子学、阳明学和气学思想传入朝鲜半岛、日本和越南后。出现了朝鲜性理学的鼎盛时期。在日本的近世，形成了五彩斑斓的儒学学派。在越南的丁黎李陈时期，兴起了儒释道和合思潮。形成了东亚儒学文化圈。

文化哲学的交流、碰撞、融合是哲学的一般规律，作为与西方哲学相对应的东方哲学也不例外。15世纪末，西方殖民主义者就已经入侵印度，至19世纪中叶，英国排除其他外国势力，最终使印度沦为自己的殖民地。1798年，法国拿破仑率远征军入侵埃及，阿拉伯人民奋起反抗。1840年，中国爆发了“鸦片战争”；1850年，朝鲜半岛发生了“异样船”事件；1853年，日本出现了“黑船”事件。这标示着东亚社会先后遭遇了西方列强的入侵。西方的入侵使东方各国产生了不同程度的民族危机。与之相伴，在思想文化领域，则出现了一场东西文化之争。如果说近代是东方哲学与西方文化的激烈碰撞期，那么到了现代，在东西文化碰撞的基础上，出现了东西文化的融合。这是东方哲学与西方文化出现的一种独特的现象。在印度，形成一种新吠檀多哲学。它以传统吠檀多不二论哲学为基础，吸纳西方哲学的因素，表达了一种综合、圆融、创新的哲学理念。它标志着印度哲学进入一个新的理论发展阶段。在西亚，现代阿拉伯伊斯兰哲学禀承阿拉伯伊斯兰哲学的基本性格，在西方文化的冲击下，社会政治哲学得以发达，阿拉伯民族主义和伊斯兰社会主义思潮走向高潮。在中国，传统哲学与西方哲学相融合。现代新儒学以中国传统儒学为基础，吸取、融合西方哲学，努力重建儒家形上学本体论，丰富了中国传统儒学“形上形下”体用论哲学的义蕴。现代新佛学主张在理性与人本基础上重建佛教理论，代表了现代新佛学理论发展的方向。在日本，经日本传统文化与西方哲学的结合，出现了兼取东西哲学之长又具有日本民族风范的西田哲学、和辻伦理学，田边“种的逻辑”、九鬼偶然性哲学和日本的马克思主义哲学。

其二，互动互补，共同繁荣。

东方各国，其哲学品格独特而各异。这种独特性就是东方各国哲学的差异性，有差异就有交流和互动的必要性。

佛教从印度传入中国后。在中国形成了千年译经运动。其结果使中国建立了像三论宗和唯识宗这样在教理上多遵循印度法度的佛教学派，也建立与发展了具有中国特色的佛教思想宗派，即天台宗、华严宗、禅宗、净土宗等。同时，佛教对中国宋明理学哲学思想的发展，具有全面而深刻的影响。随着中国佛教的形成和完善，佛教又开始向朝鲜半岛、日本和越南传播。中国佛教大约在公元4世纪至5世纪前半期传入朝鲜半岛，在互动中，新罗佛教对中国佛教也产生了影响作用。公元6世纪中叶，中国佛教经朝鲜半岛传入日本。奈良时期，佛教出现了“南都六家”和“奈良七寺”。平安时期，最澄和空海来中国学习佛法，回国后创立了具有日本民族特色的天台宗和真言宗。中国佛教传入越南后，在丁朝、前黎朝和李朝都奉佛教为国教。

与中国佛教的千年译经运动相似，在阿拉伯伊斯兰社会亦出现了百年翻译运动。这场翻译运动始于8世纪初，阿拔斯王朝时期建立了集图书馆、科学院、翻译局为一体的智慧馆。在那里集中了阿拉伯伊斯兰社会中最优秀的科学家、翻译家以及各个方面的著名学者。他们将哲学和科学文化的一系列著作由希腊语、叙利亚语、波斯语、印地语、希伯来语、拉丁语等多种语言翻译成阿拉伯语。这场百年翻译运动不仅将柏拉图、亚里士多德等著名哲学家的哲学著作翻译、介绍到阿拉伯伊斯兰社会，而且还把欧几里德、阿基米德、托勒密、毕达哥拉斯等科学家的数学和自然科学著作也翻译、介绍到了阿拉伯伊斯兰社会。其翻译范围之广、质量之高，在世界史上实属罕见。其影响和作用也非常重要。例如，古希腊和罗马哲学家的很多哲学著作在中世纪的欧洲已经散失，所以12世纪以前的欧洲人不了解柏拉图和亚里士多德。他们是通过被阿拉伯社会保留下来的阿拉伯语的柏拉图和亚里士多德著作重新又被翻译成欧洲各种文字后，才得知柏拉图和亚里士多德的名字的。由此，使中世纪的欧洲获得了希腊哲学方面的知识，从而产生了研究哲学的兴趣。又如阿拉伯思想家在接受了希腊哲学家的思想方式后，理性主义思维有了长足的提高，促成了阿拉伯理性主义哲学的发展。

儒家文化是中国传统文化的主干，儒家文化也是东亚文明的表征。儒家文化早在汉代传入朝鲜半岛，高丽忠烈王时期（1275—1309）宋代朱子学传入，后演为朝鲜半岛的性理学。性理学在朝鲜朝时代成为官方意识形态，长达五百年之久，对朝鲜半岛人民的风俗习惯、伦理道德、典章制度均起到了主导性的影响作用。5 世纪初期，中国儒家文化经朝鲜半岛的百济传入日本，13 世纪时，朱子学由留学中国的日本僧人传入日本，并被演为日本朱子学。强调穷事物之理，成为日本朱子学的突出特点。阳明学在王阳明在世时就传入到日本，深受日本武士的喜爱，发展成为具有日本民族品格的日本阳明学。自秦朝在越南设郡县以后，儒家思想就已传入越南。秦末汉初，赵佗开越南儒学之风气，以诗礼化其民，以仁义结其心，初见儒学成效。公元 1 世纪时，儒家的经义和汉朝的学校制度传入越南。越南儒学的特点是儒学与释、道以三教和合的形式出现并发展。

阿拉伯伊斯兰哲学与中国哲学的交流。651 年，大食国王遣使来中国的长安，朝见唐高宗并介绍了哈里发国家和伊斯兰教的情况。之后，随着伊斯兰教传入，阿拉伯伊斯兰哲学也被介绍到中国。明清之际，随着伊斯兰经堂教学的兴起，伊斯兰的经院哲学得到了进一步传播。当时在经堂教学中讲授的经院哲学有很多是阿拉伯的教本。在与中国思想界的互动中，出现了力图将伊斯兰神学与中国儒、释、道思想相融合的学派。如在中国哲学史上出现了一个“会通四教”的崭新的哲学派别。

日本近代哲学之父西周（1829—1897）对东方哲学的重要贡献在于对哲学概念的翻译。1874 年西周最终将 philosophy 译为汉字“哲学”。而被大家所认同、接受，一直使用至今。其他如“主观”“客观”“理性”“悟性”“现象”“实在”“归纳”“演绎”等汉字哲学概念，均出自西周之手。

其三，智能创新，填补空白。

《东方哲学史》第一次较完整地将越南哲学的发展脉络，作了系统的阐述，彰显了越南哲学的特点：一是兼容性。自古及今，越南三教和合思想广泛传播，兼容共生的观念，至今延绵不绝，先后出现三教并尊、三教一体、三教同源、三教合一等思潮和运动，不仅儒释道三教和合，而且儒释道三教和本土民间信仰以及西方宗教互相融合，具有众教和合的思想特征。二是法哲学突出。越南统治者历来比较重视法律法令的制订与施行，因而历史上法哲学思想比较丰富。早在郡县时期，赵佗就实行“且以其故俗治”的政策，“和为贵”是其立法精神的要义。其后马援施行“礼法并用”“德主刑辅”的政策，也取得显著成效。后黎朝的洪德法典、阮朝的嘉隆法典是越南历史上最著名的两部法典，在世界法律史上也占有一定的地位。

南亚哲学一般是指斯里兰卡、缅甸、泰国、柬埔寨、老挝等国家的佛教哲学。这一地区的佛教主要是南传上座部系统，其代表者为觉音（Buddhaghosa）。觉音的佛教哲学思想，不论是佛教界还是学术界都没有专文论及。本书设专章首次从佛教哲学视角，对觉音的“解脱论”“心色说”“缘起说”等思想进行了集中论述，突出了这位佛教思想家的佛教哲学的特点。

日本哲学，有二处具有填补空白性的论述。一是，本书第一次较系统、完整地对神道哲学发展的历程，作了梳理和论证。同时，也对神道教的影响和作用，作了客观、公允的评价。二是，日本现代哲学始自大正（1912—1926）时代。按照学术界的传统观点，一般认为西田哲学（即西田几多郎的哲学思想）、和辻哲郎的伦理学、京都学派的田边元的哲学思想等是日本现代哲学的典型代表。本书在对上述重要哲学家思想论述的基础上，还重点论述了九鬼周造的偶然性哲学和逻辑学以及“粹”的思想，由于其晦涩和艰深，国内学者很少论及，故我们这里的论述，也属首次。此外，对京都学派的历史哲学进行了介绍和评述。由于京都学派的历史哲学涉及日本对外发动侵略战争时期提出的“战争哲学”“总力战的哲学”等观点，故国内学术界一般都对此持全盘否定或回避的态度，本书首次进行了分析。

有关印度哲学设置了一些前贤未能论及的创新章节，如《大史诗中的哲学思想》的撰写。印度两大史诗《罗摩衍那》与《摩诃婆罗多》的哲学思想，尤其是《摩诃婆罗多》中的哲学插话《薄伽梵歌》，实是印度的“圣经”；本书一个重要特色是如实反映印度哲学的宗教性，解脱论是其主要内容之一。但在一般的哲学史中只把印度哲学的解脱论内容从伦理学意义上说明，因此不能揭示其宗教哲学的基本性质。三是印度吠檀多哲学的中世纪部分增加了商羯罗之后的哲学家，由于商羯罗的直传弟子和后期吠檀多哲学家的思想资料的短缺，历来都为研究的空白。

古代埃及哲学、美索不达米亚哲学、波斯哲学和古巴勒斯坦哲学是阿拉伯伊斯兰哲学的重要组成部分，但学术界对此只有不多的简略的论述。本书则对此进行了详细的研究和完备的论述。如对古埃及赫利奥坡里斯、赫尔摩坡里斯、孟斐斯及奥西里斯四大神学体系的分析研究，探究了古代埃及人的“创世”说、二元论的人生观及反宗教神学的无神论哲学意识。又如本书通过详实的史料分析，论述了古代苏美尔人“死亡神学”中的来世观和“是非”对立的伦理观，论述了古代巴比伦人和亚述人的创世论及宇宙论。再如本书通过对古代波斯的琐罗亚斯德教、摩尼教等宗教的研究，诠释了其中善恶对立的二元宇宙论、二宗三际的世界观和二元三维的伦理学等。

一个多世纪以来，东西方哲学的比较、会通已成为热门话题。但对于东方哲学思想全面、系统掌握，实乃欠缺。《东方哲学史》的出版，开启了“十方世界是全身”的登堂入室的门径，使人们品尝到“全东方”的美味。

（此文原载《世界哲学》2011 年第 3 期）

21 世纪的东方哲学研究

——评五卷本《东方哲学史》

魏常海[①]

五卷本《东方哲学史》于 2010 年由人民出版社出版。这部书是由中国学者撰写的内容翔实、完备、系统的研究东方哲学的学术著作，填补了学术界在东方哲学研究方面的一个重要空白，是我国哲学界的一件大事。

该书在整体编排上，打破东方各国的国别界限，以时间为线索，从公元前 30 世纪到公元 20 世纪，上下 5 千年。东方哲学的内容涉及了印度哲学、中国哲学、阿拉伯伊斯兰哲学、日本哲学、朝鲜半岛哲学、越南哲学及东南亚和南亚的缅甸、泰国、柬埔寨、老挝、斯里兰卡哲学。由此，使这部《东方哲学史》具备了以下三方面的特点。

特点一，该书揭示了东方哲学发展的内在规律性。

这部《东方哲学史》以时间作为东方哲学发展的纵向基线，分为上古、中古、近古、近代、现代五大时间段，将东方各国哲学纳入上述五大时间段中，对同一时间段的东方各国哲学进行横向的分析、研究、论述。其结果，东方各国在某一共同时间段内的哲学共性，较明显地呈现出来，有利于揭示东方哲学发展的内在规律性。

① 作者简介：魏常海，北京大学哲学系教授、博士生导师，北京大学《儒藏》编纂与研究中心常务副主任，中华日本哲学会顾问。

特点二，该书填补了东方哲学的一些空白之处。

（一）关于越南哲学

该书第一次较完整地将越南哲学的发展脉络，作了系统的研究。在此基础上还彰显了越南哲学的特点：

古代的越南是中国、印度、西域三种文化的交汇点。在近代西学东渐的潮流中，越南文化又受到西方文化的激荡。因此，越南文化可以说是多元并存、融合发展。作为文化核心的越南哲学，其思维方式和思想内容也具有明显的兼容性。

自古及今，越南的三教合一思想传播广泛，影响深远；三教合一的现象十分普遍，不仅儒释道三教合一，而且儒释道三教和本土民间信仰以及西方宗教互相融合，具有众教合一的思想特征。

另外，越南的法哲学思想比较丰富，也具有自己的特色。洪德法典和嘉隆法典条文繁富，并有其一定的哲学基础和理论依据。同时，法律法令条文也从各个方面具体反映了越南的特殊国情和社会生活的实际情况。

（二）关于南亚哲学

南亚哲学一般是指斯里兰卡、缅甸、泰国、柬埔寨、老挝等国家的佛教哲学。这一地区的佛教主要是南传上座部系统，其领袖性代表者为觉音（Buddhaghosa）。关于觉音的生平、著作和事业，佛教界多有论述。但是，觉音的佛教哲学思想，不论是佛教界还是学术界都没有专文论及。对于这样一位重要的佛教思想家，《东方哲学史》设专章进行了首次论证。从佛教哲学角度出发，对觉音的“解脱论”“心色说”“缘起说”等思想进行了集中论述，突出了这位佛教思想家的佛教哲学的特点。

（三）关于日本哲学

日本现代哲学始自大正（1912—1926）时代。本书重点介绍了九鬼周造的偶然性哲学和逻辑学思想。关于九鬼周造的偶然性哲学和逻辑学思想以及“粹”的思想，国内学者很少论及，该书首次予以介绍。此外，该书还对京都学派的历史哲学进行了介绍和评述。由于京都学派的历史哲学涉及日本对外发动侵略战争时期提出的“战争哲学”“总力战的哲学”等观点，故国内学术界一般都对此持全盘否定或回避的态度，该书在介绍此学派思想的基础上，首次进行了客观的分析和评价。

（四）关于中国哲学

现在已出版的中国哲学史在现代哲学部分，几乎都没有涉及“现代新佛学”和“港台新儒家”（关于他们的论文或专著，学术界出版过少许，但作为中国哲学史中的一部分，尚无先例）这两部分。这部《东方哲学史》设专章对欧阳渐和印顺的佛教哲学及唐君毅、徐复观和牟宗三的儒学思想一一作了论述，由此使得中国哲学更加完整、充实、一脉相承。

（五）关于印度哲学

创新点一是设置了一些前贤未能论及的章节，比如《大史诗中的哲学思想》一章的设置与撰写。印度两大史诗《罗摩衍那》与《摩诃婆罗多》，它们不仅仅是文学著作，其中包含着十分丰富的哲学思想，该书对此进行了深入剖析。

创新点二是广泛利用各方面的材料。比如在“耆那教的哲学思想”与“沙门思潮”的撰写中，除多方利用南传佛教资料、印度学者与西方学者的著述外，更是从汉译佛经宝库中采撷史料，这是印度与西方学者都无能为力的，从而凸显了中国特色。

创新点三是如实反映了印度哲学的宗教思想性质。印度哲学一般都属于宗教哲学，解脱论是其主要内容之一。该书的印度哲学部分针对其宗教哲学性质的一面，就不再停留在伦理学层次上，而是直接说明其解脱论特点。

（六）关于西亚北非哲学

古代埃及哲学、古代美索不达米亚哲学、古代波斯哲学和古巴勒斯坦哲学是阿拉伯伊斯兰哲学的重要组成部分，但学术界对此只有不多的简略的论述。而这部《东方哲学史》则对此进行了详细的研究和完备的论述。

特点三，该书梳理了东方各国之间及东西方哲学之间的互动和交流。

第一，佛教于公元前后传入中国，随后在中国形成了千年译经运动。其结果在本土思想背景中，建立与发展了具有中国特色的佛教宗派。大约在公元4世纪至5世纪前半期中国佛教传入朝鲜半岛，形成了“五教九山”。同时，朝鲜半岛的佛教思想对中国佛教界也产生了重要影响，如元晓、义天等。

公元6世纪中叶，中国佛教经朝鲜半岛传入日本。奈良时期，佛教出现了“南都六家”和“奈良七寺”。平安时期，最澄和空海来中国学习佛法，回国后创立了具有日本特色的天台宗和真言宗。[①]

越南在丁朝、前黎朝和李朝都奉佛教为国教。在这个时期建立起来的几个禅宗派别（毗尼多流支禅派、无言通禅派和草堂禅派）都是由中国传入的。16世纪黎朝时，曹洞宗由中国传入越南北方，禅师麟角据以创立了莲宗。[②]

---

① 参见黄心川主编：《东方著名哲学家评传》，山东人民出版社2000年版，总序，第45页。

② 参见黄心川主编：《东方著名哲学家评传》，山东人民出版社2000年版，总序，第48页。

印度佛教（上座部佛教）于公元前3世纪中叶，由印度阿育王之子（一说为阿育王之弟）摩哂陀传入斯里兰卡，又经斯里兰卡传入东南亚各国如缅甸、泰国、柬埔寨、老挝、中国云南傣族地区，被称为南传佛教。南传佛教对这些国家和地区人民的社会生活产生了重要影响。

第二，与中国佛教的千年译经运动相似，在阿拉伯伊斯兰社会亦出现了百年翻译运动。这场翻译运动始于8世纪初，阿拔斯王朝时期建立了集图书馆、科学院、翻译局于一体的智慧馆。在那里集中了阿拉伯伊斯兰社会中最优秀的科学家、翻译家以及各个方面的著名学者。他们将哲学和科学文化的一系列著作由希腊语、叙利亚语、波斯语、印地语、希伯来语、拉丁语等多种语言翻译成阿拉伯语。这场百年翻译运动不仅将柏拉图、亚里士多德等著名哲学家的哲学著作翻译、介绍到阿拉伯伊斯兰社会，而且还把欧几里德、阿基米德、托勒密、毕达哥拉斯等科学家的数学和自然科学著作也翻译、介绍到阿拉伯伊斯兰社会。其影响和作用也非常重要，例如古希腊和罗马哲学家的很多哲学著作在中世纪的欧洲已经失散，所以12世纪以前的欧洲人不了解柏拉图和亚里士多德。他们是通过被阿拉伯社会保留下来的阿拉伯语的柏拉图和亚里士多德著作重新又被翻译成欧洲各种文字后，才得知柏拉图和亚里士多德的名字的。由此，使中世纪的欧洲获得了希腊哲学方面的知识，从而产生了研究哲学的兴趣。又如阿拉伯思想家在接受了希腊哲学家的思维方式后，理性主义思维有了长足的提高，促成了阿拉伯理性主义哲学的发展。

第三，儒家文化也是东亚文明的代表。儒学早在公元372年就传到了朝鲜半岛、渐演为朝鲜性理学。5世纪初期，中国的儒家文化经朝鲜半岛上的百济传入日本，公元13世纪时，朱子学由留学僧人传入日本，并被演为日本朱子学。而阳明学早在王阳明在世时就传入日本，发展成为具有日本民族品格的日本阳明学。自秦朝在越南设郡县以后，儒学就已传入越南。公元1世纪时，儒家的经义和汉朝的学校制度传入越南。越南儒学的特点是儒学与释、道以三教合一的形式出现并发展着。中国儒学、朝鲜半岛儒学、日本儒学、越南儒学等构成了东亚儒家文化圈。

第四，阿拉伯伊斯兰哲学与中国哲学的交流。公元651年，大食国王遣使来到中国的长安，之后随着伊斯兰教的传入，阿拉伯伊斯兰哲学也被介绍到中国。在《福乐智慧》一书中，可以看到阿拉伯伊斯兰哲学中的人生哲学和伦理思想。在哈萨克族中，还出现了阿拉伯中世纪大哲学家伊本·西拿编著的《医典》的哈萨克文本。明清之际，随着伊斯兰经堂教学的兴起，伊斯兰的经院哲学得到了进一步传播。与此同时，中国思想界也出现了一批力图将伊斯兰神学与中国儒释道思想相融合的学者。在中国哲学史上出现了一个崭新的哲学派别——"会通四教"派。此派学者从伊斯兰哲学的根本立场出发，糅合中国的儒释道，创造了独特的概念范畴和思想体系。

第五，南亚佛教哲学与中国佛教哲学的交流，大概开始于公元5世纪，或者更早一些时候。公元460年，中国名僧法显从印度去斯里兰卡游学，在他撰写的《佛国记》中，较全面地向中国介绍了南传上座部的佛教情况及佛教哲学。公元506年，扶南僧人僧伽婆罗在中国译出了小乘佛教典籍《解脱道论》，其中关于上座部心理学说的"九心轮"为唐代名僧窥基在撰述《唯识枢要》时所援引。公元8世纪初，唐代"开元三大士"之一的金刚智曾在斯里兰卡滞留，斯里兰卡人不空拜他为师并随之入唐求学，以后不空又率人去斯里兰卡学习密宗理论，并在中国佛教界广为传播，促进了中国密宗哲学的发展。[①]

第六，日本学者对东方哲学的贡献。日本近代哲学之父——西周对东方哲学的重要贡献表现在他将philosophy译为汉字"哲学"。又如"主观""客观""理性""悟性""现象""实在""归纳""演绎"等汉字哲学术语，均出自西周之翻译。

（此文原载《哲学动态》2011年12期）

① 参见黄心川主编:《东方著名哲学家评传》，山东人民出版社2000年版，总序，第41页。

重拾被遗忘的东方

——兼评“东方哲学”与五卷本《东方哲学史》

彭永捷 ①

在当代中国的哲学界，“东方哲学”② 是一个被遗忘的世界——几乎所有的比较哲学研究，都指向中、西比较；几乎所有的哲学综合，都指向中、西、马（马克思主义哲学）的综合。至于中国以外的东方世界，已渐渐从我们的哲学视野中消逝。我们不仅在价值上看轻东方哲学，而且还在知识结构上排除东方哲学。由于东方哲学的缺场，我们拥有的是一种简约化的中、西对峙式的知识结构和学术视角。在这种知识结构和学术视角影响下，我们既关闭了从东方哲学汲取营养的大门，也失去了从非西方民族的共同境遇来理解中国哲学自身问题的窗口。我们只习惯于从中国思想与西方哲学的相互交涉中来处理问题。

随着中国硕果仅存的唯一一家实体化的东方哲学研究机构——中国社会科学院哲学所东方哲学室——推出五卷本的《东方哲学史》，“东方哲学”有可能重新引起哲学界的兴趣。什么是“东方哲学”，“东方哲学”能否成立？相较于西方民族，东方民族有些怎样的思考方式和理论旨趣？一种对“东方哲学”整体画卷的描绘，能否与西方哲学画卷一起，拼接成一幅呈现哲学疆土的世界地图？“东方哲学”及以之为对象的学术研究，对于当

---

① 彭永捷，哲学博士，中国人民大学哲学院教授、博士生导师，孔子研究院常务副院长。

② “东方哲学”是一个需要认真辨析的概念，本文稍后会为此详加讨论。在此处，“东方哲学”仅遵从中国学术界目前约定俗成的叫法，并用这一称呼来指称“东方各民族的思想”。

代中国哲学有着怎样的意义？ 这些问题，有可能引起中国哲学界的重新思考。

一、“东方哲学”的缺场

上世纪，“东方哲学”在国务院学位办制定的学科目录中，本属于哲学一级学科下的二级学科。在实际的学术运行中，东方哲学是个小学科，从事这个学科的学者在人数上比较少，往往习惯于和中国哲学这个二级学科的学者们一起活动，很多从事东方哲学研究的学者往往是横跨这两个学科。这使得从事东方哲学的学人，根本无法在一个由从事西方哲学研究占绝对多数、且对东方哲学知之甚少的学人组成的学科里交流和立足，于是这个经过多年努力建立起来的高校学术群体，很快就土崩瓦解。中国社会科学院哲学所下属的东方哲学室，由于并不在教育部的直接管辖之下，得以幸运保存下来，成为目前我国唯一正式建制的东方哲学研究单位。

高等院校东方哲学研究队伍的缺失，带来的是各大学哲学专业东方哲学教育的缺失。几乎所有的哲学院系，都难以系统开设东方哲学课程。在最近一二十年培养出的哲学人才，多数缺乏东方哲学的训练，甚至对东方哲学缺乏最起码的了解。对于多数哲学院系开展的哲学教育来说，是否开设诸如印度哲学、日本哲学、朝鲜哲学、阿拉伯哲学等在内的东方哲学课程，都不妨碍其作为哲学院系而存在，可是假如某个哲学院系竟然不开设西方哲学课程，那么它作为哲学院系就有存在的危机了。哲学专业的学生可以不知道李退溪、李栗谷、藤原惺窝、狄生徂徕、商羯罗，但绝对不可以不知道从泰勒斯开始的西方哲学史的主要人物和现代西方哲学的主要人物和主要流派。一句话，“东方哲学”已经在我们的哲学教育中，变得无足轻重，已经被习以为常地无视了！

在哲学研究方面，对东、西方哲学研究的投入也甚为悬殊。在整个中国仍然从事东方哲学研究的人数是屈指可数。相较于许多西方二三流学者的著作都被译为中文，东方哲学中那些最著名的经典，往往都还没有中文译本。东方思想家最主要的代表作，在中国出版界往往都仍然阙如。与中国、欧洲并驾齐驱的印度思想，投入的研究力量尤其薄弱。对于中国思想本身的研究，那些出于相似或相近传统的东方学者富有学力的研究成果往往被忽视，而许多仍处于业余爱好者水平的西方汉学家却一再受到追捧。从事东方哲学学习和训练的研究生人数少得可怜，东方哲学研究的后备人才也相当地匮乏。一位曾经攻读印度哲学硕士研究生的学者回忆说，他从某大学图书馆借出一本印度哲学方面的著作，从借书卡上看，这本书在他之前只有一位借阅者，而那位借阅者竟然是梁漱溟。与一些外国学者的交流对话中，他们也对中国哲学界现在的状况感到吃惊，在他们看来，中国知识界对待东方文化的态度，简直是不可思议。

知识结构上的缺失，随之而来的是哲学视野上的狭隘。在东方哲学缺场的语境下，一说起儒学，就只是中国儒学，而忽略了儒学在历史上是流行于中国、朝鲜半岛、日本和越南的国际性学说。一说到中国哲学的现代化，就往往意指用西方哲学来处理中国传统思想。每当讨论中国近现代以来的哲学问题，往往只当作我们中国才有的独特问题，而忽略了许多本以为是中国才具有的特殊问题，只不过是在西方民族在向世界殖民侵略过程中造成的非西方民族普遍面临的问题，并忽略了从这种普遍性中来考察中国反应方式的特殊性。由于缺少东方哲学的维度，我们习惯于从中、西哲学的二元框架理解、思考和处理问题，加上近代以来崇拜西方的文化心理，当代中国哲学的发展主要表现于对西方哲学的追捧和模仿。对东方哲学的忽视，限制的是我们中国的哲学研究者的眼界，限制的是我们思考问题的广度。

在“东方哲学”缺场的中国哲学界，五卷本《东方哲学史》的编写和出版，已经向我们展示，“东方哲学”是如何地精彩：这部哲学史，涵盖了东亚、南亚、西亚北非三大区域，其中东亚哲学包括中国哲学、朝鲜半岛哲学、日本哲学和越南哲学；南亚哲学包括印度哲学和斯里兰卡哲学；

西亚北非哲学则包括古代埃及哲学、古代美索不达米亚哲学、古代波斯哲学和古代巴勒斯坦哲学。上述三大区域，形成以儒、释、道为主的东亚文化—哲学圈，以《吠陀》《奥义书》为思想基础的印度文化—哲学圈，以及伊斯兰文化—哲学圈。在东亚这一区域，我们可以看到儒、释、道三家相互交融，并在东亚各国具体展开，揭示了东亚儒、释、道三教文化和三教思想在理论上的丰富可能性与实践上的丰富具体性。在印度哲学圈中，可以欣赏到古老吠陀经典和梵书经典包含的宗教哲学，由此而演化出来的正统六派——数论派、瑜伽派、胜论派、正理派、弥漫差派、吠檀多派，以及非正统派的大小乘佛教。在西亚北非，则有犹太救赎文化，波斯人今生与来世的二元文化，和埃及人的来世文化。在时间范围上，这部哲学史梳理了“东方”这一广大区域公元前三千年至公元后两千年的漫长历史。同时，正是基于“东方”这一广阔的视野，这部哲学史也试图总结了东方民族思想发展的内在规律性，以及东方各民族思想在历史上大规模的传播和影响，描绘出一幅东方各民族思想兴起、传播和交织，此起彼伏的历史画卷。

思想地图的变化，折射出的是世界主要民族全球影响力的变化。随着美、欧国际影响力的下降，我们中国人倒是有机会认真清理一下文化上仍然遗存的半殖民地色彩，认真总结一下我们对外部世界和外部文化的看法，同时也力求清除强加给我们自身文化的许多不伦不类的东西，摆脱对欧美文化的盲目崇拜和因循模仿，才有可能恢复我们自己文化的创造活力。“东方哲学”就是解蔽我们不识“东”只识“西”而“蔽于一曲”的解药，学会平等地对待一切民族文化，培养从一切民族文化中汲取营养为我所用的能力，方能抵御在中国学界大行其道的对西方学术的公然抄袭和隐性模仿。

在欧美影响力下降的同时，新兴国家的力量在渐渐上升，东亚、东南亚和南亚诸国对中国的重要性也有所增加，从文化上了解邻居，与从文化上了解遥远的西方，对于我们正在变得同样重要。近年来，美国影视作品充斥电视荧屏的状况有所改变，我们的审美趣味避免在不知不觉中被单一文化所掌控，中央电视台也经常播放东亚、东南亚和南亚的影视作品，加强了和这些国家的文化交流。然而，在哲学领域，熟知我们的邻居——诸如日本人、印度人，他们在历史上如何想问题，在现在又在想些什么，这对于我们现在变得更加重要，然而专业从事这方面研究的人真的是实在太少了！

二、“东方哲学”的证明

我们肯定“东方哲学”及其研究的意义，并不意味着“东方哲学”一词是没有疑义的。把“东方哲学”看作是“东方思想”的另一种说法，还勉强说的过去，但是一定要证明东方人的思想也是“哲学”，而且惟有如此才能凸显东方思想的价值，这种做法是否正当合理，值得商榷。

“东方”有没有“哲学”，什么是东方哲学？正如编写一部《中国哲学史》，首先要回答和解决“中国有没有哲学”这一争议一样，编写一部《东方哲学史》，也必须首先回答和解决“东方有没有哲学”这一问题。不过，相较于“中国哲学”而言，“东方哲学”中“东方”一词首先就是需要讨论和界定的。说起这一问题，人们一般会首先想到黑格尔。在黑格尔那里，“东方哲学”中的“东方”，是指中国和印度。小亚细亚和北非的思想，是融合在欧洲哲学的传统里的，普通《西方哲学史》的论述范围都包含了这一地区，其中也包括“阿拉伯哲学”。作为独立的思想传统，或者说能与西方哲学比肩的思想传统，只有印度人的思想和中国人的思想。“阿拉伯哲学”的说法虽然也是可以成立的，但像有的学者所说的人类哲学包含阿拉伯哲学在内的“四大哲学传统”，这一说法一般是不为哲学界所接受的。不接受的理由在于，印度人的思想和中国人的思想是否属于“哲学的传统”，是颇成问题的，而阿拉伯的哲学又是包含在欧洲哲学传统里的，并不存在一个独立于欧洲哲学传统之外的所谓“阿拉伯的哲学传统”。五卷本《东方哲学史》所论述的“东方”，在范围上包括北非、中东、中亚、南亚、东南亚和东亚，不包括作为欧洲哲学传统延续的北美，也不包括只在文明史中讨论的南美、大洋洲及其他地区，相当于涵盖了伊斯兰文化圈、印度文化圈和汉字（儒教）文化圈。在这里，对“东方哲学”之“东方”界定，不是以往哲学史基于人类思想的类型或思想的传统来划分的，而是基于“东方这个概念也代表着不同于西方的语言、文化和思维方式”①。可以说,《东方哲学史》展现的就是非西方的思想的历史，即非欧洲的东方民族的思想。但有趣的是,《东方哲学史》的编者同时论证，这些东方民族的“不同于西方的语言、文化和思维方式”，和西方哲学一样，也都是哲学，即“东方哲学”。

那么“东方”有没有“哲学”呢？在使用“东方哲学”一词时，这里的“哲学”又是在什么意义上被表述的呢？在《哲学史讲述录》里，黑格尔专门把“东方哲学”列于他要讲述的哲学史正题之前。之所以这么做，并不是出于推崇东方哲学，而是恰恰相反，用黑格尔自己的话说，“我们所以要提到它，只是为了表明何以我们不多讲它”；“我们所叫作东方哲学的，更适当地说，是一种一般东方人的宗教思想方式”。② 原子主义的个体、自由的精神，在黑格尔看来是哲学的前提，“真正的哲学是自西方开始”③。黑格尔从东方看到的是专制，即君主一个人的自由，从希腊看到的是少数人的自由，从历史上被视作蛮族、现实仍处于普鲁士专制制度下的他们日耳曼人那里，看到的却是所有人的自由。黑格尔讨论了印度的古老经典，认为其中很像是哲学的东西，其实不过是一种冥灭自我、消融主体的宗教。换句话说，西方哲学史就是一部理智发育和成长的历史，印度宗教思想的

① 徐远和、李甦平、周贵华、孙晶主编:《东方哲学史》，人民出版社 2010 年 12 月，总序。

② [德]黑格尔:《哲学史讲演录》第1卷，贺麟、王太庆译，商务印书馆1997年版，第 115 页。

③ 同上，第 98 页。

历史就是一部消融主体于对象世界的历史。黑格尔也考察了中国的孔子、《易经》和道教，认为中国人的思想，同样摆脱不了主体对于自然法则的顺从和依赖，也就是我们中国人常说的“推天道以明人事”，把人间法（人事）建立在自然法（天道）的基础之上。中国人寻求普遍性，寻求的不是思想的普遍性，而是贯穿天地人“三才”的宇宙法则的普遍性，即天道的普遍性。对于孔子，黑格尔的评论也给人印象深刻。“孔子只是一个实际的世间智者，在他那里思辨的哲学是一点也没有的——只有一些善良的、老练的、道德的教训，从里面我们不能获得什么特殊的东西。”[①]黑格尔是不认为“东方哲学”可以成立的，当他谈到“东方哲学”时，也是姑且使用这个名词指称一个类似哲学但又不是哲学的宗教思想，即所谓的“东方哲学”。在黑格尔之后，叔本华、尼采都深受东方思想的影响，尤其是印度宗教思想的影响。叔本华表示，真正造成他思想转折的那些思想，恰恰来自于古老《吠陀》经典所代表的东方思想的恩惠。对于这些德国人的论述，有些人引述黑格尔来反驳其哲学上的欧洲中心主义，有人引述叔本华、尼采以及更早的莱布尼兹，来证明“中国哲学”可以成立，而且表明是欧洲人最先承认的。

《东方哲学史》也敏锐注意到国内学界关于“中国哲学”学科分类概念的正当性[②]的讨论，认为“东方哲学”也面临着类似的问题，因而必须给予适当的证明。编者不仅认为“东方哲学”可以作为一个自我设定的概念成立，还可以作为一个学界广泛使用的约定性概念得以成立，而且更重要的，是作为一个“无疑义的具有先定意义的本然性概念”可以成立。“东方哲学”的证明，难点就在于对这最后一种用法上的证明。

《东方哲学史》对于“东方哲学”的证明，可以归结为如下几个方面：其一，是从哲学（philosophy）这个词的意义入手，哲学即“爱智”，对智

① 同上，第120页。

② 这一讨论虽然也包含关于“中国哲学”概念，但最主要的反思，是在于反省“中国哲学学科”的合法性（正当性）。

慧的追求。既然哲学是爱智之学，一切与爱、求智慧的相关联的学问，自然都应该包括在内。在这个内涵下，一切思想、文化皆被涵盖在内。于是《东方哲学史》得出结论说，“显然，本然性层面的‘哲学’概念不仅可以涵摄全体西方文化，还可涵摄全体东方文化，实际一切文化皆可称为哲学。由此，‘东方哲学’概念可在涵摄一切东方文化、思想、学问、学术的意义上，得以安立；换言之，在此层面上，‘东方的哲学’是合理、合法、合适的。”① 其二，是通过罗素对哲学的定义，来区分哲学是怎样一个知识部门，如果东方文化中也有同样的知识部门，即可证明东方也有哲学。罗素的定义是：“哲学，就我对这个词的理解来说，乃是某种介乎神学与科学之间的东西。它和神学一样，包含着人类对于那些迄今仍为确切的知识所不能肯定的事物的思考；但是它又不像科学一样是诉之于人类的理性而不是诉之于权威的，不管是传统的权威还是启示的权威。一切确切的知识——我是这样主张的——都属于科学；一切涉及超乎确切知识之外的教条都属于神学。但是介乎神学与科学之间还有一片受到双方攻击的无人之域；这片无人之域就是哲学。”② 所谓“无人之域”，原文是“no Man”，意思是说没有主人，哲学是既不属于神学也不属于科学的一个中间地带。其三，是通过哲学定义在哲学史上的多变性，为选取某个角度来界定哲学提供方便，从而为论证“东方哲学”的成立提供证明。《东方哲学史》对“东方哲学”存在的论证，主要是还原到“爱智”的意义上，认为“东方文化如同西方文化一样，以爱智为其本质特征，其学问的方方面面皆与爱智直接或间接相关，因此其全体，或者其部分，皆可称为哲学，所谓‘东方哲学’。”③

① 徐远和、李甦平、周贵华、孙晶主编：《东方哲学史》，人民出版社 2010 年 12 月，总序，第 9 页。

② [英国]伯特兰·罗素著，何兆武、李约瑟译：《西方哲学史》上卷，商务印书馆 1963 年版，绪论，第 11 页。

③ 徐远和、李甦平、周贵华、孙晶主编：《东方哲学史》，人民出版社 2010 年 12 月，总序，第 10 页。

经过上述对“东方哲学”的证明，“东方哲学”是否就可以成立了呢？在我看来，这些证明还是很有疑问的。

首先，西方哲学的“爱智”，译为汉语，更恰当的译法，应为“爱知”，即对一切知识的追求。这一点，亚里士多德在《形而上学》里讲得已经很清楚了。哲学起源的前提是“惊奇”“闲暇”以及“理智的成长”，爱哲学意谓着“爱奥秘”，是对于纯粹知识的追求，这种对知识的追求只是为了满足好奇心，满足精神生活的需要，哲学只以其自身为目的，而不以任何其他事物为目的，因而是唯一自由的学问。如果一定要把哲学理解成对智慧的追求，也只能说明哲学追求的不再是具体的知识，而是关于“知识的知识”，不是关于存在者的知识，而是关于存在者之存在的知识，即亚里士多德的“第一哲学”。《东方哲学史》总结印度文化的基本特征是“追求解脱”，以及解脱是以破除无明而获得“明”即“智慧”为前提的，但把这种宗教的“智慧”，例如佛教的“菩提”（bodhi）——智慧的代名词，等同于西方哲学所说的“爱智慧”的“智慧”，恐怕是很不妥当吧。不然，《肇论》中也就没必要再多一篇《般若无知论》。《般若无知论》讲，“般若义者，无名无说，非有非无，非实非虚。”又说：“非有，故知而无知；非无，故无知而知。是以知即无知，无知即知。”这种破除执著于对象知识的“智慧”，与西方哲学知识论取向的“爱智”，又怎么可能是同一种智慧呢。《东方哲学史》把中国本土的传统文化归结为“以内圣外王为其基本精神”，认为“其重智的特点也相当鲜明”，并以《大学》八条目为例，点明“格物致知即是获得智慧”，并得出结论说“这揭示了中国传统文化作为内圣外王的内核是智慧学”。[①] 那么，什么是“格物”之“物”呢？朱熹将“格”训为“至”，至又有“来、到”和“至极”双重含义，将“物”训为“事”，“物，犹事也”[②]。格物也就是接触事物，穷极事物（之理）。可这格物，

① 徐远和、李甦平、周贵华、孙晶主编：《东方哲学史》，人民出版社 2010 年 12 月，总序，第 10 页。

② （宋）朱熹撰：《大学章句》，《四书章句集注》，中华书局 1983 年版，第 2 页。

并不是像王阳明一样去格竹子，朱熹在《朱子语类》中对学生讲得很明白，专注于一草一木而欲成贤成圣，无异于“炊沙而欲成饭”。“致知”，知者，识也，通过格物获得正确处事所需要的见识。再如王阳明把格、物解释为“正”“心”，在他看来“心外无物”。颜元将“格”训为“犯手去做”，格物即躬行做事，实践实为。无论哪一种理解，又和西方哲学所讲的“爱智”，怎么可能是同一个意义呢。

其次，罗素关于哲学的定义，的确划定了在宗教与科学之间的一个无主地带即是哲学。但不要忘记，罗素下这个定义，恰是在他所写的《西方哲学史》这本书里。换言之，在罗素看来，对于西方文化来说，在宗教与科学之间存在另一个文化部门，这个文化部门就是哲学。但我们不能把罗素的这个定义扩大到整个人类文化。笔者也曾参照罗素的这个定义，并以亚里士多德关于哲学产生的前提为依照，去讨论“中国哲学的开端”问题[①]。但在这里，“中国哲学”一词是在约定俗成、将错就错的意义上使用的，中国人同样存在一种从天命神学里突破出来的思想，但这种思想却不是哲学，而是中国人“推天道以明人事”[②]的“道术”[③]，始终是以治道为核心，以天人关系为主线。孔、孟、老、庄，一定要把他们和柏拉图、亚里士多德一样归为“爱智者”，恐怕仅从直接的感觉上我们都不能说服自己。

再次，哲学虽无一个统一的定义，但这并不妨碍人们把哲学视作一个统一的思想传统。这个思想传统，起源于古代希腊，发散于环地中海地区，传播至北美乃至整个世界，包括东方世界随着欧洲列强对世界的殖民侵略，也绝大多数用哲学终结和取代了自己的思想传统。在这个思想传统里，哲学是以知识论为核心的，哲学和科学在思维方式上是一对孪生姐妹。当现代西方哲学家一再抛出“哲学终结论”的时候，绝不意谓着他们在声称包

① 见拙文《略论中国哲学的开端》，《中国哲学史》2004年第2期，第74—79页。

② 《四库全书总目提要·易类》。

③ 《庄子·天下》。

括整个东方世界在内的思想传统都应当终结了，而恰是指起源于古代希腊的哲学的传统应当终结了。因为这种知识论的传统，在思维方式上是以主体、客体二分为特征的。在人与自然的关系上，以人为主体，以自然为客体，正如弗兰西斯·培根所说，“知识就是权力”。人依靠知识建立起宰制自然的科技霸权，对自然无节制地开发和利用，导致的是自然对人类的报复。在人与人的关系上，每个人以自我为主体，以他人为客体，人与人的关系成为主体与客体的关系，正如萨特的名言，“他人即是地狱”[①]。这种关系不仅使个人陷入绝对自我中心主义，而且人与人关系的实质相当于互为主奴关系[②]。“哲学终结论”只是对于欧洲哲学传统的自我反思。以哲学并无一个公认的定义，从而自取一义来界定哲学，并进而大讲所谓“中国哲学”，正是胡适以来诸人建构起所谓“中国哲学史”这门学问的一个伎俩。这其中的错误主要在于没有恰当地把哲学视作人类思想的一种传统、一种范型，而误以为是人类文化共有的一个部门。

如果一定要证明“东方哲学”确实存在，恰当的方法，或许反倒要采取被《东方哲学史》所批评的冯友兰证明“中国哲学”得以成立的做法。冯先生对他所谓的“中国哲学”是如此界定的，“哲学本一西洋名词。今欲讲中国哲学史，其主要工作之一，即就中国历史上各种学问中，将其可以西洋哲学名之者，选出叙述之。”[③]由此处可见，所谓“中国哲学”或“中国哲学史”，本就是以西方哲学为参照，对中国传统学问的重新梳理，换言之，仅是一种比较研究。中国思想传统虽然总体上不是以知识论为核心的，然而并不妨碍我们以西方哲学为标准，在中国的各种学问中，找出一些与西方思想具有相当旨趣的内容来，所以作为比较研究意义上的“中国

---

① 出自萨特的独幕剧《禁闭》。

② 在《存在与虚无》一书中，萨特以我与他人的相互注视为例，分析我与他人将对方主体性的相互剥夺。参见[法]让-保尔·萨特著，陈宣良等译，杜小真校：《存在与虚无》，三联书店1987年版。

③ 冯友兰：《中国哲学史》上册，《三松堂全集》第2卷，河南人民出版社1988年版，第5页。

哲学”还是可以成立的。冯先生还表示，我们同样也可以用中国的义理之学为标准，去整理西方的思想，但在当前的情况下，这是不可能的事情。在张岱年先生的著述中，也一再表达了用西方哲学来讲述中国思想在当时是不得不然的事情。可见，他们在用哲学来整理中国思想传统的时候，头脑还是很清醒的。显然，《东方哲学史》在写作立意上，从整体上看，并不是一部比较哲学史，并不是以西方哲学为参照，来裁剪东方思想的历史，还是力图去展现和表达东方民族思想的丰富性和各自的独特性。既然如此，哲学传于东方之后，已被东方一些国家的学术界误作是人类思想的代名词，我们坦承自己是在当前学术界约定俗成的用法上来使用“东方哲学”一词，但内容是表现东方民族自身的思想，这也并无什么不妥。相反，非要证明东方民族的思想就是哲学，反倒有些画蛇添足，甚至是南辕北辙了。

三、“东方哲学”的价值

“东方哲学”有什么样的价值呢？或者换一种问法，费时十余年，集38位作者之力，历东方哲学室三任室主任，才得以完成的《东方哲学史》，编写它究竟有什么价值呢？编者在与笔者的当面交流时，道出了这样一个未见之笔端的理论意图，即通过《东方哲学史》的编写，证明“东方哲学”的价值，回应和破除哲学中的欧洲中心主义。

以证明“东方有哲学”这样一种方式来回应哲学领域中的欧洲中心主义，以证明东方思想的价值，正是最早开始讲出“中国哲学”“印度哲学”的那一代学人背后的文化用心。他们面对欧洲文化被视作人类文化普遍形式的时代，不得不采用这种方式，来证明本民族的文化拥有同样的价值。与中国有相似命运的印度，其国学者也有同样的作为。1952年，印度当时的总统拉达克里希南（Sarvalli Radhakrishnan），他本也是一位学者，主持编撰了两卷本的《东西方哲学史》（*History of Philosophy Eastern and Western, London*），把印度的思想、中国的思想和西方的哲学，写进同一本书里，以表示东方两个具有悠久思想传统的古国和西方一样拥有哲学，中国当时驻印大使骆家仑和学者冯友兰应邀执笔撰写了中国哲学的部分[①]。

对于东方民族为证明自身思想价值而采取的委曲求全的做法，我们可以同情地理解，但不能不指出这种做法的局限性。以欧洲哲学作为范本，来整理东方民族的思想，并以此来反欧洲中心主义，本质上就是欧洲中心主义。这种看似证明东方民族思想有价值的方式，恰恰肢解了东方各民族文化的整体性，破坏了东方各民族文化的主体性和延续性，终结了东方各民族思想的创造性，把东方民族的思想几乎全部送进了博物馆里，仅成为哲学史或学术史研究的对象。中国学界和国外一些汉学学者共同对“中国哲学学科分类的适当性”的反思，既不是要排除欧洲哲学对于中国思想的影响，也不是反对人类不同思想传统的交会，而是反思用一种思想传统去取代甚至终结另一种思想传统的做法是否正当。反思的目的只是重新找回我们自身文化的主体性，恢复自身思想传统的创造活力，让东方思想依然生产思想、创造思想。

在对哲学上欧洲中心主义的批判中，人们往往误解黑格尔对于东方哲学的态度。黑格尔认为东方印度的思想传统和中国的思想传统并非哲学的传统，是恰当地注意到了人类思想传统的各自特性，这并不是欧洲中心主义。黑格尔当然也有欧洲中心主义，他的欧洲中心主义体现在把起源于希腊的哲学，视作人类思想的最高形式，并由此轻视东方民族的思想。对此，冯友兰在谈到中、西思想的差异时就指出，这种差异只是“花样的不同”，而非“高低的不同”。同样是德国哲学家，卡尔·亚斯贝尔斯在他的《大哲学家》一书中，在写柏拉图、亚里士多德之前，先写了苏格拉底、孔子、耶稣、释迦牟尼四个人，认为他们并不是哲学家，也不能认为只有把他们当作哲学家，他们才有价值，恰恰相反，他们是人类的先知，人类的导师，是思想范式的创造者。“这四位大师不是哲学家，因为他们对知识漠不关心，

---

① 张立文、李甦平主编，张怀承副主编：《中外儒学比较研究》，东方出版社 1998 年版，第 260 页。

而哲学又是循着固有的思维方法并且以各类知识作为其前提而存在的”，“这四位大师在哲学史上并不是理性见解的代表。他们并未写出任何著作。他们之中有三位被看作是伟大的宗教信仰团体的创始人。将这些上帝的使者看作是哲学家，这有些不伦不类”。[①]他们对于世界人群的影响，任何一位在哲学上声名卓著的人都无法同他们相提并论。的确，我们不必把中国的哲人，印度的宗教思想家，都当作哲学家来加以标榜，认为惟有如此才能彰显他们的价值。如果我们继续这样做，那么哲学上的欧洲中心主义，现在并非是存在于西方哲学界，而恰是存在于我们自己头脑中。这就如同，我们不必费尽心思非要去论证我们黄种人其实也是白种人一样，才能证明黄种人也同样属于人类。至今仍有相当多的人，一听到别人说“中国没有哲学”，便想当然地以“民族文化虚无主义”“民族自卑”来加以指责，而不明白自己的做法其实反而是欧洲中心主义在作怪。

由于缺乏“东方哲学”的视野，我们中国哲学界习惯于从中、西二元对待的简约方式来思考中国自身的问题。哲学在中国的境遇，往往被视作中国所特有的问题，而忽略东方其他国家的经验。日本学者西周，最早把“Philosophy”译成汉字“哲学”。在早期，日本也有学者泛用“哲学”一词，比如在一本哲学杂志上介绍中国学者俞樾[②]的经学思想，题目竟是“俞曲园的哲学”。俞樾知此后赋诗调侃说：“举世人人谈哲学，愧我迂疏未研榷。谁知我即哲学家，东人有言我始觉”。[③]但日本学界后来对于“哲学”一词的使用，倒是值得我们中国学界借鉴。日本学者高坂史朗在他的《儒教和 philosophy 的纠葛—东亚思维构造的特性》一文中，总结了东亚不同国家使用“哲学”一词的不同态度：

---

① [德]卡尔·亚斯贝尔斯著，李雪涛主译，《大哲学家》，社会科学文献出版社 2005 年版，第 194 页。

② 俞樾（1821—1907 年），字荫甫，自号曲园居士，浙江德清人，清末著名学者。

③ [日]狩野直喜：《中国哲学史》，东京岩波书店 1958 年版，第 4 页。

> 现今，它（哲学—引者注）作为东亚汉字圈中的共通译语而流传开来。我想虽然具有这种汉字的共通性，但是“哲学”这一译语的受容和其后的使用方法，每个国家都呈现出不同的旨趣。一般说来，在日本，即使明治以后的思想家、尤其是哲学出身的学者在他们的体系性著作中论及了“西田哲学”“田边哲学”“三木哲学”，但也并不认为在此之前的江户时代以前的思想中存在着“哲学”，所以没有“圣德太子哲学”“空海哲学”“道元哲学”“徂徕哲学”这样的说法。因为我想，不用说是因为“哲学”是翻译语，与思想和儒学等这样的概念是不同的。与此不同的是，当初在“哲学”使用上犹豫、还提出反对意见的中国，在20世纪初一旦使用这一词，直至今日，一直理直气壮地将本国文化中的传统思想以“孔子唯心主义哲学”“老庄哲学”“朱熹哲学”“戴东原哲学”为名加以论述，宛如中国四千年历史中存在着“哲学”的传统似的。另外，面对“朝鲜哲学史”此类朝鲜民主主义人民共和国的作品和韩国出版的《李退溪哲学》《栗谷哲学思想研究》中可以明显地看出，朝鲜、韩国也将自己国家的思想家称为“哲学家”。[①]

我们今日的文化处境，较之以往已有很大不同。在过去，东方的学者以欧洲文化为人类文化的普遍形式和普遍标准，以求同的方式，来求得自身民族文化的价值和地位。我们所处的时代，中国人已经渐渐恢复了对民族文化的信心，也开始自觉地思索如何重新找回民族文化的主体性，在观念上更强调以求异的方式，展现自身文化的独特魅力和独特价值，正像2008年北京奥运会对中国文化的展示一样。中国人的思想，印度人的思想，在思想类型上不是哲学，但这并不降低其思想本身的价值。世界上只有三

① ［日］高坂史朗：《儒教和philosophy的纠葛——东亚思维构造的特性》，见王青主编：《儒教与东亚的近代》，河北大学出版社2007年版，第49—68页。

大思想传统，欧洲及周边地区的哲学思想传统，印度人的思想传统和中国人的思想传统，分别代表着人类思想的不同范型。哲学只是人类思想范型之一，而不是全部。《东方哲学史》不必非要论证东方的思想必属于“哲学”，即便在现今约定俗成而又不甚严谨的意义上使用了“哲学”一词，但就其内容而言，对异于西方民族之哲学的东方民族思维方式的展现，就已经为当代学人提供了一个宽阔的思想视野，为哲学的创造提供了更多灵感和源泉，为当代中国哲学界摆脱中、西二元的遮蔽提供了机遇。《东方哲学史》对于东方思想在历史上大规模传播和交流的总结，对诸如越南思想史、印度以外南亚思想史等诸多空白的填补，都对今后东方哲学研究和比较哲学研究的开展，有着直接帮助。在国际儒学研究领域，中国儒学、日本儒学、朝鲜半岛儒学的研究都有相当的开展，越南儒学必将成为下一个研究的热点和前沿领域，《东方哲学史》有关越南儒学的内容，也结束了国内研究者研究越南儒学无史可依的局面。有理由相信，今后哲学界的学术实践，将不断证明《东方哲学史》的学术价值和学术贡献。

一部东方哲学研究的奠基之作

——写在《东方哲学史》(五卷本)出版之际

方国根[①]

东方哲学研究，历来受到学界的普遍关注，但至今还没有一部能够贯通东方各国、纵览东方哲学概况的扛鼎之作。由中国社会科学院哲学研究所徐远和、李甦平、周贵华、孙晶主编，有全国近四十位东方哲学专家、学者参与撰写的《东方哲学史》2010年12月由人民出版社出版，这既是我国学术界全面系统地探讨东方哲学所取得的可喜可贺的重大成果，也是我国乃至世界东方哲学研究领域的一件重大事件。该书共分为“上古”“中古”“近古”“近代”“现代”五卷，除“总序”“附录”“后记”外，各卷分南亚、西亚北非、东亚三编，又分印度哲学、古埃及·巴比伦·巴勒斯坦哲学、斯里兰卡等国哲学、阿拉伯伊斯兰哲学、中国哲学、朝鲜半岛哲学、日本哲学、越南哲学诸篇，共计126章，280多万字。其内容涵盖东方各个国家和民族不同历史时期的各种哲学体系，囊括众多哲学思潮、学派、代表人物的哲学学说，全面地介绍和反映了从古代到现代的东方哲学的历史发展与整体面貌，从广度和深度上展现了东方哲学独特的思想性质与内容，是第一部全面反映我国哲学界最新研究成果与最高学术水准的完整的东方哲学通史。该书的出版，无疑在我国东方哲学研究史上具有拓荒性质，不仅标志着东方哲学研究的重大进展，为东方哲学研究奠定了坚实的基础，而且标志着我国东方哲学研究学科的成熟，形成了完整的学科规

① 作者简介：方国根，人民出版社哲学与社会编辑部主任，编审。

模，并在世界东方哲学研究领域占据了重要地位。

一

《东方哲学史》在地理上涉及整个亚洲以及北部非洲，包括三个大文化圈，即以中国文化为中心的东亚文化圈，以印度文化为中心的南亚文化圈，以及以伊斯兰文化为中心的西亚北非文化圈，系统反映了这三大区域的古今哲学。

从时间看，《东方哲学史》具体梳理了从公元前30世纪到公元20世纪、上下约五千年的东方哲学发展面貌。在三大区域哲学中，东亚哲学包括中国哲学、朝鲜半岛哲学、日本哲学与越南哲学；南亚哲学主要包括印度哲学、斯里兰卡哲学；西亚北非哲学主要包括西亚哲学以及埃及哲学。分成这样的三大区域处理是因为在这三大区域形成了东方主要的三大文化/哲学传统，即东亚的儒、释、道合一的文化传统，南亚的吠陀奥义书文化传统，西亚北非的伊斯兰文化传统。而包括马来西亚、印度尼西亚等国的东南亚地区在古代主要受印度文化传统影响，但在近世则被伊斯兰文化扫荡，转变为主要依附于伊斯兰文化，没有自己的文化独创性，因此，在该书中暂未反映。包括哈萨克斯坦、吉尔吉斯斯坦、塔吉克斯坦等国的中亚地区与北亚地区虽然在地理方面有其独立意义，但由于历史上是游牧民族生活之地，在文化方面没有独立性，因而在“东方哲学”的范畴内一般不单独叙述，故在该书中也作忽略处理。

虽然《东方哲学史》力图反映东方广大地区的众多国家的哲学史，但并没有按照国别哲学史的形式来纵向叙述，而是打破东方各国的国别界限，以时间为纵轴，按照历史的阶段性，在每一阶段再横向叙述。这样，东方哲学史就构成了一种横—纵结构的撰写体例或风格。单纯地采用国别纵向形式，缺点之一是各国（地区）的哲学发展不仅在时间先后上而且在哲学深度上不平衡，因此其重要性差别甚大，无法也不能平等处理，如强行将各国哲学史并列，会造成主次不分的弊端；二是既无法反映和体现各国（地区）间哲学的相互影响和互动，又不能揭示出东方文化的几大文化的流布情况与动态发展。该书采用横—纵结构的体例形式，避免了上述不足。

有鉴于上述情况，东方哲学整体地依照时间轴顺次来划分阶段就显得极为重要。换言之，阶段划分的妥当与否，将直接影响整个东方哲学在时间与空间展开的合理陈述。《东方哲学史》在关注和处理此问题时的基本出发点有二：一是东方哲学整体的发展起伏或者说兴衰；二是东方哲学的三大主要传统即印度文化传统、中国文化传统、伊斯兰文化传统的兴起、发展与传播。这两个因素当然不是相互独立的、毫不相干的，实际上东方哲学整体的兴衰与东方哲学的三大主要文化传统密切关联。因此，在规划东方哲学的发展阶段时，要论述和反映东方哲学主要传统的兴起、发展与传播的脉络。从这样的考虑出发，在横断面上的划分，就必须以这些主要文化传统的流布范围作为区域分划的前提。虽然这些主要文化传统之间不仅有巨大的相互影响、互动，而且也因此改变着对方的文化生态与文化内容，甚至发展方向，但既然称为主要文化传统，就说明外来的冲击并不会造成摧毁性的扫荡，而只能是被吸收，即被融入固有传统，形成一种亦旧亦新的文化形态。比如，印度佛教传入中国，自中古时代起增加并改变了中国本土文化传统的一些基本方面，这虽然使之带上了较为浓重的印度文化色彩，但并没有真正造成印度化，而只是在中国文化基本精神的规范下对中国本土文化传统的丰富、扩展与深化，而形成了中国的儒、释、道合一的新文化传统。在此意义上，可以看到横断面上的区域划分必须与三大文化传统的主要影响范围一致。这样，每一阶段可分为三个主要区域来叙述，即以印度文化为核心的南亚哲学区域，以中国文化为核心的东亚哲学区域，以伊斯兰文化为核心的西亚北非哲学区域。以此三大文化和合的东方哲学随着历史演进而变化发展，呈现出一种立体的生动形态，或者三者皆在高潮、三者皆在低潮，或者互不一致而显现峰谷高低不同。正是根据东方哲学的整体发展变化形态，该书将东方哲学史分为五大历史时期，即上古、中古、近古、近代、现代，以涵盖东方约五千年的文化史。

五分期的划分在总体上是依据东方文化的三大主流文化传统的盛衰确定的。具体而言，三者中每一主流文化都基本上经历了两期文化。其中，第一期文化历经了兴起、成熟与衰落的过程，这相应于上古、中古与近古三个时期；第二期文化只历经了兴起与成熟，还没有衰落出现，这对应于近代与现代。

结合前述的东方哲学的主流性、区域性以及发展的规律性，东方哲学史的五分期包含有三个基本内容：一是时序上的上古、中古、近古、近代、现代五阶段；二是在空间上的南亚、东亚、西亚北非三区域；三是文化上的印度文化、中国文化、伊斯兰文化三系统。而且，文化上的此三系统的交融可以说是整个东方哲学史在内容结构方面的主线。

根据五分期，可将三大区域的哲学发展都纳入上古、中古、近古、近代、现代五阶段，但这种阶段的区分必须照顾到各区域的哲学发展状况，因此不能在时间上硬性地切断，要根据各自哲学发展的起伏而自然地设定。这样，在各阶段，各个区域进入与结束某一阶段的时间是不定的，而且在各个区域内部的各个国家（地区）的哲学发展也是如此。

东方哲学的上古时代开始于有记载的文化起源时期，而终止的时期一般是以重大的政治或者文化事件为标志。这在各个区域甚至各个国家（地区），都不同。一般在西亚北非、印度、中国，有记载的文化起源时期都在公元前两千多年前，其中埃及最为久远，约在公元前三千年左右。上古时代都包含了三大区域的文化轴心时代，而其下限并非都终止在轴心时代之内。在中国，上古时代终于秦朝的建立，即中华大一统实现之时，约在公元前 3 世纪初。此时也是诸子百家争鸣时代的结束之时。而在东亚其他国家（地区），上古时代终结线划在中国儒、释、道文化传入之前，因为此后其文化发生转型。在印度，上古阶段结束在与吠陀文化因素相对立的沙门文化兴起之阶段。因为此时印度的正统文化的主要因素以及非正统文化如佛教、耆那教的文化因素皆已经具备，在此后即是发展成熟阶段。西亚北非的本土文化后来都被伊斯兰文化取代，因此其上古时代的下限统一划在了公元7世纪，这比其他区域的同阶段下限都要晚得多，甚至比中国与印度晚约千年之久。

东方哲学的中古时代，是东方主流文化第一期之成熟，或者说是高潮阶段。与上古时代唯是本土文化兴起与原创不同，中古时代除印度外，外来文化的传入改变了主流文化，而酝酿与激发起新型文化。在中国，经过了西汉董仲舒之儒学与魏晋王弼、郭象之玄学，第一期中国本土文化达到其成熟；而在南北朝佛教走上中国文化舞台，并在隋唐时期实现本土化，而道教则摄入佛教因素强化了思辨方面；儒家文化在唐朝借助佛教的激发也开始复兴。这些都为中国文化的主流形态——儒家文化在宋代的发展与成熟准备了条件。这就是中国文化的中古时期。在印度，在中古时期的正统与非正统文化都达到成熟，其中最有代表性的是六派哲学以及佛教大乘哲学。在正统哲学的主流吠檀多哲学理论发展高峰过后，印度文化向信仰化转变，此即是中古时代的终期。在西亚北非，伊斯兰教兴起后很快迎来了伊斯兰哲学的高峰，而当其最有成就的受古希腊哲学影响的阿拉伯世俗理性哲学衰落时，文化主体的衰落已不可避免。

东方哲学的近古时代在印度与西亚北非都是哲学发展的低潮期。这种低潮是以思辨化向信仰化转变为其标志的，在这两大区域一直延续到近代，即西方加快其在东方侵略殖民之时。在西亚北非是在18世纪末，在印度是在19世纪上半叶。而在东亚，近古时代也是终止于西方的侵略加剧阶段，即19世纪中叶。此时的东亚哲学与印度、西亚北非的哲学停滞相反，呈现出儒学发展的第二个黄金时代。在中国主要是以程朱理学与陆王心学为代表的宋明新儒学，在朝鲜半岛主要是以李退溪、李栗谷为代表的性理学，在日本是蓬勃发展的种种流派之近世儒学。从前文所述可知，虽然各个区域的近古时期起线不同，但其终止皆以西方世界的侵入为标志。

东方哲学的近代阶段的起始意味西方文化对东方世界的影响与改造的开始。西方文化在东方世界被视为洪水猛兽，受到了坚决的抵制，但其影响在各大文化区域却差异甚大。在以伊斯兰文化的宗教意识形态为主体的伊斯兰世界拒绝与西方文化相融，直到现在这两种文化在伊斯兰世界仍处于激烈的冲突状态。在中国，西方文化虽然遭到中国主流文化儒家文化意识形态的拒斥，但现代性对儒家的宗法传统而言是一个无法消解的对手，因此，从近代开始，儒家文化传统渐渐淡出，西方文化作为主要影响因素之一开始改造乃至塑造中国第三期文化。但在印度是另外一种情形。在经过早期阶段的文化抵制之后，印度主流文化的吠檀多主义由于其特殊的容受性，很快开始尝试将西方科学与民主的思想融摄在内，逐渐形成新吠檀多主义。

东方文化的现代阶段是指 20 世纪。在此阶段，西方文化与东方文化在经过近代阶段的冲突后，开始形成成熟的融合形态。这在印度现代文化中表现最为突出，不仅成功地保持了自己的本有文化特色，而且还吸收了西方文化的优势因素，创造出以印融西的新文化形态——新吠檀多文化。中国则在“西学东渐”的过程中融摄西方文化，创造出了新儒家哲学、新佛教哲学与中国特色的马克思主义哲学。在伊斯兰世界，虽然传统的政教合一的体制大多被打破，西方文化在社会生活、政治与经济领域占据主导，但宗教领域仍在抗拒西方的影响，这导致了现代的伊斯兰世界在文化上的分裂状态。

二

总体来看，《东方哲学史》主要有以下五方面的特色：

1. 是我国第一部大型东方哲学通史，具有权威性。该书作为中国社会科学院的重点课题的最终研究成果，从 1999 年立项至 2009 年撰写统稿完毕，历时长达 10 年，可谓“十年磨一剑”，是一部汇聚了研究印度哲学、阿拉伯伊斯兰哲学、中国哲学、朝鲜半岛哲学、日本哲学、越南哲学、南亚哲学等中国学术界的前沿专家、学者集体智慧的创作结晶，也在中国乃至世界学术史上第一次全面、系统而深入地考察和梳理了东亚、南亚、西亚北非三大文化区域从古至今的哲学思想的发展演变与整体概貌，是一部具有重大学术价值和理论意义的皇皇巨著。

2. 内容丰富，多有创获，填补了中国东方哲学研究的学术空白。这不仅反映在东方哲学的规模与范围上，而且体现在具体国家与地区的哲学内容上。例如，在全球化的当代，越南哲学越来越引起了中国（包括台湾和香港地区）、美国、韩国、日本等国学者的重视。但是，迄今为止，在中外学术界甚至越南学术界都没有出版过一部关于越南哲学史的专著。该书第一次较为系统完整地将越南哲学的发展脉络作了爬梳和探讨，勾勒出越南哲学发展的全貌，从而彰显了越南哲学所具有兼容性、主体性与实用性、法哲学丰富的特点。还有对南亚佛教哲学中的代表人物——觉音的“解脱论”“心色说”“缘起说”的阐发，对反映日本传统文化内核的神道教的论证与对日本现代哲学特别是京都学派历史哲学的分析，对中国现代新佛学及港台新儒家的涉猎和介绍，对印度非佛教哲学、古埃及哲学、古波斯哲学和古巴勒斯坦哲学的论述、探讨，都有客观、平实、公允而富有创见的评介。在中国，相对于西方哲学而言，对东方哲学的研究还显得比较薄弱，因此，该书具有真正意义上的拓荒与填补空白价值。

3. 体例新颖，富有启发。一方面，该书不是按照传统的国别哲学史形式来撰述，而是采用横—纵结构的体例形式，依据文化区域以及其共同特点，对东方哲学的整体发展阶段予以划界，既揭示了东方哲学的整体特点以及各国哲学的异同，又反映了各大区域及其内部的国家或地区的文化发展的具体面貌。另一方面，该书着重考察和梳理了东方各大区域文化之间、各国哲学思想之间的交流与互动以及其内在相互影响。首先是通过界定“东方”“东方学”“东方哲学”的概念，区分文化区域，来梳理和探讨各大区域内哲学的影响模式，确立主导的哲学文化中心。其次是考察和揭示了各大地域间哲学思想的相互影响、互动。其中最为重要的是两次大的文化传播：一是基督教的西传，以及中国的千年佛经翻译运动与西亚的百年翻译运动所代表的东西方第一次文化传播；二是近现代西方政治与科学文化思想的全面传播。这无疑为后来者在大哲学史研究方面提供了一条可供参考的新路径。

4. 揭示和彰显了东方哲学发展演变的内在规律性。具体可以归纳如下：（1）东方哲学的奠基期与成熟期，相当于东方哲学的上古与中古时期，代表了东方哲学的第一次高潮期。奠基期是指公元前 800 年至公元前 200 年，正对应卡尔·雅斯贝斯所提出的“轴心期”。在东方哲学第一次高潮期的奠基期后，紧接着出现了成熟期。成熟期是指对东方哲学第一次高潮期的奠基期所出现的哲学思想的深化与系统化的发展期，其时间大约为公元前 3 世纪至公元 10 世纪。（2）东方哲学的不平衡发展期。这是东方哲学的近古时期。印度哲学与阿拉伯伊斯兰哲学开始衰落，而中国哲学及其周边的朝鲜半岛哲学、日本哲学则继续繁荣发展。（3）东方哲学与西方文化的碰撞期。这是东方哲学的近代时期。自 19 世纪始，西方的入侵使东方各国产生了不同程度的民族危机；与之相伴，在思想文化领域，则出现了西学的全面“东渐”传播与东西文化的碰撞。（4）东方哲学与西方文化的融合期与东方哲学的转型期。这是东方哲学的现代时期。如果说近代是东方文化与西方文化的激烈碰撞期，那么到了现代，在东西文化碰撞的基础上，结出了东西文化融合的硕果。这就是东方哲学在东方文化与西方文化的融合期中出现的又一次高潮。

5. 篇幅简繁得当，重点突出。该书根据东方的东亚、南亚与西亚北非三大区域的哲学发展的实际状况与意义来安排内容。从区域上看，该书是以东亚、南亚与西亚北非三大区域为范围来撰写和叙述的，在篇幅的安排上既要充分关照这三大区域哲学发展的实际状况，又要考虑这三大区域相对于中国的关联情况或者说意义，所以是东亚篇幅较大，南亚、西亚北非篇幅较小。从时期上看，在上古、中古、近古、近代、现代各个时期，三大区域间的哲学发展是不平衡的。例如：在近古由于转向虔信，印度哲学急剧衰落，故南亚所占篇幅较少；在近现代，由于东亚、南亚哲学的发展在融合、转型方面较为成功，但在西亚北非，阿拉伯伊斯兰文化与西方文化的冲突，民族独立一直是主旋律，哲学的发展势头较弱，因此，在近现代卷中关于西亚北非的哲学内容就较少。关于在东方各个区域内部的哲学发展的不平衡，该书也通过篇幅安排而客观地反映出来。比如，在东亚区域内部，中国哲学的发展就占主流，所占篇幅最大；在南亚，印度哲学所占篇幅最大；而在西亚北非，由于阿拉伯伊斯兰文化的优势地位，在篇幅上占据最多。

（此文原载《光明日报》2011年3月2日12版）

后　记

当本论文集即将付梓之际，恰逢“一带一路”国际合作高峰论坛在北京拉开帷幕之时。“一带一路”倡议自提出以来，越来越受到国内外学术界的关注。编辑出版本书的目的，即是为了进一步推动国内外正在兴起的与“一带一路”相关的学术研究以及其理论体系、话语体系建设。于是，有了呈现在大家面前的这部著作。

本书分为东亚篇、南亚及东南亚篇、中亚及西亚篇等，内容主要论及中国与周边各国以及中西亚各国的思想文化交流与互动，即人文交流与文明互鉴。从论文题目中读者可以发现，本书所涉的论域较广，既有文明、文化、价值观问题的探讨，又有哲学、思想、思维模式特点的比较分析，还有历史交往、文化交流关系的论述，等等。论文作者来自北京大学、中国人民大学、南京大学、山东大学、上海大学、上海社科院、中国社科院等高校和科研院所，大多为相关研究领域的知名专家。相信本书的出版，对学界深入研究中国与周边国家间文明交流互鉴关系有所裨益。

另外，本书最后部分收录了4篇书评。这些书评不仅仅是专家们对我国首部五卷本《东方哲学史》一书的系统评述，更是对东方哲学与思想文化相关问题的深度思考，值得学人参考。故特收录于此，以飨学界同仁。

此次编辑工作得到了多位良师益友的积极配合和鼎力相助。在此，谨向为本论文集提供力作的各位专家、学者表示衷心的感谢。

本书的出版得到复旦大学石源华教授的大力推荐。编者与石源华教授相识已有二十余年，他是本人在复旦大学求学和工作时的老师和领导。在我调离复旦之后，他依然对本人的研究和学习生活给予持续的关心和支持。

对先生多年来的厚爱，在此恭致谢忱。

由于编者的学养和能力所限，编辑工作容有不当甚或舛误之处。凡此，恳请作者及读者予以谅解并諟正。

洪　军

2017年5月谨识于北京